國立臺灣師範大學歷史學系研究叢書（04）

唐代關防
——以關中四面關為中心

蔡坤倫　著

秀威資訊科技股份有限公司

本書承蒙

國立臺灣師範大學歷史學系
研究叢書補助出版

「國立臺灣師範大學歷史學系研究叢書」出版緣起

本研究叢書之出版，緣於本系對捐（募）款運用方式之思考。

本系向有師長捐款，多指定獎學金或論文出版用途。近年系友捐款，則多表示由本系自由運用。本系鑒於捐款意義深長，為使其發揮最大效益，決定制定使用規範。2011年1月14日系務會議上初次通過〈國立臺灣師範大學歷史學系捐（募）款使用辦法〉，規定除捐款者指定用途外，捐、募各款得使用於補助本系出版、研究生論文發表獎勵、演講、學術會議等學術活動。2013年10月18日進一步通過〈國立臺師範大學歷史學系教師及研究生學術論著出版補助實施要點〉，嗣後略有修訂。至2018年1月12日，系務會議決定將補助出版專書作成系列，並以「國立臺灣師範大學歷史學系研究叢書」名之。

本系原有「郭廷以獎學金」補助專書出版，以研究生學位論文為限，每年大約僅能擇一出版。「國立臺灣師範大學歷史學系研究叢書」擴大獎助範圍，期能提升本系學術風氣，鼓動研究量能。舉凡本系教師未曾出版或接受其他機構獎助出版之學術論著，或本系研究生畢業後二年內未曾出版或接受其他機構獎助出版之學位論文，皆可提出申請，經由審查機制核可出版。

本系創系以來，即以發展學術自期。本系前輩致力於此，卓然有成。我輩理當踵躅發揚，為知識累積繼續貢獻一方之力。藉由出版，本系學術研究成果得以公諸大眾，激盪更多思想火花，創造更多對話空間。「國立臺灣師範大學歷史學系研究叢書」出版前夕，謹在此略敘緣起，並對捐助者致上最深謝忱。

國立臺灣師範大學歷史學系系主任　陳惠芬

2018年10月

推薦序一

　　見蔡坤倫博士的學位論文《唐代關防——以關中四面關為中心》付梓出版，替他感到欣喜與興奮。

　　中國歷史源遠流長，千百年間疆域的盈縮、政區的分合、地名的改易、產業的興衰、交通的變遷、文化的異同等，關係著皇朝的統治，亦影響著芸芸百姓的日常生活，歷史地理之研究不可謂不重要。然而，台灣近二三十年來投身歷史地理研究之學者卻是鳳毛麟角，堪稱史學範疇中冷僻的絕學。蔡博士的大作問世，無疑為此一沉寂領域注入涓涓活水，在學術史上別具意義。

　　蔡坤倫博士自就讀嘉義大學史地系時，已奠下日後揉合歷史學與地理學的研究方向。碩士期間，師從簡牘學知名學者吳昌廉教授，對於秦漢簡牘等新材料的解讀與運用，打下紮實的根基，並完成碩論〈漢代函谷關研究〉。博論《唐代關防》則是以唐代長安城所在的關中四面關為中心，探討唐代的關防制度。全書資料詳富，討論細緻，坤倫更在撰寫博論期間，自費前往陝西、河南實地考察調查，研究態度與精神足堪稱道。本人忝為口試委員，對其勤奮認真，用心經營，留下深刻印象。《唐代關防》既從宏觀角度探討律令制下的通關規範，又自微觀角度考察關中三十六座四面關；以歷史地理為軸心，旁及法制、社會、制度等層面，為一跨領域研究的嘗試，難度不低，功力匪淺。最近更榮獲臺灣師範大學歷史學系107學年度教師及研究生學術論著出版補助，顯見其學術水準深獲肯定。

　　已故歷史地理名家嚴耕望先生在《唐代交通圖考・序言》論治學之道：「強毅沉潛，遵行計劃，深思慮，窮追索，不畏艱辛，不求近功。」蔡坤倫博士乃國內少見的歷史地理後起之秀，願以嚴先生的話與其共勉。是為序。

二○二○年元月於臺北大學研究室　　陳俊強

推薦序二

　　本書為蔡坤倫君博士論文改寫後正式出版的專著。坤倫是本人在國立臺灣師範大學歷史學研究所博士班所指導的研究生。他碩士班就讀於中興大學，當時本人還在中興大學歷史系任教，他曾跟著我研習中國法制史，並長期追隨簡牘學名家吳昌廉教授，投入新出土簡牘文獻解讀工作，取得豐碩成果。在碩士班期間，除完成碩士學位論文〈漢代函谷關研究〉之外，先後發表多篇論文，深具研究潛力，衡酌同儕之間，堪稱佼佼者。

　　坤倫就讀臺師大博士班後，持續參與各種學術社群活動，包括本人所主持的科技部「經典研讀計畫」（「唐律讀書會─唐判」），並陸續發表更多不同面向、不同觸角的研究論文、書評，可知其好學不倦、勤於研究，亦從而可見坤倫學術研究不斷在推陳出新，絲毫未曾間斷。

　　坤倫在拓展其研究領域與延伸其研究視角後，以其歷史地理研究的訓練根基，同時結合法制史的研究取向，最終完成本博士論文初稿，具有結合歷史地理、軍事地理、法制史、文學史等多面向領域的特色，並嘗試突破前人在同一領域之研究困境，對學術研究做出更多貢獻，獲得口試委員極高評價。我個人認為他的研究帶來若干新的研究契機與學術突破。

　　古代帝國統治下的「關」，在交通、國防、法律、歷史地理各方面，均具一定意義。凡「關」所在，必為交通樞紐，亦必為軍事要地，國防所重，是以國家對於進出「關」，必以法律規範之。「關」，同時也是區別內外之所，小到他鄉與故鄉、大到化內與化外，都可能是「自我」與「他者」之間的界線。從人文的角度說，出「關」可能就進入「他鄉」或者「異域」，更可能是與家人生離死別的分界點，古來文人筆下的出「關」，有豪邁、有慷慨、有悲涼、有

無奈，多少悲歡離愁，就是在關內關外的一線之隔發生！

　　舉凡以上所有問題，坤倫透過史料耙梳，精闢分析，經由「關中四面關」的深入研究，一方面再現唐代關防相關規範與措施；一方面呈現文人筆下的各種對於「關」的用語與書寫，再一方面，則是細膩地考證了四面關的相關位置、意義與交通路線，可說兼具冷筆與熱筆：冷筆指的是冷靜而理性地考證各關所在、路線與法律規範，恰好與他略帶內向溫文的性格相符；熱筆指的是文人的書寫與情感的流露，可能就是他潛藏奔騰的面向的外溢吧！

　　本書不僅僅史料掌握豐富，坤倫為了切實瞭解四面關交通路線與相對位置，還自助出國到中國大陸陝西與河南兩省，親自走訪探查與印證史料，其精神尤令人感佩。

　　坤倫在歷經千辛萬苦，終於完成這本擲地有聲的著作，在即將出版之際，索序於我，作為他的指導教授，看到他一路成長以及本書的學術貢獻，非常樂於為他推薦。是為序。

誌於臺灣師範大學歷史學系　陳登武

2020.01.15

自序

回首來時路

　　八年的學院式史學探索之旅，於今年（2017）八月終將畫上句點，這本論文即是這八個四季交錯下，個人的第二部學術著作，雖仍粗糙，畢竟敝帚自珍，也曾為伊消得人憔悴，在這實現自我的過程中，有幸得到師長們的指導、同儕間的幫助、家人的支持，才得以亦步亦趨，踉踉蹌蹌行走至此，如雪泥上鴻爪，走過必留下痕跡。

　　凡步上教職，大致上求學路上遇到好老師，耳濡目染下也期許自己能成為另一位影響他人者。國、高中階段的歷史老師以圖文並茂，生動求真的上課方式，可說是我的啟蒙師，因而在高中畢業後，毅然決然投入嘉義大學史地系（2001-2005）。大三時，擔任系上老師助理兩年，同時籌組研究所讀書會，期間蒙師長鼓勵，進而向上進修，並於錄取中興研究所後，推薦師從的教授，這使我更加堅定地邁向未來路。

　　碩士班四年（2005-2009）師從吳昌廉老師，重視出土新材料的運用，期間擔任老師申請的國科會（今科技部）計畫，以及教育部補助研讀會的兼任助理，續而結合史地研究，透過新資料，完成第一本歷史地理學位論文：〈漢代函谷關研究〉。碩二是求學路上的轉折，對於走上更高深的博士路具有舉足輕重的影響。那年修課陳登武老師開設的「中國法制史」一門，一方面老師專長於隋唐五代法制史；另一方面研一時曾修過任育才老師開設的「隋唐史」，雙重影響下啟發我對唐代法制史的初步認識，蒙登武師的照顧，教導我準備師大博士班的技巧與方向，才得以順利邁向更高階的學術殿堂。爾後，老師來到師大，我也有幸受業於他，同時關注的面向從漢轉到唐代的歷史地理。

　　從南部嘉義大學，經中部中興碩士班，再到北部師大博士班，一路走來貴人相助，心存感激，於學術路上也更加秉持臨深淵、履薄冰的態度。博班八年（2009-2017）看似很長，實則深入其中，體會到須完成的事情不少。首先是日語舊制2級檢定門檻，博一下即到東吳學習直到博六，五年半未曾中斷。其次是師大素有教育龍頭之稱，有幸入寶地怎能錯失中等學程，因此自博二至博六完成中教學程的修課。接著博三時通過兩門學科資格考試（「隋唐史」、「中國法制史」），更加確認未來論文方向在唐史中的歷史地理，並試圖結合法制史面向。不論是大學時修的小教學程，或是來到師大的中教學程，都必須經過實習這一過程，才能拿到教師證，因此，博四時，先行休學一年至住家附近的小學完成實習。由於實習只要一次，之後不同階段的學程是透過既有證照換證而來，為加強對中學教學場域的認識與課程熟悉，博五、博六選擇至國中兼課歷練。博六通過校內日文檢定，同時獲頒博士班優秀研究生獎學金，以及通過論文大綱審查。博七時再度休學服役一年，感謝新竹松林國小敬模主任，服役期間為我排解諸多瑣事，才得以專心利用晚上閒暇之餘，繼續奮戰論文。

　　由於論文仍是以歷史地理為主軸，重視實地考察來印證文獻，是以役期結束後不久，即在博八自助出國至大陸陝西與河南兩省，走訪與印證部分論文所書寫處，回國後再以近一年的時間修正論文。十二年的碩、博士史學歷練階段，感謝士模師助我進入碩班，碩班指導老師昌廉師開啟我利用新、舊材料來研究史學，為史學研究打下基本功，碩論口試時吳福助老師、邢義田老師、廖幼華老師提供寶貴的修改意見，使論文得以更加完善。感謝登武師助我從進入博班，受業於門下，得以對法制史有初階認識，老師與我亦師亦友，不論是學習當下或是未來求職，均予我相當大的彈性與建議。

　　感謝博論口試時陳俊強老師、賴亮郡老師均提供論文大格局面向的寫法，劉馨珺老師對於論文中涉及的法制史予以仔細審核，糾舉解讀律文失準的部分，廖幼華老師擔任過我碩、博口試階段的老師，

可說是一路看著我走在研究路，對於歷史地理的解讀與地圖的繪製技巧，皆提供我不少修改時的幫助。登武師仍秉持口試時指導老師不宜說太多的原則，實則對學生是最大的包容與厚愛，溢於言表之情，筆墨難以形容，當天口試後，登武師先行開會，後再回來與我聊聊論文修改方針與未來求職路，循循善誘，點滴在心頭。

感謝論文撰寫期間，屢次參加登武師舉辦的研究生論文讀書會，期間受益於學弟信杰，學妹曉宜、曉雯予以的修改建議，所謂旁觀者清。透過每章節的報告，切磋琢磨，得以逐漸完善論文。清華大學歷史所博士班維晟是我從大學以來一路的摯友，從碩班到博班屢屢請他幫忙印資料或購買書籍，研究之外，平日的加油打氣也都要謝謝他。共同在師大就讀的蕙綺、佑寧、雅琪、基祥、川豪、文騰六位同學，每年的聚餐，彼此抒發心情，為孤獨的學術路增添不少色彩。最後，家永遠是研究者最溫暖的避風港，放縱我無盡學習路，無非家裡父母親與兄長的默默支持，也是我能夠完成學業的最重要推手，在此一併致謝。

謹記於新北　三重

坤倫　106.8.17

目　錄

表目錄

圖目錄

第一章　緒論

第一節　研究動機與問題意識

　　錢穆曾說：「歷史學有兩隻腳，一隻腳是歷史地理，一隻腳就是制度。」[1]歷史地理是一門以時間融合空間，以空間涵蓋時間的學問，此學科分為自然與人文兩脈。自然地理如氣候變遷、地貌變化、森林植被、動物分布遷徙、土壤、自然災害等。人文地理如政治、城市、農業、人口、交通、軍事、民族、文化、經濟、社會等，[2]交通尤為人文地理之首。透過交通逐步完成人文地理，最後撰寫通史性質的人文地理，此嚴耕望於1946年提出「國史人文地理」概念。[3]交通如人血管，其是否暢通與國家政權穩定如唇齒密不可分，[4]作為道路上的關隘，如人體四肢上的關節，是以歷代統治者不論是對內或對外，均將「關」視為交通要道上的重要軍事設施。

　　《尉繚子・踵軍令》：「兵有什伍，有分有合，豫為之職，守要塞關梁而分居之。」[5]《淮南子・兵略訓》亦云：「硖路津關，一人

1　嚴耕望，〈從師問學六十年〉，氏著，《錢穆賓四先生與我》（臺北：臺灣商務印書館，1992.3，初版），頁46。
2　歷史人文地理涵蓋層面，詳參林頰編著，《中國歷史地理學研究》（福建：福建人民出版社，2006.1，1版），頁77-79。
3　嚴耕望，《唐代交通圖考》（一）（臺北：中研院史語所專刊之八十三，1985.5，初版），「序言」，頁7。嚴耕望，〈努力途徑與工作要訣〉，氏著，《治史經驗談》（臺北：臺灣商務印書館，1988.11，5版），頁139。嚴耕望，〈我對於歷史地理的興趣是怎樣引發的〉，氏著，《治史答問》（臺北：臺灣商務印書館，2005.4，初版），頁15。嚴耕望，〈我撰「唐代交通圖考」的動機與經驗〉，《興大歷史學報》，3期（臺中，1993.4），頁1。
4　譚宗義，《漢代國內陸路交通考》（香港：新亞研究所專刊，1967.12），章群序。周一士，《中國公路史》（臺北：公路出版社，1957.8，初版），頁1。
5　佚名著，張金泉注譯，《新譯尉繚子》（臺北：三民書局，1996.2，初版），卷4，〈踵軍令〉，頁101。

守隘而千人弗敢過也。」[6]蘇秉琦認為關卡的設置是國家的象徵，[7]可見關是交通發展至一定程度的產物。呂思勉云：「古代列國之間，交通多有制限，是為關梁。」[8]認為「關」制限交通，實為點晴之論。關之重要性在於扼守交通路線，誠然有交通線不一定有關，但有關則必有交通線經過，關與交通路線密切性不言而喻。關之所在也是歷代用兵頻繁之處，關防研究結合人文地理之軍事與交通兩面，更是史學研究的兩隻腳之一。

唐太宗貞觀初年（A.D.627）因山川形便，分天下為十道，玄宗開元21年（A.D.733），天下分為十五道，[9]後代學者針對各道進行研究。[10]研究面向或有全面性、或針對軍事、經濟、政治，以朝代為經，各道為緯，選主題做細膩探究，已成一系列固定模式。古往今來，關數量之多，但能有系統論述者有限，資料不足是關鍵因素。不過，都城所在因為是一國要區，交通之匯，[11]關分布密度高，所遺留下的資料相

6　漢・劉安撰，何寧集釋，《淮南子集釋》（北京：中華書局，1998.10，1版），卷15，〈兵略訓〉，頁1073。

7　蘇秉琦，《中國文明起源新探》（北京：三聯書店，1999.1，1版），頁153。

8　呂思勉，《秦漢史》（上海：上海古籍出版社，2005.7，1版），頁549。

9　北宋・歐陽修、宋祁撰，《新唐書》（北京：中華書局，1975.2，1版），卷37，〈地理志〉，頁959-960。

10　學位論文如廖幼華，〈初唐河東道研究──對外策略的研究〉（臺北：中國文化大學歷史碩士論文，1980）【案：以下註解，因皆屬臺北文化大學的學位論文，故採簡稱方式】。桂齊遜，〈唐代河東軍事研究〉（碩士論文，1990）。郭啟瑞，〈唐代後期關中防衛中形勢之演變〉（碩士論文，1985）。謝德隆，〈唐代前期對關內道北部的經營〉（碩士論文，1992）。朱祖德，〈唐代淮南道研究〉（碩士論文，1996）。林世清，〈唐代嶺南道研究〉（碩士論文，1997）。邵承芬，〈唐代江南道研究──以經濟發展為探討重心〉（博士論文，2003）。趙國光，〈唐代河南道及都畿道與國勢興衰之關係〉（博士論文，2003）。

11　唐・柳宗元，吳文治等校點，《柳宗元集》（北京：中華書局，1979.10，1版），卷26，〈館驛使壁記〉，頁703：「凡萬國之會，四夷之來，天下之道畢出於邦畿之內。」辛德勇就長安附近的交通路線分為隨機性道路與控制性道路，前者是指道路受自然條件限制很小，隨著政治、經濟、軍事等人文因素的變化而變化；後者是指受制於自然條件，穩定性甚強，對人文

較而言較多，是以筆者曾就漢代函谷關成其論文，突顯此關在秦漢時關中關的價值。[12]漢唐盛世向為世人津津樂道，唐代關內道包含後來分出去的京畿道，既是都城所在，關隘數量多且極為重要。

《唐六典・尚書刑部》「司門郎中、員外郎」條記載全國關有26座，[13]其中關內道有14座，數量超過二分之一（14/26）。《玉海》記載關有143，關內則有31，[14]數量超過五分之一（31/143）。張鄰、周殿杰認為唐關有111座，關內道有25座，數量超過五分之一（25/111）。[15]程喜霖以為唐關有112座，關內道有31座，數量超過四分之一（31/112）。[16]許益統計唐關有162，關內道42，數量超過四分之一（42/162）。[17]（表1-1-1）綜合各家說法，可見關中關防比例占唐代全國五分之一至四分之一強，反映京畿乃國家安全之重鎮。

地理布局起著控制作用。詳參氏著，〈長安城興起與發展的交通基礎──漢唐長安交通地理研究之四〉，《中國歷史地理論叢》，1989年第2輯，頁131。

[12] 蔡坤倫，〈漢代函谷關研究〉（臺中：國立中興大學歷史學系碩士論文，2009.6）。

[13] 唐・李林甫等撰，陳仲夫點校，《唐六典》（北京：中華書局，1992.1，1版），卷6，〈尚書刑部〉「司門郎中、員外郎」條，頁195-196。

[14] 南宋・王應麟輯，《玉海》（一）（揚州：廣陵書社，2003.8，1版），卷24，〈地理・關塞〉，頁493。

[15] 張鄰、周殿杰，〈唐代的關津制度〉，《中華文史論叢》，1985年第3輯，頁191-192、201-209。案：作者於正文中提到唐代關（津）156（含故關），不過，文末附表十道僅有關（津）140個。

[16] 程喜霖，《唐代過所研究》（北京：中華書局，2000.6，1版），頁312-315。案：唐關112座是否皆為唐代新增，筆者以為不然，不如說是唐代延續部分前代關防，如後人考《隋書・地理志》京兆長安有關官，即子午關，子午關顯然並非唐代才新增。詳參孔祥軍，〈《隋書・地理志》關官考〉，收錄氏著，《漢唐地理志考校》（北京：新世界出版社，2012.1，1版），頁147-161。

[17] 許益，〈漢唐關津問題研究〉（甘肅：蘭州大學歷史碩士論文，2008.5），頁13。案：作者在故關數誤記64（應為65），其餘關數亦誤記137（應為136）。

表1-1-1　各家統計唐代全國關與關內道關之數量

說法 \ 數量	全國關	關內道關	比例
《唐六典》	26	14	14/26
《玉海》	143	31	31/143
張鄰、周殿杰	156 （唐關111，故關45）	25	25/111
程喜霖	166 （唐關112，故關54）	31	31/112
許益	227 （唐關162，故關65）	42	42/162

出處：依頁2-3註13-17文獻與後人研究成果整理而成。

　　關雖然是人為設置，但設置考量點與該地自然形勢有關。唐道的出現雖然初始是主政者根據山川形便劃分為十道，不過，隨時間演變，伴隨道下的州、縣隸屬儼然仍是行政區概念。《唐六典・尚書刑部》「司門」條將當時天下關26座按層級定為上、中、下三類，標準是位於京城四面關與驛道有無，兩者兼具者為上關（6），符合其中一為中關（13），其餘為下關（7）。[18]唐代天下關當不只26個，既然京城四面關能成為界定關層級的標準之一，想必京城關的重要性，以及四面關的涵義有待釐清。秦漢以來京畿範圍即有關中之稱，關中乃諸關之中，正能結合四面關概念，進而突顯關中四面關在唐代天下關的研究價值。

　　關中西面隴坻（隴山）、賀蘭山、西套平原，北面陰山、前套、後套平原，南面秦嶺，自西向北往南如ㄇ字型的黃河環繞四周，東面阻於黃河。涵蓋範圍與諸關，包括黃河ㄇ字西段河上關的會州會寧關、烏蘭關，ㄇ字東段勝州榆林關、河濱關，延州永和，丹州烏仁關，同州龍門關、蒲津關，華州渭津關、潼關，計10關。西向逾隴道路，北道原州蕭關、石門關，京兆府的大橫關，中道原州六盤關、瓦

---
[18]　《唐六典》，卷6，〈尚書刑部〉「司門」條，頁195-196。

亭故關、木峽（硤）關、制勝關、石峽關、驛藏關、木靖關，南道岐
州大和關、隴州大震關、安夷關，合計13關。南逾秦嶺東側的京兆府
子午關、庫谷關、藍田關，商州武關，西側京兆府駱谷關，岐州散
關，北往河套平原有前套延州合嶺關，綏州魏平關，單于大都護府雲
伽關。後套延州蘆子關，豐州不知名關。西套寧州安定故關、慶州驛
馬關，計13關。章節架構上先是宏觀關的法規範、用語與通關流程，
進而微觀關中四面36關，（圖1-1-1）唯各章中宏觀與微觀兼具，期能透
過關隘連接歷史軍事地理，擴大歷史人文地理。

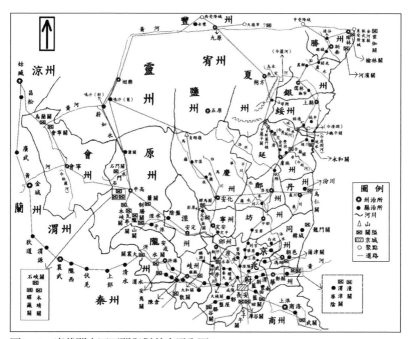

圖1-1-1　唐代關中四面關與對外交通全圖

出處：參《中國歷史地圖集》（五），頁40-41改繪。案：今日所稱鄂爾多斯高
　　　原，南以長城為界，東、北、西三面環繞黃河，即唐代靈州、宥州、鹽
　　　州、夏州、勝州與黃河之間。地圖因顧及整體交通路線與關隘呈現，對此
　　　比例上有所壓縮。

第二節　研究成果述評

　　前人對於唐代關防的相關研究大致可分成關隘本身、交通、政區、法律、關證等五類。第一類是關隘，涉及多關與單關的討論，多關回顧如穆渭生《唐代關內道軍事地理研究》一書，宏論關內道軍事地理，[19]該書以2002年博士論文為底本，上篇總論自然地形如何制約關內道交通、軍事，圍繞在地理形勢為論述要點。下篇分論關內道北部與南部的軍事地理，其中也包括關防。不過在關防資料的引用較乏，涵蓋層面亦限於子午關、潼關、大震關、函谷關。[20]曹雲忠等編著《中華名關》一書收錄兩岸名關凡113個，以河南省22個為最，陝西省16個居次。[21]論及關內道關防有臨晉關（蒲津關）、大散關、嶢關、武關、蘆子關、大震關，各關就位置、名稱沿革、變遷、戰役而論，屬於簡述性的編著。

　　安介生編著《天下雄關》，內容分上、下兩篇，[22]上篇專論關的定義、格局、地理形勢、詩歌、意象，涉及軍事地理、文化地理等面向。下篇挑選十關，屬關內道者限於潼關，篇幅有限。胡阿祥等著《兵家必爭之地——中國歷史軍事地理要覽》是另一部歷史軍事地理作品。[23]全書凡廿三講，前五講為總論，後十八講是分論各省歷史軍事形勢，從戰略地位、山川險要、軍事重鎮三面向分析。涉及唐代關內道關防，總論中有論述潼關的建立與地理形勢。分論時提到潼關、

---

[19]　穆渭生，《唐代關內道軍事地理研究》（陝西：陝西人民出版社，2008.7，1版）。

[20]　蔡坤倫，〈評介穆渭生，《唐代關內道軍事地理研究》〉，《臺灣師大歷史學報》，53期（臺北，2015.6），頁191-206。

[21]　曹雲忠、席木森、朱彥武、史友仁編著，《中華名關》（北京：解放軍出版社，1988.11，1版）。

[22]　安介生編著，《天下雄關》（長春：長春出版社，2007.1，1版）。

[23]　胡阿祥、彭安玉、郭黎安，《兵家必爭之地——中國歷史軍事地理要覽》（海口：海南出版社，2007.8，1版）。

武關、大散關，著墨不多。許益〈漢唐關津問題研究〉是跨越漢、唐，以關津作為學位論文，[24]探討關津的起源、形制、設置、特點、管理措施、職能。唯漢唐兩代存在時間超過七百年，僅以五十多頁論述關津涉及的多面向議題，多臚列關名，細膩度較單薄。

礪波護〈唐代的畿內與京城四面關〉是針對唐代都城範圍及其四面關立論之作。[25]作者先比較中日「畿內」（京城周圍的特定區域）差異，日本畿內與京城位置無關，無京城變動，畿內隨之異動的現象，但中國則反之。[26]其次是比對得出《唐六典》的四面關名稱。最後則是討論武后時期洛陽四面關。整體而言，文章偏重在京城四面關出現的時機點，以及關稅徵收與否。張鄰、周殿杰〈唐代的關津制度〉一文，[27]以關津制度、分布、變遷、商稅作宏觀考論，特別是文末附唐代各道所見關一覽表，嘉惠後人對唐代關防位置的初步認識。陳習剛〈論武則天時期關津的職能及其興廢〉一文，[28]首先論述武則天時期關津設置概況，其次是宏觀關津特徵、關稅、職能。《漢唐地理志考校》一書是單篇論文的合集，[29]其中《隋書·地理志》關官考一文，得出隋代縣級隸屬下的38座關名，某些關延續至唐，可作為唐關研究的基礎。

多關研究之外，更多是對單一關防的論述。首先是會州的會寧關與烏蘭關，孫長龍〈唐會州及其屬縣、關口考〉與〈關於唐代會州的幾個問題〉是同年發表於不同刊物的異名作，[30]兩篇文章透過文獻與

---

[24] 許益，〈漢唐關津問題研究〉，頁1-55。

[25] 日·礪波護著，胡寶珍譯，白子明校，〈唐代的畿內與京城四面關〉，《河北師院學報》（社會科學版），1993年第4期，頁31-37，轉51頁。

[26] 另有蕭錦華，〈唐前期兩京畿內制建立考論〉，《中國文化研究所學報》，2008年第48期，頁35-79可參看。

[27] 張鄰、周殿杰，〈唐代的關津制度〉，頁185-210。

[28] 陳習剛，〈論武則天時期關津的職能及其興廢〉，《中州學刊》，2007年第5期，頁168-171。

[29] 孔祥軍，《漢唐地理志考校》（北京：新世界出版社，2012.1，1版）。

[30] 孫長龍，〈唐會州及其屬縣、關口考〉，《絲綢之路》，2009年第16期，頁45-47。孫長龍，〈關於唐代會州的幾個問題〉，《蘭州教育學院學

田野調查闡明今日會寧縣、烏蘭縣、會寧關與烏蘭關位置所在,惜無圖示地名。其次是華州的潼關,史念海〈潼關古城的遷徙〉一文將潼關變遷與黃河在中游下切做連結,認為潼關在隋、唐時各有過一次變遷,加上舊潼關城,共有三處不同位置的關城,隋代以前的潼關皆在高而平坦的原上,唐代則變遷至原下。[31]但對於舊(漢)潼關在隋代變遷原因並未說明。許正文〈潼關沿革考〉一文以潼關名稱、變遷、交通為主軸,[32]雖提及小關,卻未能對其起源,及其與潼關相對位置與關係做說明。

　　關治中〈潼關天險考證——關中要塞研究之三〉論述東漢、隋、唐三朝不同時期的潼關概況、位置與地理形勢。[33]不過忽略遷關原因以及交通改道,再者,既然論及三座不同時空下的潼關城,若無繪製地圖,位置無法突顯。艾冲〈古代潼關城址的變遷〉一文對潼關城位置的區分則不同於關氏,分為東漢至北朝、隋唐宋元與明清三段時期,隋唐宋元時期的潼關城再細分為隋代關城的南移,以及唐代關城的北遷。[34]由於隋、唐潼關位置有顯著南、北之分,將隋唐視為潼關變遷的一個階段,其特色不顯。又宋以後的潼關城延續唐,以同階段視之或許更為合適。

　　歷史上漢潼關設置時間是不明確的,艾冲〈潼關創建年代考辨〉一文從置關背景、原因,推測設關時間。[35]梁建邦〈潼關古城的建

　　報》,2009年第3期,頁18-22。

[31] 史念海,〈潼關古城的遷徙〉,收錄氏著,《河山集》(二集)(北京:三聯書店,1981.5,1版),頁176-180。今日潼關(縣)城因興修三門峽水庫,曾遷移至西南的吳村,舊縣城改名為港口(鎮)(老潼關、舊潼關)。詳參史念海,《黃土高原歷史地理研究》(鄭州:黃河水利出版社,2001.8,1版),頁110-111、186。

[32] 許正文,〈潼關沿革考〉,《人文雜誌》,1989年第5期,頁93-97。

[33] 關治中,〈潼關天險考證——關中要塞研究之三〉,《渭南師專學報》(社會科學版),1999年第3期,頁35-39。

[34] 艾冲,〈古代潼關城址的變遷〉,《歷史地理》,2002年第18輯,頁122-129。

[35] 艾冲,〈潼關創建年代考辨〉,《渭南師專學報》(社會科學版),2000年第1期,頁10-13,轉17頁。

制〉一文綜觀歷代潼關城的形制，[36]唯對於釐清關城變遷的原因則較不足。潼關歷經三次變遷，每次移動皆有背後原因與意義，交通路線亦隨之轉移，過去研究往往各執一方，未能兼具細部與宏觀。至於同州渭津關的研究更是稀少，艾冲〈隋唐永豐倉考論〉一文闡明倉的位置、地理形勢、運糧用的關中漕渠，並試圖與潼關做連結，[37]永豐倉除與潼關密切之外，與渭津關實為三位一體，需進一步疏解，方有助於對此關的認識。

　　關中北部黃河ㄇ字段曲流內外設置不少軍事防禦設施，艾冲〈論唐代「河曲」內外駐防城群體的分布及其對北疆民族關系的作用〉一文整合前人對單一駐防體研究，全面考論黃河曲流（河曲）內、外沿線四層駐防體（關城屬第三層級），同時延伸至河曲內側南部的夏州、鹽州、延州一帶，對唐代關中北側河曲的軍事防禦體系開拓宏觀的視角。[38]唯在論述各駐防體細部時就顯得些許單薄，首先是缺乏地圖呈現駐防體的相對位置。其次是河曲轉彎處的邊防要區勝州未多加著墨。[39]最後是河曲範圍的界定問題，作者將河曲延伸至內側南部的夏州、鹽州，甚至是延州盧子關北五座防禦體系，是否有失河曲原指黃

---

[36] 梁建邦，〈潼關古城的建制〉，《滄桑》，2005年第2期，頁17，轉24頁。

[37] 艾冲，〈隋唐永豐倉考論〉，《陝西師範大學學報》（哲學社會科學版），1997年第2期，頁139-144。

[38] 艾冲，〈論唐代「河曲」內外駐防城群體的分布及其對北疆民族關系的作用〉，《唐史論叢》，2008，頁131-146。過往單一駐防體研究：如史載三受降城的修築時間有唐中宗景龍二年（708）或景龍中、神龍三年（707）、睿宗景雲三年、景雲二年（711）四說，王亞勇考證文獻，認為以景龍二年較貼近史實，詳參氏著，〈三受降城修築時間考〉，《內蒙古師大學報》（哲學社會科學漢文版），1988年第3期，頁50-52。李鴻賓對三受降城地理位置與唐朝北部國防安全的連結。詳參氏著，〈唐朝三受降城與北部防務問題〉，收錄中國長城學會編，《長城國際學術研討會論文集》（瀋陽：吉林人民出版社，1995.12，1版），頁143-153。王北辰，〈內蒙古後套平原的幾個歷史地理問題──兼考唐西受降城〉，收錄氏著，《王北辰西北歷史地理論文集》（北京：學苑出版社，2000.7，1版），頁358-370。

[39] 後起之作如李培娟對隋唐勝州位置與興衰原因做探討，詳參氏著，〈淺析隋唐勝州軍事地位的興衰原因〉，《蘭臺世界》，2013年第6期，頁91-92。

河轉彎處曲流的本義？

接著是同州蒲津關，古稱臨晉關，關外有蒲津橋連接至河東，為溝通黃河兩岸的橋樑之一。關治中、李金俠〈臨晉關考證——關中要塞研究之五〉一文針對臨晉關的位置、關外浮橋、戰事而論。[40]唯文中對於浮橋架設時間與史籍記載有落差。又唐代蒲津浮橋增修有兩次，[41]雖以第二次為主要，首次仍有提及的必要性。唐寰澄編著《中國古代橋梁》一書概述史上橋樑種類、形制、成因等，[42]有助於了解蒲津橋構造。陸敬嚴〈蒲津大浮橋考〉可說是早期對蒲津橋的整體性介紹，論及橋的位置、興廢時間、規模構造、維修管理、改建，以及輔助橋樑的鐵牛形制，[43]對於橋、鐵牛也都附有示意圖。張思足〈連接秦晉有一橋——唐代的蒲津大浮橋考略〉屬於概述性篇章，[44]但因內容未以標題分類，有種霧裡看花之感。再者，作者以唐代橋樑工程浩大為由，橋中間不可能有河中小島支撐，不過，西魏時確有中潬城，[45]追溯中潬城的沿革史，有助於理解其在蒲津橋中所扮演的角色。

位於河東一端的蒲津橋、蒲津渡口、鐵牛皆位於今山西省永濟市西，古蒲州城西門外的黃河東岸，後因黃河東移，鐵牛等沒入水中，1988年永濟博物館配合政府探勘，翌年出土唐開元鐵牛、鐵人等，爾後在1991、1999先後兩次對遺址進行挖掘，歷經九個多月，更完整揭

---

[40] 關治中、李金俠，〈臨晉關考證——關中要塞研究之五〉，《渭南師範學院學報》，2000年第3期，頁111-115。

[41] 唐代何以要增修蒲津橋連接河東地區？姚春敏、趙曉峰以為河東有利潤高的鹽業，以及肥沃土地能產出糧食，本身是經濟富裕之地。詳參氏著，〈試論唐王朝修建「蒲津橋」的經濟目的與動機〉，《運城學苑學報》，2008年第6期，頁18-21。

[42] 唐寰澄編著，《中國古代橋梁》（北京：中國建築工業出版社，2011.1，1版）。

[43] 陸敬嚴，〈蒲津大浮橋考〉，《自然科學史研究》，1985年第1期，頁35-41。

[44] 張思足，〈連接秦晉有一橋——唐代的蒲津大浮橋考略〉，《西安教育學院學報》，1998年第4期，頁5-8。

[45] 唐·令狐德棻等撰，《周書》（北京：中華書局，1971.11，1版），卷39，〈韋瑱傳〉，頁694。

露橋樑周圍面貌。王元林〈蒲津大浮橋新探〉一文即是以橋東岸出土的唐鐵牛材料，結合自身田調，就陸敬嚴未見到的出土資料與其商榷。[46]劉永生〈古城古渡古橋──永濟黃河蒲津渡遺址考古瑣記〉一文進而以1988、1991、1999前後三次考古探勘為本，提供蒲津渡、橋及其附屬鐵牛的圖像，[47]讓過往文獻記載有所對照。

出土鐵牛形制多樣化，涉及雕塑技術，蘇涵、景國勁〈黃河蒲津渡開元鐵牛雕塑群考論〉一文從藝術角度切入，由鐵牛外觀談及國家背後強悍的意志、壯盛的時代精神，[48]對於鐵牛、鐵人面部表情刻畫之細膩是另一種唐文化的展現。唐代蒲津關、橋、渡，乃至於橋樑附屬的鐵牛等構成一套蒲津體系，過往研究往往各有所偏，僅從歷史談及蒲津關，或以田調結果敘述出土鐵牛等。對於蒲津橋橫跨關內、河東，乃至於蒲津關是否兩岸增設的問題並未釐清，倘能結合紙上材料與出土文物，從關至橋及其周遭附屬全面探索，將能深化對蒲津關全面性認識。

接著是隴州的大震關（隴關）。關治中、王克西〈隴山諸關考──關中要塞研究之六〉就隴山周圍的關隘而論，著重考證長安通往隴山南段南道上隴關、安戎關、咸宜關的位置。[49]但文中既無地圖比對關址，且關道論述有限。史念海〈唐代原州的木峽關和石門關〉一文從木峽關、石門關設置時間、位置談起，輔以例證說明地理形勢。[50]馬東海〈唐木峽關、摧沙堡、石門關考〉承繼史文，以為木峽關、摧沙堡、石門關是古代關中地區西陲的重要關隘、據點，木峽關

---

[46]　王元林，〈蒲津大浮橋新探〉，《文物季刊》，1999年第3期，頁52-58。

[47]　劉永生，〈古城古渡古橋──永濟黃河蒲津渡遺址考古瑣記〉，《文物世界》，2000年第4期，頁4-8。

[48]　蘇涵、景國勁，〈黃河蒲津渡開元鐵牛雕塑群考論〉，《晉陽學刊》，2004年第4期，頁88-91。

[49]　關治中、王克西，〈隴山諸關考──關中要塞研究之六〉，《渭南師範學院學報》，2002年第1期，頁58-61。

[50]　史念海，〈唐代原州的木峽關和石門關〉，收錄氏著，《河山集》（七）（西安：陝西師範大學出版社，1999.1，1版），頁239-248。

在摧沙堡的南端。[51]嚴耕望則認為木峽關與摧沙堡皆在頹沙山上,但方位不同。[52]木峽關與摧沙堡的相對位置為何?兩者之間的犄角之勢能否從史例中找尋蛛絲馬跡?進而補前人未繪地圖之缺。

對於藍田關的地理位置有牛樹林、郭敏厚、耶磊與陳維緒一系列論辯性的對談。牛樹林、郭敏厚〈「藍關」考〉將藍關定位在今商洛市商州區,即秦嶢關(今牧護關),[53]陳維緒〈漢唐嶢關、藍關考略──兼與牛樹林、郭敏厚先生商榷〉一文持不同看法,以為關在今(西安市)藍田縣東南,[54]牛、郭二氏則以〈秦漢嶢關、唐藍關小考〉與〈秦漢嶢關、唐藍關續考──從文獻所載「藍田縣東南」的里程說起〉兩文回應,[55]前文再以文獻確認秦漢嶢關即唐藍關,後文則以藍田縣東南90里或98里程來推算關址,皆得出關位於今商洛市商州區西北。總之,藍關位置有今陝西省西安市藍田縣與商洛市商州區兩說,即唐代京兆府與商州,何說較真?有待從關城變遷與周圍地理形勢談起。

武關是藍田道上的另一座關隘,位置上有變與不變兩說。侯甬堅〈論唐以前武關的地理位置〉一文主張關始終在今陝西商洛市丹鳳縣東南臨武關河畔。[56]劉樹友〈武關考──關中要塞研究之七〉從武關前身晉國設置少習關談起,至戰國秦改稱武關,關址未變,皆在今

---

[51] 馬東海,〈唐木峽關、摧沙堡、石門關考〉,《寧夏師範學院學報》(社會科學),2010年第4期,頁20-22。

[52] 嚴耕望,《唐代交通圖考》(二)(臺北:中研院史語所專刊之八十三,1985.5,初版),頁407。

[53] 牛樹林、郭敏厚,〈「藍關」考〉,《人文雜誌》,1994年增刊。

[54] 陳維緒,〈漢唐嶢關、藍關考略──兼與牛樹林、郭敏厚先生商榷〉,《商洛學院學報》,2006年第1期,頁28-29,轉46頁。

[55] 牛樹林、郭敏厚,〈秦漢嶢關、唐藍關小考〉,《商洛學院學報》,2008年第3期,頁1-4。牛樹林、郭敏厚、耶磊,〈秦漢嶢關、唐藍關續考──從文獻所載「藍田縣東南」的里程說起〉,《商洛學院學報》,2009年第1期,頁46-48。

[56] 侯甬堅,〈論唐以前武關的地理位置〉,《陝西師範大學學報》(哲學社會科學版),1986年第3期,頁82-88。後收錄氏著,《歷史地理學探索》(北京:中國社會科學出版社,2004.6,1版),頁304-316。

陝西丹鳳縣東武關村。[57]可見侯、劉二氏均持關址未變動說。王昌富〈早期武關地望初探〉對於早期武關位置是否在今丹鳳縣東武關村提出質疑，[58]余方平、王昌富〈武關早期位置探索新論〉一文以為少習不一定是關隘，武關與少習沒有繼承關係，最早武關由戰國楚設置，非秦置，具體位置仍有待探索，今武關為秦朝始建。[59]顯見王、余二氏持關址異動說。總之，武關與少習關係為何？興建國家、年代，以及位置上是否有改變？均有再討論的空間。

　　散關位置涉及變與不變。劉樹友〈秦嶺諸關考──關中要塞研究之四〉主張大散關位置古今同一處。[60]梁福義〈古散關遺址辨正〉一文提出散關有位於秦嶺上的古遺址。[61]馬正林〈關於古散關遺址〉一文對於梁文提出商榷，以為散關不在秦嶺，而是位於大散嶺。[62]李仲操〈歷代散關遺址小考〉一文認為散關有漢代、南北朝、唐代，以及元、明以後的二里散關，不論是位置或名稱皆有不同。[63]梁、馬、李三氏認為古今散關位置不只一處，且有朝代之別，顯然與劉氏關址不動說有所不同。散關關址變與不變，以及變中仍有位置分歧處，此皆有待進一步釐清。

　　第二類是交通。嚴耕望《唐代交通圖考》（一）、（二）、（三）三冊是針對唐代關中對外交通路線的論述。[64]關防設置目的以制限交

[57]　劉樹友，〈武關考──關中要塞研究之七〉，《渭南師範學院學報》，2002年第3期，頁44-49。

[58]　王昌富，〈早期武關地望初探〉，《文博》，1989年第4期，頁20-22，轉82頁。

[59]　余方平、王昌富，〈武關早期位置探索新論〉，《商洛學院學報》，2008年第1期，頁27-31。

[60]　劉樹友，〈秦嶺諸關考──關中要塞研究之四〉，《渭南師專學報》（社會科學版），1999年第4期，頁24。

[61]　梁福義，〈古散關遺址辨正〉，《人文雜誌》，1984年第1期，頁36。

[62]　馬正林，〈關於古散關遺址〉，《陝西師範大學學報》（哲學社會科學版），1986年第1期，頁105-106。

[63]　李仲操，〈歷代散關遺址小考〉，《人文雜誌》，1985年第6期，頁74-75。

[64]　嚴耕望，《唐代交通圖考》（一）（二）。嚴耕望，《唐代交通圖考》（三）（臺北：中研院史語所專刊之八十三，1985.9，初版）。

通幹道為要，關研究無法脫離交通，否則重要性不顯，嚴氏系列性
交通著作對於關道研究助益頗深。王文楚〈唐代兩京驛路考〉一文，
早先撰寫時著墨較少，[65]近年則參考辛德勇〈崤山古道瑣證〉重修此
作。[66]王開主編的《陝西古代道路交通史》，時間從西周至清代，文
分八章，屬於通史性質的陝西交通史。[67]辛德勇〈隋唐時期長安附近
的陸路交通〉就隋唐長安四周的陸路交通而論，[68]史念海〈關中的歷
史軍事地理〉涉及關中地區的函谷關與潼關，及其南北各關所構成的
防衛體系，[69]其交通路線更是連接重要都會與關隘，[70]都會、關隘與
交通三者之間的關係已密不可分。上述著作雖有成書年代之別，重點
取向也各有所偏，但在交通層面卻有不可抹滅的貢獻，對於關隘沿線
道路的比對甚有助益。

　　長安西逾隴山交通屬於絲路東段，絲路延伸範圍甚廣，後人為研
究方便，大致分三段，名稱與起訖點依學者界定而不同，[71]每段再分

[65] 王文楚，〈唐代兩京驛路考〉，原載《歷史研究》，1983年第6期，頁62-74。
後收錄氏著，《古代交通地理叢考》（北京：中華書局，1996.7，1版），頁
46-81。另有王文楚，〈西安洛陽間陸路交通的歷史發展〉，原載《歷史地
理研究》，1986年第1輯，後收錄氏著，《古代交通地理叢考》，頁82-103。
[66] 辛德勇，〈崤山古道瑣證〉，《中國歷史地理論叢》，1989年第4輯，頁37-
66。辛德勇，〈三崤山補證〉，《中國歷史地理論叢》，1991年第1輯，頁
58。
[67] 王開主編，《陝西古代道路交通史》（北京：人民交通出版社，1989.8，1
版）。
[68] 辛德勇，〈隋唐時期長安附近的陸路交通——漢唐長安交通地理研究之
二〉，收錄氏著，《古代交通與地理文獻研究》（北京：中華書局，
1996.7，1版），頁142-165。
[69] 史念海，〈關中的歷史軍事地理〉，收錄氏著，《河山集》（四集）（西
安：陝西師範大學出版社，1991.12，1版），頁145-244。
[70] 史念海，〈隋唐時期的交通與都會〉，收錄氏主編，《唐史論叢》（第六
輯）（西安：陝西人民出版社，1995.10，1版），頁1-57。
[71] 「東段從長安到玉門關、陽關，中段從玉門關、陽關以西至蔥嶺，西段從
蔥嶺往西經過中亞、西亞直到歐洲。」詳參田亞岐、楊曙明，〈絲綢之路
南線長安至隴山段考察研究〉，《秦漢研究》（第三輯），2009年，頁135-
144。「長安涼州道、涼州安西道、安西以西通西域諸道。」詳參嚴耕望，
《唐代交通圖考》（二），頁341。

北、中、南三線（道）。北道名稱據嚴耕望考，稱為烏蘭路，南道稱秦州路。[72]蘇海洋等則以隴右北道與南道稱呼。[73]換言之，北道烏蘭路經原州境內隴山北段大隴山（今六盤山），南道秦州路經隴州境內隴山南段小隴山（今隴山），但中道路段位於何處？過往研究多所忽略。

劉滿〈秦漢隴山道考述〉一文論述東漢越隴山由北而南的瓦亭、雞頭、番須口、隴坻四道。[74]李春茂〈絲路東段的隴山古道〉一文提出絲路東段的隴山古道包括雞頭、回中、番須、隴關、六盤、木峽六條道路，以為唐宋時雞頭道又稱安化峽道，沿線有安化縣（今寧夏涇源縣），舊名制勝關，北宋熙寧七年廢關置縣。又六盤道在唐宋時僅為羊腸小道，金朝才拓展為大道。[75]唯唐代安化縣是否等同制勝關？雞頭道在絲路東段道路中所扮演的角色為何？六盤道在唐宋時是否為小道？關於南、北道的開發順序，李健超〈絲綢之路之陝西、甘肅中東部線路的形成與發展〉一文以為南線（道）發展早於北線（道）。[76]上述三文從交通角度出發，論及道路的形成、發展、路線。然而，一方面未有地圖以茲索驥；另一方面對於沿線關防著墨鮮少。

南道由於開發早於北道，相關研究亦較多。《寶雞古代道路志》以「長安－鳳翔－隴坂道」稱呼南道，另有位於隴坻南麓，渭水北側的南由路，此路沿途由南由縣西經安夷關，又稱安夷關道或汧隴南道，屬於支線。[77]但本書畢竟屬通論性、跨朝代著作，對於關隘細

---

[72] 嚴耕望，《唐代交通圖考》（二），頁344。

[73] 蘇海洋、雍際春、晏波、龍曉妮，〈絲綢之路隴右南道甘肅東段的形成與變遷〉，《西北農林科技大學學報》（社會科學版），2011年第3期，頁126。雍際春、蘇海洋，〈絲綢之路隴右南道隴山段的交通路線〉，《絲綢之路》，2009年第6期，頁33。

[74] 劉滿，〈秦漢隴山道考述〉，《敦煌學輯刊》，2005年第2期，頁264-269。

[75] 李春茂，〈絲路東段的隴山古道〉，《甘肅社會科學》，1996年第2期，頁76-78。

[76] 李健超，〈絲綢之路之陝西、甘肅中東部線路的形成與發展〉，《絲綢之路》，2009年第6期，頁31-32。

[77] 寶雞市公路交通史志編寫辦公室編，《寶雞古代道路志》（西北：陝西人民出版社，1988.5，1版），頁122-123。案：該書指出唐代由長安出西域的

節、整體地理形勢、位置論述有限。王成成〈隴坻古道的繁榮與衰敗〉一文認為隴坻道在三國至明、清是關中至隴右的主道,但因道路只有隴州以東的關中平原和秦州附近較平坦,逐漸被北線乃至於其他支線取代。[78]田亞岐、楊曙明〈絲綢之路南線長安至隴山段考察研究〉進一步補充南線受限於汧河與隴山兩大天塹的阻隔,制約形成汧渭谷道(水路)與長安—雍城—隴州道(陸路)兩條主幹道。[79]兩篇文章仍以交通視角談道路沿革,對於途中關隘的設置、變遷、地理形勢等論述亦不多,加上王文缺少地圖,地名、路線查詢相對不易。

　　南道路線據學者研究再細分為三、四類。張國藩、趙建平〈絲綢之路隴坂古道考察散記〉分南線為北路秦家塬道(隴關舊道)、中路隴關道(隴關新道)、南路咸宜關道。[80]雍際春、蘇海洋〈絲綢之路隴右南道隴山段的交通路線〉以南道除自陳倉濱渭河西行的陳倉狹道之外,[81]由北而南有隴山北道、隴關道和咸宜關道,隴關道又可分北線隴關舊道,南線隴關新道。[82]蘇海洋等〈絲綢之路隴右南道甘肅東段的形成與變遷〉一文以南道分北線長安平涼道與南線秦州路。[83]劉軍

　　驛路,到咸陽後分為二支:一支向西北行,經乾州、邠州、涇州、原州、會州至涼州;一支由咸陽直西行,經武功、岐山、雍縣、汧陽、隴州、秦州、渭州、蘭州至涼州。再由涼州入河西走廊,復經甘州、肅州、瓜州、沙州,達西域。

[78]　王成成,〈隴坻古道的繁榮與衰敗〉,《天水師院學報》(綜合版),2000年第3期,頁40-42。

[79]　田亞岐、楊曙明,〈絲綢之路南線長安至隴山段考察研究〉,頁135-144。汧河(汧水),今稱千水,是以汧渭谷道又稱千渭谷道,詳參楊曙明,〈陝西鳳翔境內古絲綢之路考略〉,《絲綢之路》,2009年第6期,頁26-30。

[80]　張國藩、趙建平,〈絲綢之路隴坂古道考察散記〉,《絲綢之路》,2001年S1期,頁107-111。

[81]　陳倉狹道又稱「陳倉渭水道」,是徐日輝於1985年提出,該道起於關中平原最西端陳倉,大體上傍渭水漕運西行,至秦州上邽縣,並附有2幅地圖以供查找。詳參氏著,〈「陳倉渭水道」與街亭戰役考〉,《中國歷史地理論叢》,2001年第2輯,頁90-96。

[82]　雍際春、蘇海洋,〈絲綢之路隴右南道隴山段的交通路線〉,頁33-36。

[83]　蘇海洋、雍際春、晏波、龍曉妮,〈絲綢之路隴右南道甘肅東段的形成與變遷〉,頁126-131。王成成提出長安平涼道多處於關中平原和較平坦的原上,

剛〈秦、西漢時期關中通往隴西郡交通線路考析〉一文認為南道由北
向南分為隴山北道、隴關道、咸宜關道三條道路。[84]上述篇章一方面
均乏地圖，以致相對位置不明確；另一方面南道分類上更為細緻，且
名稱隨各家說法而不同。隴山北道、長安平涼道、陳倉狹道是主要分
歧處。陳倉狹道位於南道最南端，較無爭議。隴山北道、長安平涼道
與東漢的雞頭道是否有關聯？釐清這些道路的位置或許有助於復原絲
路東段的中道。

　　關於討論子午道的文章，李之勤〈歷史上的子午道〉從陝西省以
子午命名的地名談起，地名多與子午谷、道有關，路線有漢魏和隋唐
之別，並舉史例印證交通上的使用。[85]另文〈《讀史方輿紀要》卷五
六《子午道》條校釋〉則是考證史籍記載的子午道，透過文獻與考古
校證原文謬誤之處，對於道路復原甚有助益。[86]吳亞娥〈試論安康境
內的幾條古交通要道〉論及子午道的起源、名稱，路線則主要引述李
之勤說法。[87]黃運喜〈玄奘的四川之行〉一文論述唐高祖武德初年，
玄奘與兄長捷法師利用子午道從長安先至漢中，再至成都，路線主要
引嚴耕望說法為主。[88]上述篇章因涉及道路古今地名不同，僅黃文有
地圖繪製，其餘則在閱讀上不易對地名產生定位。

　　史念海〈西安地區地形的歷史演變〉一文針對秦嶺與黃土原兩大
西安地區的地形演變史而論，提及隋唐都城南側除有穿越秦嶺的藍田

可謂為道路發展作一註解。詳參氏著，〈隴坻古道的繁榮與衰敗〉，頁40-42。
[84] 劉軍剛，〈秦、西漢時期關中通往隴西郡交通線路考析〉，《絲綢之路》，2011年第16期，頁11-13。
[85] 李之勤，〈歷史上的子午道〉，《西北大學學報》（哲學社會科學版），1981年第2期，頁38-41。
[86] 李之勤，〈《讀史方輿紀要》卷五六《子午道》條校釋〉，《中國歷史地理論叢》，2000年第3輯，頁27-38。
[87] 吳亞娥，〈試論安康境內的幾條古交通要道〉，《安康師專學報》，1994年第1期，頁81-82。
[88] 黃運喜，〈玄奘的四川之行〉，《西南民族大學學報》（人文社科版），2007年總第185期，頁166-171。

谷、子午谷、駱谷（儻谷）三條大谷道，尚有庫谷、義谷、錫谷三條由東向西並排南行的谷道，[89]谷道如何受到地形的制約。李之勤〈唐代藍武道上的七盤嶺與韓公堆〉一文考證藍田武關道上的兩處地名，認為七盤嶺與韓公堆皆在藍田縣南。[90]另文〈藍田縣的兩個石門與唐長安附近藍武道北段的水陸聯運問題〉則是確認藍田武關道是陸驛非水驛。[91]

　　李之勤除著墨於藍田武關道之外，同時關注駱谷道。〈儻駱古道的發展特點、具體走向和沿途要地〉考論歷代儻駱道沿線地名。[92]另文〈《讀史方輿紀要》陝西省漢中府「儻駱道」條校釋〉對於史籍記載的儻駱道加以辯證，糾舉原文錯誤之處。[93]徐志斌〈論唐代儻駱道的特點與價值〉歸結唐代儻駱道具有近捷非平坦特點與戰略價值。[94]雷震〈歷史時期的儻駱道及其作用〉一文亦提出儻駱道近捷而艱險的特點。[95]李、徐、雷三氏偏重在路線沿途地名的考證，進而概述道路的特點與價值，惜在圖示方面較不足。散關所扼交通為陳倉道，郭清華〈陳倉道初探──兼論「暗度陳倉」與陳倉道有關問題〉一文透過田調和文獻佐證道路名稱、起迄路程、興廢沿革，旁及暗渡陳倉由來。[96]李之勤〈陳倉古道考〉一文則認為暗渡陳倉於史無徵，道路開

---

[89]　史念海，〈西安地區地形的歷史演變〉，《中國歷史地理論叢》，1995年第4輯，頁33-54。

[90]　李之勤，〈唐代藍武道上的七盤嶺與韓公堆〉，收錄氏著，《西北史地研究》（鄭州：中州古籍出版社，1994.12，1版），頁126-133。

[91]　李之勤，〈藍田縣的兩個石門與唐長安附近藍武道北段的水陸聯運問題〉，《中國歷史地理論叢》，1992年第2輯，頁63-70。

[92]　李之勤，〈儻駱古道的發展特點、具體走向和沿途要地〉，《文博》，1995年第2期，頁44-53。

[93]　李之勤，〈《讀史方輿紀要》陝西省漢中府「儻駱道」條校釋〉，《中國歷史地理論叢》，2000年第1輯，頁229-237。

[94]　徐志斌，〈論唐代儻駱道的特點與價值〉，《陝西理工學院學報》（社會科學版），2011年第3期，頁17-20，轉29頁。

[95]　雷震，〈歷史時期的儻駱道及其作用〉，《陝西理工學院學報》（社會科學版），2011年第4期，頁40-44。

[96]　郭清華，〈陳倉道初探──兼論「暗度陳倉」與陳倉道有關問題〉，《成都大學學報》（社會科學版），1989年第2期，頁100-106。

關利用時間乃在唐宋襃斜道出現之後。[97]

　　關於長安北往河套平原、三受降城的交通，王北辰〈唐代長安－夏州－天德軍道路考〉一文考其唐代長安北經夏州至豐州天德軍的路線，[98]此路線經延州蘆子關，再北往夏州、宥州至天德軍。另文〈內蒙古後套平原的幾個歷史地理問題——兼考唐西受降城〉論及西受降城形制等，[99]石維娜〈唐長安通往「三受降城」的驛路及其歷史作用〉闡述長安至三受降城的路線與作用。[100]透過京城通往河套與三受降城的路線考證，對於建構長安北部交通與沿線關隘有其相當助益。

　　第三類是政區。漢、唐關中範圍是有變動的。邢義田〈試釋漢代的關東、關西與山東、山西〉一文提到秦漢的關指函谷關，山東的山一開始指華山，隨著秦國的擴張，轉變為崤山，由於函谷關與崤山地理位置相近，得出關東＝山東，關中（關西）＝山西。[101]張榮芳〈試論隋唐的山東與關東〉一文接踵邢文，續論秦漢以後關中範圍的演變，以為隋唐時山東的山指太行山，關指潼關，山與關的位置已經是東西分離，無法配合一致，山東與關東變成兩個截然不同的地域。[102]換言

---

[97]　李之勤，〈陳倉古道考〉，《中國歷史地理論叢》，2008年第3輯，頁118-124。

[98]　王北辰，〈唐代長安－夏州－天德軍道路考〉，《歷史地理》，1990年第9輯，頁264-274。

[99]　王北辰，〈內蒙古後套平原的幾個歷史地理問題——兼考唐西受降城〉，頁358-370。

[100]　石維娜，〈唐長安通往「三受降城」的驛路及其歷史作用〉，《華夏文化》，2011年第4期，頁27-29。

[101]　邢義田，〈試釋漢代的關東、關西與山東、山西〉，收錄氏著，《秦漢史論稿》（臺北：東大書局，1987.6，初版），頁85-113。邢義田，〈「試釋漢代的關東、關西與山東、山西」補正〉，收錄氏著，《秦漢史論稿》，頁114-120。

[102]　張榮芳，〈試論隋唐的山東與關東〉，原載《食貨》復刊第13卷1、2期，民國72.5，後收錄中國唐代學會編，《唐代研究論集》（第三輯）（臺北：新文豐出版社，1992.11，初版），頁761。案：作者認為唐代山東指太行山以東，略與位於黃河以北的河北道相等，可說山東等於河北道，但隋時河北範圍包括唐的河東與河北兩道，指的是黃河以北，非專指河北道的山東。（頁747）

之，關中東界從秦漢時的函谷關，隋唐時轉變為潼關，關的位置西移，同時太行山取代崤山，山的位置東移，關中與山西範圍已非秦漢時相對等。艾冲〈唐代靈、鹽、夏、宥四州邊界考〉一文考證唐代四州彼此間的邊界，以及夏州南、北界線，得出蘆子關為夏州南界。[103]可見關也具有州界的功能。

第四類是法律。戴炎輝針對唐律〈衛禁律〉中22條律文主題式溯源，[104]該文由於未能見到後代出土的秦、漢法律文書，是以考源上以傳統文獻為主。桂齊遜接踵戴文，以唐〈衛禁律〉為中心，論其特質與內涵，考其律文的源頭與演變。[105]劉燕儷針對〈衛禁律〉總82-87條作律文分析，從法制面論其唐代水上交通管理，透過律文分為航行船舶（含船人）、官方渡船，以及關津渡口兩面向，[106]由於此文是從法的角度圍繞在水上交通，自然偏重在水關為主。況臘生、張勝輝〈唐律中關防制度考析〉一文則歸納唐律中關防制度的目的、內容、影響，[107]對於關防制度在律文中的規範有初步認識。

白居易「百道判」第49判有某丙越度關，以及相對應判詞的記載，陳登武將「百道判」依內容分為單純法律案件的判、禮法相容或衝突的判、單純禮教問題、無關禮法案件四大議題，此判在歸類上屬於單純法律案件。[108]在禁物方面，劉馨珺從唐宋禁物越度「應禁

---

[103] 艾冲，〈唐代靈、鹽、夏、宥四州邊界考〉，《中國歷史地理論叢》，2004年第1輯，頁26-31。

[104] 戴炎輝，〈唐律衛禁律之遡源〉，收錄韓忠謨等主編，《薩孟武先生七十華誕政法論文集》（臺北：海天出版社，1966.2），頁103-114。

[105] 桂齊遜，〈《唐律‧衛禁律》沿革考〉，收入中國中古史研究編輯委員會編輯，《中國中古史研究》（第七期）（臺北：蘭臺出版社，2007.12，初版），頁95-126。

[106] 劉燕儷，〈水上交通管理〉，收錄高明士主編，《唐律與國家社會研究》（臺北：五南圖書出版有限公司，1999.1，初版），頁361-401。

[107] 況臘生、張勝輝，〈唐律中關防制度考析〉，《西安政治學院學報》，2001年第3期，頁86-91。

[108] 陳登武，〈白居易「百道判」試析——兼論經義折獄的影響〉，收錄柳立言主編，《傳統中國法律的理念與實踐》（臺北：中研院史語所，2008.5），頁343-411。陳登武，〈再論白居易「百道判」——以法律推理為中心〉，

之地」法令規定範圍談起，論述禁物鄉的地區、與化外人貿易的規
範，思考宋代「界」的內涵，觀察從唐「關」到宋「界」的演變。[109]
再者，唐律對於物品出入關，區分為禁物以及可私家擁有，禁物項目
為何？相關刑罰為何？即便是可擁有物，對於攜帶地點，朝廷亦有規
範，此等問題皆有待從律、令條文等疏解，並可與唐詩相應證。

　　第五類是關證。程喜霖《唐代過所研究》被視為二十一世紀初
期，過所研究的階段性成果。程氏旁徵博引文獻、吐魯番出土文書、
實物與域外資料，對於過所諸多問題一一釐清，尤其是提出正、副過
所概念，引發後續討論不斷。其認為官司據過所申請者的提出而重
新抄寫兩份，其一判給行人且有官印為正過所，留案無官印為副過
所。[110]正、副過所概念早自王仲犖〈吐魯番出土的幾件唐代過所〉一
文已可見。[111]不過，日令與出土文書等始終未見副過所用語，孟彥弘
〈唐關市令復原研究〉則提出唐代恐無所謂正、副過所。[112]

　　既然州承接縣，勘問、審核提出的過所申請，尚需書吏重新謄
寫一式兩份，何以日令要規範申請者錄兩通內容一樣的過所文書？
《天聖令》的問世得以重新檢視過往研究，尤其內含唐、宋〈關市
令〉可與舊有律令對參，進而復原更多唐令。《天聖令‧關市令》
唐1條有「諸請過所，並令自鈔（錄）副白」語，[113]副白是否為申請過

　　《臺灣師大歷史學報》，45期（臺北，2011.6），頁41-72。陳登武，〈白居
　　易「百道判」中的禮教思想〉，《法制史研究》，23期（臺北，2013.6），
　　頁113-143。

[109] 劉馨珺，〈〈衛禁律‧齎禁物私度關〉與《天聖令》的應禁之地〉，收錄
　　氏著，《「唐律」與宋代法文化》（嘉義：國立嘉義大學，2010.12），頁
　　339-396。

[110] 程喜霖，《唐代過所研究》（北京：中華書局，2000.6，1版）。

[111] 王仲犖，〈吐魯番出土的幾件唐代過所〉，收錄氏著，《𧮫華山館叢稿》
　　（北京：中華書局，1987.4，1版），頁275-276。

[112] 孟彥弘，〈唐關市令復原研究〉，收錄天一閣博物館，中國社科院歷史研
　　究所天聖令整理課題組校證，《天一閣藏明鈔本天聖令校證附唐令復原研
　　究》（北京：中華書局，2006.10，1版），頁529-530。案：以下書寫簡稱
　　《天聖令》。

[113] 《天聖令》，卷25，〈關市令〉，頁308。

所者提出的，李全德〈《天聖令》所見唐代過所的申請與勘驗──以「副白」與「錄白」為中心〉一文認為副白可能是申請人所自書的申牒，[114]孟彥弘以為副白不是副本，而是附於過所牒後，可視為副件且未用官府印鑑。[115]可見在請者過所這一端仍有疑慮，尚需釐清。

　　行客拿到所在官司勘給的過所後，行經在關處尚須獲得認證，方可通行。程氏認為過關時為自寫過所一份給關吏，[116]孟氏則認為檢勘過所後，可放行通過者，在其後作「勘出」、「勘入」、「勘過」等標識，這些標識就是所謂的「錄白案記」。[117]李氏則以為關司勘過後，抄錄行客過所於白紙上（錄白），錄寫過程為「案記」。[118]總之，過所的申請，從最初申請者是否需自己準備一式兩份，所在官司重新謄寫後，產生的兩份過所文書之名稱命名，以及在關處時是由請者自己抄寫一份給關司，或由關司自寫，或是直接於請者過所文書批閱。謄寫時是全錄或摘抄，其中涉及「副白」、「錄白案記」這兩個概念，以及圍繞在程氏、孟氏、李氏論點上的歧異，皆有再討論與釐清的空間。

第三節　研究材料、方法

　　唐代關中關防研究至少涉及唐史、歷史地理、法制、文學四個面向，研究材料大致可分為正史、歷史地理、法律文書、唐詩等類。

---

[114] 李全德，〈《天聖令》所見唐代過所的申請與勘驗──以「副白」與「錄白」為中心〉，《唐研究》，2008年第14卷，頁210。

[115] 孟彥弘，〈唐代「副過所」及過所的「副白」、「錄白案記」辨釋〉，收錄黃正建主編，《《天聖令》與唐宋制度研究》（北京：中國社會科學出版社，2011.3，1版），頁190-191。

[116] 程喜霖，《唐代過所研究》，頁101。

[117] 孟彥弘，〈唐代「副過所」及過所的「副白」、「錄白案記」辨釋〉，頁177、188。

[118] 李全德，〈《天聖令》所見唐代過所的申請與勘驗──以「副白」與「錄白」為中心〉，頁214。

政區以兩《唐書》〈地理志〉為首，按道、府、州、郡、縣層級分述，[119]關的隸屬、沿革、名稱、設置，甚至變遷都可在此得到初步認識。《括地志》以貞觀十三年（A.D.639）為版籍，按州、縣分述，對於唐前期政區釐清甚有助益。[120]《元和郡縣圖志》同《括地志》皆以貞觀十三年為政區，[121]唯在體例上按道、府、州、縣分述。《通典‧州郡》則按州、縣方式呈現唐後期政區。[122]唐代地理書彼此之間因時代背景不同，記載歧異，可互相比對辨疑。後代地理書如《太平寰宇記》、[123]《讀史方輿紀要》，[124]往往在述及過往地理沿革時可與唐代對證。

　　《雍錄》是一部周、秦、漢、隋、唐五朝都城豐、鎬、咸陽、長安的專著，不僅保有此區相關資料，並進一步考證解說，如對關中範圍的界定，並涉及潼關、駱谷關、大震關、蕭關、瓦亭關、藍田關。[125]《三秦記》內容皆秦漢時代的山川、都邑、宮室等，山如秦嶺，長安正南的子午，長安西有九嵕山、杜山，長安東三百里的華山，武功縣南有太白山，太白山西有陳倉山，陳倉山北有石鼓山，關中西關依恃的隴山，[126]關中乃諸關之中，諸關多依山而建。《關中

[119] 後晉‧劉昫等撰，《舊唐書》（北京：中華書局，1975.5，1版），卷38-41，〈地理志〉，頁1383-1781。《新唐書》，卷37-43，〈地理志〉，頁959-1157。

[120] 唐‧李泰等著，賀次君輯校，《括地志輯校》（北京：中華書局，1980.2，1版）。

[121] 唐‧李吉甫撰，賀次君點校，《元和郡縣圖志》（北京：中華書局，1983.6，1版）。

[122] 唐‧杜佑撰，王文錦等點校，《通典》（北京：中華書局，1988.12，1版），卷171-184，〈州郡〉，頁4450-4977。

[123] 北宋‧樂史，王文楚等點校，《太平寰宇記》（北京：中華書局，2007.11，1版）。

[124] 清‧顧祖禹撰，賀次君、施和金點校，《讀史方輿紀要》（北京：中華書局，2005.3，1版）。

[125] 北宋‧程大昌撰，黃永年點校，《雍錄》（北京：中華書局，2002.6，1版）。漢‧王襃等撰，陳曉捷輯注，《關中佚志輯注》（西安：三秦出版社，2006.1，1版），頁24-26有魏晉時佚名作〈關中圖〉可參。

[126] 《三秦記輯注》，收錄劉慶柱輯注，《三秦記輯注‧關中記輯注》（西安：三秦出版社，2006.1，1版）（合刊本）。該書序言推論《三秦記》成

記》是研究秦漢京畿地區專書，其中涉及關中範圍可與他書互校。[127]
《類編長安志》被視為長安資料彙編，山的記載有華山、藍田山、嶢
山、九嵕山等，關的記載有潼關、子午關、藍田關、駱谷關，並有關
中概念的編纂。[128]《南山谷口考》所謂南山是指關中秦嶺山脈，該書
論述秦嶺山脈北側諸河谷及其出山口附近的守備，自東而西介紹清代
同州、西安、鳳翔三府所屬潼關、華陰、華州、渭南、藍田、咸寧、
長安、鄠縣、盩厔、郿縣、岐山、寶雞等十餘州縣的一百五十處谷
口，尤其著重在重要三十一處谷口。[129]谷口往往成為通往秦嶺南北交
通的雛型，對於關中都城的防禦體系甚為關鍵，學理上既是歷史軍事
地理，也是交通地理。

　　法律文書以《唐律疏議》為首，唐律十二篇，涉及出入關的法規
範是接於總論〈名例律〉後的〈衛禁律〉。〈衛禁律〉共33條律文，
與關津相關的「禁者」不到三分之一，[130]相對於宿衛宮廷，維護皇帝
人身安全的「衛者」才是本篇律的重點。[131]儘管如此，唐律對於違法
通關用語之精確，同時關防亦涉及國家秩序的穩定，值得留意。唐令
雖然有《唐六典》保存部分開元令、式，但不具篇名。《唐會要》則

書年代在東漢晚期至魏晉時代，作者可能為隴東辛氏。

[127] 《關中記輯注》，收錄劉慶柱輯注，《三秦記輯注・關中記輯注》（合刊
　　　本）。《關中記》的作者說法有二，一為潘岳，一為葛洪，該書序言認為根
　　　據較早的文獻記載，以及潘岳和葛洪二人的生活經歷分析，作者應為潘岳。

[128] 元・駱天驤撰，黃永年點校，《類編長安志》（西安：三秦出版社，
　　　2006.1，1版）。

[129] 清・毛鳳枝撰，李之勤校注，《南山谷口考校注》（西安：三秦出版社，
　　　2006.1，1版）。

[130] 唐・長孫無忌等撰，劉俊文點校，《唐律疏議》（北京：中華書局，
　　　1983.11，1版），卷7，〈衛禁〉，頁149。戴炎輝，《唐律各論》（臺北：
　　　成文出版社，1988.5，增訂版），頁1-65。唐・長孫無忌等撰，劉俊文箋
　　　解，《唐律疏議箋解》（北京：中華書局，1996.6，1版），卷7，〈衛
　　　禁〉，頁537-538。

[131] 關於唐代的宮禁制度。可參考桂齊遜，〈唐代宮禁制度在政治與法律上的
　　　意義〉，收錄高明士編，《東亞傳統教育與法制研究》（二）（臺北：國
　　　立臺灣大學出版中心，2005.7，初版），頁109-183。

有皇帝詔令「勅」的記載，規範金、鐵不得度西北諸關，[132]

　　域外資料有《令義解》保有日本〈關市令〉。[133]以及經過三代學者努力，至仁井田陞廣收中國文獻，結合日本史料，共復原唐令715條。[134]其中〈關市令〉復原14條，有助於認識唐令對關防的規範，1996年發現的《天聖令》，內容上保有廢止不用的唐令，以及後代學者從宋令復原唐令的研究成果，原有唐〈關市令〉有九條，孟彥弘復原成27條，[135]較仁井田氏復原多近一倍，內容上遍及過所、度關、禁物出入關及其用語、關門管理、置市和交易等議題，對於唐代關禁、關市、度關涉及的關證，能較傳世文獻更加深入了解。1959-1975年，考古隊先後在新疆維吾爾自治區，吐魯番縣火焰山公社阿斯塔那村北、哈拉和卓村東進行十三次發掘，清理發掘晉—唐墓葬近四百座，墓葬中的文書稱為《吐魯番出土文書》。[136]該書以阿斯塔那或哈拉和卓某號墓文書為編排方式，保有不少過所文書，對於文獻記載的過所有所印證。

　　隋唐時代是中日兩國官方與民間僧侶來往頻繁的時期。日僧慈覺大師圓仁（794-864）於唐文宗開成三年（838）七月二十六日乘船抵達揚州，於揚州開元寺住半年多。繼續巡禮經楚州、海州，三個半月左右至登州赤山法華院。在法華院住九個多月後，經歷登州、青州、貝州、趙州、鎮州，兩個多月後於開成五年（840）四月二十八日至佛

---

[132] 北宋・王溥撰，牛繼清校證，《唐會要校證》（西安：三秦出版社，2012.5，1版），卷86，〈市〉，頁1353。

[133] 經濟雜誌社編，《令義解》，收錄《國史大系》（第12卷）（東京：經濟雜誌社，1900.9〔明治33年〕），卷9，〈關市令〉，頁274-278。

[134] 日・仁井田陞著，栗勁等編譯，《唐令拾遺》（長春：長春出版社，1989.11，1版）。日・仁井田陞著，池田溫編輯代表，《唐令拾遺補》（東京：東京大學出版會，1997.3，初版）。

[135] 孟彥弘，〈唐關市令復原研究〉，頁521-540。劉馨珺，〈評《天一閣藏明鈔本天聖令校證附唐令復原研究》・關市令〉，《唐研究》，2008年第14卷，頁530-535。

[136] 國家文物局古文獻研究室等編，《吐魯番出土文書》（九）（北京：文物出版社，1990.4，1版）。案：目前已出版十冊。

教名山五臺山，五臺山瞻禮約五十天，於七月七日下山，經并州、汾州、晉州、蒲州、同州，八月二十日至長安。在長安學習與生活四年又十個月，占入唐時間一半左右。武宗會昌五年（845）五月十六日，從長安出發回國，經洛陽、鄭州、汴州、泗州、揚州、楚州、海州、密州，又到登州赤山，於宣宗大中元年（847）九月十八日返抵日本。[137]圓仁於文宗開成三年（838）七月入唐，宣宗大中元年（847）九月返日，《入唐求法巡禮行記》乃他用日記體寫下在唐十年的經歷，非逐日記錄，唯按日分則，計595則，文分四卷，途經各州時持公驗過關，成為外國人入唐請領通關文書的重要記載。

智證大師圓珍（814-891）是繼圓仁之後來唐的另一位日僧，[138]唐宣宗大中七年（853）九月入唐至福州。翌年（854）元月至天臺山國清寺，十月離天臺赴長安，期間在越州開元寺參學。翌年（855）七月抵達長安，八月入居龍興寺。翌年（856）元月離開長安，二十日後至洛陽龍門，住廣化寺。七月再次回到國清寺。大中十二年（858）七月回國，八月抵達。[139]圓珍入唐與離開皆在宣宗朝發生，從宣宗大中七年（853）九月至大中十二年（858）七月返日，在唐六年，約一半時間在天臺山國清寺。其在唐所寫日記，編為《在唐巡禮記》（《入唐記》、《行歷記》），今不傳，後人從中錄出重點日記《行歷抄》。該書記載圓珍入唐時使用公驗或過所過關，藉此可了解度關過程與交通路線。

唐「判」內容圍繞在測驗應試者對於禮教倫理、法律秩序的看法。白居易「百道判」是唐德宗貞元十六年（800）考取進士後，等待

---

[137] 日·圓仁著，白化文、李鼎霞、許德楠校著，周一良審閱，《入唐求法巡禮行記校注》（石家莊：花山文藝出版社，2007.11，1版）。

[138] 圓仁與圓珍後代門徒有所爭論，造成天台宗分兩派。西元993年，圓珍一派的門徒，與圓珍前一任延曆寺座主圓仁一派的門徒爭論，遂撤離延曆寺，進入其別院園城寺。此後，延曆寺圓仁一派稱為日本天台宗山門派，以比叡山延曆寺為總本山。圓珍一派稱為寺門派，以園城寺為總本山。詳參日·圓珍著，白化文、李鼎霞校注，《行歷抄校注》（石家莊：花山文藝出版社，2004.1，1版）「前言」，頁2-3。

[139] 日·圓珍著，白化文、李鼎霞校注，《行歷抄校注》「前言」，頁1-2。

守選期間的練習題，其中第49判是關於某丙越度關。[140]透過判詞記載，一方面可以了解白氏的思維，另一方面反映當時度關規範。再者，詩人吟詩作詞的用字遣詞反映出當時法規範的時空背景。同樣地，唐詩所見通關用語在詩名或詩文上，亦存在入、出、過、度、去等用字的歧異性，[141]透過詩的記載，從中可比較法律文書與詩人在通關用語的差異性。

　　唐代通關用語在法律文書、史籍、詩人記載皆有歧異性，那麼在唐以前的用語又是如何？是否存在用語的演變及意義呢？為釐清以上問題，溯源唐以前法文書，首推《歷代刑法考》，[142]該書廣收且彙編文獻所見法制資料，考證之餘，並加上自己見解。如果說沈家本以《歷代刑法考》一書豎立其學術地位，程樹德則是以《九朝律考》聞名於學界。兩書對於中國法史資料的編纂上皆扮演著相當程度的貢獻，或為階段性與總結性的輯佚之作。由於唐以前律的散佚性，程氏輯佚歷代律、令等相關資料。[143]時間自西元前三世紀漢律開始，經魏、晉、後魏、北齊、後周、梁、陳，至七世紀的隋律為止，爬梳之外，按語附之，而按語亦以考證為主，論斷為輔，參引的書籍有數百種，約三十餘萬言。[144]兩部書是法史資料輯佚與整理的重要參考著作。晉朝法史的輯注則以張鵬一《晉令輯存》為主要，[145]該書輯有晉

---

[140] 唐・白居易著，顧學頡校點，《白居易集》（北京：中華書局，1979.10，1版），卷66，〈判〉，頁1400。案：書中「丙」作「景」，因避唐高祖李淵之父李昞諱，今改為「丙」。

[141] 清・彭定求等編，《全唐詩》（北京：中華書局，1960.4，1版）。

[142] 清・沈家本著，鄧經元、駢宇騫點校，《歷代刑法考》（北京：中華書局，1985.12，1版）。

[143] 程樹德，《九朝律考》（北京：中華書局，1963.5，1版）。蔡坤倫，〈學通古今的法史學家：程樹德（1877-1944）〉，《法制史研究》，18期（臺北，2010.12），頁269-300。

[144] 程俊英，〈前言〉，收錄程樹德撰，程俊英、蔣見元點校，《論語集釋》（北京：中華書局，1990.8，1版），頁1。

[145] 張鵬一遺著，徐清廉校補，《晉令輯存》（陝西：三秦出版社，1989.1，1版）。

令四十篇，每條令文之後皆有所證，第十二篇〈關市令〉涉略議題有關津名稱、過所、關津稅、禁物、邊關貿易、津形制等面向，是了解晉朝關津規範不可多得的材料。

　　不論是文獻或後人輯佚之作，皆屬當時所見，後來出土資料則未見。晉以前出入關的法律條文，除傳世文獻之外，當以地下出土新資料最為珍貴。1975年湖北省雲夢縣睡虎地出土秦簡，其中秦律十八種有〈關市〉律，「法律答問」則有出入關規範，根據整理小組的說明，「法律答問」多採用問答形式，對秦律某些條文、術語、律文的意圖作出解釋，以刑法為主體。[146]時間斷限從戰國末至秦代的法律。另一批秦簡在1989年出土於雲夢縣，確切地在縣城東郊龍崗地區，內容記載較睡虎地秦簡晚，時間斷限從秦二世二年（208B.C.）九月後至漢高祖三年（204B.C.）九月後，是一座秦漢之際的墓葬，[147]內容也涉及出入關法條。

　　〈津關令〉是出土於湖北省江陵縣張家山二四七號的漢墓簡牘，屬於《二年律令》二十八律令之一，[148]亦是僅存的一令。據彭浩云：

---

[146] 睡虎地秦墓竹簡整理小組編，《睡虎地秦墓竹簡》（北京：文物出版社，1990.9，1版），頁93「法律答問」【說明】。案：以下註解簡稱睡虎地秦簡。

[147] 中國文物研究所、湖北省文物考古研究所編，《龍崗秦簡》（北京：中華書局，2001.8，1版）。

[148] 關於漢簡《二年律令》律文研究，大陸學者主要成果，依序是張家山二四七號漢墓竹簡整理小組編著，《張家山漢墓竹簡【二四七號墓】》（北京：文物出版社，2001.11，1版）。周波，〈《二年律令》錢、田、□市、賜、金布、秩律諸篇集釋〉（湖北：武漢大學碩士論文，2005.5）。黃錦前，〈張家山漢簡《二年律令》之《置吏律》、《戶律》、《效律》、《傅律》、《置後律》、《爵律》校釋〉（湖北：武漢大學碩士論文，2005.5）。何有祖，〈張家山漢簡《二年律令》之《賊律》、《盜律》、《告律》、《捕律》、《復律》、《興律》、《徭律》諸章集釋〉（湖北：武漢大學碩士論文，2005.5）。朱紅林，《張家山漢簡《二年律令》集釋》（北京：社會科學文獻出版社，2005.10，1版）。張家山二四七號漢墓竹簡整理小組編著，《張家山漢墓竹簡【二四七號墓】》（釋文修訂本）（北京：文物出版社，2006.5，1版）。彭浩、陳偉、工藤元男主編，《二年律令與奏讞書──張家山二四七號漢墓出土法律文獻釋讀》（上海：古籍出版社，2007.8，1版）。日本學者主要成果，以專修大學「二年律令」研究會較早，依序是〈張家山

「現存〈津關令〉只是原文大部，而非全部」，[149]雖是如此，確已豐富漢初境內津關資料，因新居延簡雖早在一九七二至七四年出土，但限於出土地，研究面偏向邊塞出入關塞制度等，境內津關制度研究相對受限。今〈津關令〉是當時頒行全國之律令，對於漢初津關制度正可補其傳世文獻所記不足之處。此外，張家山漢簡亦出土《奏讞

漢簡「二年律令」訳注（一）─賊律─〉，《專修史學》，第35號（川崎，2003.11），頁106-160。〈張家山漢簡「二年律令」訳注（二）─盜律─〉，《專修史學》，第36號（川崎，2004.3），頁104-141。〈張家山漢簡「二年律令」訳注（三）─具律─〉，《專修史學》，第37號（川崎，2004.11），頁123-181。〈張家山漢簡「二年律令」訳注（四）─告律‧捕律‧亡律─〉，《專修史學》，第38號（川崎，2005.3），頁163-227。〈張家山漢簡「二年律令」訳注（五）─收律‧襍律‧錢律‧置吏律‧均輸律‧傳食律─〉，《專修史學》，第39號（川崎，2005.11），頁93-171。〈張家山漢簡「二年律令」訳注（六）─田律‧□市律‧行書律─〉，《專修史學》，第40號（川崎，2006.3），頁45-99。〈張家山漢簡「二年律令」訳注（七）─復律‧賜律‧戶律─〉，《專修史學》，第41號（川崎，2006.11），頁99-184。〈張家山漢簡「二年律令」訳注（八）─效律‧傅律‧置後律─〉，《專修史學》，第42號（川崎，2007.3），頁198-262。〈張家山漢簡「二年律令」訳注（九）─爵律‧興律‧徭律─〉，《專修史學》，第43號（川崎，2007.11），頁153-198。〈張家山漢簡「二年律令」訳注（十）─金布律─〉，《專修史學》，第44號（川崎，2008.3），頁97-143。〈張家山漢簡「二年律令」訳注（十一）─秩律‧史律─〉，《專修史學》，第45號（川崎，2008.11），頁31-119。〈張家山漢簡「二年律令」訳注（十二）─津關令─〉，《專修史學》，第46號（川崎，2009.3），頁122-182。其次是三國時代出土文字資料的研究班，依序是〈江陵張家山漢墓出土「二年律令」譯注稿〉（一），《東方學報》，76冊（京都，2004.3），頁109-208。〈江陵張家山漢墓出土「二年律令」譯注稿〉（二），《東方學報》，77冊（京都，2005.3），頁1-119。〈江陵張家山漢墓出土「二年律令」譯注稿〉（三），《東方學報》，78冊（京都，2006.3），頁113-239。臺灣研究生主要成果，依序是黃怡君等，〈〈張家山漢簡《二年律令‧置吏律》譯注〉，《史原》，復刊1期（臺北：2010.9），頁287-337。李冠廷、游逸飛，〈〈張家山漢簡《二年律令‧均輸律》譯注〉〉，《史原》，復刊2期（臺北：2011.9），頁239-256。高震寰等，〈〈張家山漢簡《二年律令‧錢律》譯注〉〉，《史原》，復刊3期（臺北：2012.9），頁295-352。黃瓊儀等，〈〈張家山漢簡《二年律令‧傳食律》譯注〉〉，《史原》，復刊4期（臺北：2013.9），頁263-300。

[149] 彭浩，〈《津關令》的頒行年代與文書格式〉，《鄭州大學學報》（哲學社會科學版），2002年第3期，頁15。

書》，它是向上級呈奏案件的彙編，[150]案例中涉及冒用他人符傳出入關，從中可了解相關法規範。

　　歷史研究盡可能求真，求真直接從材料著手。唐代關中四面關涉及材料有正史、歷史地理、法律文書、詩文，透過傳世文獻容易得到原創性見解，乃傅斯年揭示進步說之一「直接研究材料」。[151]文獻從時間而言，屬於舊資料，新資料的加入有助於推陳出新，出土秦簡、漢簡、吐魯番文書，以及新發現於天一閣的《天聖令》，不但擴充原有資料，且能與舊材料相互比對，使之互證互補，此乃傅氏進步說之二「擴張研究材料」。[152]新材料融入舊文獻是今人得以超越「前賢」之處；新、舊材料互證互補是今人得以超越「時彥」之處。[153]「地下新材料」補正「紙上材料」亦是運用王國維「二重證據法」。

　　唐代關中四面關屬於歷史軍事地理議題，關隘位置及其交通涉及史籍記載與今日對照。傅氏進步說之三「擴充研究材料工具」，實地考察去印證紙上記載成為一種突破材料的工具。董其昌曾語：「讀萬卷書，行萬里路」，[154]透過考察，對於閱讀紙上材料的理解將更精確。筆者於2016年退伍後半個月前往大陸陝西與河南兩省，進行為期

---

[150] 日・宮宅潔：「22例案件的共同點，那就是它們都屬於無論有無疑義，都是經過向上級報告的案件。」氏著，徐世虹譯，〈秦漢時期的審判制度——張家山漢簡《奏讞書》所見〉，收錄楊一凡總主編，《中國法制史考證》（北京：中國社會科學出版社，2003.9，1版），（丙編）第一卷，頁291。

[151] 傅斯年認為學問研究有進步、退步分際之三法則，詳參氏著，〈歷史語言研究所工作之旨趣〉，收錄氏著，《傅斯年全集》（四）（臺北：聯經出版社，1980.9，初版），頁256—260。

[152] 王國維提出「二重證據法」，與傳說「擴張研究材料」有異曲同工之妙。詳參「吾輩生於今日，幸於紙上之材料外，更得地下之新材料，由此種材料，我輩固得以補正紙上之材料，……此二重證據法。」王國維，《古史新證——王國維最後的講義》（北京：清華大學出版社，1994.12，1版），「總論」，頁2-3。

[153] 吳昌廉，〈論「新發現」與「新學問」之關係——王國維「新材料」觀念試釋〉，《簡牘學報》，第17期（臺北，1999.12），頁334-335。

[154] 明・董其昌，《畫禪室隨筆》（臺北：新文豐出版公司，1982.8，初版），卷2〈畫訣〉，頁1。

六天五夜（9/21-9/26）的自助旅行，期間依序走訪薦福寺內的小雁塔、函谷關、潼關、大慈恩寺內的大雁塔、陝西歷史博物館、西安古城牆等六處景點。大雁塔與玄奘西行取經後，至大慈恩寺主持修建有關，小雁塔則與圓仁在唐武宗時，參加薦福寺佛牙供養大會有關。潼關乃是唐代關中東側重要關隘，親臨此關除能感受周遭地理形勢，同時對於後續在定位關隘上甚有助益。

　　繪製地圖作為比對關隘位置及其交通路線，一方面有利於透徹資料的記載；另一方面將文字化作圖像，行文思緒更為立體觀與空間概念，有助於研究的深入。繪圖方法以譚其驤《中國歷史地圖集》為底圖，輔以關隘相關史料、專書、期刊論文，圖上呈現府州行政區、交通所經過的縣，其餘枝節細微處的聚落點則省略，旨在讓地圖浮現出關的相對位置與路線，至於圖上路線距離與實際距離所涉及的比例尺，則非強調處而忽略。同時盡可能做到資料皆有地圖配合，達到圖資解析，相輔相成之效。昔日嚴耕望大量引詩佐證史實，完成《唐代交通圖考》，陳寅恪以詩文互證完成不少著作。唐詩存在不少描述關防當地氣候、周圍地理形勢與形制等，能補充史料記載不足之處，可說詩文與史料互證互校亦是本書研究利器之一。

第二章　律令體制下的通關規範與用語

第一節　背景概述與章節安排

　　古代國家關隘類型依邊界分為內關與邊關。相關進出關的法規範自西周時即有國家之邊關門禁。秦則見於睡虎地秦簡「法律答問」，以及龍崗秦簡。漢代除傳世文獻外，出土資料以漢簡《二年律令・津關令》、《奏讞書》占大宗。降至魏晉南北朝，多屬有律名無律文，或僅知律令數目，不易確認是否有相關規範，僅知有曹魏律18篇、令180餘篇。[1]晉武帝泰始四年（A.D.268）有〈關市〉律、令。[2]南朝宋、齊律、令篇目同晉，[3]排序則不詳。梁武帝天監二年（A.D.503）有〈關市〉律、令。[4]陳朝律、令沿用梁。[5]北魏律篇目已佚，程樹德認為應有20篇，但從《魏書》、《通典》、《唐律疏議》（以下簡稱《唐律》）僅考得15篇，〈關市律〉似為其中1篇。[6]北周武帝保定三年（A.D.563）

---

[1] 唐・房玄齡等撰，《晉書》（北京：中華書局，1974.11，1版），卷30，〈刑法志〉，頁923。唐・李林甫等撰，陳仲夫點校，《唐六典》（北京：中華書局，1992.1，1版），卷6，〈尚書刑部〉「郎中、員外郎」條律注，頁181。唐・長孫無忌等撰，劉俊文點校，《唐律疏議》（北京：中華書局，1983.11，1版），卷1，〈名例律〉，頁2〈疏〉議。案：下引唐律，除非不同版本，否則皆從此版本，僅寫律篇。

[2] 《晉書》，卷30，〈刑法志〉，頁927。《唐六典》，卷6，〈尚書刑部〉「郎中、員外郎」條律、令注，頁181、184。

[3] 《唐六典》，卷6，〈尚書刑部〉「郎中、員外郎」條律、令注，頁181、184。

[4] 唐・魏徵、令狐德棻，《隋書》（北京：中華書局，1973.8，1版），卷25，〈刑法志〉，頁698-700。《唐六典》，卷6，〈尚書刑部〉「郎中、員外郎」條律、令注，頁181、184。

[5] 《隋書》，卷25，〈刑法志〉，頁702。

[6] 程樹德，《九朝律考》（北京：中華書局，1963.5，1版），卷5，〈後魏律考〉，頁352。

有〈關津律〉，令則不詳。[7]北齊武成帝河清三年（A.D.564）有〈禁衛律〉，令40卷。[8]隋文帝開皇三年（A.D.583）有〈衛禁律〉，〈關市令〉。[9]隋煬帝大業三年（A.D.607）有〈關市律〉，令30卷。[10]唐以後律令有〈衛禁律〉與〈關市令〉。[11]

　　唐律12篇，〈衛禁律〉接於總論〈名例律〉後，即分論第一篇。〈衛禁律〉共33條律文，《疏》議曰：「衛者，言警衛之法；禁者，以關禁為名」，[12]「衛者」主要指宮廷，「禁者」指關津。戴炎輝將〈衛禁律〉分為「宮殿廟社之犯罪」（總58-81）與「關津及邊塞之犯罪」（總82-90）兩章。[13]劉俊文分「衛者」23條律文（總58-80），「禁者」10條（總81-90），[14]「禁者」在〈衛禁律〉中占不到三分之一（9、

---

[7]　《隋書》，卷25，〈刑法志〉，頁707。《唐六典》，卷6，〈尚書刑部〉「郎中、員外郎」條律、令注，頁182-183、184。唐・杜佑撰，王文錦等點校，《通典》（北京：中華書局，1988.12，1版），卷164，〈刑法・刑制〉，頁4229。程樹德：「《隋書・禮儀志》於周制記載甚詳，苟非周令尚存，何所依據？然《隋書・經籍志》，亦不著錄，殊不可解。」氏著，《九朝律考》，卷7，〈後周律考〉，頁422。關於程樹德生平、著作、法史觀可參蔡坤倫，〈學通古今的法史學家：程樹德（1877-1944）〉，《法制史研究》，18期（臺北，2010.12），頁269-300。

[8]　《隋書》，卷25，〈刑法志〉，頁705。《唐六典》，卷6，〈尚書刑部〉「郎中、員外郎」條律、令注，頁182、184。《通典》，卷164，〈刑法・刑制〉，頁4228-4229。《隋書》，卷33，〈經籍志〉，頁972。

[9]　《隋書》，卷25，〈刑法志〉，頁712。《唐六典》，卷6，〈尚書刑部〉「郎中、員外郎」條律、令注，頁183、184-185。《通典》，卷164，〈刑法・刑制〉，頁4232。

[10]　《隋書》，卷25，〈刑法志〉，頁716-717。《唐六典》，卷6，〈尚書刑部〉「郎中、員外郎」條律注，頁183。《通典》，卷164，〈刑法・刑制〉，頁4233。《隋書》，卷33，〈經籍志〉，頁973。

[11]　《唐律疏議》，卷7、卷8，〈衛禁律〉，頁149-181。《唐六典》，卷6，〈尚書刑部〉「郎中、員外郎」條及令注，頁180、183-184。

[12]　《唐律疏議》，卷7，〈衛禁律〉，頁149。

[13]　戴炎輝，《唐律各論》（臺北：成文出版社，1988.5，增訂版），頁1-65。案：戴氏律條編號是以各律重新編號，不冠上總編號，此處為論述需要，為筆者自加。

[14]　唐・長孫無忌等撰，劉俊文箋解，《唐律疏議箋解》（北京：中華書局，1996.6，1版），卷7，〈衛禁律〉，頁537-538。劉氏曰：「違犯關津禁制有七條（總81-87），違犯邊防戍衛有三條（總88-90）。」

10/33），相對於宿衛宮廷，[15]維護皇帝人身安全才是本篇律的重點。儘管如此，關防設置涉及國家秩序的穩定，背後的法規範及其由此延伸的通關用語，仍值得留意。

本章首先從文獻與出土資料中，涉及唐以前的出入關法規範談起，其次，針對〈衛禁律〉總81-88條涉及度關的部分，作為唐律主要論述題材。至於唐令除傳世文獻、《唐令拾遺》、《唐令拾遺補》之外，近年發現的《天聖令》內容上保有廢止不用的唐令，以及後代學者從宋令復原唐令的研究成果，[16]均有助於完備論述唐代度關的法規範。在此基礎上，進而比較唐以前與唐代通關用語的轉變。章節安排方面，唐以前分成禁人與禁物，唐代則以通則、私度、冒度、越度主題式鋪陳，[17]所謂私度是無過所由關門過，冒度是無過所假他人所有，或者冒領他人的過所度關，越度是無過所但不由關門過，三者共同點是度者皆無過所，相異點是私度與冒度雖然皆由關門過，但度關方式不同，越度則不由關門過。不論是何種度關方式，皆與國家秩序相悖。

從唐以前出入關的法規範資料中，大致可知合法過關用語主要使用「出」、「入」、「出入」等字詞，不合法則在出、入、出入用語前加上闌字；唐律、令合法過關稱「度」，不合法則在度字前加私、冒、越字，通關用語從「出入」至「度」用字轉變的軌跡，[18]已大可

---

[15] 桂齊遜，〈唐代宮禁制度在政治與法律上的意義〉，收錄高明士編，《東亞傳統教育與法制研究》（二）（臺北：國立臺灣大學出版中心，2005.7，初版），頁109-183。

[16] 孟彥弘，〈唐關市令復原研究〉，收錄天一閣博物館、中國社科院歷史研究所天聖令整理課題組校證，《天一閣藏明鈔本天聖令校證附唐令復原研究》（北京：中華書局，2006.10，1版），頁521-540。案：《天一閣藏明鈔本天聖令校證附唐令復原研究》以下書寫簡稱《天聖令》。

[17] 《疏》議曰：「度關有三等罪：越度，私度，冒度。」詳參唐‧長孫無忌等撰，劉俊文點校，《唐律疏議》，卷5，〈名例律〉「犯罪未發自首」（總37條），頁106。

[18] 況臘生、張勝輝，〈唐律中關防制度考析〉，《西安政治學院學報》，2011年第3期，頁86-91。案：況、張二氏主要以宏觀視野來歸納唐律中關防

覺察。不過，細部差異與用語的轉折點落在哪個時期？律、令之外，詩人、史家與法律用語是否有異同？此須從唐以前、以後的法規範中抽絲剝繭，綜合比較，方有助於釐清通關用語的脈絡，進而理解用語差異性背後所反映的歷史意義。不論是唐以前或唐代的通關規範，為合法過關必須持有憑證，是以末節從關證的申請、審核、核發單位、關司檢查著手，其中涉及「副白」與「錄白案記」兩個新概念，以及申請者或官員全錄或摘抄過所等問題。

第二節　唐以前出入關規範與用語

一、禁人

（一）西周

　　三代以前可考關的法規範，以西周較為明確。[19]《周禮》：「士師之職，掌國之五禁之灋，以左右刑罰：一曰宮禁，二曰官禁，三曰國禁，四曰野禁，五曰軍禁。」鄭玄注：「宮，王宮也。官，官府也。國，城中也。……城門有離載下帷，野有《田律》，軍有器謹夜行之禁，其牲可言者。」[20]似乎國禁中包含關門之禁。

　　關門若在一國邊界上，即成為國門，古代掌管其開閉，糾舉、通報違禁物出入關門者正是司門，《周禮》：「司門，掌授管鍵，以啟

制度的目的、內容、影響。

19　桂齊遜：「保護王畿及國內關津之制，夏、商兩代無考；惟西周時代似已設有關津之制。」參氏著，〈《唐律・衛禁律》沿革考〉，收錄中國中古史研究編輯委員會編輯，《中國中古史研究》（第七期）（臺北：蘭臺出版社，2007.12，初版），頁99。

20　後漢・鄭玄注，唐・賈公彥疏，《周禮注疏》，收入李學勤主編，《十三經注疏》整理委員會整理，《十三經注疏・周禮注疏》（北京：北京大學出版社，1999.12，1版），卷35，〈秋官・士師〉，頁919-920。

閉國門。幾出入不物者，正其貨賄，凡財物犯禁者舉之。」[21]貨物的進出受到司關監督，「凡貨不出於關者，舉其貨，罰其人。凡所達貨賂者，則以節傳出之。」[22]不出於關意味著從偏門而過，規避檢查，被查獲者，沒收其貨，罰其人。關門每日稽查進出的人物，合理出入關門者必須有憑證，作為與違禁者的區別，負責憑證的發給當時是掌節職官，「掌節，掌守邦節而辨其用，以輔王命。……門關用符節，貨賄用璽節，道路用旌節。」[23]

因此，西周時代存在關門之禁，關門由掌管啟閉的司門職司，貨物的進出有司關負責，通過關門必須有符節，由掌節官員辨明，以決其出入。並使用「出入」、「出」作為通關用語。

（二）秦

秦的出入關規範主要見於睡虎地秦簡「法律答問」、龍崗秦簡。根據整理小組的說明，「法律答問」多採用問答形式，對秦律某些條文、術語、律文的意圖作出解釋，解釋的是秦法律中的主體部分，即刑法。[24]時間斷限從戰國末至秦代的法律。

1. 秩吏捕闌亡者的後續處理

「法律答問」簡139：「有秩吏捕闌亡者，以畀乙，令詣，約分購，問吏及乙論可（何）殹（也）？當貲各二甲，勿購。」[25]秩根據《史記・范雎傳》記載：「自有秩以上至諸大吏」，[26]王國維考釋

[21] 《周禮注疏》，卷15，〈地官・司門〉，頁382。
[22] 《周禮注疏》，卷15，〈地官・司關〉，頁384。
[23] 《周禮注疏》，卷15，〈地官・掌節〉，頁386-389。
[24] 睡虎地秦墓竹簡整理小組編，《睡虎地秦墓竹簡》（北京：文物出版社，1990.9，1版），頁93「法律答問」【說明】。
[25] 睡虎地秦簡「法律答問」簡139，頁125。
[26] 前漢・司馬遷，《史記》（北京：中華書局，1982.11，2版），卷79，〈范雎傳〉，頁2412。

「漢制計秩自百石始，百石以下謂之斗食，至百石則稱有秩矣。」[27]
可見，有秩是指俸祿在百石以上的官吏。「闌亡」據整理小組翻譯為
「逃亡出關」，[28]戴炎輝：「漢制，凡在有關禁處，妄入出者，皆謂
之『闌』。」[29]闌字義是否僅限任意進出關？顏師古注引臣瓚曰：
「無符傳出入為闌也。」[30]符、傳是一種憑證，無憑證而出入稱闌。
應劭曰：「無符籍妄入宮曰闌。」[31]應語指出無憑證妄進出宮門為
闌。《龍崗秦簡》簡2：「寶出入及毋（無）符傳而闌入門者，斬其
男子左趾，□女【子】☒」，[32]無符傳出入（禁地），男子將被砍左
小腿以下。可見無憑證出入門禁皆可稱闌，秦與漢代意思應相仿。

　　律文指出百石以上官吏逮捕到闌亡者，因圖方便，將犯人交給
乙，命乙代為送交官府，並與之約定同分逮捕獎金，結果是有秩吏與
乙各罰二甲，不給予任何獎賞，因為有秩吏本有緝拿闌亡者的義務。
關於被捕之人後續相關規定亦可見於「秦律雜抄」簡38-39，其載：
「‧捕盜律曰：捕人相移以受爵者，耐。‧求盜勿令送逆為它，令送

<hr>

[27]　羅振玉、王國維編著，《流沙墜簡》（北京：中華書局，1993.9，1版），
　　頁119。
[28]　睡虎地秦簡「法律答問」簡139，頁126譯文。
[29]　戴炎輝，〈唐律衛禁律之遡源〉，收錄韓忠謨等主編，《薩孟武先生七十
　　華誕政法論文集》（臺北：海天出版社，1966.2），頁110。
[30]　後漢‧班固，《漢書》（北京：中華書局，1962.6，1版），卷50，〈汲黯
　　傳〉，頁2321顏師古注引。
[31]　《漢書》，卷10，〈成帝本紀〉，頁307顏師古注引。後漢‧許慎撰，清‧
　　段玉裁注，《說文解字注》（上海：上海古籍出版社，1988.2，2版），12
　　篇，〈門〉部，頁590下：「（門龻），妄入宮亦也。」段注：「《漢書》
　　以闌為（門龻）字之假借。」
[32]　中國文物研究所、湖北省文物考古研究所編，《龍崗秦簡》（北京：中華
　　書局，2001.8，1版），簡2，頁69。《龍崗秦簡》據李天虹說，內容是以禁
　　苑事務的有關法律為中心。詳參《龍崗秦簡》〈雲夢龍崗六號秦墓及出土
　　簡牘概述〉，頁6。案：禁苑是皇家飼養禽獸、種植林木的范圍，百姓不能
　　進入。由於整理小組認為《龍崗秦簡》是禁苑相關法律，因此，在譯文上
　　會偏向於禁苑、禁地做解釋，如闌入門譯為擅自闖入禁地，不過，筆者以
　　為《龍崗秦簡》記載雖以禁苑為中心，未必每條律文都因而解釋為禁地，
　　門或有指關門的可能性。

迎為它事者，貲二甲。」[33]《捕盜律》規定逮捕有罪之人有功，將所捕之人轉交他人，使他人得以獲取爵位，捕人者處耐刑。[34]此外，捕人者不准命令、要求盜者去做送迎或其他事務，有違者罰二甲。

2. 所告闌亡出徼不實

告人逃出邊關邊境到鄰邦，結果所告不實，告者如何論處？「法律答問」簡48：「告人曰邦亡，未出徼闌亡，告不審，論可（何）殹（也）？為告黥城旦不審。」[35]告者告不審（不實），並未有闌亡邊界之事，罰告者黥城旦。換言之，闌亡出邊關處黥城旦，告人不實者處原告罪。

3. 彼此不知情的闌亡者成夫妻

睡虎地秦簡「法律答問」簡167：

> 女子甲去夫亡，男子乙亦闌亡，相夫妻，甲弗告請（情），居二歲，生子，乃告請（情），乙即弗棄，而得，論可（何）殹（也）？當黥城旦春。[36]

女甲離開夫而逃亡，男乙也因無憑證而逃亡，兩人結為夫妻，甲沒有把私自離夫的實情告訴乙，兩年後有孩子，才告知實情，乙並沒有捨棄妻子，後兩人被捕，應如何論處？乙黥城旦，甲黥為春。甲既為私自逃離丈夫，想必缺乏或者不敢申請憑證，此律與簡48相對照後，可

---

[33] 睡虎地秦簡「秦律雜抄」簡38-39，頁89。

[34] 《說文解字注》，9篇，〈而〉部，頁454：「耏，罪不至髡。」段注：「按耐之罪，輕於髡。髡者剃髮也，不剃其髮，僅去須鬢，是曰耐，亦曰完。謂之完者，言完其髮也。……漢令謂完而不髡，曰耐。」案：耐刑、完刑是指僅剃鬢髮，而保留多數頭髮之意。

[35] 睡虎地秦簡「法律答問」簡48，頁104。

[36] 睡虎地秦簡「法律答問」簡167，頁132。

知闌亡者，男處黥城旦，女處黥為舂。父母親被罰後，幼童如何處置呢？簡168：「甲取（娶）人亡妻以為妻，不智（知）亡，有子焉，今得，問安置其子？當畀。或入公，入公異是。」[37]「畀」是歸還，顯然律文是站在幼童無辜的立場，「入公異是」，認為應將小孩歸還父母。

4. 論刑以前犯罪論

「法律答問」簡181：「邦亡來通錢過萬，已復，後來盜而得，可（何）以論之？以通錢。」[38]逃出邊關後向國內行賄萬錢以上，獲得寬免，後又犯盜罪被捕，其刑以行賄論。行賄罪既已得到免責，何以後犯盜罪時反倒以行賄罪論處？一方面可能是國家對於再犯罪的嚇阻；另一方面也許是行賄罪重於盜罪，透過重罪來阻止再犯的行為。

5. 無符傳而闌入

《龍崗秦簡》簡4：「詐（詐）偽、假人符傳及讓人符傳者，皆與闌入門同罪。」[39]詐是欺騙，偽是偽造，[40]欺騙、偽造、借用他人符傳，以及把自己符傳借給他人，都與無符傳出入門禁同罪，原因是這些人本身皆未持有合法符傳。

6. 傳入門

《龍崗秦簡》簡3：「傳者入門，必行其所當行之道，□□【不】行其所當行 ☑ 」，[41]持傳者進門後，必須走當行之道路。[42]同書簡5：

37　睡虎地秦簡「法律答問」簡168，頁133。
38　睡虎地秦簡「法律答問」簡181，頁136。
39　《龍崗秦簡》簡4，頁71。
40　清·沈家本著，鄧經元、駢宇騫點校，《漢律摭遺》，收錄氏著，《歷代刑法考》（北京：中華書局，1985.12，1版），卷4，〈賊律·詐偽〉，頁1439：「張斐《注律表》：『背信藏巧謂之詐。』按：……詐與偽亦有分別。詐者，虛言相誑以取利，……偽者，造私物以亂真。」
41　《龍崗秦簡》簡3，頁71。
42　《漢書》，卷63，〈昌邑王傳〉，頁2768：「以為哀王園中人，所不當得

「關。關合符，及以傳書閱入之，及訵佩〈佩〉入司馬門久（？）
☑」，[43]到關門後，關吏合符，並查閱傳，無誤使其過關，同時發給
佩戴的標牌，[44]進司馬門加做標記。

　　總之，秦法通關用語，秩吏追捕犯人規範中，使用「闌亡」一
詞。臣瓚釋「闌」為「無符傳出入」，應劭則稱「無符籍妄入宮」，
兩人皆使用「出入」、「入」詞彙。關於控闌亡出徼不實的規範，使
用「出」、「闌亡」詞彙。在闌亡成夫妻的規範中，使用「闌亡」。
在符傳騙取、借用、轉讓規範方面，使用「闌入」。在以傳入門規範
上，使用「入」字。

（三）漢

　　漢代的出入關規範主要見於張家山漢簡《二年律令・津關
令》，[45]《二年律令》包含27律1令，唯一的令是〈津關令〉，體現漢
初關防的嚴密性，簡文中有針對內關或邊關的各別論述，亦有兩者並
呈，保存著人物出入津關的過程與相關規定，彌足珍貴。

1. 人出入扞關

　　〈津關令〉簡518：「☑、相國上南郡守書言，雲夢附寶園一所
胸忍界中，佐（？）、徒治園者出人（入）扞關，故巫為傳，今不得，
請以園印為傳，扞關聽。」[46]此令是高祖九年（198B.C.）至惠帝六年
（189B.C.）十月間頒佈的，[47]相國上呈皇帝關於南郡太守的奏書，內容

為。」顏師古注：「於法不當然。」
43　《龍崗秦簡》簡5，頁712。
44　《龍崗秦簡》簡5，頁712整理小組注「佩，疑指佩戴標誌。……一說『訵
　　佩』是佩名，猶玉佩、環佩等。」
45　彭浩、陳偉、工藤元男主編，《二年律令與奏讞書——張家山二四七號漢
　　墓出土法律文獻釋讀》（上海：古籍出版社，2007.8，1版）。案：以下漢
　　簡，除非不同，否則皆從此版本，僅作《二年律令與奏讞書》某簡某頁。
46　《二年律令與奏讞書》〈津關令〉簡518，頁321。
47　彭浩，〈《津關令》的頒行年代與文書格式〉，《鄭州大學學報》（哲學

是位於南郡雲夢苑囿所附屬的一處別苑，[48]別苑名為竇園，位於巴郡
朐忍縣邊界，[49]在竇園工作的官吏、勞役者[50]以往進出朐忍縣東邊的
巴郡扞關時，是由南郡巫縣發傳，使之出入扞關做事，現在改由竇園
官印代替傳，省續申請傳與過關的繁瑣。雖然竇園在巴郡，傳卻是由
南郡巫縣發出，想必是竇園附屬於南郡雲夢，故由南郡且靠近扞關的
就近巫縣處理申傳事宜。

2. 人出入函谷關

〈津關令〉簡502：「九、相國下〈上〉內史書言，函谷關上女子
廁傳，從子雖不封二千石官，內史奏，詔曰：入，令吏以縣次送至
徙所縣。縣問，審有引書，毋怪，」[51]內史上奏關於函谷關有女子廁

社會科學版），2002年第3期，頁15。彭氏：「《津關令》中凡有相國稱謂
的令是在高祖九年至惠帝六年十月間頒布的。有丞相稱謂的令可能是劉邦
即皇帝位（漢高祖五年）後至九年改丞相為相國的一段時間內或是在惠帝
六年十月以後至呂后二年間頒布的。」案：即丞相（202B.C.-198B.C.）→相
國（198B.C.-189B.C.）→丞相（189B.C.-186B.C.）。

[48]　《龍崗秦簡》簡1，頁69有兩雲夢之說，即皇家設在雲夢的兩處禁苑。根
據《漢書》，卷28，〈地理志〉，頁1566南郡邊縣：「有雲夢官。」同書
頁1567江夏郡西陵縣：「有雲夢官。」可見兩處雲夢禁苑分別南郡與江夏
郡。本簡518既為南郡太守上陳奏書，其所指的雲夢苑囿當位於南郡。楊
建：「竇園，疑為雲夢苑囿所附屬的一處別苑。」氏著，〈張家山漢簡
《二年律令・津關令》簡釋〉，收錄丁四新主編，《楚地出土簡帛文獻思
想研究》（一）（武漢：湖北教育出版社，2002.12，1版），頁338。

[49]　《漢書》，卷28，〈地理志〉，頁1603巴郡有朐忍縣。

[50]　任徒？卒徒？佐（？）、徒？「任徒」：張家山二四七號漢墓竹簡整理小組
編著，《張家山漢墓竹簡【二四七號墓】》（北京：文物出版社，2001.11，
1版），頁209作「任徒」。「卒徒」：王偉據圖版改釋為「卒」徒，認為
「卒徒」為漢人習語，卒徒從事勞役也是秦漢史籍中常見之事。詳參氏著，
〈張家山漢簡《二年律令》編聯初探〉，收錄武漢大學簡帛研究中心主辦，
《簡帛》（第一輯）（上海：上海古籍出版社，2006.10，1版），頁356以及
註解。佐（？）、徒？：《二年律令與奏讞書》〈津關令〉簡518，頁322
今按：整理本釋「任」之字，疑是「佐」。「佐、徒」，指官佐和從事勞
役者。

[51]　《二年律令與奏讞書》〈津關令〉簡502，頁314。

使用傳，隨行子（女）傳上沒有二千石官的封檢，[52]引發入關疑義，結果是先使其母子（女）入關，再令官吏依所經縣順序送至所欲遷徙的縣，由縣確實審查通行證。[53]

3. 人闌出邊塞、函谷關

邊防軍紀，國之大事。《漢書‧西域傳》：「今邊塞未正，闌出不禁，障候長吏使卒獵獸，以皮肉為利，卒苦而燧火乏，失亦上集不得。」[54]闌出邊塞不禁，放任官員使喚兵卒去獵獸牟利。邊塞紀律如此，邊關情形與此相類。又《史記‧高祖功臣侯者年表》記載杜相夫妄出入函谷關而被免官之事。[55]

4. 闌出入（私度）、擅為傳出入（冒度）、越出入（越度）邊關

〈津關令〉簡488-489是關於私度與越度邊關、邊津的規範：

御史言，越塞闌關，論未有令，‧請闌出入塞之津關，黥為城旦舂；越塞，斬左止（趾）為城旦；吏卒主者弗得，贖耐；令、

---

[52] 楊建：「封，或謂傳的封檢。秦漢時通過門關的『傳』一般應有檢署，並以發傳官署封信。……封檢，正是為了防止擅自更改傳文內容。」詳參氏著，〈張家山漢簡《二年律令‧津關令》簡釋〉，頁331。案：筆者認同楊說，以為封可說是傳上的簽名並加蓋官印，但對於揚說「雖不封二千石官」，或指女子廁使用的「傳」儘管沒有二千石官的封檢，有所疑問。女子使用的傳有封檢，然而隨行子（女）傳上缺乏封檢，李均明亦云：「此例所見女子廁的通行證當無問題，只是函谷關守吏對其隨行子女的證件產生疑義，故上報請示，最後由皇帝制詔批准該女子及兒女出關。」氏著，〈漢簡所反映的關津制度〉，《歷史研究》，2002年第3期，頁33。

[53] 楊建：「引，或為路引、通行證。」氏著，〈張家山漢簡《二年律令‧津關令》簡釋〉，頁331。

[54] 《漢書》，卷96，〈西域傳〉，頁3914。

[55] 「元封四年，侯相夫坐為太常，與樂令無可當鄭舞人，擅繇不如令，闌出函谷關，國除。」《史記》，卷18，〈高祖功臣侯者年表〉，頁956。「（陽平嗣侯杜相夫）元封三年，坐為太常與大樂令中可當鄭舞人擅繇，闌出入關，免。」《漢書》，卷16，〈高惠高后文功臣表〉，頁601。

丞、令史罰金四兩。[56]

「闌關」實為下文「闌出入塞之津關」的省稱，即唐律私度邊關、邊津之意，私度關在漢代處黥為城旦舂，臉上刻剌塗墨再服城旦、舂的徒刑，是肉刑附加徒刑的刑罰。至於「越塞」實為「越出入塞之津關」的省稱，越塞之津關是越度邊關、邊津的意思，越關是不由關門過關，陳偉也說：「『越塞』似指在津關之外的地方穿越邊界」，[57]越度邊關、邊津在漢代處斬左止（趾）為城旦（舂），砍斷左小腿以下器官，再服城旦、舂的徒刑，顯然越度罪重於私度。

　　對於闌出入（私度）、越出入（越度）邊關，關司責失有知情與不知情之分，不知情者，「吏卒主者」贖耐，「（關）令、丞、令史」罰金四兩。贖是以錢抵罪，耐是剃去鬢角鬚髮，即贖耐是以錢抵耐罪的刑罰。[58]知情者依簡489：「智（知）其請（情）而出入之，及假予人符傳，令以闌出入者，與同罪。」[59]明知闌出入、越出入邊關卻故縱，以及借給人符傳，使其「闌出入」，關司各與過關人同罪。此處闌出入的「闌」字是指無符傳的私、冒（假借、偽造）、越度邊關、邊津的行為，屬廣義用法，前述「闌出入塞之津關」，專指私度邊關、邊津，屬狹義用法。

　　簡489-490：「非其所□為□而擅為傳出入津關，以□傳令、闌令論，及所為傳者。」[60]此句漏字多較為費解，根據彭浩等人【校釋】今按：「非其所當為傳而擅為傳出入津關，以□傳令、闌令論，及所為傳者。」[61]換言之，非自己該有的傳而擅自以傳出入津關，

---

[56]　《二年律令與奏讞書》〈津關令〉簡488-489，頁305。

[57]　陳偉，〈張家山漢簡雜識〉，收錄單周堯、陸鏡光主編，《語言文字學研究》（北京：中國社會科學出版社，2005.12，1版），頁37。

[58]　楊建：「贖耐：謂判處贖抵『耐』的刑罰。」氏著，〈張家山漢簡《二年律令・津關令》簡釋〉，頁318。

[59]　《二年律令與奏讞書》〈津關令〉簡489，頁305。

[60]　《二年律令與奏讞書》〈津關令〉簡489-490，頁305。

[61]　《二年律令與奏讞書》〈津關令〉簡489-490，頁306。

包括偽造傳者，此等行為皆屬於「不當得為」，[62]屬於唐律所謂的冒度，皆以「以□傳令、闌令論」。

簡490：「縣邑傳塞，及備塞都尉、關吏、官屬、軍吏卒乘塞者，禁（？）其□弩、馬、牛出。」[63]規定邊關邊津的關吏禁止有弩、馬、牛出入津關。簡490-491：「田、波（陂）、苑（？）、牧，繕治塞，郵、門亭行書者得以符出入。」[64]從事勞作的人、[65]維修塞、行書者，因本身職務特殊，得以符出入邊防。（表2-2-1）

表2-2-1　漢簡闌出入、擅為傳出入、越出入邊關、邊津之規範

行為主體		行為	刑期
行為人		闌出入塞之津關 （私度邊關、邊津）	黥為城旦舂
		越塞（越度邊關、邊津）	斬左止（趾）為城旦
吏卒主者	不知情	闌出入塞之津關、越塞 （私、越度邊關、邊津）	贖耐
（關）令、丞、令史			罰金四兩
吏卒主者	知情	闌出入塞之津關 （私度邊關、邊津）	黥為城旦舂
（關）令、丞、令史		越塞（越度邊關、邊津）	斬左止（趾）為城旦
行為人		擅為傳出入津關（包括假予人符傳）、所為傳者（冒度邊關、邊津）	以□傳令、闌令論

出處：依〈津關令〉簡488-490，頁305-306整理而成。

---

[62] 《漢律摭遺》，卷8，〈雜律〉，頁1532：「不應猶不當也，《唐律》承於漢。」
[63] 《二年律令與奏讞書》〈津關令〉簡490，頁305。
[64] 《二年律令與奏讞書》〈津關令〉簡490-491，頁305。
[65] 《二年律令與奏讞書》〈津關令〉簡490【校釋】，頁307。

5. 闌出入（私度）、越之（越度）邊關

〈津關令〉簡523-524：

> 廿三、丞相上備塞都尉書，請為夾谿河置關，諸漕上下河中者，
> 皆發傳，及令河北縣為亭，與夾谿關相直。・闌出入、越之，及
> 吏卒主者，皆比越塞闌關令。・丞相、御史以聞，制曰：可。[66]

丞相上呈備塞都尉的奏書，請求能在夾谿河畔設關，夾谿河並非專名，楊建以為「支流入河口處。」[67]河畔置關可知此關為水關，發給行駛於漕運上船隻出入用傳，同時令「河北縣為亭，與夾谿關相直」，既然夾谿河非真正河川，夾谿關也非關名，楊氏云：「或指邊塞地區在支流入黃河之兩河相夾處修築的津關，而非專稱」，[68]楊氏認為夾谿關是指支流流入黃河相交處所興建的津關。筆者以為非一定主流是黃河，凡支流入主流河口處，均指夾谿河，支流與主流相夾處設關，稱為夾谿關。

夾谿關對岸也是夾谿河北邊的縣是河北縣，[69]河北縣具有偵查、防禦性質的亭。換言之，夾谿關北邊另置亭，檢查來往漕運中的船隻，李均明云：「設於渡口之關，分別於相對應的河兩岸構築檢查站，其一為主關，對岸為呼應之亭，不僅檢查過渡的行人、車馬，還檢查河中行駛的船隻」，[70]依李說，夾谿關是渡口的主關，河北縣的亭則作為副關。如此嚴密的關傳制度，若仍有人「闌出入」、「越之」邊關、邊津，不論吏民皆以〈津關令〉簡488-491「越塞闌關令」處之。

---

[66]　《二年律令與奏讞書》〈津關令〉簡523-524，頁324。
[67]　楊建，〈張家山漢簡《二年律令・津關令》簡釋〉，頁340。
[68]　楊建，〈張家山漢簡《二年律令・津關令》簡釋〉，頁340-341。
[69]　楊建：「河北縣，原注釋將之視為漢『河北縣』。疑『河北』為方位指稱而不是縣名，河北縣或指位於『夾谿河』所置之關津河對岸的縣。」氏著，〈張家山漢簡《二年律令・津關令》簡釋〉，頁340。
[70]　李均明，〈漢簡所反映的關津制度〉，頁27。

6. 追捕吏卒出入邊關的規範

違法犯禁出入邊關者，追捕吏卒在出入關時有一定的規範，〈津關令〉簡494-495：

> □、相國、御史請緣關塞縣道群盜、盜賊及亡人越關垣、離（籬）格（落）、塹、封、刊，出入塞界，吏卒追逐者得隨出入服跡窮追捕。令將吏為吏卒出入者名籍，伍以閱具，上籍副縣廷。事已，得道出入所出人〈入〉，盈五日不反（返），伍人弗言將吏，將吏弗劾，皆以越塞令論之。[71]

相國、御史聯合奏請此令，群盜、盜賊、逃亡者沿邊關、邊塞越過關塞土牆、籬笆、壕溝、土堆、被砍下樹木的關塞防禦設施或標誌時，[72]追捕吏卒進行追捕，將吏必須為吏卒做好出入關塞的名冊，以伍人為單位查閱、清點，[73]繳交一份出入關吏卒名冊（籍）的副本至縣備查。[74]追捕結束後，按照當初出入道路進出，滿五天不返回的吏卒，伍人未告知將吏，將吏不作彈劾動作，皆以〈津關令〉簡488-491「越塞闌關令」處之。吏卒、將吏皆以越塞令懲處，一方面是追捕逃亡者，本身不返回；另一方面，將吏既為吏卒做好出入關名冊，事罷，卻未做好督責工作，違背「越塞令」的規範。[75]

---

[71] 《二年律令與奏讞書》〈津關令〉簡494-495，頁310。

[72] 《二年律令與奏讞書》〈津關令〉簡494-495【校釋】今按：「離格（籬落）可能就是塞的一部份。『封刊』古無成辭，疑亦當斷讀。封，指積土為界，與『塹』指掘地為限正好相對。刊，是斫木為界。漢初的『塞』就是由關牆、籬落、壕溝、土堆、被砍斫的樹木等因素構成或標誌的。」頁311。

[73] 楊建：「閱具本身即有查點、計算之意。」氏著，〈張家山漢簡《二年律令·津關令》簡釋〉，頁326。《二年律令與奏讞書》〈津關令〉簡494-495【校釋】今按：「伍以閱具」即按伍查點人數。（頁311）

[74] 楊建：「副，副本、副件。」氏著，〈張家山漢簡《二年律令·津關令》簡釋〉，頁326。

[75] 《二年律令與奏讞書》〈津關令〉簡494-495【校釋】今按：「所謂『越

7. 襲人符傳出內關、邊關（冒度內關、邊關）

　　《奏讞書》是漢代案例的彙編，《說文》瀸即讞「議辠（罪）也。」[76]《奏讞書》包含無疑問僅需上奏的奏書，以及有疑義而需議罪的讞書兩部分，本質上兩者有區別，[77]共同點則都是要向上級呈奏案件。[78]案例三簡17-27屬於需上奏疑義的讞書。

　　●十年七月辛卯朔癸巳，胡狀、丞憙敢讞（讞）之。刻（劾）曰：
　　臨菑（淄）獄史闌令女子南冠緰（繻）冠，詳（佯）病臥車中，襲
　　大夫虞傳，以闌出關。[79]

漢高祖十年（197B.C.），臨淄獄史「闌」送行遷徙至長安之齊國貴族田氏女子「南」至關中後，[80]「闌」娶「南」為妻，欲一同出函谷關返

---

[76] 《說文解字注》，11篇，〈水〉部，頁566上。同書14篇，〈辛〉部，頁741下：「辠，改為罪。」

[77] 《奏讞書》是否可分成《奏書》與《讞書》？張建國認為：「『奏讞書』看來似乎是一個合成詞，也就是說，除了讞的部分案例外，還有奏的部分文案，也許我們可以分別稱它們為『奏書』和『讞書』。」氏著，〈漢簡《奏讞書》和秦漢刑事訴訟程序初探〉，《中外法學》，1997年第2期，頁49。蔡萬進則不同意此說，「『奏讞』在漢初即是一個規範的固定用語，……那種認為《奏讞書》是由『奏書』和『讞書』兩類組成的觀點是站不住腳的。」氏著，《張家山漢簡《奏讞書》研究》（桂林：廣西師範大學出版社，2006.5，1版），頁35。

[78] 日・宮宅潔：「22例案件的共同點，那就是它們都屬於無論有無疑義，都是經過向上級報告的案件。」氏著，徐世虹譯，〈秦漢時期的審判制度──張家山漢簡《奏讞書》所見〉，收錄楊一凡總主編，《中國法制史考證》（北京：中國社會科學出版社，2003.9，1版）（丙編）第一卷，頁291。

[79] 《二年律令與奏讞書》《奏讞書》簡17-18，頁338。

[80] 此事背景是婁敬以秦中新破，少民為由，建議劉邦「徙齊諸田，楚昭、屈、景，燕、趙、韓、魏後，及豪桀名家居關中。……此彊本弱末之術也。」《史記》，卷99，〈劉敬傳〉，頁2719-2720。案：《漢書》作「婁敬」，「敬」本姓「婁」。

回臨淄，令「南」戴上白冠，[81]改造外觀，裝病臥車，[82]隱瞞形象，同時借用大夫「虞」傳來冒用，[83]以便與「闌」一起出函谷關返回齊國臨淄。[84]結果是「未出關得」，還沒出函谷關即被識破，胡縣官員上奏此事的處理方式，其果是獄史「闌當黥為城旦，它如律令」，[85]前述〈津關令〉簡488-489私度邊關、邊津者，處以黥為城旦舂，換言之，獄史「闌」與私度邊關罪同，皆處黥為城旦，但本質卻不同，「闌」是官員且並非無闌出關，但他卻主導齊國女子從關中迎娶回齊國一事，或許是主謀，加上本身是官員，知情不報，處罰才如此重。[86]

「南」既然借用大夫「虞」傳，出借傳的「虞」則依〈津關令〉簡489「假予人符傳」以「以□傳令、闌令論」。「南」本身的刑責為何？〈津關令〉簡496-497：「諸詐（詐）襲人符傳出入塞之津關，未出入而得，皆贖城旦舂；將吏智（知）其請（情），與同罪。」[87]狡

---

[81] 黃人二：「女子本籍而不冠。」〈張家山漢簡奏讞書案例三試釋兼論函谷關之地位〉，氏著，《出土文獻論文集》（臺中：高文出版社，2005.8，初版），頁103。

[82] 睡虎地秦簡「法律答問」簡175，頁134：「以其乘車載女子，可（何）論？貲二甲。以乘馬駕私車而乘之，毋論。」案：乘車是乘馬拉乘的車，可以坐乘的，由於「闌」本身有獄史官位，是以有此乘車，此乘車屬於尊榮，不能用來乘載婦女。池田雄一以為女性乘坐公車屬違法行為，故南要著男裝（冠縞冠）。氏編，〈《奏讞書》—中國古代的審判記錄〉（刀水書房，2002.11，初版），頁51。

[83] 《漢書》，卷52，〈韓安國傳〉，頁2400顏師古注：「襲，因也。」楊建：「襲：襲用，借用。」氏著，〈張家山漢簡《二年律令·津關令》簡釋〉，頁327。

[84] 關，特指函谷關。其地與胡縣地近，闌之案件在函谷關發生，而歸胡縣嗇夫審理。參黃人二，〈張家山漢簡奏讞書案例三試釋兼論函谷關之地位〉，頁103。

[85] 《二年律令與奏讞書》《奏讞書》簡26-27，頁339。

[86] 獄史「闌」最終被判處黥為城旦，是按「娶亡人為妻」論罪的。詳參彭浩，〈談《奏讞書》中的西漢案例〉，《文物》，1993年第8期，頁35。

[87] 《二年律令與奏讞書》〈津關令〉簡496-497，頁311。襲：楊建認為是借用，閻曉君則解釋為竊取。氏著，〈張家山漢簡《奏讞書》考釋（一）〉，收錄張懋鎔等編，《追尋中華古代文明的蹤跡—李學勤先生

詐借用他人符傳而出入邊關、邊津，判處可用錢抵城旦舂罪的刑罰，「南」是冒度內關，其刑或許較此令（冒度邊關）輕，且「南」非主謀者。再者，「假予人符傳」的「虞」是知情而仍給符傳，對比簡496-497令「將吏智（知）其請（情），與同罪」，「以□傳令、闌令論」，可能即為贖城旦舂的意思。

　　如果不是借用他人符傳，而是偽造呢？《奏讞書》簡58-59：

> 蜀守灄（讞）：大夫犬乘私馬一匹，毋傳，謀令大夫武齎□上造熊馬傳，箸（著）其馬職（識）物，弗身更，疑罪。廷報：犬與武共為偽書也。[88]

大夫「犬」有一匹無傳私馬，要大夫「武」偽造「熊馬傳」，傳上記錄馬的特徵，雖然「犬」並沒有親自竄改，但結果是「犬」與「武」皆犯共同偽造文書罪。此案例反映本身私馬無傳，企圖偽造馬傳。《漢書》亦記載甯成狡詐偽造傳而出關歸家一事。[89]

　　關於漢代通關用語與規範，〈津關令〉使用「出入」扞關、「入」函谷關、「闌」關、「闌出入」塞之津關、「出入」、「闌出入」津關、「出」、「越」（省出入語，語意接闌出入之後）、「出入」塞界、「闌出」關、「出入」塞之津關。傳世文獻有「闌出」邊塞、「闌出入」函谷關，以及使用詐刻傳「出」關之例。

（四）魏晉南北朝

　　倉慈是三國曹魏的地方官員，於敦煌當任太守期間，為人仁慈、用法輕型，並能妥善處理胡漢問題。《三國志‧魏書‧倉慈傳》：

　　學術活動五十年紀念文集》（上海：復旦大學出版社，2002.8，1版），頁79。案：筆者傾向楊說。

[88]　《二年律令與奏讞書》《奏讞書》簡58-59，頁349。

[89]　「詐刻傳出關歸家。」《漢書》，卷90，〈酷吏傳〉，頁3650。

> 倉慈字孝仁，淮南人也。……太和中，遷燉煌太守。郡在西陲，以喪亂隔絕，曠無太守二十歲，……慈躬往省閱，料簡輕重，自非殊死，但鞭杖遣之，一歲決刑曾不滿十人。又常日西域雜胡欲來貢獻，而諸豪族多逆斷絕；既與貿遷，欺詐侮易，多不得分明。胡常怨望，慈皆勞之。欲詣洛者，為封過所。[90]

遷到敦煌的太守倉慈，對於身處胡陲的地方，往往事必躬親，輕刑以待民，能妥善處理胡漢問題，對於欲前往洛陽的西域人，發給出入過所。有次產生疑義，上奏廷尉來裁決，《太平御覽》記載：

> 魏略曰：倉慈為燉煌太守。胡欲詣國家，為封過所，廷尉決，事曰：廷尉上廣平趙禮詣雒治病。博士弟子張策，門人李臧，賷過所詣洛還，責禮冒名渡津，平裴諒議禮一歲半刑，策半歲刑。[91]

廷尉認為趙禮欲前往洛陽治病，張策、李臧拿趙禮的過所通行於洛陽，趙禮無過所只能冒名渡津，被斥責，最終趙禮被判一年半刑，張策半年刑，何以拿人過所的張策反而刑輕於趙禮？張鵬一根據此條輯成晉令曰：「賷他人過所，冒名渡津者，半歲刑。本人知而不舉者，一歲半刑。」[92]拿人過所的張策是冒名渡津，處半年刑，趙禮明知學生所為，卻不舉報，反而自身冒名渡津，故刑重而處一年半。

再者，《太平御覽》引晉令：「諸渡關及乘舡筏上下經津者，皆有所。寫一通付關吏。」[93]度關、經津皆需有過所，交付關吏，才能順

90　西晉・陳壽，《三國志》（北京：中華書局，1982.7，2版），卷16，〈魏書・倉慈傳〉，頁512。

91　北宋・李昉等撰，《太平御覽》（北京：中華書局，1960.2，1版），卷598，〈文部・過所〉，頁2695-1。

92　張鵬一遺著，徐清廉校補，《晉令輯存》（陝西：三秦出版社，1989.1，1版），卷3，〈關市令〉，頁155。

93　《太平御覽》，卷598，〈文部・過所〉，頁2695-1引晉令。戴炎輝認為此條「應屬《晉令・關市令》的內涵。」氏著，〈唐律衛禁律之邇源〉，頁110。

利過關度津。通觀魏晉南北朝的通關用語與規範，晉令使用「渡」、「經」，相較於西周至兩漢，用詞上已有明顯不同。

二、禁物

禁物乃法規範所禁止攜帶之物。人死為大，死後落葉歸根，葬於家鄉乃人固有習性，漢簡亦反映此現象，〈津關令〉簡499-501：

> □、制詔相國、御史，諸不幸死家在關外者，關發索（索）之，不宜，其令勿索（索），具為令。相國、御史請關外人宦、為吏若繇（繇）使、有事關中，不幸死，縣道若屬所官謹視收斂，毋禁物，以令若丞印封櫝檟，以印章告關，關完封出，勿索（索）。櫝檟中有禁物，視收斂及封者，與出同罪。・制曰：可。[94]

皇帝認為家在關外卻死於關中者，出關中時，關吏打開棺木查核，[95]此動作不宜，下令不再細查。相國、御史補充其說，家住關外，因當官為吏、服繇役、至關中辦事，不幸死於關中，關中縣、道行政區的官員，只要目視屍體在棺木中，確認無禁物後，官印封棺木，並以蓋上印章的文書告知關，關確認無誤後封印，使其出關，不再細查。若再發現棺木內有禁物，關中縣、道行政區的官員，[96]以及關吏皆與出入關者同罪。

本國人不可與鄰國外族有所買賣、交易。《漢書・高惠高后文功臣表》有許九藉出使匈奴之便，私買塞外禁物，遭到免官。[97]《隋

---

94 《二年律令與奏讞書》〈津關令〉簡499-501，頁313。
95 發：拆開、拆封，此處指打開棺木。楊建，〈張家山漢簡《二年律令・津關令》簡釋〉，頁330。
96 「屬所」為漢代習語，指所屬的地區或行政區。楊建，〈張家山漢簡《二年律令・津關令》簡釋〉，頁330。
97 《漢書》，卷16，〈高惠高后文功臣表〉，頁588：「（許九）孝景中二

書‧宇文化及傳》記載弟宇文智及邀勸哥宇文化及派遣人入番，私自與其交易，事發，被處死。[98]可見私自購買塞外禁物，或者與番交易，皆被視為不合法。

對於私載、私度禁物的行為，南北朝懲處似乎有差異。《梁書‧劉峻傳》：「（劉）峻兄孝慶，時為青州刺史，峻請假省之，坐私載禁物，為有司所奏，免官。」[99]劉峻兄長劉孝慶，擔任青州刺史，劉峻請假探望他，因為私自載運禁物，被免官。《北齊書‧王峻傳》：「（河清）四年春，（王峻）還京師。坐違格私度禁物並盜截軍糧，有司依格處斬，家口配沒。」[100]王峻違「格」之私度禁物規定，同時又犯竊取軍糧，官員最終依「格」規定，也就是以私度禁物之名判處斬刑，家中成員則發配為奴。王峻犯「私度禁物」與「盜截軍糧」，依「格」「私度禁物」是死刑，戴炎輝以為這是二罪從重論，[101]私度禁物既已依「格」死刑，「盜截軍糧」再判刑也無意義。總之，同樣私載、私度禁物，南朝是免官，北朝則為死刑，單就此刑而言，北朝刑責重於南朝。

（一）珠玉

秦法對於將珠玉偷運出邊關，以及賣給秦國以外的邦客，捕捉者與被捕者的懲處是有所規範的。「法律答問」簡140：

年，作寄使匈奴買塞外禁物，免。」

[98] 《隋書》，卷85，〈宇文化及傳〉，頁1892：「（弟智及）遂勸化及遣人入番，私為交易。事發，當誅。」

[99] 唐‧姚思廉，《梁書》（北京：中華書局，1973.5，1版），卷50，〈文學列傳下‧劉峻傳〉，頁702。

[100] 唐‧李百藥，《北齊書》（北京：中華書局，1972.11，1版），卷25，〈王峻傳〉，頁364。案：北齊並未有河清四年，參方詩銘編著，《中國歷史紀年表》（上海：上海人民出版社，2007.3，1版），頁76。對此唐‧李延壽，《北史》（北京：中華書局，1974.10，1版），卷55，〈王峻傳〉，頁1997則作：「河清中。」

[101] 戴炎輝，〈唐律衛禁律之遡源〉，頁112。

> 「盜出朱（珠）玉邦關及買（賣）於客者，上朱（珠）玉內史，內
> 史材鼠（予）購。」•可（何）以購之？其耐罪以上，購如捕它罪
> 人；貲罪，不購。[102]

即若有人捕捉到私運、私賣者後，應將珠玉上交給內史，內史酌量後
予以獎賞。」如果被捕之人應處耐罪以上，如同捕獲其他罪犯，獎賞
捕獲者；如被捕之人應處罰款，不予獎賞捕獲者。即耐刑作為是否獎
賞捕獲者的指標。

《列女傳•節義傳》：

> 二義者，珠崖令之後妻及前妻之女也，女名初，年十三。珠崖多
> 珠，繼母連大珠以為繫臂。及令死，當送喪。法：內珠入於關
> 者死。繼母棄其繫臂珠，其子男年九歲，好而取之，置之母鏡奩
> 中，皆莫之知，遂奉喪歸。[103]

漢武帝元鼎六年（111B.C.）定越地為珠崖等郡，[104]珠崖郡令前妻早死，
再娶後妻，前妻留有一名十三歲女，名初，後妻生有一男，當時九
歲。由於珠崖郡產珠，繼母穿戴大珠在手臂上用於裝飾，後珠崖令
死，要送行，當時法規定帶珠入關處死刑，繼母棄其臂上珠，九歲
兒子好奇又撿而置於母親化妝鏡匣中。不過，沈家本認為「此一關
（指珠崖）之特別法，非諸關之通例。」[105]沈氏認為這是珠崖地區特別
法，並非適用全國諸關，但仍表示珠在當時被視為禁物。

---

[102] 睡虎地秦簡「法律答問」簡140，頁126。
[103] 前漢•劉向著，黃清泉注譯，陳滿銘校閱，《新譯列女傳》（臺北：三民
書局，2008.9，2版），卷5，〈節義傳•珠崖二義〉，頁273。
[104] 《漢書》，卷6，〈武帝紀〉，頁188。
[105] 《漢律摭遺》，卷13，〈廄律〉。

（二）銅（錢）、黃金、金器、鐵、兵器、鹽

秦法規定錢不可攜出邊境，「法律答問」簡5：「人臣甲謀遣人妾乙盜主牛，買（賣），把錢偕邦亡，出徼，得，論各可（何）殹（也）？當城旦黥之，各畀主。」[106]男奴甲主謀叫婢女乙偷主人的牛，把牛賣掉後，帶著賣牛的錢一起逃出秦邊境，出邊塞時，被捕，結果是兩人分別處以城旦（舂），再加上黥刑，後分別交還主人。

晉元帝司馬睿南下建立東晉（317），初期用孫吳時期的舊錢，大者稱為「比輪」，中者稱為「四文」，沈充則又鑄造「小錢」。[107]東晉孝武帝太元三年（378），針對當時私運「比輪」錢情況嚴重，下詔曰：

> 孝武太元三年，詔曰：「錢，國之重寶，小人貪利，銷壞無已，監司當以為意。廣州夷人寶貴銅鼓，而州境素不出銅，聞官私賈人皆於此下貪比輪錢斤兩差重，以入廣州，貨與夷人，鑄敗作鼓。其重為禁制，得者科罪。」[108]

張鵬一根據此條輯成晉令曰：「銅出關有禁」，[109]由於廣州不產銅礦，但州內夷人視銅鼓為寶，官員、商人以為「比輪」銅錢有價差利潤可圖，私運入州，轉賣給夷人，使夷人鎔鑄「比輪」銅錢時得到銅，再以銅製成銅鼓。此舉涉及銅錢私運，並與夷人交易，理應受到朝廷禁止。

黃金、金器、銅在漢初是禁止攜帶出關中諸內關、以及邊塞、邊津的。〈津關令〉簡492：「二、制詔御史，其令扞關、鄖關、武

---

[106] 睡虎地秦簡「法律答問」簡5，頁94。
[107] 《晉書》，卷26，〈食貨志〉，頁795：「晉自中原喪亂，元帝過江，用孫氏舊錢，輕重雜行，大者謂之比輪，中者謂之四文。吳興沈充又鑄小錢，謂之沈郎錢。錢既不多，由是稍貴。」
[108] 《晉書》，卷26，〈食貨志〉，頁795。
[109] 《晉令輯存》，卷3，〈關市令〉頁155。

關、函谷【關】、臨晉關，及諸其塞之河津，禁毋出黃金、諸奠黃金器及銅，有犯令」，[110]陳直認為：「御史大夫與丞相連稱者，簡稱丞相御史，〈高祖紀〉所謂制詔丞相御史是也，非指侍御史而言。」[111]即制詔御史是御史大夫，下接「其令」，容易讓人誤會是御史大夫發布命令。《漢書・高帝紀下》記高帝五年詔令：「其令諸吏善遇高爵，稱吾意。」[112]其令是指皇帝詔令，張伯元也說〈津關令〉還沒有從詔令的形式中脫離出來。[113]簡492、493「制詔御史，其令」、簡500「制詔相國、御史……具為令」，這三簡都是由皇帝直接發布的命令，令文都是由皇帝制書形成。[114]規範著黃金、金器、銅禁止攜帶出關中諸內關、邊津，當然也涵蓋邊關。

　　〈津關令〉簡493：「□、制詔御史，其令諸關，禁毋出私金器、鐵。其以金器入者，關謹籍書。出，復以閱，出之。籍器、飾及所服者不用此令。」[115]禁止將私有金器、鐵攜帶出關，若要入關時，關吏必須做登記（籍），[116]出關時則再次查閱，才准許出關。籍器是「籍書金器」的省稱，是關吏已登記的金器，[117]同時，裝飾在衣服上

---

[110] 《二年律令與奏讞書》〈津關令〉簡492，頁307。

[111] 陳直，《漢書新證》（天津：人民出版社，1979.3，2版），頁84。

[112] 《漢書》，卷1，〈高帝紀〉，頁54-55。

[113] 張伯元，〈《二年律令・津關令》與漢令之關係考〉，收錄氏著，《出土法律文獻研究》（北京：商務印書館，2005.6，1版），頁58。

[114] 曹旅寧，〈《津關令》考述〉，收錄氏著，《張家山漢律研究》（北京：中華書局，2005.8，1版），頁264。

[115] 《二年律令與奏讞書》〈津關令〉簡493，頁309。

[116] 案：籍，做動詞登記解。《漢書》，卷1，〈高帝紀〉，頁25：「吾入關，秋豪無所敢取，籍吏民，封府庫，待將軍。」顏師古注：「籍謂為簿籍。」

[117] 籍器：楊建：「已登記之金器。」氏著，〈張家山漢簡《二年律令・津關令》簡釋〉，頁324。陳偉：「前述入關時『籍書』之『金器』。斷讀恐當是『或以金器入者，關謹籍書。出，復以閱出之籍。飾及所服者不用此令。』」氏著，〈張家山漢簡雜釋〉，頁37。「借用的公家器。」張家山漢簡研讀班，〈張家山漢簡《二年律令》校讀記〉，收錄李學勤、謝桂華主編，《簡帛研究2002、2003》（桂林：廣西師範大學出版社，2005.6，1版），頁193。案：關於籍器涵義，筆者看法與楊建、陳偉較為一致。對於陳偉斷句的部分，認為「籍器」接在「出，復以閱出之」後面，語意上也

的黃金飾品則不受此令規範。簡492「諸奠黃金器」禁止攜帶出關，簡493「飾及所服者不用此令」則是允許出關，同樣都有黃金成分在物品上，前者是鑲有黃金的器物，後者是裝飾在衣服上黃金飾品，當然我們並不知鑲嵌與裝飾黃金數量是否有差別，造成規範不同，但可知金器攜帶規範比衣服上鑲嵌更為嚴謹。關吏除了需要檢查與黃金相關的產品、銅、鐵出入關之外，尚有寶器。《史記・范雎傳》：「關，關閱其寶器」，[118]寶器的種類則是相當多元，包含珠玉、黃金、銅、鐵等器物，或是鑲嵌在上等金屬，想見當時關防檢查項目之廣。

　　漢武帝時匈奴渾邪王率領眾人來到長安，長安人與其做生意，竟被官吏逮捕，《漢書・汲黯傳》載：「渾邪帥數萬之眾來，虛府庫賞賜，發良民侍養，若奉驕子。愚民安知市買長安中而文吏繩以為闌出財物如邊關乎？」顏師古注引應劭曰：「律，胡市，吏民不得持兵器及鐵出關。雖於京師市買，其法一也。」[119]長安人與渾邪王等匈奴人在長安有買兵器、鐵的貿易行為，後攜帶出邊關，長安人以為這是匈奴人自己入關來到中國，自己順道與之做生意，非自己私自到邊關購買，然而，官吏以律有規定「吏民不得持兵器及鐵出關。雖於京師市買，其法一也」，汲黯批評此制度是「以微文殺無知者」。武帝終究未採納汲黯諫言，從中可知當時即便外族來到中國，國人亦不可藉機與其有兵器、鐵購買行為，甚至攜帶出邊關。

　　鹽是一州重要資產之一，必須透過合理的貿易行為才可擁有。《晉書・陶璜傳》載：

　　　璜為交州刺史。璜有謀策，周窮好施，能得人心。滕脩數討南
　　　賊，不能制，璜曰：「南岸仰吾鹽鐵，斷勿與市，皆壞為田器。

無問題。不過，如果原來斷句「出，復以閱，出之。籍器、飾及所服者不用此令。」語意上亦可通，既然已是關吏登記過的籍器，當然不用再受此令規範而懲處，「不用此令」並非真的不管此令。
[118] 《史記》，卷79，〈范雎傳〉，頁2412。
[119] 《漢書》，卷50，〈汲黯傳〉，頁2320-2321。

　　如此二年，可一戰而滅也。」脩從之，果破賊。[120]

滕脩數次討伐交州南邊的盜賊，未果，身為交州刺史的陶璜以南賊仰賴州內鹽、鐵的互市貿易，建議滕脩斷絕貿易往來，並破壞種田器具。張鵬一根據此條輯成晉令曰：「鹽鐵出邊關有禁。」[121]可見交州因緊鄰國界，鹽、鐵是不能任意攜帶出邊關，必須在市從事交易。

（三）馬匹

　　入關時關吏籍書，出關時再次核驗，確認有無短少，否則如《史記·衛將軍驃騎傳》：「兩軍之出塞，塞閱官及私馬凡十四萬匹，而復入塞者不滿三萬匹」記載，[122]短少十一萬匹馬。

　　〈津關令〉中關於馬出入關的規範是多樣性。簡504-505記載家住關外的官員（中大夫、謁者、郎中、執盾、執戟），[123]可以向關中私自買馬。關中縣賣馬之後，將賣馬情形致書給買馬官員的長官（中大夫、郎中），中大夫、郎中再將部屬買馬情形告知津關，津關處為部屬辦理

---

[120] 《晉書》，卷57，〈陶璜傳〉，頁1559。

[121] 《晉令輯存》，卷3，〈關市令〉頁155。

[122] 《史記》，卷111，〈衛將軍驃騎傳〉，頁2938。前漢·賈誼撰，閻振益、鍾夏校注，《新書校注》（北京：中華書局，2000.7，1版），卷3，〈壹通〉，頁113：「禁游宦諸侯及無得出馬關者，豈不曰諸侯得眾則權益重，其國眾車騎則力益多。」前漢·劉向著，陳茂仁校證，《新序校證》（新北：花木蘭出版社，2007.9，初版），卷10，〈善謀〉，頁754：「因關，馬及弩不得出，絕游說之路，重附益諸侯之法，急註誤其君之罪，諸侯王遂以弱，而合從之事絕矣。主父偃之謀也。」

[123] 閻步克：「中大夫是皇帝的侍從散官，與『吏』相遠而與謁者、郎中相近。」「中大夫有一令、郎中有一令，中大夫們與郎中們各有各的長官。」「『中大夫、謁者、郎中、執盾、執戟』仍為五職，而非三官。」〈《二年律令》中的「宦皇帝者」〉收錄氏著，《從爵本位到官本位》（北京：三聯書店，2009.3，1版），頁401、403、406。楊建：「執盾、執戟：皆為郎中令屬官。」氏著，〈張家山漢簡《二年律令·津關令》簡釋〉，頁332。案：中大夫、謁者、郎中為中大夫令屬官；執盾、執戟為郎中令屬官。

來回津關都可使用的傳。[124]簡506禁止人民私自買馬出關中諸內關、沿河邊津、邊關。[125]簡507規範購買單騎、單馬拉車、官吏乘用的馬車或單馬、郵置、傳舍及傳車所用之馬（官馬），[126]關外縣將馬匹名稱、數量告知關內的內史、郡守，內史、郡守在上標記馬名，[127]並致書津關，津關以籍書、馬名案閱。[128]簡510-511接507簡，若有狡詐偽造讓馬出關，或者馬當入關而不入者，涉及關外馬少而價高的利益，即馬價哄抬超過平常價錢，依法偵辦，同時獎賞告發者。津關、邊塞關吏知情不告發者，與之同罪，不知情者則處可用錢抵耐的贖耐刑。[129]

　　簡508-509是關外郡向關中購買計獻馬的規定，關外郡守將欲購馬匹數量告知買馬處的內史、郡守，內史、郡守除登記馬特徵外，出

---

[124] 《二年律令與奏讞書》〈津關令〉簡504-505，頁315：「□、相國上中大夫書，請中大夫、謁者、郎中、執盾、執戟家在關外者，得私買馬關中。有縣官致上中大夫、郎中，中大夫、郎中為書告津關，來復傳，津關謹閱出入。馬當復入不入，以令論。‧相國、御史以聞，‧制曰：可。」

[125] 《二年律令與奏讞書》〈津關令〉簡506，頁316。

[126] 陳偉：「結合其他涉及『私買馬』的令文看，具有一定官秩，在經皇帝特許後可以私買馬出關；而普通民眾亦可私買馬，但不得出至關外。」氏著，〈張家山漢簡〈津關令〉涉馬諸令研究〉，《考古學報》，2003年第1期，頁36。

[127] 簡506「縣」，陳偉認為是關外縣。氏著，〈張家山漢簡〈津關令〉涉馬諸令研究〉，頁33。臧知非以為是關中縣。氏著，〈張家山漢簡所見漢初馬政及相關問題〉，《史林》，2004年第6期，頁71。案：筆者傾向陳說。李天虹：「第一個『久』是名詞，第二個『久』則用作動詞，大意是說將馬的名字做為久識並標記在馬的身上。」氏著，〈漢簡「致籍」考辨──讀張家山漢簡〈津關令〉札記〉，《文史》，2004年第2輯，頁37。

[128] 《二年律令與奏讞書》〈津關令〉簡506-507，頁316-317：「☑議，禁民毋得私買馬以出扞關、鄖關、函谷【關】、武關及諸河塞津關。其買騎、輕車馬、吏乘、置傳馬者，縣各以所買名匹數告買所內史、郡守，內史、郡守各以馬所補名為久久馬，為致告津關，津關謹以藉（籍）、久案閱，出。諸乘私馬入而復以出，若出而當復入者。」

[129] 《二年律令與奏讞書》〈津關令〉簡510-511，頁317：「津關謹以傳案出入之。詐偽出馬，馬當復入不復入，皆以馬賈（價）訛過平令論，及賞捕告者。津關吏卒、吏卒乘塞者智（知），弗告勮，與同罪；弗智（知），皆贖耐。‧御史以聞，制曰：可。‧。」

具文書移送關外郡守，同時致告津關，津關查閱，無誤允出。乘私馬出關而死亡關外，通報所在縣官，縣官派人診察，並請當事人前來說明詳情。[130]簡512是人持傳帶母駒出入津關時生幼駒，幼駒不滿一歲，與母駒一起出津關，由於傳上未記載幼駒資料，引發爭議，結果是津關處案查實際情形，登記後使其出入。[131]

　　簡513-515是家住關外的郎騎，乘馬死亡，可向關中買馬一匹。程序是郎騎的長官郎中令致告關中縣、道，[132]關中縣、道辦理後，一方面致告郎騎家鄉所在的關外縣，由關外縣接受馬的名籍，並將馬特徵紀錄後，另一方面呈報郎中令。[133]郎騎休假（或指辭官、退休）、[134]從事徭使須出入關中，郎中令負責發傳，使其順利出津關。郎騎的馬在關外縣、道死亡，關外縣、道官派人查核。以死馬替換自己乘馬、[135]官偽造診斷，皆以詐偽出馬令論處。郎騎不能向關中買，以及自身馬年老、生病不能用，自己告訴郎中令，郎中令案查，確屬實情，郎中令致告關中縣、道官，透過賣掉方式，更換買健康馬。[136]

130　《二年律令與奏讞書》〈津關令〉簡508-509，頁318-319：「十二、相國議，關外郡買計獻馬者，守各以匹數告所內史、郡守，內史、郡守謹籍馬職（識）物、齒、高，移其守，及為致告津關，津關案閱，出，它如律令。御史以聞，請許，及諸乘私馬出，馬當復入而死亡，自言在縣官，縣官診及獄訊審死亡，皆【告】津關，制曰：可。」

131　《二年律令與奏讞書》〈津關令〉簡512，頁319：「十三、相國上內史書言，諸以傳出入津關而行產子，駒未盈一歲，與其母偕者，津關謹案實籍書出入。‧御史以聞，制曰：可。」

132　楊建：「郎騎疑即秦漢間『郎中騎將』或『郎中騎兵』之省稱，為郎中令所屬將卒。」氏著，〈張家山漢簡《二年律令‧津關令》簡釋〉，頁336。

133　陳偉，〈張家山漢簡〈津關令〉涉馬諸令研究〉，頁35。

134　楊建：「歸休：官員休假，或指辭官、退休。」氏著，〈張家山漢簡《二年律令‧津關令》簡釋〉，頁337。

135　陳偉：「『詐貿易馬』當是特指以其他死馬替換自己乘馬的做法。」氏著，〈張家山漢簡〈津關令〉涉馬諸令研究〉，頁39。

136　《二年律令與奏讞書》〈津關令〉簡513-515，頁320：「十五、相國、御史請郎騎家在關外，騎馬節（即）死，得買馬關中人一匹以補。郎中為致告買所縣道。縣道官聽，為質〈致〉告居縣，受數而籍書馬職（識）物、齒、高，上郎中。節（即）歸休、縣（徭）使，郎中為傳出津關。馬死，死所縣道官診上。其詐（詐）貿易馬及偽診，皆以詐（詐）偽出馬令論。其不得買

　　〈津關令〉簡498是人、馬出入津關必須以傳受檢，傳上記載人的住址（郡、縣、里）、年齡（年）、身高（長）、膚色（物色）、身體特徵（疵瑕見外者）[137]、馬的標記（馬識物），[138]稟告官員、專司察看者，[139]津關據以查閱後允出入。官馬則傳上沒有關於識物的記載，[140]或許是朝廷對官馬另有造冊記錄。馬的身高、年齡也影響出入關與否，西元前146年，漢景帝時衛綰上奏禁止身高五尺九寸以上，年齡十歲以下的齒未平的馬出關，[141]直到昭帝始元五年（82B.C.）解除禁令。[142]此外，

及馬老病不可用，自言郎中，郎中案視，為致告關中縣道官，賣更買。・制曰：可。」

[137] 王子今：「疵應是比較顯著的外貌特徵，如黑斑、痣、胎記、贅疣等。」氏著，《睡虎地秦簡《日書》甲種疏證》（武漢：湖北教育出版社，2003.2，1版），頁451。

[138] 陳偉：「或者是先天的毛色，或者是後天的烙印和外傷，作為馬的標記，最為合適。」氏著，〈張家山漢簡〈津關令〉涉馬諸令研究〉，頁34。

[139] 陳偉，〈張家山漢簡〈津關令〉涉馬諸令研究〉，頁36：「關，可能指關白、稟告。」「占者：大概是專司察看之人。」

[140] 《二年律令與奏讞書》〈津關令〉簡498，頁312：「□、御史請諸出入津關者，皆入傳，書郡、縣、里、年、長、物色、疵瑕見外者及馬職（識）物關舍人占者，津關謹閱，出入之。縣官馬勿職（識）物。」陳偉：「漢初『縣官馬』身上，應該也是有識物的。這樣，『縣官馬無識物』只能理解為在傳沒有關於識物的記載。其所以如此，大概是因為官馬易於管理而私馬難以控制。」氏著，〈張家山漢簡〈津關令〉涉馬諸令研究〉，頁37。除馬識物之外，〈津關令〉簡509有齒、高。李天虹認為識物或者不僅包括久識，像毛色、性別、「左剽」（「兩剽」：馬的兩邊烙上標記）等項也許都包括在內。氏著，〈漢簡「致籍」考辨─讀張家山漢簡〈津關令〉札記〉，頁37。

[141] 《漢書》，卷5，〈景帝紀〉，頁147：「御史大夫綰奏禁馬高五尺九寸以上，齒未平，不得出關。」服虔曰：「馬十歲，齒下平。」

[142] 《漢書》，卷7，〈昭帝紀〉，頁222：「夏，罷天下亭母馬及馬弩關。」應劭曰：「武帝數伐匈奴，再擊大宛，馬死略盡，乃令天下諸亭養母馬，欲令其繁孳，又作馬上弩機關，今悉罷之。」孟康曰：「舊馬高五尺六寸齒未平，弩十石以上，皆不得出關，今不禁也。」案：此禁令的解除是針對內關而言，邊關關係國家安全，不太可能也無必要。沈家本也說：「關內共內地之關而言。自諸侯王分封子弟之制，而諸侯日弱，無變事可慮，故昭帝罷之，若邊關則仍在當禁之列。」氏著，《漢律摭遺》，卷13，〈廄律〉，頁1615。

北齊文宣帝時司馬子如以馬度關，被免官[143]。

　　綜合論之，關於禁物方面的通關規範與用語，〈津關令〉使用「出」字，《漢書・高惠高后文功臣表》使用「寄使」（出使），《隋書・宇文化及傳》使用「入」番，《梁書・劉峻傳》使用「私載」，《北齊書・王峻傳》使用「私度」。珠玉規範，「法律答問」使用「盜出」，《列女傳・節義傳》則使用「入於關」。錢規範，「法律答問」使用「出徼」，《晉書・食貨志》使用「入」廣州，張鵬一輯為晉令「銅出關有禁」。在黃金器物、銅規範方面，〈津關令〉使用「出」字。在金器、鐵規範上，〈津關令〉使用「出」、「入」。兵器、鐵規範在《漢書・汲黯傳》使用「闌出」，應劭引律使用「出」關。關於鹽、鐵規範，張鵬一輯《晉書・陶璜傳》為晉令，使用「出」邊關。關於馬匹規範，《史記・衛將軍驃騎傳》使用「出」、「入」，〈津關令〉使用「出入」、「入」、「出」字詞，《漢書》〈景帝紀〉、〈昭帝紀〉皆使用「出」字，《新書・壹通》、《新序・善謀》使用「出」字，《北齊書・司馬子如傳》則使用「度」字。可見「出」、「入」的使用在魏晉南北朝以前為主要通用字，之後使用「度」字為主。

第三節　唐代度關規範與用語

一、通則

（一）關門啓閉

　　關門啟閉有一定制度，非緊急、特殊事不得無故開閉，唐律對於此類門禁規範頗為細膩。《唐律・衛禁律》「越州鎮戍等城垣」條：

---

[143] 《北齊書》，卷18，〈司馬子如傳〉，頁240：「其後（司馬）子如以馬度關，為有司所奏……因此免官。」《北史》，卷54，〈司馬子如傳〉，頁1948。

州、鎮、關、戍城及武庫等門，應閉忘誤不下鍵，若應開毀管鍵
而開者，各杖八十；錯下鍵及不由鑰而開者，杖六十。餘門，各
減二等。若擅開閉者，各加越罪二等；即城主無故開閉者，與越
罪同；未得開閉者，各減已開閉一等。餘條未得開閉準此。[144]

律文將州、鎮、關、戍城及武庫門依情節輕重，分為四類。由輕至重
依序是第一類「錯下鍵」與「不由鑰而開」，錯下鍵依《疏》議曰：
「管鍵不相當者。」[145]錢大群釋意：「錯下鎖頭，指鎖蕊（鍵）與鎖
套（管）不相配的情況」，[146]依錢氏意與註解，古代鎖由陰、陽套件
組成，陰為牝為管，指鎖壳、門栓孔、鎖筒（鎖套）；陽為牡為鍵，
指鎖簧（鎖蕊）。所謂錯下鍵即門鎖雙方套件無法互相搭配。不由鑰
而開是門關閉卻不用鑰匙開門，此類行為劉俊文稱為「使用管鑰上之
錯誤，性質最輕」，[147]刑期為各杖六十，餘門指縣、坊、市門各減二
等，即笞四十。

　　第二類是「應閉忘誤不下鍵」與「若應開毀管鍵而開者」，前
者是應關門忘記、誤失未下鎖關門，後者是門未鎖卻毀壞「管鍵」開
門，意圖是故意的，此類行為各杖八十，縣、坊、市門各減二等，即
杖六十。第三類是「城主無故開閉者」，《疏》議曰：「州、縣、
鎮、戍等長官主執鑰者，不依法式開閉，與越罪同。」[148]城主包括

---

[144] 《唐律疏議》，卷8，〈衛禁律〉「越州鎮戍等城垣」（總81條），頁171。
[145] 《唐律疏議》，卷8，〈衛禁律〉「越州鎮戍等城垣」（總81條），頁171。
[146] 錢大群，《唐律疏義新注》（南京：南京師範大學出版社，2007.3，1版），
卷8，〈衛禁律〉「越州鎮城垣及城門下鍵開閉不依法」（總81條），頁
274。錢氏注「管鍵」曰：「鎖組成的陰陽套件」。牝者為管，牡者為鍵
——牝：音pin，雌性獸，喻指鎖壳、門栓孔。牡：雄性獸，喻指鎖蕊。
《禮記・月令》：「修鍵閉。」鄭玄注：「鍵，牡；閉，牝也。」孔穎達
疏：「凡鎖器，入者為之牡，受者為之牝。」古鎖以鎖簧（鎖蕊）及鎖筒
（鎖套）相合而成。「管」：鎖的套壳。「鍵」：鎖的簧蕊。頁258、275。
[147] 《唐律疏議箋解》，卷8，〈衛禁律〉「越州鎮戍城垣」（總81條），頁
639。
[148] 《唐律疏議》，卷8，〈衛禁律〉「越州鎮戍等城垣」（總81條），頁172。

州、鎮、關、戍城、武庫門負責門鑰匙的長官，無故謂不依「法式」啟閉門，刑期與越罪同，即徒一年，縣、坊、市門杖九十。

　　第四類是「擅開閉者」，《疏》議曰：「擅，謂非時而開閉者。州及鎮、戍、武庫門而有非時擅開閉者，加越罪二等，處徒二年。縣城以下，擅開閉者，並加越罪二等。」[149]擅為任意，比起第三類「不依法式」而開閉門者更甚，刑期各加越罪二等。即州、鎮、關、戍城、武庫門擅開閉者，徒二年，縣、坊、市門徒一年。上述四種分類是屬於門已開閉，實際傷害已造成的懲處方式，若「未得開閉者，各減已開閉一等」。（表2-3-1）

表2-3-1　唐律違法、過失啟閉門之規範

門已啟閉			門未得啟閉
行為主體	類別	刑期	
擅開閉	州、鎮、關、戍城、武庫門	徒二年	徒一年半
	縣、坊、市門	徒一年	杖一百
城主無故開閉	州、鎮、關、戍城、武庫門	徒一年	杖一百
	縣、坊、市門	杖九十	杖八十
1.應閉忘誤不下鍵 2.若應開毀管鍵而開	州、鎮、關、戍城、武庫門	杖八十	杖七十
	縣、坊、市門	杖六十	笞五十
1.錯下鍵 2.不由鑰而開	州、鎮、關、戍城、武庫門	杖六十	笞五十
	縣、坊、市門	笞四十	笞三十

出處：依《唐律》，卷8，〈衛禁律〉「越州鎮戍等城垣」（總81條），頁171-172整理而成。

　　關門啟閉的時刻有一定規範。《天聖令・關市令》宋9條：「諸關門並日出開、日入閉。管鑰，關司官長者執之」，[150]孟氏以為管鑰

---

[149] 《唐律疏議》，卷8，〈衛禁律〉「越州鎮戍等城垣」（總81條），頁171-172。

[150] 《天聖令》，卷25，〈關市令〉，頁306。

雖未檢得材料可供對勘，但似亦應有相關規定，只復原成唐令15條：「諸關門，並日出開、日入閉。」[151]《唐律・衛禁律》「越州鎮戍等城垣」條《疏》議曰：「『城主無故開閉者』，謂州、縣、鎮、戍等長官主執鑰者，不依法式開閉，與越罪同。」[152]依前後文語意，城主當包括州、鎮、關、戍城、武庫門負責門鑰匙的長官。關門是國家大門，鑰匙關係著關門的啟閉，掌管鑰匙之人，宋令作「關司官長」，「官長」據《唐律・名例律》「十惡」條之第九：「九曰不義。」注：「吏、卒殺本部五品以上官長。」《疏》議曰：「官長者，依令：『諸司尚書，同長官之例。』」[153]官長即長官，「關司官長」即關司裡的長官，唐律記載的「城主」，可見唐代存在管理鑰匙的長官，復原唐令15條或可調整為：「諸關門，並日出開、日入閉。執鑰，城主執之。」

關門啟閉配合日出、日入。韓愈詩云：「荊山已去華山來，日出潼關四扇開。」[154]華山已在潼關西南，日出而潼關四扇門開，可見關東、西各置兩門，兩兩相對，日出是關門開的前提。王勃〈散關晨度〉詩語：「關山凌旦開，石路無塵埃。白馬高譚去，青牛真氣來。」[155]此為王氏被貶入蜀途中之作，於凌旦、拂曉關門開啟之際晨度散關道，[156]騎白馬如當年老子騎青牛過函谷關，紫氣東來之意境。關門開啟取決於拂曉，但何時才稱拂曉？韓偓〈早發藍關〉詩：「關

---

[151] 孟彥弘，〈唐關市令復原研究〉，頁534。

[152] 《唐律疏議》，卷8，〈衛禁律〉「越州鎮戍等城垣」（總81條），頁172。

[153] 《唐律疏議》，卷1，〈名例律〉「十惡」（總6條），頁15。

[154] 唐・韓愈著，錢仲聯、馬茂元校點，《韓愈全集》（上海：上海古籍出版社，1997.10，1版），〈詩集〉卷10，〈次潼關先寄張十二閣老使君〉，頁95。

[155] 唐・王勃著，丹丘先生校定，《王勃集》，收錄日・長澤規矩也編，《和刻本漢詩集成》（東京：古典研究會，昭和50.2），〈唐詩〉（第一輯），卷下，〈五言律詩・散關晨度〉，頁18。

[156] 北魏・賈思勰，《齊民要術》（臺北：中國子學名著集成編印基金會，1978），卷9，〈煮膠〉，頁537：「凌旦寒氣，不畏消釋；霜露之潤，見日即乾。」

（或作閉）門愁立候雞鳴。」[157]關門一旦關閉後，必須等到翌日雞鳴始能再次開啟，未及進門者只能望關興嘆，露宿關外，是以岑參〈宿蒲關東店憶杜陵別業〉詩云：「關門鎖歸路，一夜夢還家。」[158]露宿關外，夢中見到自己已回到家。總之，日出、淩旦、雞鳴是開啟關門的條件，日入則閉關，晚上除非急事，否則不隨意啟閉門，即《唐會要・雜錄》：「城池作固，以備不虞；關鎖閉開，須有常準。」[159]關門繫乎唐帝國安危，理應有一套準則，不過，從目前史實可知，仍無法具體掌握關門啟閉的確切時間，或者因夏、冬兩季導致日照長、短，關門啟閉時間調整等問題。

（二）度關、津的條件與先後

出入關、津依所到先後順序而度，〈衛禁律〉《疏》議曰：「關，謂判過所之處。津，直度人，不判過所者。依《令》：『各依先後而度。』」[160]關依設置地點有陸關與水關，津為渡口，若是渡口處設關則可稱津關或水關。判與不判過所成為關、津差別之一，關需檢查過所後而判，津則直接通行，不判過所，不判過所意味不檢查，或許津的重要性一方面不如關；另一方面津有渡船時效性，不容許因判過所而延遲發船，造成人群擁擠。《唐令拾遺》記載：「諸度關、津及乘船筏上下，經津者，皆當有過所。」[161]此處津以頓號，前緊鄰關而來，後有「乘船筏」，疑指度陸關、津關（水關）、渡口三件事，津為津關的省

[157] 清・彭定求等編，《全唐詩》（北京：中華書局，1960.4，1版），卷682，韓偓〈早發藍關〉，頁7816。

[158] 唐・岑參著，廖立箋注，《岑嘉州詩箋注》（北京：中華書局，2004.9，1版），卷2，〈七言古詩・宿蒲關東店憶杜陵別業〉，頁390-391。

[159] 北宋・王溥撰，牛繼清校證，《唐會要校證》（西安：三秦出版社，2012.5，1版），卷5，〈雜錄〉，頁49。

[160] 《唐律疏議》，卷8，〈衛禁律〉「關津無故留難」（總84條），頁175。日・仁井田陞復原與此令同。氏著，栗勁等編譯，《唐令拾遺》（長春：長春出版社，1989.11，1版），〈關市令第二十六〉二【開元二十五年】，頁642。

[161] 《唐令拾遺》，〈關市令第二十六〉一乙【開元二十五年】，頁641。

稱，不論是度陸關或水關皆須有過所。順序以先來後到為原則，此或為一般人的規範，官員則依身分地位，決定度者的優先順序。

孟彥弘根據《天聖令》復原為唐令7條：「諸行人度關者，皆以人到為先後，不得停擁。……其不依所詣，別向餘關者，不得聽其隨便出入。」[162]孟氏認為「兩處勘度」未見其他唐代史料，暫不復原，不過，〈衛禁律〉「私度及越度關」條《疏》議曰：「水陸等關，兩處各有門禁。」[163]水關、陸關同時存在，兩處皆須勘度。兵、馬出入關則依〈衛禁律〉《疏》議曰：準《令》：「兵馬出關者，依本司連寫勑符勘度。入關者，據部領兵將文帳檢入。」[164]兵、馬出關，依本司書寫的「勑符」審核，入關則依兵部資料，受檢而入。

（三）私家不應有與應有物

1. 禁物

唐代物品分為私家不應有與可有兩類。私家不應有表示不能擁有，更遑論度全國各關，[165]若有違者，依《唐律疏議・衛禁律》（以下簡稱《唐律》）「齎禁物私度關」條：「齎禁物私度關者，坐贓論；贓輕者，從私造、私有法。」《疏》議曰：「禁物者，謂禁兵器及諸禁物，並私家不應有者」，[166]禁物包括禁兵器、諸禁物、以及私家不

---

[162] 孟彥弘，〈唐關市令復原研究〉，頁529。原文《天聖令》，卷25，〈關市令〉，頁305宋2條：「諸行人度關者，關司一處勘過，皆以人到為先後，不得停擁。雖廢務日，亦不在停限。若津梁阻關須兩處勘度者，兩處官（關）司覆驗聽過。其不依過所別向餘關者，不得聽其出入。」

[163] 《唐律疏議》，卷8，〈衛禁律〉「私度及越度關」（總82條），頁172。

[164] 《唐律疏議》，卷8，〈衛禁律〉「人兵度關妄隨度」（總86條），頁175-176。仁井田陞復原與此令雷同。氏著，《唐令拾遺》，〈關市令第二十六〉三【開元二十五年】，頁642。孟彥弘，〈唐關市令復原研究〉，頁531。

[165] 關於唐宋「禁物」越度「應禁之地」的比較。詳參劉馨珺，〈〈衛禁律・齎禁物私度關〉與《天聖令》的應禁之地〉，收錄氏著，《「唐律」與宋代法文化》（嘉義：國立嘉義大學，2010.12），頁343-354。

[166] 《唐律疏議》，卷8，〈衛禁律〉「齎禁物私度關」（總87條），頁176。

應有三種。

（1）禁兵器、私家不應有

禁兵器依〈擅興律〉「私有禁兵器」條：「諸私有禁兵器者，徒一年半；謂非弓、箭、刀、楯、短矛者。」《疏》議曰：

> 「私有禁兵器」，謂甲、弩、矛、矟、具裝等，依令私家不合有。若有矛、矟者，各徒一年半。注云「謂非弓、箭、刀、楯、短矛者」，此上五事，私家聽有。其旌旗、幡幟及儀仗，並私家不得輒有，違者從「不應為重」，杖八十。[167]

私自擁有禁兵器甲、弩、矛、矟、具裝等，[168]依《令》屬於「私家不合有」，違者徒一年半。旌旗、幡幟、儀仗亦屬「私家不得輒有」，違者從「不應為重」，[169]杖八十。

（2）諸禁物

諸禁物依《唐律・名例律》「略和誘人等赦後故蔽匿」條：「私有禁物：謂非私所應有者及禁書之類。」《疏》議曰：

> 私有禁物者，注云「謂非私所應有者」，謂甲弩、矛矟之類。「及禁書」，謂天文、圖書、兵書、七曜曆等，是名「禁書」。稱「之類」者，謂玄象器物等，既不是書，故云「之類」。[170]

---

[167] 《唐律疏議》，卷16，〈擅興律〉「私有禁兵器」（總243條），頁314-315。

[168] 劉俊文：「具裝，即具裝鎧，一種用於保護戰馬之馬鎧。」詳參《唐律疏議箋解》，卷16，〈擅興律〉「私有禁兵器」（總243條），頁1219箋釋。

[169] 《唐律疏議》，卷27，〈雜律〉「不應得為」（總450條）：「諸不應得為而為之者，笞四十；事理重者，杖八十。」頁522。

[170] 《唐律疏議》，卷4，〈名例律〉「略和誘人等赦後故蔽匿」（總35條），頁94。

此類禁物包括「書」與不屬於書性質的「玄象器物」，又《唐律・職制律》「私有玄象器物」載：

> 諸玄象器物，天文，圖書，讖書，兵書，七曜曆，《太一》、《雷公式》，私家不得有，違者徒二年。私習天文者亦同。其緯、候及《論語讖》，不在禁限。[171]

禁書包括屬於書性質的天文，圖書，讖書，兵書，七曜曆，《太一》、《雷公式》，以及不屬於書的各種玄象器物，私有者徒二年，私下學天文者亦同此刑，《五經緯》、《尚書中候》、《論語讖》則不在禁限。又據《唐律・名例律》「彼此俱罪之贓」條《疏》議曰：「甲弩、矛矟、旌旗、幡幟及禁書、寶印之類，私家不應有者，是名『犯禁之物』。」[172]可見禁物又稱「犯禁之物」，除禁兵器、諸禁物、私家不應有三類之外，尚包括寶印之類。（表2-3-2）

寶印之類的寶即璽，包括皇帝御寶、太皇太后、皇太后、皇后、皇太子、皇太子妃寶。印指官文書印。之類指符、節等。寶者據《唐律・詐偽律》「偽造御寶」條記載：「諸偽造皇帝八寶者，斬。太皇太后、皇太后、皇后、皇太子寶者，絞。皇太子妃寶，流三千里。偽造不錄所用，但造即坐。」[173]依據偽造寶的對象層級有斬、絞、流三千里之分。偽造材質不限，亦不問用與不用，造者即有違罪。印者據〈詐偽律〉「偽寫官文書印」條記載：「諸偽寫官文書印者，流二千里。餘印，徒一年。寫，謂傚效而作，亦不錄所用。」[174]依偽寫官文書印或其他有流二千里、徒一年之分，仿傚為之不限工具，成者即罰。符、節據〈詐偽律〉「偽寫符節」條記載：「諸偽寫宮殿門符、發兵符、傳符

---

[171] 《唐律疏議》，卷9，〈職制律〉「私有玄象器物」（總110條），頁196。
[172] 《唐律疏議》，卷4，〈名例律〉「彼此俱罪之贓」（總32條），頁86。
[173] 《唐律疏議》，卷25，〈詐偽律〉「偽造御寶」（總362條），頁452-453。
[174] 《唐律疏議》，卷25，〈詐偽律〉「偽寫官文書印」（總363條），頁453。

表2-3-2　禁物種類及刑期

種類	細目	刑期
禁兵器（私家不合有）	甲、弩、矛、矟、具裝等	徒一年半
私家不得輒有	旌旗、幡幟、儀仗	杖八十
諸禁物	書：天文，圖書，讖書，兵書，七曜曆，《太一》、《雷公式》等	徒二年
	非書：玄象器物	
	寶：皇帝御寶、太皇太后、皇太后、皇后、皇太子、皇太子妃	見表6-2-3
	印：官文書、餘印	
	符、節：宮殿門符、發兵符、傳符、使節、皇城、京城門符、餘符	

出處：依《唐律》，卷16，〈擅興律〉「私有禁兵器」（總243條），頁314-315。《唐律》，卷4，〈名例律〉「略和誘人等赦後故蔽匿」（總35條），頁94。《唐律》，卷9，〈職制律〉「私有玄象器物」（總110條），頁196。《疏》議整理而成。

者，絞；使節及皇城、京城門符者，流二千里。餘符，徒二年。」[175]（表2-3-3）

　　前述《唐律・衛禁律》「齎禁物私度關」條：「齎禁物私度關者，坐贓論；贓輕者，從私造、私有法。」攜禁物私度關，兼犯私有禁物及私攜禁物度關二罪，禁物涉及製造與擁有兩類情況，故從私造、私有法。私帶禁物入關則犯禁物本身的贓罪，故從坐贓法。處私造、私有法或是坐贓法，端看禁物的刑責。坐贓法依《唐律・雜律》「坐贓致罪」條：「諸坐贓致罪者，一尺笞二十，一疋加一等；十疋徒一年，十疋加一等，罪止徒三年。謂非監臨主司，而因事受財者。與者，減五等。」[176]（表2-3-4）換言之，禁物與贓罪行為需有轉換標準，

[175]　《唐律疏議》，卷25，〈詐偽律〉「偽寫符節」（總364條），頁453-454。
[176]　《唐律疏議》，卷26，〈雜律〉「坐贓致罪」（總389條），頁479。

表2-3-3　偽造、偽寫寶、印、符、節之規範

偽造御寶		偽寫官文書印		偽寫符、節	
寶	刑期	印	刑期	符、節	刑期
皇帝八寶	斬	官文書印	流二千里	宮殿門符、發兵符、傳符	絞
三后寶、皇太子寶	絞			使節、皇城、京城門符	流二千里
皇太子妃寶	流三千里	餘印	徒一年	餘符	徒二年

出處：依《唐律》，卷25，〈詐偽律〉「偽造御寶」（總362條）、「偽寫官文書印」（總363條）、「偽寫符節」（總364條），頁452-454整理而成。

表2-3-4　唐律「坐贓致罪」規範

行為	刑期	行為	刑期	行為	刑期
一尺	笞二十	五疋一尺		十疋	徒一年
一疋一尺		六疋一尺		二十疋	徒一年半
二疋一尺		七疋一尺		三十疋	徒二年
三疋一尺		八疋一尺		四十疋	徒二年半
四疋一尺		九疋一尺		五十疋	徒三年

出處：依《唐律》，卷26，〈雜律〉「坐贓致罪」（總389條），頁479整理而成。案：表格中從一疋一尺至九疋一尺之間的刑責，換算有一格落差，故以空白示之。

進而再談何謂贓重從坐贓法，以及贓輕從私造、私有法。這部分律無明文，史籍記載亦不明，僅可推測。

　　私有禁兵器，如甲、弩、矛、矟、具裝等，刑責徒一年半，等於坐贓二十疋，算是重坐贓罪，私有禁兵器私度關應從坐贓法。私家不應有，如旌旗、幡幟、儀仗，刑責杖八十，等於坐贓六疋一尺至七疋一尺之間，算是坐贓罪中間值。諸禁物包括書與非書性質，私有者徒二年，等於坐贓三十疋，亦算重坐贓罪，至於寶、印、符、節，刑責至少在徒一年以上，等於坐贓十疋以上，亦屬重坐贓罪。若屬贓罪

行為輕者，則以私造、私有法處之，律文僅載禁兵器相關規範於《唐律‧擅興律》「私有禁兵器」條。[177]（表2-3-5）

表2-3-5　禁兵器私有、私造規範

私有			私造	
種類	數量	刑期	已成 （加私有一等）	未成 （減私造已成二等）
甲	一領	流二千里	流二千五百里	徒二年半
	三領	絞	絞	徒三年
弩	一張	徒二年半	徒三年	徒二年
	三張	流二千里	流二千五百里	徒二年半
	五張	絞	絞	徒三年
具裝	一	流二千里	流二千五百里	徒二年半
	三	絞	絞	徒三年
矛、矟		徒一年半	徒二年	徒一年
旌旗、幡幟、儀仗		杖八十	杖九十	杖七十

出處：依《唐律》，卷16，〈擅興律〉「私有禁兵器」（總243條），頁314-316
整理而成。

2. 非禁物

既有私家不應有的禁物，就有私家可有物。〈衛禁律〉「齎禁物私度關」條：「若私家之物，禁約不合度關而私度者，減三等。」[178]律文指出雖是私家物，亦不可攜帶至禁止度關處而私度，所謂「禁約不合度關」依《疏》議說法：

---

[177] 《唐律疏議》，卷16，〈擅興律〉「私有禁兵器」（總243條），頁314-316。
案：劉俊文對於私造弩一張未成作「徒一年半」，頗疑為「徒二年」之誤擲。詳參《唐律疏議箋解》，卷16，〈擅興律〉「私有禁兵器」（總243條），頁1221解析。

[178] 《唐律疏議》，卷8，〈衛禁律〉「齎禁物私度關」（總87條），頁176。

〈關市令〉：「錦、綾、羅、縠、紬、綿、絹、絲、布、犛牛尾、真珠、金、銀、鐵，並不得度西邊、北邊諸關及至緣邊諸州興易。」從錦、綾以下，並是私家應有。若將度西邊、北邊諸關，計贓減坐贓罪三等。[179]

〈關市令〉規範錦、綾、羅、縠、紬、綿、絹、絲、布、犛牛尾、真珠、金、銀、鐵屬於可私人擁有，但不可將物私度西、北邊各關隘，及至邊州從事貿易，違者減「坐贓」罪三等。此類行為所犯唯一罪，即攜物度朝廷「禁約不合度關」處，但因屬私家物，本未犯有「私造、私有」法，情節及性質均輕於攜禁物私度關，故得以「坐贓」罪減三等論之。

　　對於私家不應有或私家應有之物，若被有司查到，如何處理這些物品？據《疏》議曰：

其私家不應有，雖未度關，亦沒官。私家應有之物，禁約不合度關，已下過所，關司捉獲者，其物沒官；若已度關及越度被人糾獲，三分其物，二分賞捉人，一分入官。[180]

孟氏將《天聖令‧關市令》宋7條復原成唐令11條：「諸私家應有之物禁約不合度關，已下過所，關司捉獲者，其物沒官。若已度關及越度為人糾獲者，三分其物，二分賞捉人，一分入官。」[181]可知上引

---

[179] 《唐律疏議》，卷8，〈衛禁律〉「齎禁物私度關」（總87條），頁176-177。仁井田陞復原與此令雷同。氏著，《唐令拾遺》，〈關市令第二十六〉四【開元二十五年】，頁643。《唐會要校證》，卷86，〈市〉，頁1353：「勅：諸錦、綾、羅、縠、繡、織成紬、絹、絲、犛牛尾、真珠、金、鐵，並不得與諸蕃互市，及將入蕃。金鐵之物，亦不得將度西北諸關。」案：《唐會要》將此規定置於「勅」，是皇帝「詔令」，與一般律令的「令」有差別。

[180] 《唐律疏議》，卷8，〈衛禁律〉「齎禁物私度關」（總87條），頁176-177。

[181] 孟彥弘，〈唐關市令復原研究〉，頁533。

《疏》議中自「私家應有之物」至「一分入官」屬於唐〈關市令〉規範。私家不應有的禁物不論度關與否，發現後一概沒收；私家應有物若犯「禁約不合度關」的規定，雖關司已審查過所而判度，度關時仍被關司發現，物品充公。若已度關、越度關，被人捉到，物品三分之二給捕捉者，三分之一充公。（表2-3-6）至於當事者則有贓罪或私造、私有罪。

表2-3-6　唐代對私家應有與不應有物的處理方式

私家不應有		私家應有		
未度關	度關	未度關	度關	
		不論查獲	關司查獲	人查獲
查獲				
沒收		安全	沒收	2/3賞捉人，1/3入官

出處：依《唐律》，卷8，〈衛禁律〉「齎禁物私度關」（總87條），頁176-177整理而成。

私家應有物據《天聖令·關市令》唐6條另載繡、織成兩物：

> 錦、繡、織成，亦不得將過嶺外，金銀不得將過越巂（嶲）道。如有緣身衣服，不在禁例。其西邊、北邊諸關外戶口須作衣服者，申牒官司，計其口數斟量，聽於內地示取，仍牒關勘過。[182]

前述「錦」被列入「禁約不合度關」的規定，此處新增繡、織成亦不得攜帶出嶺外，金、銀則不得帶出越巂道，若是衣服上的裝飾品則不受限。至於西、北邊各關外之人須製造衣服，申牒告知官司，官司計算關外戶口數，斟酌衡量後，聽候內地官指示拿取，從關外進到關內的衣服材料，度關仍需申牒交由關司勘驗。

　　鐵雖是私家應有物，不過某些地區卻是禁止，《天聖令·關市

---

[182]　《天聖令》，卷25，〈關市令〉，頁309唐6條。

令》唐7條記載：

> 諸居在禁鐵之鄉，除緣身衣服之外，所須乘具及鍋釜農器之類要
> 須者，量給過所，於不禁鄉市者，經本部申牒商量須數，錄色目
> 給牒聽市。市訖，官司勘元牒無賸，移牒本部知。[183]

凡住在禁鐵之鄉，除裝飾衣服不受限，乘馬的用具、鍋子、釜、農器
等必須用到鐵材質者，須向官司提報數量，申請給過所。若在未禁之
鄉市，向所屬本部申牒所需數量，登記種類名目，本部給牒准其在
市販賣，賣畢，官司勘查原牒記載數量、名目，確認無剩，移交牒給
本部。

（四）因職務度關

　　《天聖令・關市令》唐2條：「諸丁匠上役度關者，皆據本縣虛
（歷）名，共所部送綱典勘度。其役了還者，勘朱印鈔并元來姓名年
紀同，放還。」[184]凡工匠因職務度關，關司依據本縣登錄姓名，連同
工部遞送的「綱典」勘查而度，役畢歸來者，關司勘閱憑證上的朱
印，連同原來姓名、年齡，無誤者允許通行。

　　《天聖令・關市令》宋4條：「諸乘遞馬度關者，關司勘聽往
還。若送囚（囚）度關者，防援（援）人亦準此，其囚（囚）驗遞移聽
過。」[185]孟彥弘認為此條記載未見相關唐代史料，故無法復原成唐
令。[186]「遞馬」在宋3條曾出現，[187]孟彥弘復原為唐8條：「諸行人齎
過所及乘驛、傳馬出入關者，關司勘過所，案記。其過所、符券、遞

---

[183] 《天聖令》，卷25，〈關市令〉，頁309唐7條。
[184] 《天聖令》，卷25，〈關市令〉，頁308唐2條。
[185] 《天聖令》，卷25，〈關市令〉，頁305宋4條。
[186] 孟彥弘，〈唐關市令復原研究〉，頁531。
[187] 《天聖令》，卷25，〈關市令〉，頁305宋3條。

牒並付行人自隨。」[188]驛即驛馬，為單人騎乘的馬，用於迅速傳遞訊息的場合，傳馬是馬拉傳車，乘坐時較為舒適。行人持過所出關，驛馬用符券，傳馬用遞牒。[189]不論是關司勘驗的過所、符券、遞牒，驗畢後均由行人隨身攜帶。

防援人是送囚至刑場的戒備人員，囚犯與防援人配送比例，雷聞據《天聖令‧獄官令》宋6條復原成唐令8條載：

> 諸決大辟罪，皆防援至刑所，囚一人防援二十人，每一囚加五人。五品以上聽乘車，並官給酒食，聽親故辭訣，宣告犯狀，皆日未後乃行刑。（犯惡逆以上，不在乘車之限。決經宿，所司即為埋瘞。若有親故，亦任收葬。）即囚身在外者，奏報之日，不得驛馳行下。[190]

死囚與防援人人數比是1比20，每多一死囚，防援人多五人，五品以上未犯惡逆以上的死囚允其乘車，官方提供酒食，准其親友故人與其訣別，對官員是種優待。

防援人的身分有專使。《天聖令‧獄官令》唐5條：

> 諸（諸）流移人，州斷訖，應申請配者，皆令專使送者（省）司。令量配訖，還附專使報州，季別一遣。具錄所隨家口、及被符告若發遣日月，便移配處，遞差防護（援）。【專使部】領，送達配所。若配西州、伊州者……各差【專】使，準式送配所。付領

---

[188] 孟彥弘，〈唐關市令復原研究〉，頁530。復原唐令：「諸行人齎過所及乘驛、傳馬出入關者，關司勘過所，案記。其過所、符券、遞牒並付行人自隨。」

[189] 《唐律疏議》，卷8，〈衛禁律〉「私度及越度關」（總82條），頁172《疏》議曰：「水陸等關，兩處各有門禁，行人來往皆有公文，謂驛使驗符券，傳送據遞牒。」案：驛使的交通工具是使用驛馬，透過符券度關。又傳送包含傳馬，透過遞牒度關。

[190] 雷聞，〈唐開元獄官令復原研究〉，收錄《天一閣藏明鈔本天聖令校證附唐令復原研究》，頁612。

　　訖，速報元【送】處……[191]

此令遣送對象雖非死囚，但配專使帶領若干防援人。《唐令拾遺・獄官令》有「專使領送」，[192]《全唐文》有發配及安置人，以所在派遣「綱驛領送」，[193]專使帶領防援人是存在唐代的。對於《天聖令・獄官令》宋12條：「諸遞送囚者，皆令道次州縣量罪輕重、彊弱、遣人援送，明相付領。其臨時有旨，遣官部送。」[194]雷聞將此復原成唐令16條，唯刪除「其臨時有旨，遣官部送。」[195]專使是皇帝臨時派遣，送囚是其功用之一。除專使之外，《舊唐書・長孫無忌傳》：「府兵援送至流所」，[196]府兵充當防援人亦有之。由此可知《天聖令・獄官令》宋4條內容在唐令是可見到的。[197]

（五）過所登錄、核發與使用

　　《天聖令・關市令》唐3條：「諸將物應向玄（互）市，徒（從）京出者，過所司門給，徒（從）外州出者，從出物州給，皆具載色數，關司勘過。」[198]由京城出發前往市場買賣，過所由司門發給，京師以外的州，由州發給，過所皆詳載種類、名目，關司勘閱允過。《唐六典》亦載：「凡度關者，先經本部本司請過所，在京，則省給之；在外，州給之。雖非所部，有來文者，所在給之。」[199]京城申請

---

[191] 《天聖令》，卷27，〈獄官令〉，頁340唐5條。

[192] 《唐令拾遺》，〈獄官令第三十〉【開元七年】，頁703。

[193] 清・董誥等編，《全唐文》（北京：中華書局，1983.11，1版），卷32，〈賜楊慎矜等自盡並處置詔〉，頁361。

[194] 《天聖令》，卷27，〈獄官令〉，頁329宋12條。

[195] 雷聞，〈唐開元獄官令復原研究〉，頁616。

[196] 後晉・劉昫等撰，《舊唐書》（北京：中華書局，1975.5，1版），卷65，〈長孫無忌傳〉，頁2456。

[197] 劉馨珺，〈評《天一閣藏明鈔本天聖令校證附唐令復原研究》・關市令〉，《唐研究》，2008年第14卷，頁532。

[198] 《天聖令》，卷25，〈關市令〉，頁308唐3條。

[199] 《唐六典》，卷6，〈尚書刑部・司門郎中員外郎〉，頁196。《舊唐書》，

過所，由尚書省發給，其餘由州發給，度關非本地人，只要有來文申請，即由當地審核發放。

過所上的「色數」據《天聖令》復原唐令，涵蓋「姓名、年紀及馬牛騾驢牝牡、毛色、齒歲」，[200]度關皆須詳載個人與攜帶物的基本資料。再者，過所有使用時間，「若已得過所，有故卅日不去者，將舊過所申牒改給。若在路有故者，申隨近州縣，具狀牒關。」[201]三十日內是過所使用期限，若仍要使用，必須將舊過所向官府申牒，重新發給，若在路上因事耽擱，就近向州縣申報，使其具狀申牒通知關。

（六）人民與關司相關人員出入關

州、縣內的關隘掌控境內人員出入，其規範據《天聖令・關市令》唐4條載：「諸隔關屬州縣者，每年正月造簿付關，其須往及（來），就關司申牒，勘簿判印聽過，日收連為案。」[202]隔關屬州縣是指隔著關仍隸屬於州、縣所轄，可見這些關是州縣內關，也是人民每日進出所在，每年正月州縣官製作名冊交付關，名冊包括州縣戶口等鉅細靡遺，過關百姓向關司申牒，關司取其對照名冊後，勘驗後蓋印允過，同時每日彙整成檔案。人民每日因工作需求於州、縣裡出入內關是相當平常的，《天聖令・關市令》唐5條記載：

> 若比縣隔關，百姓欲往市易及樵采者，縣司給往還牒，限三十日內聽往還，過限者依式更翻牒。其與州人至梁州及鳳州人至梁州、岐州市易者，雖則比州，亦聽用行牒。[203]

　　卷43，〈職官志・尚書都省・刑部〉，1839-1840。《唐令拾遺》，〈關市令第二十六〉一甲【開元七年】，頁641。

[200]　孟彥弘，〈唐關市令復原研究〉，頁527。

[201]　孟彥弘，〈唐關市令復原研究〉，頁527。

[202]　《天聖令》，卷25，〈關市令〉，頁308唐4條。

[203]　《天聖令》，卷25，〈關市令〉，頁308唐5條。

人民欲前往隔關同一縣或跨縣於市中貿易，以及砍柴者，縣吏給予限三十日內往返牒，超過期限者，必須更換牒。若是鄰近州亦比照縣，准予用行動較自如的牒。

關司負責勘過所後判度，如果是關司本人及其家屬出入關，其規範為何？《天聖令・關市令》唐5條記載：「諸關官司及家口應須出入餘處關者，皆從當界請過所。其於任所關入出者，家口造簿年紀，勘過。」[204]關司及其家屬若要出入本身掌管關之外的餘關，仍需遵行從所在州縣申請過所。想要任意從各關離開，家屬造冊，勘閱允過。

（七）蕃客入朝與賜物出關

孟彥弘據《天聖令・關市令》宋6條復原成唐令10條，內容涉及外國人入境規範，「諸蕃客初入朝，本發遣州給過所。所有一物以上，關司共蕃客官人具錄申所司；入一關以後，更不須檢。若無關處，初經州縣亦准此。」[205]蕃客初入京，由原本出發的州發給過所。蕃客攜帶一件以上的物品，關司連同掌管蕃客的官人共同登錄資料，申報所屬官司；進入一關以後，更換時不須檢查。如果在無關之處，最初經過的州縣亦同此法。

蕃客入朝受賞賜之物，如何歸國出關？孟氏據《天聖令・關市令》宋8條復原成唐令12條：「諸禁物不得將出關。若蕃客入朝別敕賜者，連寫正敕，牒關勘過。」[206]禁物本不得攜出關，如果是蕃客入京，受敕命而獲賞賜，需連同正式敕書，申牒至關勘驗。

---

[204] 《天聖令》，卷25，〈關市令〉，頁308唐5條。
[205] 孟彥弘，〈唐關市令復原研究〉，頁532。
[206] 孟彥弘，〈唐關市令復原研究〉，頁534。

二、私度

（一）單純私度

唐律私度內、邊關的刑責是無區別的，律文分兩類，第一，單純私度，第二，私度邊關後與化外人交易、兵器與婚姻活動（反之亦同）。單純私度有人、畜之別，以及有司對於私度者的行為應負的責失，責失包括擅給過所、有他重罪、妄隨私度關。

1. 人、畜私度內、邊關

《唐律・衛禁律》「私度及越度關」條：「諸私度關者，徒一年。」[207]《疏》議曰：「水陸等關，兩處各有門禁。」關有水、陸之分，私度者徒一年。〈衛禁律〉「越度緣邊關塞」條《疏》議曰：「但以緣邊關塞，越罪故重。若從關門私度人、畜，各與餘關罪同。」[208]可見人、畜私度是不分內、邊關。不過，牲畜有馬與非馬之別，〈衛禁律〉「不應度關而給過所」條「將馬越度、冒度及私度者，各減人二等；餘畜，又減二等。」[209]馬私度杖九十，非馬私度杖七十。（表2-3-7）

表2-3-7　唐律人、畜私度內、邊關之規範

行為者		行為	刑期
人		私度內、邊關	徒一年
牲畜	馬		杖九十
	非馬		杖七十

出處：依《唐律》，卷8，〈衛禁律〉「私度及越度關」（總82條）、「不應度關而給過所」（總83條）、「越度緣邊關塞」（總88條），頁172、174、177整理而成。

---

[207] 《唐律疏議》，卷8，〈衛禁律〉「私度及越度關」（總82條），頁172。
[208] 《唐律疏議》，卷8，〈衛禁律〉「越度緣邊關塞」（總88條），頁177。
[209] 《唐律疏議》，卷8，〈衛禁律〉「不應度關而給過所」（總83條），頁174。

2. 有司責失造成人的私度內、邊關

（1）擅給過所

官司擅給私度者過所，責失為何？〈衛禁律〉「不應度關而給過所」條：「諸不應度關而給過所，取而度者，亦同。……各徒一年。」《疏》議曰：「不應度關者，謂有征役番期及罪譴之類，皆不合輒給過所，而官司輒給；及身不合度關，而取過所度者。」[210]服徭役、犯罪者屬於不應度關者，不符合發過所條件，倘若官司仍發給，度關者亦領受且已度關，則雙方各徒一年。

《疏》議又曰：「若關司未判過所以前，準『越關未度，各減五等』之例；若已判過所，未出關門，同未過：各減一等。」[211]關司未驗過所前（未判），度關者取消度關，屬於行為未發生前，減五等，度者處杖六十。倘關司已檢驗過所（已判），度關者尚未出關，依例減一等，杖一百。（表2-3-8）。

表2-3-8　唐律官司擅給及私度者接受過所之規範

條件	行為	對象	刑期
不應度關者	被給過所且度關者**已度關**	給者（官司）	徒一年
		受者（度者）	
	被給過所而度關者**未度關**	給者（官司）	
		受者（度者）、關司	杖六十（關司未判）
			杖一百（關司已判）

出處：依《唐律》，卷8，〈衛禁律〉「不應度關而給過所」（總83條），頁174整理而成。

---

[210] 《唐律疏議》，卷8，〈衛禁律〉「不應度關而給過所」（總83條），頁174。
[211] 《唐律疏議》，卷8，〈衛禁律〉「不應度關而給過所」（總83條），頁174。

（2）有他重罪

唐律將私度關者依犯罪情形，分為一般私度與特殊私度，關司則有不覺與故縱責失之分。〈衛禁律〉「私度有他罪」條：「諸私度有他罪重者，主司知情，以重者論；不知情者，依常律。」[212]一般私度徒一年，關司過失未察覺，依〈衛禁律〉「闌入廟社及山陵兆域門」條：「守衛不覺，減二等。」[213]減私度罪二等，即杖九十。若屬故縱，依〈衛禁律〉「闌入廟社及山陵兆域門」條：「故縱者，各與同罪。」[214]與私度者同罪，即徒一年。

特殊私度是指比一般私度（徒一年）以上還重的刑期。如《疏》議曰：「或有避死罪逃亡，別犯徒以上罪，是名『有他罪重』。」[215]由於有他罪重者的私度，是自身帶有比一般私度關還重的犯罪行為，私度者當以重罪來論。情形有三：關司若屬故縱，從私度者重罪論。若屬不知私度者犯重罪且未察覺私度關，依一般私度不覺法，減二等杖九十論。若屬不知私度關者犯重罪，但知私度而故縱，徒一年。（表2-3-9）

（3）妄隨

無過所跟隨帶領軍隊者度關，屬妄隨私度行為，責任歸屬問題在唐律中有領兵者與關司之分。〈衛禁律〉「人兵度關妄隨度」條：「諸領人兵度關，而別人妄隨度者，將領主以關司論，關司不覺減將領者罪一等；知情者，各依故縱法。」[216]關司未察覺妄隨度者，減領兵主司罪一等，可見在不覺狀況下，身無過所的隨度者度關，主要責任在領兵主司，故《疏》議曰：「別有人妄隨度者，罪在領兵官

---

[212] 《唐律疏議》，卷8，〈衛禁律〉「私度有他罪」（總85條），頁175。
[213] 《唐律疏議》，卷7，〈衛禁律〉「闌入廟社及山陵兆域門」（總58條），頁149。
[214] 《唐律疏議》，卷7，〈衛禁律〉「闌入廟社及山陵兆域門」（總58條），頁150。
[215] 《唐律疏議》，卷8，〈衛禁律〉「私度有他罪」（總85條），頁175。
[216] 《唐律疏議》，卷8，〈衛禁律〉「人兵度關妄隨度」（總86條），頁175。

表2-3-9　唐律一般與有他重罪者私度關之規範

條件	對象	行為	刑期
一般	私度者	私度	徒一年
	關司	不覺	杖九十
		故縱	徒一年
有他重罪	私度者	私度	從重論
	關司	不知其犯重罪且不覺	杖九十
		不知其犯重罪而故縱	徒一年
		知其犯重罪而故縱	從重論

出處：依《唐律》，卷7，〈衛禁律〉「闌入廟社及山陵兆域門」（總58條），頁149-
　　　150。《唐律》，卷8，〈衛禁律〉「私度有他罪」（總85條），頁175整理而成。

表2-3-10　唐律隨度人無他重罪，身無過所且妄隨度關與有司之規範

行為者 行為	不覺		故縱	
	領兵主司	關司	領兵主司	關司
隨度者無過所，妄隨度關（徒一年）	杖九十	杖八十	徒一年	

出處：依《唐律》，卷8，〈衛禁律〉「人兵度關妄隨度」（總86條），頁175-
　　　176整理而成。

司，故云『將領主司以關司論』。知情與同罪，不覺減二等。」[217]不
覺情況，領兵主司減妄隨度關罪二等（杖九十）。關司則再減一等，因
《疏》議曰：「關司承將領者文簿，不覺別人隨度者，減將領者罪
一等，謂減度者罪三等。」[218]可見關司責失次於領兵主司，處杖八十
（徒一年→杖八十），妄隨度關者則因屬私度，徒一年。上述屬於不覺
情形，倘若知情，則「各依故縱法」，「各」字即領兵主司與關司各
依隨度人私度關罪，若隨度者有他重罪，亦比照辦理。（表2-3-10）

---

[217]　《唐律疏議》，卷8，〈衛禁律〉「人兵度關妄隨度」（總86條），頁176。
[218]　《唐律疏議》，卷8，〈衛禁律〉「人兵度關妄隨度」（總86條），頁176。

（二）私度邊關與化外人交易、兵器與婚姻

　　唐律關於私度邊關與化外人互動的記錄，保存在越度邊關條的《疏》議之中。〈衛禁律〉「越度緣邊關塞」條：

> 諸越度緣邊關塞者，徒二年。共化外人私相交易，若取與者，一尺徒二年半，三疋加一等，十五疋加役流；私與禁兵器者，絞；共為婚姻者，流二千里。未入、未成者，各減三等。[219]

律文雖然是關於越度邊關與化外人有交易、兵器與婚姻的規範，不過，《疏》議曰：「若私度交易，得罪皆同。……若私與禁兵器及為婚姻，律無別文，得罪並同『越度』、『私與禁兵器』、『共為婚姻』之罪。」[220]可見私度邊關與化外人有所往來同越度情形。

　　私度邊關與化外人交易，包括在市場上買賣獲利，收取蕃人物品，或者把物品交與蕃人，這些都是透過計贓來量刑，最高止於加役流。若私自把禁兵器給化外人，已入其手，處絞刑，未入減三等，徒二年半。若與化外人已成婚姻關係，流二千里，未成者，亦減三等，徒二年。（表2-3-11）與化外人交易的行為人本身有刑期，那麼交易物品如何處理呢？《天聖令‧關市令》宋7條孟氏復原成唐26條，其載：「諸私共諸蕃交易為人糾獲，二分其物，一分賞糾人，一分沒官。若官司於其所部捉獲者，皆沒官。」[221]被人捕捉到，交易物分兩份，一份給捕捉者；一份充公。若是官司在所轄範圍內捕捉到，交易物皆充公。

---

[219]　《唐律疏議》，卷8，〈衛禁律〉「越度緣邊關塞」（總88條），頁177。

[220]　《唐律疏議》，卷8，〈衛禁律〉「越度緣邊關塞」（總88條），頁178。

[221]　孟彥弘，〈唐關市令復原研究〉，頁534。

表2-3-11　唐律私度、越度邊關與化外人交易、給禁兵器、共為婚姻之規範

交易		給禁兵器		共為婚姻	
計贓	刑期	行為	刑期	行為	刑期
一尺	徒二年半	已入番	絞	已成	流二千里
三疋一尺	徒三年				
六疋一尺	流二千里				
九疋一尺	流二千五百里	未入番	徒二年半	未成	徒二年
十二疋一尺	流三千里				
十五疋	加役流				

出處：依《唐律》，卷8，〈衛禁律〉「越度緣邊關塞」（總88條），頁177-178
整理而成。

三、冒度

　　唐律冒度關依對象有人、牲畜之分。就人而言，冒者與被冒者之
間存在無關係、共犯、親屬三種關係。人冒度關雖有冒度通行證，亦
有妄隨他人度關的情形，除自己責失外，領兵主司與關司各負其責。
至於牲畜，與私度關刑責相類，皆比人冒度情形來得輕。

（一）人

　　《唐律·衛禁律》「不應度關而給過所」條：「諸不應度關而給
過所，取而度者，亦同。若冒名請過所而度者，各徒一年。」[222]冒領他
人過所度關，徒一年，被冒者刑責依據與冒者關係而有所不同。律文
曰：「不知情者，不坐。」《疏》議曰：「被冒名者無罪。」[223]冒者
與被冒者之間無關係，若被冒者不知情，不受懲罰。冒者刑責則有已
度與未度關之別。冒者已度關徒一年，未度關依《疏》議曰：「若關

---

[222] 《唐律疏議》，卷8，〈衛禁律〉「不應度關而給過所」（總83條），頁174。
[223] 《唐律疏議》，卷8，〈衛禁律〉「不應度關而給過所」（總83條），頁174。

司未判過所以前，準『越關未度，各減五等』之例；若已判過所，未出關門，同未過：各減一等。」[224]關司未判，冒者即已取消度關，則冒者減已度關五等，杖六十。關司已判出關，冒者未出關，則冒者減已度關一等，杖一百。（表2-3-12）這是冒度關罪的第一種情況。

表2-3-12　唐律冒者與被冒者無關係，且被冒者不知情的冒度關之規範

冒者與被冒關係	行為	前提	對象	刑期
無	冒領過所	已度	冒者	徒一年
			被冒者	×
		未度	冒者	杖一百（關司已判）
				杖六十（關司未判）
			被冒者	×

出處：依《唐律》，卷8，〈衛禁律〉「不應度關而給過所」（總83條），頁174整理。【×表不詳】

　　第二類是冒者與被冒者之間屬於共犯關係，既屬共犯關係，被冒者當屬於知情，性質上是擁有過所者將過所轉借給無過所者，雙方責失依〈衛禁律〉「不應度關而給過所」條：「以過所與人及受而度者，亦準此。」[225]律文涉及受者屬於應度關與不應度關者之分，以及前提是已度與未度關之別，經比對分析如下：受者屬於可度關者，且已度關，給者與受者皆徒一年；未度關，關司已判，受者減一等（杖一百），給者依《疏》議曰：「其與過所人既因度成罪，前人未度，亦同減科。」[226]可見給者亦比照受者刑責。若關司未判，受者已取消度關，減五等，杖六十，給者亦同。

　　受者若屬於不應度關者，即本身有徭役、犯罪等。受者已度關，給者與受者皆徒一年；未度關，由於受者本身屬於不應度關之人，給

---

[224] 《唐律疏議》，卷8，〈衛禁律〉「不應度關而給過所」（總83條），頁174。
[225] 《唐律疏議》，卷8，〈衛禁律〉「不應度關而給過所」（總83條），頁174。
[226] 《唐律疏議》，卷8，〈衛禁律〉「不應度關而給過所」（總83條），頁174。

者仍徒一年，故《疏》議曰：「不應給過所而給者，不在減例。」[227]
受者依關司已判與未判，有杖一百與杖六十之別。（表2-3-13）

表2-3-13　唐律給受關係下冒度關之規範

冒與被冒關係	受者	行為	前提	對象	刑期
共犯 （給受關係）	應度	過所轉借給度關者	已度	給者 受者	徒一年
			未度	給者 受者	杖一百（已判） 杖六十（未判）
	不應度		已度	給者 受者	徒一年
			未度	給者	
				受者	杖一百（已判） 杖六十（未判）

出處：依《唐律》，卷8，〈衛禁律〉「不應度關而給過所」（總83條），頁174
　　　整理而成。

　　第三類是冒者與被冒者之間有親屬關係。〈衛禁律〉「不應度關
而給過所」條：「家人相冒，杖八十。」《疏》議曰：

> 家人不限良賤，但一家之人，相冒而度者，杖八十。既無「各」
> 字，被冒名者無罪。若冒度、私度、越度，事由家長處分，家長
> 雖不行，亦獨坐家長，此是「家人共犯，止坐尊長」之例。[228]

家內相冒原則是不拘良賤，被冒者無罪，若冒度（含私度、越度）之事
由家長決定，家長本身雖未做，亦獨坐家長。[229]既然存在家長決定家

---

[227]　《唐律疏議》，卷8，〈衛禁律〉「不應度關而給過所」（總83條），頁174。
[228]　《唐律疏議》，卷8，〈衛禁律〉「不應度關而給過所」（總83條），頁174。
[229]　《唐律疏義新注》，卷8，〈衛禁律〉「過所非法給非法用及非法帶牲畜度」
　　　（總83條），頁279。

內成員冒度、私度、越度事情，當可區分為家長決定（知情）與不知情，以及冒者已度與未度關兩大類。冒者已度關的前提下，家長不知情，則冒者杖八十，被冒者無罪。家長知情，家長杖八十，冒者與被冒者皆不坐罪。冒者未度關的條件下，家長不知情，關司已判，減一等為杖七十；關司未判，冒者已取消度關，減五等為笞三十，[230]被冒者無罪。家長知情，獨坐家長，其情況則依關司已判或未判而有杖七十與笞三十之分，至於冒者與被冒者皆無罪。（表2-3-14）

　　上述三類冒度關罪，除涉及冒者、被冒者與給者、受者、家長刑期外，尚須追究發放過所的官司，以及判驗度關關司之責。律文載：「主司及關司知情，各與同罪；不知情者，不坐。」[231]知情故縱與冒者、給受者同罪。

表2-3-14　唐律親屬關係下的冒度關之規範

冒與被冒關係	行為	前提	對象	刑期
親屬	家長不知情	已度	冒者	杖八十
			被冒者	×
	家長知情		家長	杖八十
			冒者與被冒者	×
	家長不知情	未度	冒者	杖七十（關司已判）
				笞三十（關司未判）
			被冒者	×
	家長知情		家長	杖七十（關司已判）
				笞三十（關司未判）
			冒者與被冒者	×

出處：依《唐律》，卷8，〈衛禁律〉「不應度關而給過所」（總83條），頁174整理。【×表不詳】

---

[230] 劉俊文作「笞二十」，疑誤擲。見《唐律疏議箋解》，卷8，〈衛禁律〉「不應度關而給過所」（總83條），頁654。

[231] 《唐律疏議》，卷8，〈衛禁律〉「不應度關而給過所」（總83條），頁174。

（二）妄隨

隨度者有過所卻隨將領主司度關，可見過所有問題，此屬妄隨冒度，責任歸屬在唐律中有將領主司與關司之分。依〈衛禁律〉「人兵度關妄隨度」條：「有過所者，關司自依常律；將領主司知情減關司故縱罪一等，不知情者不坐。」《疏》議曰：「有過所者，關司判度，自依常律，不減將領主司之罪。」[232]妄隨冒度的主要責任在檢判過所的關司，將領主司居次，知情情況下，關司「自依常律」，常律指依隨度人冒度關罪，徒一年，將領主司「減關司故縱罪一等」，即杖一百。若不知情，則不論關司或領兵主司皆不坐罪。（表2-3-15）

表2-3-15　唐律隨度人無他重罪，身有過所且妄隨度關與有司之規範

行為 ＼ 行為者	不覺		故縱	
	領兵主司	關司	領兵主司	關司
隨度者有過所，妄隨度關（徒一年）	不坐		杖一百	徒一年

出處：依《唐律》，卷8，〈衛禁律〉「人兵度關妄隨度」（總86條），頁175-176整理而成。

（三）馬、餘畜

牲畜冒度關者與前述私度關同，分成馬冒度減人二等，非馬減人四等。（表2-3-16）牲畜在私度內、邊關無分別，冒度在律文中則無明說。《疏》議曰：「家畜相冒者，謂毛色、齒歲不同，相冒並不得罪也。」[233]家畜之間毛色、牙齒年齡不同的同類相冒則無罪。

---

[232] 《唐律疏議》，卷8，〈衛禁律〉「人兵度關妄隨度」（總86條），頁175-176。

[233] 《唐律疏議》，卷8，〈衛禁律〉「不應度關而給過所」（總83條），頁175。

表2-3-16　唐律牲畜冒度關之規範

行為者		行為	刑期
牲畜	馬	冒度關	杖九十
	非馬		杖七十

出處：依《唐律》，卷8，〈衛禁律〉「不應度關而給過所」（總83條），頁175
　　　整理而成。

四、越度

　　唐律對於越度刑期是有明顯的內、邊關區別，而且較私度與冒度關罪重，如果說私度與冒度危及國家秩序的穩定，越度更是有過之而無不及，原因在於私度與冒度雖無過所，但仍從關門過，關司仍可發揮查驗功能，越度則不由關門而過，直接逃離國家的設防，對國家秩序的威脅更甚。

（一）人與畜越度內、邊關

　　《唐律‧衛禁律》「私度及越度關」條：「諸私度關者，徒一年。越度者，加一等；不由門為越。」《疏》議曰：「『越度者』，謂關不由門，津不由濟而度者，徒一年半。」[234]不由關門、津濟度謂之越，越度內關刑責是以私度內關作為基準，往上加一等，刑期為徒一年半。又〈衛禁律〉「越度緣邊關塞」條：「諸越度緣邊關塞者，徒二年。」[235]越度邊關則較越度內關刑重，徒二年。

　　白居易「百道判」第49判即是關於某丙越度關，[236]判題曰：「得

---

[234]　《唐律疏議》，卷8，〈衛禁律〉「私度及越度關」（總82條），頁172。
[235]　《唐律疏議》，卷8，〈衛禁律〉「越度緣邊關塞」（總88條），頁177。
[236]　「百道判」是白居易於唐德宗貞元十六年（800）考取進士後，等待守選期間，準備參加「科目考」中「書判拔萃科」考試，期間的練習題。今存「百道判」有101道判，扣除第89道判應「書判拔萃科」的試題，實為「百道判」。「百道判」內容可分為四大議題：單純法律案件的判、禮法相容或衝突的判、單純禮教問題、無關禮法案件。詳參陳登武，〈白居易「百

丙夜越關，為吏所執。辭云：有追捕。」白判（詞）：

> 設以關防，辨其出入：既慎守而無怠，豈偽遊而能過？丙勤恪居
> 懷，夙夜奔命：以謂寇攘事切，宜早圖之；岡思呵察戒嚴，不可
> 逾也。萑蒲乃司敗小事，襟帶實國家大防。仰老氏之文，雖知善
> 閉；稽周公之制，尚曰不征。責己具於有司，理難辭於靡鹽。盍
> 從致詰，無信飾非。[237]

判題情境是某丙晚上越度關被捕，辯稱是因為追捕犯人而越關。白居
易回應判題曰：關防查核出入之嚴，豈容偽裝而過。若某丙是追捕
犯人，應「早圖之」，否則萑蒲（盜賊）任意出入關防看是「司敗小
事」，實則破壞襟帶（關防）之「國家大防」。因此，究責某丙越度
關罪，不可聽其辯稱，即「盍從致詰，無信飾非」。

《文苑英華》〈判‧刑獄門〉「告密判」：

> 雍州申：綿州告密囚王禮，告本州人有謀反。行至散關，夜已將
> 半。關吏以其夜到，不為開門。禮緣事急，遂越關而度。至留
> 守所，告關令趙秀，並自首越關事。到神都，法司斷秀應為而不
> 為，主簿批為不當舉牒。議卿判秀當知反而不告，下符科結。秀
> 輕廉使，披訴仰正斷。[238]

道判」試析──兼論經義折獄的影響〉，收錄柳立言主編，《傳統中國法
律的理念與實踐》（臺北：中研院史語所，2008.5），頁343-411。陳登武，
〈再論白居易「百道判」──以法律推理為中心〉，《臺灣師大歷史學
報》，45期（臺北，2011.6），頁41-72。陳登武，〈白居易「百道判」中的
禮教思想〉，《法制史研究》，23期（臺北，2013.6），頁113-143。

[237] 唐‧白居易著，顧學頡校點，《白居易集》（北京：中華書局，1979.10，1
版），卷66，〈判〉，頁1400。

[238] 北宋‧李昉等編，《文苑英華》（北京：中華書局，1966.5，1版），卷
522，〈判‧刑獄門〉，「告密判」，頁2674。案：判的記載在《文苑英
華》卷503-552。

綿州人王禮為檢舉本州有人謀反一事，前往雍州，途經散關，時已夜半，關門緊閉，王禮情急越度關門，面見關令趙秀，一方面陳述謀反事，另一方面也自首越度關。王禮至都城後，法司認為趙秀未處置王禮越度關罪（徒一年半），屬於「故縱者，各與同罪」，「應為而不為」的趙秀理應與王禮同罪。主簿認為法司「不當舉牒」，即不同意其作法，議卿認為趙秀已從王禮那得知綿州有人謀反案，卻不通報朝廷，屬於〈關訟律〉「知謀反逆叛不告」條「諸知謀反及大逆者，密告隨近官司，不告者，絞。」[239]應判絞刑。

　　若是越度關未過，依〈衛禁律〉「越州鎮戍等城垣」條小注：「越而未過，減一等。」[240]即越度內關未過，徒一年，越度邊關未過，徒一年半。若只是準備越度關，其真正動作尚未開始，依〈衛禁律〉「私度及越度關」條：「已至越所而未度者，減五等。」《疏》議曰：「越度之人已至官司防禁之所，未得度者，減越度五等，合杖七十。」[241]越度者預備越度而未越，減越度罪五等，即越度內關杖七十，越度邊關杖八十。

　　牲畜越度關仍同私度、冒度，馬減人二等，非馬再減二等。越度內關依《疏》議曰：「將馬越度、冒度、私度各減人二等者，越度杖一百，……餘畜又減二等者，……越度杖八十。」[242]越度邊關依《疏》議曰：「緣邊關塞，以隔華、夷。其有越度此關塞者，得徒二年。以馬越度，準上條『減人二等』，合徒一年。餘畜又減二等，杖九十。」[243]此為已越度情況，越而未過，以及已至越所而未度，再各自依內、邊關減一等與五等。（表2-3-17）

---

[239] 《唐律疏議》，卷23，〈關訟律〉「知謀反逆叛不告」（總340條），頁427。《疏》議曰：「謀反者，謂知人潛謀欲危社稷。謀大逆者，謂知始謀欲毀宗廟、山陵等。謀叛者，謂知謀欲背國從偽。」

[240] 《唐律疏議》，卷8，〈衛禁律〉「越州鎮戍等城垣」（總81條），頁170。

[241] 《唐律疏議》，卷8，〈衛禁律〉「私度及越度關」（總82條），頁173。

[242] 《唐律疏議》，卷8，〈衛禁律〉「不應度關而給過所」（總83條），頁174-175。

[243] 《唐律疏議》，卷8，〈衛禁律〉「越度緣邊關塞」（總88條），頁177。

表2-3-17　唐律人、畜越度內、邊關之規範

行為者		犯罪行為階段	內關	邊關
人		已越度	徒一年半	徒二年
		已越而未過	徒一年	徒一年半
		已至越所而未度	杖七十	杖八十
牲畜	馬	已越度	杖一百	徒一年
		已越而未過	杖九十	杖一百
		已至越所而未度	笞五十	杖六十
	非馬	已越度	杖八十	杖九十
		已越而未過	杖七十	杖八十
		已至越所而未度	笞三十	笞四十

出處：依《唐律》，卷8，〈衛禁律〉「越州鎮戍等城垣」（總81條）、「私度及越度關」（總82條）、「不應度關而給過所」（總83條）、「越度緣邊關塞」（總88條），頁170、172、174-175、177整理而成。

（二）越度邊關與化外人交易、兵器與婚姻

　　唐律越度邊關與化外人交易、兵器與婚姻的規範與前述私度邊關與化外人的情形雷同。（見2-3-8）越度與私度邊關雖然採取的方式不同，不過兩者行為的最終目的皆在與化外人有所往來，是以刑期相類。

四、私度、冒度、越度的特點

（一）闌關以越度最重，私度為次，冒度居末

　　唐律對於人闌關罪，以越度邊關最重（徒二年），內關（徒一年半）居次，私度內、邊關（皆徒一年）再次，冒度關（內、邊關是否有別，未明）的冒者（與被冒者無關係）與受者（與給者共犯關係）皆徒一年，似與私度無差別，不過由妄隨私度、冒度與自首原免、首從有無三方面而言，可知私度重於冒度。

「不覺」情形下，妄隨私度不論領兵主司或關司皆有刑期，只是輕重而已，相對而言，妄隨冒度皆不罰。若屬「故縱」情形，妄隨私度不論領兵主司或關司同隨度者（徒一年）不減等，妄隨冒度則領兵主司得減關司一等。再者，《唐律‧名例律》「犯罪未發自首」條《疏》議曰：「度關有三等罪：越度，私度，冒度。其私度、越度，自首不原；冒度之罪，自首合免。」[244]私度與越度關，即便自首亦不免罪，冒度關自首則可免罪。此外，〈名例律〉「共犯罪本罪別」條：「逃亡及私度、越度關棧垣籬者，亦無首從。」[245]共犯私度與越度關，不存在首從法的區別。總之，唐律闌關罪依重至輕為越度、私度、冒度。

（二）對未度關的減刑

　　唐律對於私度、冒度未度關（內、邊關），依關司已判、未判以及度者行為開始與否有減一等（已判）與五等（未判）區別。越度關因不涉及由關門出入，未有關司檢判現象，未度關的度者越而未過，減一等，已到越度之所，卻取消越度動作，減五等，越度減等各依內、邊關有所不同。

（三）對有司責失的細膩

　　唐律對於未度關者有減刑，對於應負責失的有司（過所官司、關司、領兵主司），其權責區分亦相當細膩。一般私度，給過所的官司需負徒一年刑期。無過所妄隨度（私度），度關責任在領兵主司，關司居次，在不覺條件下，領兵主司減二等，關司則再減一等（共減三等），故縱則皆徒一年。有過所妄隨度（冒度），度關責任在關司，領兵主司居次，又因為妄隨冒度比起妄隨私度情節較輕，在不覺條件

---

[244]　《唐律疏議》，卷5，〈名例律〉「犯罪未發自首」（總37條），頁106。
[245]　《唐律疏議》，卷5，〈名例律〉「共犯罪本罪別」（總43條），頁117。

下，有司（關司、領兵主司）皆不坐罪，故縱時，關司徒一年，領兵主司得減關司一等。可見唐律對於有司責任的釐清是依照度者情況，輕重有別，可謂綿密。再者，國家透過闌度關懲處與未度關的恤刑，一鬆一弛掌控天下吏、民度關，體現國家秩序與關的密切。

第四節　唐代度關憑證
——以過所申請到通關程序為中心

　　唐代通關憑證主要有過所與公驗，前者自西漢以來，歷經兩晉南北朝至隋唐而成為主體；後者起源較晚，大概始於隋文帝開皇年間，到唐普遍使用，至中唐與過所並行於世。[246]由於過所出現較早，相關律令規範、文獻、出土資料遺留亦較為完善，本節論述以過所為主，公驗為輔。

　　唐代不論是陸關或水關皆有門禁。《唐律‧衛禁律》「私度及越度關」條：

> 《疏》議曰：水陸等關，兩處各有門禁，行人來往皆有公文，謂驛使驗符券，傳送據遞牒，軍防、丁夫有總曆，自餘各請過所而度。若無公文，私從關門過，合徒一年。「越度者」，謂關不由門，津不由濟而度者，徒一年半。[247]

由於關存在門禁，欲通行者需有公文，身分不同，公文互異。往來驛站的使者用符券，傳遞解送官員用遞牒，軍防人員以及服力役的丁夫用總曆，其餘人員用過所，符券、遞牒、總曆、過所統稱公文。無公文者，私度徒一年，越度徒一年半。公文度關中以請過所的人數最

---

[246] 程喜霖，《唐代過所研究》（北京：中華書局，2000.6，1版），頁186。
[247] 《唐律疏議》，卷8，〈衛禁律〉「私度及越度關」（總82條），頁172。

多，從申請前的準備、向單位提出申請、單位核發、過關時的勘驗，考驗著官員的臨場反應與朝廷對編戶百姓的掌控。

百姓旅途中欲度關需事先申請過所，其前置作業據日令〈過所式〉記載：

> 其事云云，度其關，往其國。
> 其官位姓，三位以上稱卿、資人、位姓名，年若干。庶人稱本屬、從人，其國其郡其里人，姓名、年。
> 奴名年　婢名年　其物若干，其毛牡牝馬牛若干疋頭。
> 　年　　月　　日　　　　　　主典位姓名。
> 　　　　　　　　　　　　　　次官位姓名。[248]

日令本於唐令，申辦過所首先須說明事由、往何處、沿途所經關隘，其次是申請者、隨從人員的姓名、身份、年齡、籍貫，再次是所攜帶奴婢的姓名、年齡、物品細目、牲畜馬、牛的毛色、性別、數量，最後是日期，以及主、次判官的簽署。

吐魯番阿斯塔那509號墓出土文書，記載玄宗開元二十一年（733）西州都督府勘給過所一事：

> 兄嚴麹）嘉琰去後，所有戶徭一事以上，並請嘉瓚祗承，仰不闕事者，依問麹琰，得款：其作人王貞人、駱敬仙等……不是諸軍州兵募、逃戶等色者，……請過所。[249]

高昌縣上呈西州關於麹嘉琰申請過所一事。麹嘉琰請給過所需事先向

---

[248] 經濟雜誌社編，《令義解》（東京：經濟雜誌社，1900.9〔明治33年〕），卷7，〈公式令〉，頁230-231。

[249] 國家文物局古文獻研究室等編，《吐魯番出土文書》（九）（北京：文物出版社，1990.4，1版），〈唐開元二十一年（733）西州都督府案卷為勘給過所事〉，頁51-70。

里正交代，繇役在他外出時由弟嘉瓚承接，匠夫等勞動者王貞人、駱敬仙非逃兵、逃戶，同時請保人為請過所事作擔保，經過縣司問詢、確保後，再轉承州，由州勘給過所。對於無人替其服勞役，以及有兵役、刑事責任者不給予過所，從而保證國家賦稅的正常化與國防安全，同時也藉由請辦過所的規範，有效掌握與穩定帝國內部的編戶。

　　日令〈過所式〉記載：「右過所式，並令依式具錄二通，申送所司，所司勘問，即依式署，一通留為案，一通判給。」[250]又日令過所式條：「私案。此過所自其事以下，至於疋頭，並此度關人自所書之書。故不得預云其司，然則，須之請過所人，徑依式注二通，申送所司。」[251]申請人申辦過所，依式錄「兩通」至「所司」，所司當先經縣的問詢，再經州的審核、勘問，「依式署」是指所司將其中一通留於官府備查，一通判給申請者。依式錄寫的兩通為申請者自寫後「申送所司」，那麼州勘問後是否再謄寫一次一式兩份的過所後，再作簽署的動作？程喜霖根據〈西州都督府勘給過所〉揭示過所申請的第五個步驟：

> 請過所手續符合規定，由府史擬過所兩份，戶曹參軍主判，錄事參軍勾檢，在一份上鈐州或都督府印鑑為正過所，發給申請過所人；另一份無印鑑為副過所，入案備查。[252]

可見若通過州的審核，在勘給過所給申請者之前，程氏以為州內書吏重新撰擬兩份過所文書，交由戶曹參軍主判，錄事參軍勾檢，並在發給申請者的過所蓋有州府官印，此份文書稱為正過所；留府備查且無官印的稱為副過所。換言之，申請者錄寫一式兩份過所文書，與後來

---

[250] 《令義解》，卷7，〈公式令〉，頁230-231。

[251] 日・黑板勝美編輯，《令集解》（四）（東京：吉川弘文館，1972.5〔昭和47年〕，普及版），卷33，〈公式令〉，頁844。

[252] 程喜霖，《唐代過所研究》，頁87。

拿到的正過所文書，並非是當初申請者的筆跡，有官印的正過所即日令所謂「一通判給」，無官印的副過所即「一通留為案」。

程氏根據吐魯番文書提出正、副過所概念。王仲犖亦提出正、副本用語。[253]然而，日令與出土文書等始終未見副過所一詞，副過所概念是後人相對於正過所（此點後文詳述）而出現的詞彙。再者，既然州承接縣的遞交，勘問、審核申請者提出一式兩份的過所式後，尚需書吏重新謄寫一式兩份，何以日令要規範申請者錄寫兩通內容一樣的過所文書？

《天聖令・關市令》唐1條：「諸請過所，並令自鈔（錄）副白，官司勘同，即依署給。其輸送官物者，檢鈔實，付之。」[254]申請過所者必須自錄副白，副白與「具錄二通」皆是申請過所的動作，理應二者有關係。李全德認為副白可能是申請人所自書的申牒。[255]作為向官府申請過所的文件。孟彥弘以為副白不是副本，而是附於過所牒後，可視為副件且未用官府印鑑，並舉購買奴婢的市券為例。[256]就「諸請過所，並令自鈔（錄）副白」語意而言，副白既為請過所後動作，且副相對於正而言，有次要之意，白是未蓋有官印，直書於白紙之意。過所與牒、公驗的關係，李氏以為：「官司在申請人『依（過所）式』所錄的申牒上直接簽署而成的是公驗，……過所是在此申牒基礎

---

[253] 王仲犖，〈吐魯番出土的幾件唐代過所〉，收錄氏著，《蠟華山館叢稿》（北京：中華書局，1987.4，1版），頁275-276。

[254] 《天聖令》，卷25，〈關市令〉，頁308。

[255] 李全德，〈《天聖令》所見唐代過所的申請與勘驗──以「副白」與「錄白」為中心〉，《唐研究》，2008年第14卷，頁210。

[256] 孟彥弘，〈唐代「副過所」及過所的「副白」、「錄白案記」辨釋〉，收錄黃正建主編，《《天聖令》與唐宋制度研究》（北京：中國社會科學出版社，2011.3，1版），頁190-191。作者認為「副白」是沒有印鑑的附件。如某人出發至某地，途中購買奴婢，原過所未登記，須向官府申請改給過所，官府要求將所買奴婢的契約副本呈上，作為案底存留，這份案底就是「副白」。「自錄副白」可能是申請者非本貫之地，若是本貫，奴婢等均已登錄戶籍，不需如此麻煩。詳參孟彥弘，〈再談唐代過所申請、勘驗過程中的「副白」與「錄白案記」〉，收錄黃正建主編，《隋唐遼宋金元史論叢》（一）（北京：紫禁城出版社，2011.2，初版），頁184。

上由官司另行書寫、簽署而成。」[257]換言之，就嚴謹度而言，過所是根據牒而重新書寫與簽署，公驗則是在牒上直接簽署，過所最嚴，公驗次之，牒最末。

　　牒是未經官方簽署的簡易申請文，副白具有牒的特色，是未經官司允許而由申辦過所者以牒（副白）方式送往官司勘審，申請過所時僅錄寫副白一份即可，與日本「依式具錄二通」國情有別。由於自錄的「副白」送往官司勘審後，尚須由書吏重新謄錄一式兩份並簽署，實缺乏在申請過所具錄二通的必要性。關於一式兩份的難度，孟彥弘以申請者需準備兩份用紙尺寸、高度統一，否則官府難以將不同文書黏連一起，作為案卷存放。[258]再者，從圓珍的過所和公驗圖版、錄文來看，[259]官府在勘查行人提出的過所申請時，需仔細詢問並且記錄，這些內容不會於頒給申請者的過所中，而只會留存於官府案卷中以備查核，正式頒給申請者的過所，只反映了審核的最後結果。[260]既然官府尚須抄寫一份詳細過所版本留於府，勘給行人的只是審查結果的簡要版，則申請者提出一式兩份的意義不大，僅要草擬作為告知官府申請過所的副白牒即可。此外，李全德根據過所實物，確認申請人最後得到的過所不是自書，同時觀察兩件圓珍以及石染典過所文件，其正文的語氣、行詞、筆跡均非出自個人，而是官府。[261]此乃透過實物與文本記載更是相互印證。

　　謄寫的兩份，其一發給申請者，另一留官府備案，此即日令「一

---

[257] 李全德，〈《天聖令》所見唐代過所的申請與勘驗——以「副白」與「錄白」為中心〉，頁212。

[258] 孟彥弘，〈唐代「副過所」及過所的「副白」、「錄白案記」辨釋〉，頁177-178。

[259] 日・礪波護著，韓昇等譯，〈唐代的過所與公驗〉，收錄氏著，《隋唐佛教文化》（上海：上海古籍出版社，2004.11，1版），頁167-195。

[260] 孟彥弘，〈唐代「副過所」及過所的「副白」、「錄白案記」辨釋〉，頁179、181-183。

[261] 李全德，〈《天聖令》所見唐代過所的申請與勘驗——以「副白」與「錄白」為中心〉，頁211。

通判給，一通留為案」之語。顯然「副白」與「具錄二通」兩者皆是申請者自書，並與「一通留為案，一通判給」兩者是不同人書寫。至於將判給的一通稱為正過所，留案的一通稱為副過所，正過所只記錄審核結果，副過所反而是詳細記錄，正、副字義全然相反，孟彥弘提及唐代恐無所謂正、副過所，[262]又以印鑑的有無，作為正、副過所的依據，但不能排除出土文書有正過所遺失官印的一頁而被判定為副過所的可能性。[263]誠可為是。

　　申請者副白於官府，官府勘問、審查後，一通判給請者，核發單位因地制宜。《唐六典‧尚書刑部》記載：「凡度關者，先經本部本司請過所，在京，則省給之；在外，州給之。雖非所部，有來文者，所在給之。」[264]度關者在京城請過所，由尚書省發放，京師以外由州核發。不只度關，互市貿易亦如斯，《天聖令‧關市令》唐3條：「諸將物應向玄（互）市，徒（從）京出者，過所司門給，徒（從）外州出者，從出物州給，皆具載色數，關司勘過。」[265]將物品攜至互市貿易，從京城出發者，司門核給過所，從州出者，由物品出發州發放過所，過所上載明種類、名目，過關時，由關司再次勘驗放行。

　　京城出發申辦的過所，由尚書省司門核發。《唐六典‧尚書刑部》記載：

---

[262] 孟彥弘，〈唐關市令復原研究〉，收錄天一閣博物館，中國社科院歷史研究所天聖令整理課題組校證，《天一閣藏明鈔本天聖令校證附唐令復原研究》，頁529-530。

[263] 孟彥弘，〈唐代「副過所」及過所的「副白」、「錄白案記」辨釋〉，頁183。

[264] 《唐六典》，卷6，〈尚書刑部〉，頁196。《舊唐書》，卷43，〈職官志‧尚書都省‧刑部〉，1839-1840：「凡度關者，先經本部本司請過所，在京則省給之，在外則州給之。而雖非所部，有來文者，所在亦給。」《唐令拾遺》，〈關市令〉一甲【開元七年】，頁641：「諸度關者，先經本部本司請過所。在京則省給之，在外州給之。雖非所部，有來文者，所在給之。」

[265] 《天聖令》，卷25，〈關市令〉，頁308。

> 刑部尚書一人，正三品；侍郎一人，正四品下。　刑部尚書、
> 侍郎之職，掌天下刑法及徒隸句覆、關禁之政令。其屬有四：一
> 曰刑部，二曰都官，三曰比部，四曰司門；尚書、侍郎總其職務
> 而奉行其制命。[266]

尚書省由六部組成，刑部為其中之一，設有刑部尚書主管一人，乃正三品；侍郎一人，正四品下。刑部尚書與侍郎掌天下刑法、關禁等事，轄下四個部門，分別是刑部、都官、比部、司門。（表2-4-1）「司門郎中、員外郎掌天下諸門及關出入往來之籍賦，而審其政」，[267]司門郎中、員外郎職掌天下門、關往來者之戶籍與稅賦，自然也包括在京城者過所的核發。

　　京城以外的過所核發據《唐六典》記載：「戶曹、司戶參軍掌戶籍、計帳、道路、逆旅、田疇、六畜、過所、蠲符之事。」[268]包括稱府、督護州、州在內的州府，過所核發概由戶曹、司戶參軍職掌。可見凡度關者，透過本部本司遞牒，審核後的核發有京城與州之別，若非本州縣人而欲請過所者，「雖非所部，有來文者，所在給之。」可見由當時所在州府核發。日令：「若已得過所，有故卅日不去者，

表2-4-1　刑部尚書職官與人數表

單位＼官名	郎中	員外郎	主事	令史	書令史	計吏	亭長	掌固
刑部	2	2	4	19	38		6	10
都官	1	1	2	9	12			4
比部	1	1	4	14	27	1		4
司門	1	1	2	6	13			4

出處：依《唐六典》，卷6〈尚書刑部〉，頁178-196整理而成。

---

[266] 《唐六典》，卷6，〈尚書刑部〉，頁179。
[267] 《唐六典》，卷6，〈尚書刑部〉，頁195。
[268] 《唐六典》，卷30，〈三府督護州縣官吏・上州中州下州官吏〉，頁749。

將舊過所申牒改給，若在路有故者，申隨近國司，具狀送關，雖非所有，有來文者多給，若船筏經關過者，亦請過所。」[269]取得過所的行客，有效期限是三十日，路途中因故未能抵達目的，需交付舊過所，就近國司（州司）申牒改給，並具狀知會關司，船隻過水關者，亦同過陸關請過所程序。若是核發單位的長官不在其位，依《唐令・公式》移式條：「長官署位准尚書（長官無，則次官通判者署），州別駕、長史、司馬、縣丞署位，亦准尚書省，判官皆准郎中。」[270]長官不在，由次官通判簽署過所，州戶曹、司戶參軍不在其位，則由別駕、長史、司馬、縣丞連署通判。

　　行客獲得省或州府重新書寫的簡要版過所文書後，方可踏上旅途，途中遇關尚須停頓，等候關司勘驗程序。《太平御覽・過所》引晉令：「諸渡關及乘舡筏上下經津者，皆有所。寫一通付關吏。」[271]晉朝度關、津者，依法抄寫自身擁有的過所一份給關吏備查。程喜霖以為晉制度沿襲漢朝正、副過所卷，並舉〈過所式〉「依式具錄二通，申送所司，所司勘問，即依式署一通留為案，一通判給」作為唐代發展，不過，程氏誤認「一通留為案，一通判給」為關司處產生，實則為州府處產生，又以晉朝為借鑑，想必認為唐代行客過關時亦自寫過所一份給關吏。[272]

　　相對於在關處行客自寫過所給關吏，關司自錄過所一份備查，似乎更為普遍。《令義解・關市令》云：

> 凡行人齎過所，及乘驛傳馬出入關者，關司勘過，錄白案記。其正過所，及驛鈴傳符，並付行人自隨。仍驛鈴傳符，年終錄目，申太政官惣勘。

---

[269] 《令義解》，卷9，〈關市令〉，頁274-275。

[270] 《唐令拾遺》，〈公式令第二十一〉七【開元】移式，頁487。

[271] 《太平御覽》，卷598，〈文部十四・過所〉，頁2695-1。戴炎輝認為此條「應屬《晉令・關市令》的內涵。」氏著，〈唐律衛禁律之遡源〉，頁110。

[272] 程喜霖，《唐代過所研究》，頁101。

錄白案記據小注語：「凡行人，及乘驛傳度關者，關司皆寫其過所，若官符，以立案記，直於白紙錄之，不點朱印，故云錄白也。」[273]註解認為錄白案記這一動作乃由關司負責，錄白與案記為兩個分開動作，關司抄錄為案以為記錄，稱為案記。案記於白紙上，不點朱印，稱為錄白，即日令齎過所條的逸文曰：「錄白，白紙也。」[274]關司抄錄行客的過所於白紙上有兩種方式，一則全錄原過所內容；一則摘錄其要。[275]前者是完整地再抄錄一份全新過所，可視為錄一副本，簡稱錄副。由於詳細過所已存在州府，申請者持有的僅為州府核給的簡要版過所，關司理應仍為摘錄其要。雖然日令存在正過所一詞，但錄白案記不能因此解釋為副過所，因為從核給過所的省或州府時就不存在正、副過所概念，即便在關處，也只是錄行客所持簡要版過所而已，不具備正、副概念。日令中的正過所即省或州府重新謄寫，蓋有官印後核給行客的簡要版文書，關司收到行客正過所後，自錄一份備查即歸還。

　　案記除用於勘驗過所的關司處外，亦有用於「市」。日令：「凡市，每肆立標，題行名。市司准貨物時價為三等，十日為一簿，在市案記，季別各申本司。」[276]透過簿冊案記關市情形。《天聖令·關市令》宋3條：「諸行人齎過所及乘遞馬出入關者，關司勘過所，案記。其過所、驛券、遞牒並付行人自隨。」[277]宋令規定關司查核行人過所，並作案記。《天聖令·捕亡令》宋4條：「諸亡失奴婢雜畜貨物等，於隨近官司申牒案記。」[278]不論是日令的「在市案記」或「申官司案記」，抑或宋令的「申牒案記」，均是指記錄這一動作。

　　唐令中關於案記如《天聖令·廄牧令》唐15條：「其馬，具錄毛

<hr>

[273] 《令義解》，卷9，〈關市令〉，頁275。

[274] 《令集解》（四）〈關市令〉逸文，頁7。

[275] 李全德，〈《天聖令》所見唐代過所的申請與勘驗——以「副白」與「錄白」為中心〉，頁214。

[276] 《令義解》，卷9，〈關市令〉，頁277。

[277] 《天聖令》，卷25，〈關市令〉，頁305。

[278] 《天聖令》，卷25，〈捕亡令〉，頁311。《令義解》，卷9，〈捕亡令〉，頁280：「凡亡失家人、奴婢、雜畜、貨物，皆申官司案記。」

色、齒歲、印記，為簿兩道，一道在監案記，一道長、尉自收，以擬校勘。」[279]唐令規範準備兩份簿冊供記錄馬的毛色、牙齒、歲數、身上標誌，一份給牧監案記，一份由牧長、牧尉保管，作為校勘用。〈田令〉唐25條：「諸應收授之田，每年起十月十（一）日，……十二月三十日內使訖，符下按（案）記，不得輒自請射。」[280]唐令規定應該收授的田地，每年十月一日至十二月三十日期間必須案記，逾期不候。

又〈醫疾令〉唐16條：「諸醫針師等巡患之處，所療損與不損，患處官司錄醫人姓名案記，仍錄牒太常寺，據為黜陟。諸州醫師亦准此。」[281]醫針師巡患治病，所在官司案記醫生姓名，並錄牒申報太常寺，作為考核依據。〈雜令〉唐23條：「諸官奴婢及雜戶、官戶給粮充役者，本司名（明）立功課案記，不得虛費公糧。」[282]對於官奴婢、雜戶，以及官府給糧食使其服役者，官方要作案記，防止虛報公糧。由此可知，案記乃是一種舉動。行客持官司重新書寫過之簡要版過所至關後，關司勘驗後，自身錄白、案記一份簡要版，存查於在關處。唐、宋令未見錄白用詞，僅見案記，日令則保有錄白案記，關司勘過後，案記行客過所內容於錄白處。

然而，孟彥弘以為關司勘過後乃直接註記於過所後，恐怕不存在「關司皆寫其過所」，鈔錄一通的情況。檢核過所無誤者，在後書寫「勘出」、「勘入」、「勘過」等標識，這些標識是所謂的「錄白案記」，而非指整個文書，「錄白」是將過的記錄直接記在過所後面的空白處，「案記」則是指這些一條一條的記錄。[283]《越州都督府過所》唐大中九年（855）三月十九日給日僧圓珍過所，末尾兩行有丞息

---

[279] 《天聖令》，卷24，〈廄牧令〉，頁299。

[280] 《天聖令》，卷21，〈田令〉，頁258。

[281] 《天聖令》，卷26，〈醫疾令〉，頁320。

[282] 《天聖令》，卷30，〈雜令〉，頁379。

[283] 孟彥弘，〈唐代「副過所」及過所的「副白」、「錄白案記」辨釋〉，頁177、188。

「潼關五月十五日勘入」，[284]（圖2-4-1）日僧圓珍從江南東道越州都督府請得過所，西行潼關至長安，由當時潼關吏關丞名息代行關令職掌，簽署允許勘入。《尚書省司門過所》唐大中九年（855）十一月十五日給圓珍過所，末尾兩行有丞郢「蒲關十二月四日勘出」，[285]（圖2-4-2）圓珍於十一月十五日請得尚書司門過所，十二月四日行至蒲關，由關丞名郢簽署允許勘出。《唐六典》記載：「關令掌禁末遊，伺姦慝。凡行人車馬出入往來，必據過所以勘之。丞掌付事勾稽，監印，省署抄目，通判關事。」[286]關令掌行客勘過關之責，若關令不在或懸缺，則依唐令「長官無，則次官通判者署」，[287]由次官關丞通判之。

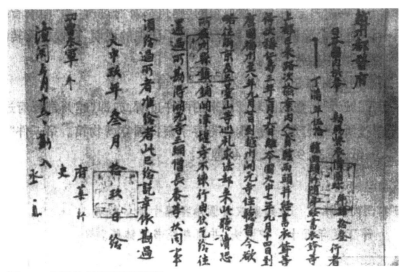

圖2-4-1　圓珍的越州都督府過所
出處：日‧礪波護著，韓昇等譯，〈唐代的過所與公驗〉，頁190。

[284] 日‧圓珍著，白化文、李鼎霞校注，《行歷抄校注》（石家莊：花山文藝出版社，2004.1，1版），頁104。
[285] 《行歷抄校注》，頁105。
[286] 《唐六典》，卷30，〈鎮戍嶽瀆關津官吏〉，頁757。
[287] 《唐令拾遺》，〈公式令〉七【開元】移式，頁487。

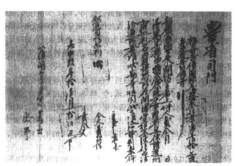

圖2-4-2　圓珍的尚書省司門過所
出處：日·礪波護著，韓昇等譯，〈唐代的過所與公驗〉，頁192、194。

　　錄白、案記的解釋與關司是否抄寫行客過所有關，孟氏將「關司勘過，錄白案記」視為一件事，關司不再抄錄行客過所，是以勘過後直錄結果於過所空白處（錄白），如「勘入、勘出」話語，錄寫過程為「案記」，在此白是指空白意思。李全德將「關司勘過，錄白案記」視為兩件事，關司勘過後，全抄或摘錄行客過所於白紙上（錄白），在此白是指白紙之意，錄寫過程為「案記」。究竟關司是否要抄錄行客過所以備案？前引錄白案記據小注：「立案記，直於白紙錄之，不點朱印，故云錄白也。」日令齎過所條的逸文曰：「錄白，白紙也。」[288]可見錄白的白指白紙，非過所空白處，白紙用於摘錄行客過所。故關司檢核行客過所後，於過所後產生「勘入、勘出」話語，並摘錄過所內容於另一份白紙上，此過程為案記。

　　過所文書除具列行客、隨從的姓名、身份、年齡、籍貫等之外，沿途所經關名也是其中之一。日令：「凡行人度入關津者，皆依過所所載關名勘過；若不依所詣，別向餘關者，關司不得隨便聽便其入出。」[289]關司依過所記錄的關名來核對，不依所載關名而過，關司有

---

[288]　《令集解》（四）〈關市令〉逸文，頁7。
[289]　《令義解》，卷9，〈關市令〉，頁275。

圖2-4-3　瓜州都督府給石染典的過所

出處：日・礪波護著，韓昇等譯，〈唐代的過所與公驗〉，頁200、201。

權使其不得出入。《唐開元二十年（732）瓜州都督府給西州百姓游擊將軍石染典過所》第3-6行：「從西來，至此市易事了。今欲卻往安西已來，路由鐵門關，鎮戍守捉，不練行由。請改給者，依勘來文同此，已判給，幸依勘過。」[290]（圖2-4-3）石染典西來至沙州市易後，從安西經鐵門關北往伊州，程喜霖認為是取道唐高宗新開敦煌通伊州的稍竿道，從敦煌經咸泉戍、稍竿館，直通伊州，不再回程瓜州出玉門關道了。[291]由於與原過所文書行經路線有落差，恐「鎮戍守捉，不練行由」，所謂「不練行由」即不按照既定路線行走，故需「請改給者，依勘來文同此，已判給，幸依勘過。」

　　《唐開元二十一年（733）唐益謙、薛光泚、康大之請給過所案卷》第27、28、29行：「往福州，路由玉門、金城、大震、烏蘭、僮（潼）、蒲津等關。謹連來文如前，請給過所者。」[292]此乃唐益謙往福州，薛光泚往甘州，康大之往輪臺的請給過所案卷，沿途由西北玉門關入，經大震關、烏蘭關、潼關、蒲津關等至福州，所經關隘鉅細靡遺行於過所文書上。第46、47行「路由玉門關及所在鎮戍，不練行

---

[290]　《吐魯番出土文書》（九），頁40。

[291]　程喜霖，《唐代過所研究》，頁115。

[292]　《吐魯番出土文書》（九），頁31、33-34。

由。□今已隔年，請乞改給，謹連本過所。」[293]甘州張掖縣人薛光泚因故超過此次請給過所「今已隔年」的期限，乃「請乞改給」過所，否則出入玉門關及所在鎮戍，恐被「不練行由」而扣留。

　　日僧圓仁於唐文宗開成五年（840）八月四日經陰地關，五日至長寧驛汾水關，十三日至蒲津關，二十日到長安，狀文曰：「日本國求法僧圓仁、弟子僧惟正、惟曉、行者丁雄萬，並連青州公驗白。」[294]圓仁連同弟子、隨從持青州核發的公驗，一路過關抵長安。孟彥弘認為公驗在不更換或檢勘的情況下是不能越界使用，圓仁將自己所持的過所稱為公驗。[295]又圓仁入長安後，曾於武宗會昌元年（841）二月八日至十五日參加薦福寺開佛牙供養大會，「莊嚴佛牙會，向佛牙樓散錢如雨，求法僧等十日往彼隨喜。登佛牙樓上，親見佛牙，頂戴禮拜。兼入翻經院，見義淨三藏影。」[296]薦福寺原稱獻福寺，乃唐中宗嗣聖元年（684）為父親高宗逝世百日，以自身舊宅改建而成，武則天天授元年（690）改稱薦福寺，中宗景龍年間（707-710）寺中建有薦福寺塔，明清以後俗稱小雁塔，今西安博物院一部分。

　　總之，過所文書詳列沿途所經關名，無形中限制行客行走路線，一旦任意更改路線，將受到捕捉遣送，如《唐開元二十一年（733）西州都督府案卷為勘給過所事》第69、70、71行提及：「岸頭府界都遊奕所狀上州，安西給過所放還京人王奉仙，右件人無向北庭行文，至酸棗戍捉獲，今隨狀送。」[297]王奉仙未遵行前往京師的過所規定路線，遭到拘留，顯示關司據過所註記路線與關名而檢核過關者。

　　相對於過所註記路線與關名，行客路線受限，過所亦存在不載記

---

[293]　《吐魯番出土文書》（九），頁31、35。

[294]　日・圓仁著，白化文、李鼎霞、許德楠校著，周一良審閱，《入唐求法巡禮行記校注》（石家莊：花山文藝出版社，2007.11，1版），卷3開成五年八月，頁324-338。

[295]　孟彥弘，〈唐代「副過所」及過所的「副白」、「錄白案記」辨釋〉，頁201。

[296]　《入唐求法巡禮行記校注》，卷3唐武宗會昌元年二年，頁370-371。

[297]　《吐魯番出土文書》（九），頁51、58-59。

關名的情形。《越州都督府過所》記載日僧圓珍來唐的狀文：

> 得狀，稱：仁壽三年七月十六日離本國，大中七年九月十四日到
> 唐國福州。至八年九月廿日，到越州開元寺住，聽習。今欲略往
> 兩京及五臺山等巡禮求法，卻來此聽讀。恐所在州縣鎮鋪關津堰
> 等，不練行由，伏乞給往還過所。[298]

圓珍於平安時代文德天皇仁壽三年（853）七月十六日離開日本，唐宣
宗大中七年（853）九月十四日來到唐福州，八年（854）九月二十日到
越州開元寺入住學習。「今欲略往兩京及五臺山等巡禮求法，卻來此
聽讀。」意味圓珍來到福州後，本欲直接至兩京以及五臺山巡禮求
法，卻臨時改至越州開元寺聽聞佛法，才會有「恐所在州縣鎮鋪關
津堰等，不練行由」，於越州開元寺期間，請求越州核發「往還過
所」，翌年（855）三月十九日越州都督府核給圓珍往京師過所。

　　從唐宣宗大中九年（855）三月十九日越州都督府核給圓珍過所
始，至十一月十五日，尚書省司門核給離京過所為止，圓珍在京師時
間超過半年，離京時向萬年縣請給過所曰：「得萬年縣申稱：今欲歸
本貫觀省，並往諸道州府巡禮名山、祖塔。恐所在關津守捉，不練
行由，請給過所者。」[299]圓珍由京城返鄉，過所的核發由尚書省司門
負責，回程時順至各道州、府參訪名山、祖塔。又《唐開元二十一
年西州都督府案卷為勘給過所事》第53、54行高昌縣為申麴嘉琰請過
所所由具狀上事：「今將前件人畜等往隴右，恐所在關鎮守捉，不練
行由。」[300]此乃西州高昌縣受理麴嘉琰將人、畜移往隴右的請給過所
案。總之，圓珍從本國到唐朝福州、越州、京城，再由京城返抵國
門，以及麴嘉琰請給過所，皆未在過所文書見到沿途關名，只以「關

---

[298] 《行歷抄校注》，頁104。
[299] 《行歷抄校注》，頁105。
[300] 《吐魯番出土文書》（九），頁51、56-57。

鎮守捉，不練行由」為由，強調請給過所的必要性。

　　從申請過所自錄一份副白始，經過官司處書吏重新謄錄一式兩份，再將其中一份簡要版核給行客，行客經過關司處的勘過後，錄白、案記一份簡要版在關備查，度關程序上可見繁瑣，這是需要國家垂直與平行官僚體系相互配合的。至於公驗無論在內容、核發單位均與過所無異，但在形式據程喜霖說法有繁式與簡式兩類。[301]繁式是正規的，需由官司處根據申請牒轉擬成兩份，與過所雷同。簡式是簡便的，由官司處根據申請牒，直接在牒尾批示。

　　《天聖令‧關市令》唐4條：「隔關屬州縣，……就關司申牒，……據縣牒聽過」，[302]唐5條：「比縣隔關，……縣司給往還牒」，[303]鑑於過所申請的繁複，唐令允許縣府用牒、聽牒，關司申牒。簡式公驗可說是由牒尾批示而來，也正因為如此，權限不如過所大，孟彥弘認為縣頒的公驗，出本縣界即無效；州所頒公驗，越本州界即無效，過所則可越界使用。而且過所只有州及中央司門有權頒給，而公驗則縣府即有權頒給。[304]無論如何，公驗對於申請者與官府而言，皆較為便利性，逐漸躍居通關文書的舞台，過所重要性則降低。

第五節　小結

　　唐以前通關詞語有「出」、「入」、「出入」、「越」、「度」、「載」，尤以「出」、「入」、「出入」在《二年律令‧津關令》使用最為頻繁，其詞語實通唐代的「度」字。違法通關用語，漢以「闌出入」概括，唐則有私度、冒度、越度三者之分。顯見漢、

---

[301] 程喜霖，《唐代過所研究》，頁155。

[302] 《天聖令》，卷25，〈關市令〉，頁308。

[303] 《天聖令》，卷25，〈關市令〉，頁308。

[304] 孟彥弘，〈唐代「副過所」及過所的「副白」、「錄白案記」辨釋〉，頁201。

唐過關用語是不但有從「出」、「入」、「出入」至「度」用字的轉變軌跡，對於違法出入關，更有從「闌出入」至「私度」、「冒度」、「越度」關的細膩區分，[305]由於漢時闌出入關包含私度、冒度、越度關三種情況，是以須從上下文意做判斷。整體言之，漢律對於越度關的「越」是用字精確的。私度關多用「出」字，不但結合語意來呈現，且數量亦最多。冒度關則用詐偽、詐襲人等詞彙，其表示的句法與語意是相當完整的。

　　漢世用「出」、「入」、「出入」表稱過關，依理推之，「闌出」、「闌入」、「闌出入」是指違反出入關，細考文獻「闌出入」、「闌出」多用於關門，[306]「闌入」多用於宮門，[307]是否有用於關門的例證，目前未見。唐代則已不再用「闌出入」稱違法過關，取代的是用私度、冒度、越度，更專門明確的詞彙。戴炎輝亦云：「唐律之闌入宮殿罪，因習漢制明矣。唯漢制之闌入，凡在有籍禁處所（如兵所居或關等）而妄入者，均賅括之；而唐律則僅用於宮殿、廟社等。」[308]對於戴氏漢世「闌入」有用於關門之見解，暫保留其說。

　　唐以前通關用字除「出」、「入」、「出入」，仍存在「越」、「度」、「載」少數用法。前述漢簡以越字來表示闌關，反映無憑證且不由關門出入，此在語意上甚是明確。《魏略》、晉令出現渡津、渡關的「渡」而不用出入。《北齊書・王峻傳》用「私度禁物」，《梁書・劉峻傳》用「私載禁物」，在此語意上，載與度是相近的。

---

[305] 關於唐律度關違法行為，分為私度、越度及冒度，但不稱闌入的說法，戴炎輝語：「私度相當於宮殿之闌入，越度相當於宮殿之越垣，冒度相當於冒入；但唐律則不稱為闌入。」詳參氏著，〈唐律衛禁律之逆源〉，頁109。

[306] 闌出：除前引《史記・高祖功臣侯者年表》、《漢書・西域傳》、《漢書・汲黯傳》，另見《漢書》，卷94上，〈匈奴傳〉，頁3765「闌出物與匈奴交易」。闌出入：《漢書》，卷16，〈高惠高后文功臣表〉，頁601「闌出入關」。

[307] 《漢書》，卷10，〈成帝紀〉，頁306「闌入尚方掖門」。《漢書》，卷53，〈景十三王傳〉，頁2431「闌入殿門」。

[308] 詳參氏著，〈唐律衛禁律之逆源〉，頁106。

此外，《北齊書・司馬子如傳》也出現度字，意味著通關詞語正從「出」、「入」、「出入」轉變成「度」、「渡」，顯見魏晉南北朝是通關詞語轉變過渡時期。待至唐代，度字成為通關用字的主體，不過仍遺存「出」、「入」、「出入」在令、敕之中，至於「過」字則因為唐代通關憑證以過所為主體，關司需要勘過度關者，因而有時在度關用語上也使用過字。

　　唐以前通關字詞的使用題材，史書類如《周禮》、《史記》、《漢書》、《列女傳》、《新書》、《新序》、《晉書》、《隋書》用「出入」、「出」、「入」。《魏略》用「渡」，《梁書》用「載」，《北齊書》用「度」。法律文書類，如「法律答問」、《龍崗秦簡》、〈津關令〉、應劭引律，使用「出入」、「出」、「入」，晉令用「渡」。對於不合法通關用語，多數在前面加上「闌」字，少數加上「私」字。

　　唐代通關字詞的使用題材主要以唐律使用「度」字為主，不合法通關用語則在前面加上「私」、「冒」、「越」字。相較於唐律通關使用「度」字的齊一性，唐令用語則較多元化，除「度」字之外，尚有「出入」、「入出」、「入」、「出」、「過」、「經」字詞。唐判亦是，判題使用「越」字，判詞則使用「出入」、「過」語詞。（表2-5-1）

表2-5-1　唐度關規範中的出入關用語

律	1. 諸私度關者，徒一年。越度者，加一等；不由門為越。已至越所而未度者，減五等。謂已到官司應禁約之處。餘條未度準此。（〈衛禁律〉總82）
	2. 諸不應度關而給過所，取而度者，亦同。若冒名請過所而度者，各徒一年。即以過所與人及受而度者，亦準此。若家人相冒，杖八十。主司及關司知情，各與同罪；不知情者，不坐。即將馬越度、冒度及私度者，各減人二等；餘畜，又減二等。家畜相冒者，不坐。（〈衛禁律〉總83）
	3. 諸關、津度人，無故留難者，一日主司笞四十，一日加一等，罪止杖一百。（〈衛禁〉總84）
	4. 諸私度有他罪重者，主司知情，以重者論；不知情者，依常律。（〈衛禁律〉總85）

律	5. 諸領人兵度關，而別人妄隨度者，將領主司以關司論，關司不覺減將領者罪一等；知情者，各依故縱法。有過所者，關司自依常律；將領主司知情減關司故縱罪一等，不知情者不坐。（〈衛禁律〉總86） 6. 齎禁物私度關者，坐贓論；贓輕者，從私造、私有法。若私家之物，禁約不合度關而私度者，減三等。（〈衛禁律〉總87） 7. 諸越度緣邊關塞者，徒二年。共化外人私相交易若取與者，一尺徒二年半，三疋加一等，十五疋加役流；私與禁兵器者，絞；共為婚姻者，流二千里。未入、未成者，各減三等。即因使私有交易者，準盜論。（〈衛禁律〉總88）
令	1. 《令》：「各依先後而度。」（〈衛禁律〉總84《疏》議曰） →《令》，各依先後而度。（《唐令拾遺‧關市》） →諸行人度關者，皆以人到為先後，不得停擁。……其不依所詣，別向餘關者，不得聽其隨便出入。（《天聖令‧關市令》復原唐7） 2. 《令》：「兵馬出關者，依本司連寫勅符勘度。入關者，據部領兵將文帳檢入。」（〈衛禁律〉總86《疏》議曰） →《唐令拾遺‧關市》同。 →諸兵馬出關者，依本司連寫勅符勘出。其入關者，據部領兵將文帳檢入。（《天聖令‧關市令》復原唐9） 3. 諸度關、津及乘船筏上下，經津者，皆當有過所。（《唐令拾遺‧關市令》） 4. 《關市令》：「錦、綾、羅、縠、紬、綿、絹、絲、布、犛牛尾、真珠、金、銀、鐵，並不得度西邊、北邊諸關及至緣邊諸州興易。諸私家應有之物禁約不合度關，已下過所，關司捉獲者，其物沒官。若已度關及越度為人糾獲者，三分其物，二分賞捉人，一分入官。」（〈衛禁律〉總87《疏》議曰；並根據《天聖令‧關市令》宋7條復原） →《唐令拾遺‧關市》同。 →諸錦、綾、羅、縠、綉、織成、紬、絲絹、絲布、犛牛尾、真珠、金、銀、帖（鐵），並不得與諸蕃互市及將入蕃，綾不在禁限。所禁之物，示（亦）不得將度西邊、北邊諸關及至緣邊諸州興易，其錦、繡、織成，亦不得將過嶺外，金銀不得將過越嶲（嶲）道。如有緣身衣服，不在禁例。其西邊、北邊諸關外戶口須作衣服者，申牒官司，計其口數斟量，聽於內地示取，仍牒關勘過。（《天聖令‧關市令》唐6） 5. 諸丁匠上役度關者，皆據本縣虛（歷）名，共所部送綱典勘度。其役了還者，勘朱印鈔并元來姓名年紀同，放還。（《天聖令‧關市令》唐2） 6. 諸將物應向玄（互）市，徒（從）京出者，過所司門給，徒（從）外州出者，從出物州給，皆具載色數，關司勘過。（《天聖令‧關市令》唐3）

令	7. 凡度關者，先經本部本司請過所，在京，則省給之；在外，州給之。雖非所部，有來文者，所在給之。（《唐六典》） →《舊唐書》同 →《唐令拾遺·關市》同。 8. 諸欲度關者，皆經本部本司請過所，具注姓名、年紀及馬牛騾驢牝牡、毛色、齒歲，官司檢勘，然後判給。還者，連來文申牒勘給。若於來文外更須附者，驗實聽之。日別總連為案。若已得過所，有故卅日不去者，將舊過所申牒改給。若在路有故者，申隨近州縣，具狀牒關。若船筏經關過者，亦請過所。（《天聖令·關市令》復原唐1） 9. 諸隔關屬州縣者，每年正月造簿付關，其徑往及（來），就關司申牒，勘簿判印聽過，日收連為案。其州縣雖別而輸課稅之物者，亦據縣牒聽過，隨了即停。（《天聖令·關市令》唐4） 10. 諸關官司及家口應須出入餘處關者，皆當界請過所。其於任所關入出者，家口造簿年紀，勘過。若比縣隔關，百姓欲往市易及樵采者，縣司給往還牒，限三十日內聽往還，過限者依式更翻牒。其興州人至梁州及鳳州人至梁州、岐州市易者，雖則比州，亦聽用行牒。（《天聖令·關市令》唐5） 11. 諸行人齎過所及乘驛、傳馬出入關者，關司勘過所，案記。其過所、符券、遞牒並付行人自隨。（《天聖令·關市令》復原唐8） 12. 諸乘驛、傳馬度關者，關司勘聽往還。若送囚度關者，防援人亦準此，其囚驗移聽過。（筆者根據《天聖令·關市令》宋4條復原） 13. 諸蕃客初入朝，本發遣州給過所。所有一物以上，關司共蕃客官人具錄申所司；入一關以後，更不須檢。若無關處，初經州縣亦准此。（《天聖令·關市令》復原唐10） 14. 諸禁物不得將出關。若蕃客入朝別敕賜者，連寫正敕，牒關勘過。（《天聖令·關市令》復原唐12）
式	《水部式》P2507號：「會寧關有船伍拾，使宜令所官差強了官檢校，著兵防守，勿令北岸停泊。自餘緣河坻渡處，亦委所在軍州嚴加捉搦。」 （鄭炳林，《敦煌地理文書匯輯校注》，甘肅：甘肅教育出版社，1989.12，1版，頁103）
判	白居易「百道判」第49判： 判題：得丙夜越關，為吏所執。辭云：有追捕。 判詞：設以關防，辨其出入：既慎守而無忌，豈偽遊而能過？丙勤恪居懷，夙夜奔命：以謂寇攘事切，宜早圖之；罔思呵察戒嚴，不可逾也。崔蒲乃司敗小事，襟帶實國家大防。仰老氏之文，雖知善閉；稽周公之制，尚曰不征。責已具於有司，理難辭於靡鹽。盍從致詰，無信飾非。

判	《文苑英華》〈判‧刑獄門〉「告密判」：
	判題：雍州申：綿州告密囚王禮，告本州人有謀反。行至散關，夜已將半。關吏以其夜到，不為開門。禮緣事急，遂[越]關而度。至留守所，告關令趙秀，並自首[越]關事。到神都，法司斷秀應為而不為，主簿批為不當舉牒。議卿判秀當知反而不告，下符科結。秀輕廉使，披訴仰正[斷]。
	判詞：王禮生於劍表，長自巴中。身在重關之外，心馳魏闕之下。踰岷越障，雖效赤誠。觸網冒羅，遂縈丹筆，何者？但緣謀反，律有明條。本州既不告言，他邑寧且寢默。必也同夫兆一作風火，應合控彼星昂。何須乘夜犯關，侵宵越棧？異田文之徑度，不聽雞鳴；殊孫龍之縱辨，無論馬色。雖未詳其五聽，聊請扣其兩端。告密縱使非虛，[越]關無宜首免。
敕	敕：諸錦、綾、羅、縠、繡、織成紬、絹、絲、犛牛尾、真珠、金、鐵，並不得與諸蕃互市，及將[入]蕃。金鐵之物，亦不得將[度]西北諸關。（《唐會要‧市》）
格	其金銀綾綺等雜物，依格不得[出]關者，並不須禁。（《唐大詔令集》）

出處：詳見第二章第三節隨頁註。
案：□為筆者所添加，用以標示通關用字與用語。

　　綜論唐以前通關用詞，雖說魏晉南北朝是通關詞語從「出」、「入」、「出入」，轉變成「度」、「渡」的過渡時期，不過仍可見史書如《梁書》用「載」，《隋書》用「入」字。相對而言，法律文書用字遣詞則較單純，漢以前用「出」、「入」、「出入」，晉令用「渡」，較符合用詞的轉變軌跡。就此點而言，反映出史家用語的隨意性，以及法律文書用語的精準性。至於唐代通關用語，唐律、式通關概使用「度」字，不合法則在前面加上「私」、「冒」、「越」用字，就律、式通關規範而言亦展現法律文書用語的精確性。

　　唐令與唐敕用語則較多元性，除「度」字之外，尚有「出入」、「入出」、「入」、「出」、「過」、「經」字詞。[309]李玉生認為唐

---

[309] 北宋‧宋敏求編，洪丕謨、張伯元、沈敖大點校，《唐大詔令集》（上海：學林出版社，1992.10，1版），卷108，〈廢潼關以東緣河諸關不禁金銀綾綺詔〉，頁515武德九年八月：「其金銀綾綺等雜物，依格不得出關

代律、令、格、式之中以律的穩定性最高（修改次數最少），令、式次之，格的變動最為頻繁。[310]換言之，作為唐代理想法律最高位階的律，其穩定性亦反映在通關用語上（唐式亦是）。但另一方面，唐代通關用語也並非那樣的單純性，此從令、敕、詔令可知，反映出唐法的多元性。

　　騷人墨客的白居易，在《百道判》判題與判詞使用「越」、「出入」、「過」詞彙。《文苑英華》「告密判」使用「越」字。無獨有偶，唐詩中可見詩名與詩文同時使用「入」、「出」、「過」、「度」通關用字。（表2-5-2）通關用字只見詩名用「入」字。（表2-5-3）詩名用「出」字，（表2-5-4）詩文用「出」字。（表2-5-5）詩名用「過」字，（表2-5-6）詩文用「過」字。（表2-5-7）詩名用「度」（渡）字，（表2-5-8）詩文用「度」（渡）字。（表2-5-9）詩文用「去」字。（表2-5-10）即使在同一詩中，詩名與詩文的通關用字且存在不同，如來濟〈出玉關〉、陸暢〈出藍田關寄董使君〉、周賀〈出關後寄賈島〉，詩名用「出」，詩文則用「度」、「渡」。如韓愈〈入關詠馬〉、杜荀鶴〈辭鄭員外入關〉、韋莊〈夢入關〉詩名用「入」，詩文則用「過」、「度」。如于武陵〈過百牢關貽舟中者〉、張蠙〈過蕭關〉、于鄴〈過百牢關貽舟中者〉，詩名用「過」，詩文則用「度」、「出」。可見唐代詩人在通關用語上並不存在特定用字（「入」、「出」、「過」、「度」、「去」），展現出文人雅士用語的灑脫性與隨意性。

　　者，並不須禁。」案：帝王詔令在通關語彙上使用「出」字。
[310] 李玉生，《唐令與中華法系研究》（南京：南京師範大學出版社，2005.12，1版），頁37。

表2-5-2　唐詩所見「入」、「出」、「過」、「度」通關用字同時存在詩名與詩文

入	《全唐詩》，卷550，趙嘏〈入藍關〉，頁6377：微煙已辨秦中樹，遠夢更依江上臺。看落晚花還悵望，鯉魚時節入關來。
	《全唐詩》，卷654，羅鄴〈入關〉，頁7519：古道槐花滿樹開，入關時節一蟬催。出門唯恐不先到，當路有誰長待來。似箭年光還可惜，如蓬生計更堪哀。故園若有漁舟在，應掛雲帆早簡迴。
出	《全唐詩》，卷18，魏徵〈出關〉，頁182：中原還逐鹿，投筆事戎軒。縱橫計不就，慷慨志猶存。策杖謁天子，驅馬出關門。請纓羈南越，憑軾下東藩。鬱紆陟高岫，出沒望平原。古木吟寒鳥，空山啼夜猿。既傷千里目，還驚九折魂。豈不憚艱險，深懷國士恩。季布無二諾，侯嬴重一言。人生感意氣，功名誰復論。
	《全唐詩》，卷518，雍陶〈哀蜀人為南蠻俘虜五章·出青溪關有遲留之意〉，頁5925：欲出鄉關行步遲，此生無復卻回時。千冤萬恨何人見，唯有空山鳥獸知。
	《全唐詩》，卷592，曹鄴〈出關〉，頁6866：山上黃蘗走避人，山下女郎歌滿野。我獨南征恨此身，更有無成出關者。
過	《全唐詩》，卷604，許棠〈過穆陵關〉，頁6988-6989：荒關無守吏，亦恥白衣過。地廣人耕絕，天寒雁下多。東西方自感，雨雪更相和。日暮聊攄思，搖鞭一放歌。
度	《全唐詩》，卷56，王勃〈散關晨度〉，頁674：關山凌旦開，石路無塵埃。白馬高譚去，青牛真氣來。重門臨巨壑，連棟起崇隈。即今揚策度，非是棄繻回。

出處：詳見上表中《全唐詩》細目。
案：囗為筆者所添加，用以標示通關用字與用語。

表2-5-3 唐詩所見「入」通關用字只用在詩名

劉希夷〈洛中晴月送殷四入關〉（卷82／頁886）、張祜〈入關〉（卷18／頁183）、〈入潼關〉（卷510／頁5814）、李端〈送友入關〉（卷285／頁3266）、孟郊〈大梁送柳淳先入關〉（卷378／頁4244）、李賀〈送韋仁實兄弟入關〉（卷393／頁4431）、章孝標〈送無相禪師入關〉（卷506／頁5749-5750）、杜牧〈入關〉（卷524頁／5998）、許渾〈送薛先輩入關〉（卷538／頁6139）、李頻〈自江上入關〉（卷588／頁6832）、曹鄴〈入關〉（卷592／頁6870）、李山甫〈送劉將軍入關討賊〉（卷643／頁7372）、羅鄴〈自蜀入關〉（卷654／頁7508）、章碣〈浙西送杜晦侍御入關〉（卷669／頁7652）、杜荀鶴〈入關歷陽道中卻寄舍弟〉（卷691／頁7927）、〈辭九江李郎中入關〉（卷691／頁7943）、〈入關寄九華友人〉（卷692／頁7952-7953）、〈將入關安陸遇兵寇〉（卷692／頁7954）、〈入關因別舍弟〉（卷692／頁7973）、〈送友人入關〉（卷692／頁7973）、〈辭鄭員外入關〉（卷692／頁7972）、韋莊〈送范評事入關〉（卷697／頁8026）、〈夢入關〉（卷697／頁8028）、黃滔〈入關言懷〉（卷706／頁8128）、曹松〈將入關行次湘陰〉（卷717／頁8243）、太宗〈入潼關〉（卷1／頁5）、岑參〈入蒲關先寄秦中故人〉（卷199／頁2063）、韓愈〈入關詠馬〉（卷343／頁3843）。

出處：詳見上表中《全唐詩》細目。

表2-5-4 唐詩所見「出」通關用字只用在詩名

陶翰〈送朱大出關〉（卷146／頁1474-1475）、岑參〈出關經華嶽寺訪法華雲公〉（卷198／頁2038）、錢起〈廣德初鑾駕出關後登高愁望二首〉（卷236／頁2610）、周賀〈出關寄賈島〉（卷503／頁5718）、〈出關後寄賈島〉（卷503／頁5724-5725）、李商隱〈出關宿盤豆館對叢蘆有感〉（卷540／頁6196）、杜荀鶴〈出關投孫侍御〉（卷692／頁7967）、韋莊〈出關〉（卷699／頁8041）、黃滔〈出關言懷〉（卷706／頁8125）、吳融〈出潼關〉（卷684／頁7858）、陶翰〈出蕭關懷古〉（卷146／頁1475）、陸暢〈出藍田關寄董使君〉（卷478／頁5443）、來濟〈出玉關〉（卷39／頁501）。

表2-5-5 唐詩所見「出」通關用字只用在詩文

張蠙〈過蕭關〉（卷702／頁8068-8069）、僧貫休〈出塞曲〉（卷18／頁187）、吳融〈宿青雲驛〉（卷686／頁7882）。

出處：詳見上表中《全唐詩》細目。

表2-5-6　唐詩所見「過」通關用字只用在詩名

> 宋之問〈過函谷關〉（卷52／頁636）、楊齊哲〈過函谷關〉（卷769／頁8726-8727）、蘇頲〈奉和聖製過潼津關〉（卷74／頁814）、張蠙〈過蕭關〉（卷702／頁8068-8069）、于武陵〈過百牢關貽舟中者〉（卷595／頁6896）、于鄴〈過百牢關貽舟中者〉（卷725／頁8316）。

表2-5-7　唐詩所見「過」通關用字只用在詩文

> 韓愈〈入關詠馬〉（卷343／頁3843）、韋莊〈夢入關〉（卷697／頁8028）、皮日休〈古函關〉（卷615／頁7093）。

出處：詳見上表中《全唐詩》細目。

表2-5-8　唐詩所見「度」（渡）通關用字只用在詩名

> 玄宗〈早度蒲津關〉（卷3／頁35-36）、張九齡〈奉和聖製早渡蒲津關〉（卷49／頁595）、〈奉和聖製度潼關口號〉（卷49／頁608）。

表2-5-9　唐詩所見「度」（渡）通關用字只用在詩文

> 王之渙〈出塞〉（卷18／頁186）、李白〈關山月〉（卷18／頁193）、來濟〈出玉關〉（卷39／頁501）、楊炎〈流崖州至鬼門關作〉（卷121／頁1213）、王之渙〈涼州詞〉之一（卷253／頁2849）、陸暢〈出藍田關寄崔使君〉（卷478／頁5443）、周賀〈出關後寄賈島〉（卷503／頁5724-5725）、于武陵〈過百牢關貽舟中者〉（卷595／頁6896）、杜荀鶴〈辭鄭員外入關〉（卷692／頁7972）、于鄴〈過百牢關貽舟中者〉（卷725／頁8316）、陳季卿〈題潼關普通院門〉（卷868／頁9838）。

出處：詳見上表中《全唐詩》細目。

表2-5-10　唐詩所見「去」通關用字只用在詩文

> 諺謎〈鬼門關諺〉（卷877／頁9936）

出處：詳見上表中《全唐詩》細目。

　　總之，觀秦漢至隋唐的法律文書，合法通關用語從「出入」、「出」、「入」發展至「度」、「渡」（唐律、式），非法通關用語從「闌」、「越」發展至「私、冒、越」，魏晉南北朝是通關用語轉變的階段，法律用語的精準性在此展現。若再觀漢至隋的史書，合

法通關用語使用「入」、「出」、「寄」（出）、「渡」、「載」、「度」，未見一脈發展軌跡，可見史家用語的隨意性。唐代的律、式雖然展現法律文書用語發展的精準性，不過，仍可見唐令、敕、詔令合法通關用語使用「度」、「出」、「入」、「過」、「經」、「度」，顯示出唐法用語的多元性。至於唐詩、唐判更增添「去」、「越」字的使用，反映文人雅士的灑脫性。（表2-5-11）

表2-5-11　秦至唐通關用字的使用差異

朝代	類別	合法通關	非法通關
秦漢	秦法律文書（律）	入、出、出入	闌
	漢法律文書（律、令）	入、出、出入	闌、越
	漢史書	入、出、寄（出）	闌
魏晉南北朝	曹魏史書	渡	冒
	晉法律文書（令）	出、渡	冒
	晉史書	出	
	梁史書	載	私
	北齊史書	度	私
隋唐	隋史書	入	
	唐法律文書（律）	度	私、冒、越
	唐法律文書（令）	度、出、入、過、經	
	唐法律文書（式）	渡	
	唐判	出入、過	越
	唐法律文書（敕）	入、度	
	唐詩	入、出、過、度、去	
	唐詔令	出	

出處：詳見第二章隨頁註。

　　唐律將違法、過失開閉關門，分成門已開或未開，由輕至重有四類型與相對應刑期。管理關門鑰匙的長官統稱為「城主」，依循日出、凌旦、雞鳴來啟閉門。唐代物品分為私家不應有與可有兩類，雖私家可有物亦不可攜帶至西、北邊諸關、嶺外，以及邊防各州從事貿易。禁物不論出關與否一概沒收，私家物出關被發現，關司查獲沒收，捕獲人查獲，三分之二獎賞捕獲者，三分之一入官。唐代度關者隨身份不同，公文憑證各異。無公文者，私度徒一年，越度徒一年半。公文中以過所的使用最為頻繁，申請流程大致可分為事前準備、向單位提出、核發單位、過關時的勘驗等四步驟。

　　事前準備包括事由、往何處、沿途所經關隘，人員、隨從者與奴婢的基本資料，攜帶物品細目、牲畜馬、牛的毛色、性別、數量，外出期間由誰代替服勞役，是否有兵役、刑事責任。向單位提出申請時，僅需錄寫一份「副白」，副白是尚未經官方簽署核可，具有牒性質的簡易申請文。縣收到牒後，初步審核，再上呈州，由州內書吏重新撰擬兩份，一份詳細版本留於府，另一份審查結果的簡要版交給申請者，即日令所謂的正過所。備查於府的並非副過所，一方面資料中並未見此用語；另一方面副相對於正是副本之意，備於府反倒是正過所的詳細版，並非完整錄一正過所副本，以正、副概念相對命名，反倒不適。

　　審核後的核發單位有京城與州之別，京城出發由尚書省司門核發，京師以外由州的戶曹、司戶參軍核發。若非本州縣人而欲請過所者，由當時所在州府核發。過所有效期限是三十日，因故未能抵達目的，需交付舊過所，就近州司申牒改給，並具狀知會關司。若是核發單位的長官不在其位，由次官通判簽署過所，州戶曹、司戶參軍不在其位，則由別駕、長史、司馬、縣丞連署通判。行客獲得省或州府簡要版過所文書後，途中遇關尚須等候關司勘驗。關司收到簡要過所文書（正過所）後，摘錄一份備查後歸還，即日令所謂「錄白案記」，因詳細版已存在州府。又唐、宋令未見錄白用詞，所謂案記是指關司勘

過後，記載行客過所內容，同時錄於白紙上，是為錄白。關司檢核過所後，並於其後產生「勘入、勘出」話語。

　　過所文書上記載沿途所經關名，無形中限制路線，任意變更者，將受到捕捉、遣送。雖有不載關名的過所，行動較自如，若行經地點有更動，仍需向所在省或州申請改發。過所是根據牒而重新書寫與簽署，公驗有繁式與簡式兩類，繁式公驗與過所雷同，簡式公驗可由官司直接在牒尾批示，但權限不如過所大，州縣公驗越州縣界則無效，過所則可越界使用。此外，過所只有州及中央司門有權頒給，公驗則縣級即有權頒發。但簡式公驗因具有牒尾直接簽署的便利性，逐漸躍居通關文書的舞台。

第三章　關中河上諸關

第一節　背景概述與章節安排

　　唐太宗貞觀初年（627）一方面有感於「天下初定，權置州郡頗多」，需要加以合併；另一方面亦因「山川形便分天下為十道」。[1]依自然環境畫分的唐初十道，既無關乎施政，亦非監察區概念，[2]雖

---

[1] 北宋・歐陽修、宋祁撰，《新唐書》（北京：中華書局，1975.2，1版），卷37，〈地理志〉，頁959。史念海，〈論唐代貞觀10道和開元15道〉，收錄氏著，《河山集》（七集）（西安：陝西師範大學出版社，1999.1，1版），頁524。賈雲，〈唐貞觀諸道的產生及其使職的作用〉，《漢中師範學院學報》，2002年第3期，頁47。根據程志、韓濱娜的說法，唐前期道有依自然地理條件劃分的道，以及防守邊疆的軍事機構，前者是行政上的道，後者是軍事上的道。詳參氏著，《唐代的州和道》（西安：三秦出版社，1987.5，1版），頁75。

[2] 嚴耕望，〈景雲十三道與開元十六道〉，收錄氏著，《嚴耕望史學論文選集》（上）（北京：中華書局，2006.12，1版），頁167、169。李曉杰，《疆域與政區》（南京：江蘇人民出版社，2011.1，1版），頁105。唐初十道的沿革：1太宗貞觀八年（634）：十六道。《新唐書》，卷93，〈李靖傳〉，頁3814。後晉・劉昫等撰，《舊唐書》（北京：中華書局，1975.5，1版），卷67，〈李靖傳〉，頁2480。唐・吳兢撰，謝保成集校，《貞觀政要集校》（北京：中華書局，2003.11，1版），卷5，〈論忠義〉，頁264校注引鈔本、《羅》本。2永徽初年（650）：十三道。唐・孫思邈，《千金翼方》（遼寧：科學技術出版社，1997.8，1版），卷1，〈藥出州土第三〉，頁6-8。羅凱，〈唐十道演化新論〉，《中國歷史地理論叢》，2012年第1輯，頁99-101。3睿宗景雲二年（711）：十二道。《舊唐書》，卷40，〈地理志〉，頁1639。此事發生在該年五月，詳參北宋・王溥撰，牛繼清校證，《唐會要校證》（西安：三秦出版社，2012.5，1版），卷70，〈州縣分望道〉，頁1052。4玄宗開元二十一年（733）：十五道。《新唐書》，卷37，〈地理志〉，頁960。穆渭生，〈唐代關內道軍事地理研究〉（陝西：陝西師範大學博士論文，2002.4），頁45-46。許正文，〈漢州唐道的設置與分裂割據王朝的形成〉，《中國歷史地理論叢》，2003年第3輯，頁142。案：道的長官最初稱為大總管或總管，武德七年以後改稱大都督、都督。詳參程志、韓濱娜，《唐代的州和道》，頁80。黎虎，〈唐前期邊疆軍區「道」的外交管理職能〉，《學術研究》，1999年第4期，頁不詳。

然中央有派遣巡察使至各道，但屬臨時性質。[3]十道中的河南、河東、河北分別以位於黃河方位的南、東、北命名，淮南與淮水有關，江南在長江以南，嶺南位於南嶺南邊，山南在秦嶺以南、長江以北、劍門關以東，劍南則在劍門關以南，隴右與隴山有關。可見九道中除劍南道之外，均以山、河劃分與命名，與自然環境相當密切。關內道與劍南道劃分方式相仿，皆是以人文設施的關隘來命名，尤為甚者，關內更強調「重關」於內，可謂名實相符。

關內名稱源自諸關包圍於內，自古早有諸關之中的關中說，關防比例之高反映京畿是國家秩序維護的重鎮區。京城是集政治、經濟、社會、文化於一身的國家核心，軍事地位極其重要，置關以衛國防成為統治者戮力著手的人文設施之一，而關隘之險倘能與山川形勢相配合，更是相得益彰。關中四面地理形勢，山者，西面隴坻（隴山）、賀蘭山，北面鄂爾多斯高原、陰山，南面秦嶺。川者，自西向北往南如ㄇ字型的黃河環繞四周，東面阻於黃河。

關中西、北、東三面黃河環繞，河上置關、津掌控渡河。黃河發源於青海，經四川、甘肅、寧夏、內蒙古、陝西、山西、河南與山東九省。ㄇ字型黃河成為關中的天然屏障，字型西邊今甘肅、寧夏省有賀蘭山、西套平原。字型北邊今內蒙古有陰山、後套、前套平原。字型東邊今山西省，也是唐時關內與河東道的界河。黃河自勝州轉彎90度南流至華州，於華州受到秦嶺逼擋，於潼關附近以幾近90度轉彎朝東流。

關中黃河ㄇ字型的河上諸關計有十座關隘。會州黃河段有會寧關、烏蘭關，勝州有榆林關、河濱關，延州有永和關，丹州有烏仁

關於開元二十一年十五道的說法，羅凱認為「開元二十一年說」，缺乏具體的置使日期、採訪使名諱，主張開元二十二年說。氏著，〈十五採訪使始置於開元二十二年論〉，《中國歷史地理論叢》，2011年第1輯，頁52。嚴耕望以為開元二十一年冬決議，二十二年二月派遣採訪使，才會造成此兩說。氏著，〈景雲十三道與開元十六道〉，頁169。

3　李曉杰，《疆域與政區》，頁105。

關，同州有龍門關、蒲津關，華州有潼關與、渭津關，這些關隘因臨黃河，多屬關內、河東兩道州內分置，同時有津的出現。本章節即針對這十關的名稱、位置、遷徙、交通等而論。

第二節 會州黃河段

會州名稱源自西魏時掌相權的宇文泰會師於此，加上土人張信馨響應，宇氏喜悅而置州。[4]州因處於邊防重鎮，成為敵人覬覦的四會之地。州境以北黃河圍繞，自是甚佳的天然屏障，不過黃河冬天易結冰。再者，會州以北的黃河大抵岸平水緩，易於越渡，秦漢透過修長城補其不足，唐代則將疆界拓展至賀蘭山和陰山，直抵沙漠的邊緣。[5]除山河、沙漠屏障之外，人為置關亦是考量點之一。

一、會寧關（文後附圖3-2-1）

唐代將天下關分為上、中、下三等，會寧關屬中關，中關定義是有驛道而非京城四面關，或者無驛道但屬四面關。[6]地處四會之地的會州，行旅往來自是甚繁，且方位上亦非京城四面，當屬有驛道而非京城四面的中關。[7]孫長龍以為此關地處絲路驛道上且為西安西去渡河通涼州之中關，負責沿河兩岸船務輸送。[8]可見會寧關不僅是中

---

[4] 唐·李吉甫撰，賀次君點校，《元和郡縣圖志》（北京：中華書局，1983.6，1版），卷4，〈關內道·會州〉，頁97。

[5] 史念海，〈論唐代貞觀10道和開元15道〉，頁530-531。

[6] 唐·李林甫等撰，陳仲夫點校，《唐六典》（北京：中華書局，1992.1，1版），卷6〈尚書刑部〉「司門」條，頁195-196。

[7] 嚴耕望，《唐代交通圖考》（二）（臺北：中央研究院歷史語言研究所專刊之八十三，1985.5，初版），頁414。

[8] 孫長龍，〈關於唐代會州的幾個問題〉，《蘭州教育學院學報》，2009年第3期，頁21。

關，亦是黃河沿岸的水關。

隋煬帝大業二年（606），會寧關屬涼川縣，唐高祖武德二年（619）屬會寧縣。[9]《宋史·地理志》記載：「會寧關，舊名顛耳關，元符元年建築，賜名通會，未幾改今名。」[10]會寧關舊稱顛耳關，北宋哲宗元符元年（1098）曾經「建築」而改名為通會關，不久又改回會寧關名。由於會寧關在《唐六典》已有記錄，唐代存在此關則無疑，故《宋史》所載哲宗元符元年的「建築」當屬於原地重修或另地改建，此關從唐延續至宋。嚴耕望以為唐宋時關的位置不同，唐代在北，宋代在南三、四百里，關為宋人所置。[11]依嚴說，北宋哲宗元符元年改稱的通會關，位置並非在會寧關，而是在會寧關南三、四百里處，換言之，哲宗元符元年「建築」是指通會關在北宋另地改建，非唐代會寧關原地重修，改建同時亦改名。

會寧關設置於何時？或許可以從烏蘭關、烏蘭縣的設置略知一二。《元和郡縣圖志》（以下簡稱《元和志》）會州烏蘭縣：「周武帝西巡於此，置烏蘭關，又置縣。」[12]烏蘭縣、烏蘭關設置於北周武帝（561-578）西巡，著眼於此地形勢。同書會寧縣亦載：「周太祖置會寧縣，屬會州。」[13]會寧縣設置於宇文泰（507-556），但並未提及會寧關。孫長龍以為會寧關很有可能為周太祖宇文泰西巡時設置。[14]是否可以說正因為會寧縣與會寧關皆在宇文泰時設置，才會有北周武帝模

9　《元和郡縣圖志》，卷4，〈關內道·會州·會寧縣〉，頁97。《舊唐書》，卷38，〈地理志·關內道·會州·會寧縣〉，頁1418。《新唐書》，卷37，〈地理志·關內道·會州·會寧縣〉，頁973。

10　元·脫脫等撰，《宋史》（北京：中華書局，1977.11，1版），卷87，〈地理志·陝西·秦鳳路·會州〉，頁2159。

11　嚴耕望，《唐代交通圖考》（二），頁414。

12　《元和郡縣圖志》，卷4，〈關內道·會州·烏蘭縣〉，頁98。北宋·樂史，王文楚等點校，《太平寰宇記》（北京：中華書局，2007.11，1版），卷37，〈關西道·會州·烏蘭縣〉，頁781。

13　《元和郡縣圖志》，卷4，〈關內道·會州·會寧縣〉，頁97。《太平寰宇記》，卷37，〈關西道·會州·會寧縣〉，頁780。

14　孫長龍，〈關於唐代會州的幾個問題〉，頁20。

仿置烏蘭縣與烏蘭關？當然也不可否認是北周武帝欲實現同時置關置縣的想法，不一定跟前代仿效有關。

　　會寧關位置存在會寧縣西北、東南與東北三說。西北說依《元和志》關內道會州會寧縣會寧關記載：「東南去州一百八十里。」[15]《太平寰宇記》（以下簡稱《寰宇記》）關西道會州：「會寧關，東南去州一百八十里。」[16]關位於會州治所會寧縣西北180里。東南說據《新唐書‧地理志》會州會寧縣記載：「東南有會寧關。」[17]關位於會寧縣東南。東北說據清人張駒賢《攷證》，以為《元和志》會寧關「東南去州一百八十里」宜作「西南去州」，[18]如此，則關在會寧縣東北180里。

　　會寧關位置居會寧縣方位為何？三說中何者較貼近史實？《寰宇記》關西道會州會寧縣：「黃河，自西南蘭州金城縣界流入。」[19]唐時黃河從隴右道東部蘭州金城縣西南流入會寧縣，會寧縣緊鄰黃河邊，玄宗開元七年（719）曾發生洪水臨城危機，《寰宇記》會州會寧縣：「黃河堰，唐開元七年，河流漸逼州城，刺史安敬忠率團練兵起作，拔河水向西北流，遂免淹沒。」[20]幸虧安敬忠興建擋水的堤壩，免於水淹城池。此外，從地圖可見會寧縣也是黃河往西北流的轉折點。[21]

　　唐會寧關位置三種說法中，里數在會寧縣180里較無爭議，這180里是指驛路距離，因為《寰宇記》關西道會州記載：「烏蘭縣，州西北驛路一百八十里，直路一百四十里。」[22]驛路講究平穩安全，直路

---

[15] 《元和郡縣圖志》，卷4，〈關內道‧會州‧會寧縣‧會寧關〉，頁98。

[16] 《太平寰宇記》，卷37，〈關西道‧會州‧會寧縣‧會寧關〉，頁781。

[17] 《新唐書》，卷37，〈地理志‧關內道‧會州‧會寧縣〉，頁973。

[18] 《元和郡縣圖志》，卷4，〈關內道‧會州‧會寧縣‧會寧關〉，頁120「校勘記」。

[19] 《太平寰宇記》，卷37，〈關西道‧會州‧會寧縣〉，頁780。

[20] 《太平寰宇記》，卷37，〈關西道‧會州‧會寧縣〉，頁780-781。

[21] 譚其驤主編，《中國歷史地圖集》（五）（北京：中國地圖出版社，1982.10，1版），頁40-41。

[22] 《太平寰宇記》，卷37，〈關西道‧會州‧烏蘭縣〉，頁781。

追求迅速捷徑，是以里數不同。疑會寧關與烏蘭縣皆在會州西北180里驛路，[23]又烏蘭縣與烏蘭關附近而已，故會寧關、烏蘭關、烏蘭縣三者相去不遠，黃河是之間的橋樑，會寧關與烏蘭關夾黃河分置於河東西兩側。[24]黃河西北岸是烏蘭關，東南岸是會寧關，[25]兩關既是陸關亦是水關，有烏蘭（關）津與會寧（關）津的設置。[26]換言之，會寧關與烏蘭縣皆在會州會寧縣西北180里，會州西北行先經會寧關、烏蘭縣，渡河後是烏蘭關，再往西即是涼州，此道亦是絲路東段北線路段。而由會寧關東南行經原州石門關，進入蔚如水（葫蘆河，今清水河），沿河而上可至靈州。[27]

鄰河關隘同時置津，渡津方式有行走於橋，以及船人幫忙載渡兩種方式，會寧關屬於後者。《唐六典·水部郎中》記載：

> 大津無梁，皆給船人，量其大小難易，以定其差等。白馬津船四
> 艘，龍門、會寧、合河等關船並三艘，渡子皆以當處鎮防人充；
> ……會寧船別五人，興德船別四人，自餘船別三人。[28]

津依不同層級，船隻數量與渡子（船別）有別，會寧關、津船有三艘，每艘船渡子有五人。然而，敦煌文書《水部式》P2507號殘卷記載的船隻數與《唐六典》有異，「會寧關有船伍拾隻，宜令所管差強了官檢校蕃兵防守，勿令北岸停泊。自餘緣河堪渡處，亦委所在軍州

23　孫長龍也說：「會寧關與烏蘭縣皆在州西北驛路180里，直路去州140里。」
　　詳參氏著，〈唐會州及其屬縣、關口考〉，《絲綢之路》，2009年第16期，
　　頁46。
24　史念海，〈唐代原州的木峽關和石門關〉，收錄氏著，《河山集》（七）
　　（西安：陝西師範大學出版社，1999.1，1版），頁241。
25　嚴耕望，《唐代交通圖考》（二），頁343。
26　穆渭生，《唐代關內道軍事地理研究》（陝西：陝西人民出版社，2008.7，
　　1版），頁291。
27　史念海，〈唐代原州的木峽關和石門關〉，頁245。
28　《唐六典》，卷7，〈水部郎中〉，頁226-227。

嚴加捉搦。」[29]《水部式》記載會寧關有船五十艘，關在黃河南岸，除嚴格禁止船在北岸停泊之外，任意私、冒、越渡者，亦委請所在軍州加以捉拿。孫長龍以為此處「軍州」並列，軍疑指新泉軍，因〈地理志〉關內道會州會寧郡記載：「新泉軍，開元五年廢為守捉。」[30]則成書於開元、天寶的《水部式》反映至少在唐玄宗開元五年（717）前的史實。[31]嚴耕望認為《水部式》寫本，「伍拾」二字大寫甚明晰，蓋與《唐六典》時代不同也。[32]穆渭生認為《唐六典》所載會寧關有船三艘，是唐前期和平時期情形。《水部式》所載「有船五十隻」當是盛唐時隴右多事，交通頻繁的情形。「安史之亂」後，河、隴淪於吐蕃，則不會有此情形。[33]《唐六典》與《水部式》皆成書於玄宗朝，船隻數量記載不同，當是不同時期的呈現，但孰先孰後問題則尚無法定論。[34]再者，會寧關（津）每艘船渡子五人，以五十艘船的盛況而論，渡子數達250人，每日通行的渡人可能達千人以上，更可見此關津規模之大，軍事防務之重，無怪乎官兵需加強管理，更令黃河北岸不准停靠，或許考量到交通暢通與否。

---

[29]　鄭炳林，《敦煌地理文書匯輯校注》（甘肅：甘肅教育出版社，1989.12，1版），頁103。

[30]　《新唐書》，卷37，〈地理志・關內道・會州〉，頁973。唐代戍邊規模據《新唐書》，卷50，〈兵志〉，頁1328記載：「唐初，兵之戍邊者，大曰軍，小曰守捉，曰城，曰鎮，而總之者曰道。」

[31]　孫長龍，〈唐會州及其屬縣、關口考〉，頁46。孫長龍，〈關於唐代會州的幾個問題〉，頁21。

[32]　嚴耕望，《唐代交通圖考》（二），頁413。

[33]　穆渭生，《唐代關內道軍事地理研究》，頁292。

[34]　穆渭生以為《唐六典》記載會寧關船三艘，是唐前期和平情形。《水部式》船五十隻是盛唐時隴右多事，交通頻繁的情形。詳參氏著，《唐代關內道軍事地理研究》，頁292。相較於穆氏認為會寧關船隻規模有漸盛之勢，孫長龍則持不同意見，「新泉軍與會寧關從唐初至開元間規模有趨小之勢。」詳參氏著，〈關於唐代會州的幾個問題〉，頁21。案：玄宗開元五年（717）新泉軍廢為新泉守捉，是否意味著會寧關船隻負擔變輕，而不需要至「軍」這層規模來宿衛關隘？進而推論《水部式》（50艘船隻）反映的時間在前，《唐六典》（3艘船隻）反映的時間在後。關於此說法仍需更多證據來佐證。

　　新泉軍位置據李吉甫記載：「會州西北二百里，大足初郭元振置，管兵七千人。」[35]武則天大足年初（701）郭元振設置新泉軍，麾下管兵千人，開元五年廢為守捉，是新泉稱軍存在十六年（701-717）。又會寧關在會州西北180里驛路，新泉軍在會州西北200里，則會寧關與新泉軍相距20里，新泉軍的駐軍正是用以管制行經會寧關（津）者。會寧關在黃河流向的東南岸，緊鄰黃河，其西北20里處的新泉軍當已過黃河而在岸邊。

　　《冊府元龜》記載開元十五年十二月，制曰：

> 朔方取健兒弩手一萬人。六月下旬集會州下，十月無事便赴本道，候賊所向。賊於河西下，即令隴右兵取閣川，過朔方，合兵取新泉，過與赤水軍合勢邀襲。[36]

玄宗開元十五年（727）皇帝下詔徵調朔方（靈州）弩手一萬名，半年後集結於會州，並與新泉軍、赤水軍匯合，共同打擊位於河西（涼州）敵人。此事說明新泉軍扮演防西北敵軍之效，以及宿衛著黃河兩岸會寧關與烏蘭關。

二、烏蘭關（文後附圖3-2-1）

　　前節提到會寧關、烏蘭關、烏蘭縣三者相距不遠，會寧關與烏蘭關隔黃河分治，烏蘭縣、會寧關皆位於河的同側，兩者距離為何？

---

[35]　《元和郡縣圖志》，卷40，〈隴右道・涼州・新泉軍〉，頁1018。不同於《元和志》新泉軍管兵七千人說法，唐・杜佑撰，王文錦等點校，《通典》（北京：中華書局，1988.12，1版），卷172，〈州郡・序目・河西節度使〉，頁4480。《舊唐書》，卷38，〈地理志・河西節度使〉，頁1386皆記載新泉軍管兵千人。

[36]　北宋・王欽若等編纂，周勛初等校訂，《冊府元龜》（南京：鳳凰出版社，2006.12，1版），卷992，〈外臣部・備禦〉，頁11490-11491。

《元和志》會州會寧縣會寧關：「東南去州一百八十里。」[37]會寧關在會寧縣西北180里。《元和志》會州烏蘭縣：「東南至州一百四十里。」[38]烏蘭縣在會州西北140里。《寰宇記》關西道會州：「烏蘭縣，州西北驛路一百八十里，直路一百四十里。」[39]可見會寧關與烏蘭縣皆在會州治所會寧縣西北180里驛路，若是縣西北140里則是指直路而言。又《元和志》關內道會州烏蘭縣：「在會寧關東南四里。」[40]《舊唐書·地理志》會州烏蘭縣：「置在會寧關東南四里。」[41]烏蘭縣在會寧關東南4里。如此則會寧關與烏蘭縣東南—西北方位相距4里，烏蘭縣距會州會寧縣較近，驛路里數上小於180里。驛路里數是取大約整數值，與實際距離存在些許落差，雖然烏蘭縣與會寧關皆在會寧縣西北180里驛路，但烏蘭縣距離會寧縣較近，會寧關離會寧縣稍遠，兩者距離會寧縣驛路里程皆取180里。

　　史載烏蘭縣設置時間有兩說。《元和志》會州烏蘭縣：「周武帝西巡於此，置烏蘭關，又置縣。」[42]此北周武帝（561-578）西巡途中同時置烏蘭關與烏蘭縣說。《通典》會州烏蘭縣：「後周置烏蘭關，武德末置縣。」[43]《新唐書·地理志》會州烏蘭縣：「武德九年置。」[44]此烏蘭縣與關設置不同時說，先有北周時置關，後有唐高祖

---

[37]　《元和郡縣圖志》，卷4，〈關內道·會州·會寧縣·會寧關〉，頁98。《太平寰宇記》，卷37，〈關西道·會州·會寧縣·會寧關〉，頁781。

[38]　《元和郡縣圖志》，卷4，〈關內道·會州·烏蘭縣〉，頁98。

[39]　《太平寰宇記》，卷37，〈關西道·會州·烏蘭縣〉，頁781。

[40]　《元和郡縣圖志》，卷4，〈關內道·會州·烏蘭縣〉，頁98。

[41]　《舊唐書》，卷38，〈地理志·關內道·會州·烏蘭縣〉，頁1418。《太平寰宇記》，卷37，〈關西道·會州·烏蘭縣〉，頁781會州烏蘭縣：「在會寧關西南四里。」案：《元和志》與《舊唐書》均載烏蘭縣在會寧關東南4里，《寰宇記》「西南」似為「東南」誤擲。

[42]　《元和郡縣圖志》，卷4，〈關內道·會州·烏蘭縣〉，頁98。《太平寰宇記》，卷37，〈關西道·會州·烏蘭縣〉，頁781。

[43]　《通典》，卷174，〈州郡·會州·烏蘭縣〉，頁4548。清·顧祖禹撰，賀次君、施和金點校，《讀史方輿紀要》（北京：中華書局，2005.3，1版），卷62，〈陝西·靖遠衛·祖厲城〉，頁2964。

[44]　《新唐書》，卷37，〈地理志·關內道·會州·烏蘭縣〉，頁973。

武德九年（626）置縣。北周武帝時的烏蘭縣應為始置，歷經南北朝混亂局勢，至唐時為復置。縣城在唐時曾有過變遷，《舊唐書‧地理志》會州烏蘭縣：「後周縣，置在會寧關東南四里。天授二年，移於關東北七里。」[45]武則天天授二年（691），原位於會寧關東南4里的烏蘭縣遷於關東北7里處，位置上離會寧縣較遠。《元和志》關內道會州烏蘭縣：「舊城內沙石不堪久居，天授二年，移於東北七里平川置。」[46]縣城稱烏蘭城，即明代祖厲城，[47]遷關原因與舊城多沙石，居住品質不佳有關，新城位於會寧關東北7里平川處。

　　不論是新、舊烏蘭縣，皆與會寧關位於黃河同側。隸屬烏蘭縣的烏蘭關，層級未列於《唐六典》上、中、下三等，既然烏蘭縣與會寧關皆位於會寧縣西北180里驛路，又非京城四面關，地位理應與會寧關同，皆屬中關。《新唐書‧地理志》會州烏蘭縣記載：「西南有烏蘭關。」[48]歐陽修、宋祁記載的烏蘭縣為變遷後的新縣，位於會寧關東北7里，則烏蘭關在新縣西南，與會寧關同側。《寰宇記》隴右道涼州：「東南至會州烏蘭關四百里，從關東南至州一百二十里。」〈校勘記〉：「二」蓋為「三」之誤。[49]不論是烏蘭關東南至會州120里或130里，里數皆小於會寧縣西北至烏蘭縣的驛路或直路距離，可見仍與會寧關同側。

　　《武經總要》：「烏蘭關、會寧關西四十里。」[50]烏蘭關在會寧關西40里，是否同屬黃河一側不明確。《元和志》記載新泉軍：「會

---

[45]　《舊唐書》，卷38，〈地理志‧關內道‧會州‧烏蘭縣〉，頁1418。

[46]　《元和郡縣圖志》，卷4，〈關內道‧會州‧烏蘭縣〉，頁98。

[47]　《讀史方輿紀要》，卷62，〈陝西‧靖遠衛‧祖厲城〉，頁2964靖遠衛祖厲城：「烏蘭城，在衛南百十里。」

[48]　《新唐書》，卷37，〈地理志‧關內道‧會州‧烏蘭縣〉，頁973。

[49]　《太平寰宇記》，卷152，〈隴右道‧涼州〉，頁2936、2948。

[50]　北宋‧曾公亮等撰，《武經總要前集》（文淵閣四庫全書本），收錄李勇先主編，《中國歷史地理文獻輯刊》（上海：上海交通大學出版社，2009.6，1版），第十編第六十六冊「子史雜集類地理文獻集成」（四）「兵家類地理文獻」，卷18下，〈邊防‧關二〉，頁99。孫長龍亦持關在會寧關西或西南方。詳參氏著，〈關於唐代會州的幾個問題〉，頁20。

州西北二百里。」[51]又會寧關在會州西北180里驛路，則會寧關與新泉軍相距20里，此里數指陸路而言，會寧關既在黃河流向的東南岸，緊鄰黃河，其西北20里處的新泉軍當已過黃河，且離岸邊20里處（里數不包含河寬）。《武經總要》說烏蘭關在會寧關西40里，疑已在河另一邊。史念海：「會寧關與烏蘭關夾黃河分置於河東西兩側。」[52]嚴耕望：「黃河西北岸是烏蘭關，東南岸是會寧關。」[53]烏蘭二字蒙語是紅色之意，孫長龍認為烏蘭關在北城灘以西黃河對岸紅山峽附近，此地地層由紫紅色厚層砂岩和礫質砂岩等組成，均呈紅色。北城灘遺址應為唐會寧關遺址。[54]可見會寧關與烏蘭關隔黃河為界，烏蘭關當地地質為紫紅色，借蒙語之意而取名，且此地亦靠近今內蒙古。烏蘭關所在地形據《讀史方輿紀要》（以下簡稱《方輿紀要》）陝西靖遠衛記載：「烏蘭山，衛南百二十里。上有關，唐置烏蘭縣，以此山名。或謂之南山。」[55]明代靖遠衛南方120里處有烏蘭山，又稱南山，烏蘭縣名稱除與地質結構有關之外，亦有山名密切，烏蘭關則置於此山上。換言之，烏蘭關所在臨河邊且居高處。

　　黃河兩岸的會寧關與烏蘭關，除有新泉軍領兵數千宿衛之外，李益〈五城道中〉詩提及：「仍聞舊兵老，尚在烏蘭戍。」[56]表明除新泉軍之外，尚有烏蘭戍屯兵守衛於此。再者，會寧關接送來往行客依靠船隻與渡子，烏蘭關津的渡河方式為何？《資治通鑑》（以下簡稱《通鑑》）德宗貞元十六年：「靈州破吐蕃於烏蘭橋。」胡三省注：「橋當在關外黃河上。」[57]德宗貞元十六年（800）已有利用烏蘭橋來

---

[51]　《元和郡縣圖志》，卷40，〈隴右道・涼州〉，頁1018。

[52]　史念海，〈唐代原州的木峽關和石門關〉，頁241。

[53]　嚴耕望，《唐代交通圖考》（二），頁343。

[54]　孫長龍，〈唐會州及其屬縣、關口考〉，頁47。

[55]　《讀史方輿紀要》，卷62，〈陝西・靖遠衛・烏蘭山〉，頁2966。

[56]　清・彭定求等編，《全唐詩》（北京：中華書局，1960.4，1版），卷282，李益〈五城道中〉，頁3210。

[57]　北宋・司馬光編著，元・胡三省音註，《資治通鑑》（北京：中華書局，1956.6，1版），卷235，〈唐紀〉，頁7589。

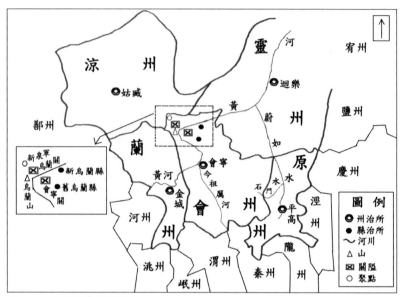

圖3-2-1　會州黃河段諸關考

出處：參《中國歷史地圖集》（五），頁40-41、61-62改繪。

擊敗吐蕃紀錄，想必此橋更早之前已興建，成為吐蕃與唐軍角力點之一，因而橋墩受損、重建時而所聞，《舊唐書·王佖傳》記載：

> 元和中，……佖……為朔方靈武節度使。先是吐蕃欲成烏蘭橋於河壖，先貯材木，朔方節度使遣人潛載之，委於河流，終莫能成。至是，蕃人知佖貪而無謀，先厚遺之，然後併力役成橋，仍築月城守之。自是朔方禦寇不暇，邊上至今為恨。[58]

烏蘭橋既是吐蕃與唐軍雙方攻守的重要橋樑之一，攻者總希望透過此橋來進軍，橋樑的暢通成為迫切需要。此事發生在憲宗元和八年

（813），[59]吐蕃欲重建黃河上的烏蘭橋，派人於岸邊儲放木材，不料屢遭時任朔方靈武節度使的王佖暗中遣人阻撓，終究吐蕃透過賄賂王佖的方式而完成建橋，並築月城強化橋樑，增加唐軍防守上的困難度。

　　《方輿紀要》靖遠衛烏蘭橋：「在衛西南百里。……其地亦名烏蘭津。」[60]烏蘭橋位於靖遠衛西南百里，度津除依賴船隻與渡子之外，即是橋樑，是以烏蘭橋亦稱烏蘭津，此津於魏晉時已見。《通鑑》武帝大同元年（535）記載：

> 魏渭州刺史可朱渾道元先附侯莫陳悅，悅死，丞相（宇文）泰攻之，不能克，與盟而罷。道元世居懷朔，與東魏丞相歡善，又母兄皆在鄴，由是常與歡通。泰欲擊之，道元帥所部三千戶西北渡烏蘭津抵靈州，靈州刺史曹泥資送至雲州。[61]

嚴耕望疑此津為會寧關、烏蘭關所夾之之河津歟？[62]嚴說甚是。作為往返靈州黃河渡口之一的烏蘭津出現時間不晚於東、西魏時期，疑此時早有津、船隻、渡子，但易受限於黃河流量等不安定因素，是以才會有後來德宗貞元十六年（800）唐蕃交兵之際利用橋樑的記載。唐代烏蘭橋乃是架設於會寧關與烏蘭關之間的黃河浮橋，[63]兩關（津）之間有烏蘭橋。

　　靈州西南行經會州至蘭州路線，李吉甫以為靈州西南行530里至會州，會州西南行380里至蘭州。[64]嚴耕望考證路線是由靈州循黃河南岸西南行經鳴沙，過烏蘭橋經烏蘭關至會州，再西南行至蘭州。[65]

[59]　《資治通鑑》，卷239，〈唐紀〉，頁7701。
[60]　《讀史方輿紀要》，卷62，〈陝西‧靖遠衛‧烏蘭橋〉，頁2968。
[61]　《資治通鑑》，卷157，〈梁紀〉，頁4860。
[62]　嚴耕望，《唐代交通圖考》（二），頁416。
[63]　烏蘭橋為浮橋說，詳參穆渭生，《唐代關內道軍事地理研究》，頁292。
[64]　《元和郡縣圖志》，卷4，〈關內道‧會州〉，頁97。
[65]　嚴耕望，《唐代交通圖考》（一）（臺北：中央研究院歷史語言研究所專刊之八十三，1985.5，初版），頁219。

原州經會州至涼州路線,李吉甫以為原州至會州390里,會州西北行540里至涼州。[66]穆渭生考證路線是由原州北上取石門關西行,過會寧、烏蘭兩關,可直抵涼州。而吐蕃占據隴右後,自涼、蘭、河州東趨,經會州、石門關可直驅靈州和鹽、夏州方向。[67]不論是靈州西南至蘭州,或是原州西北至涼州,皆須經由會州,位於會州西北黃河兩岸的會寧關與烏蘭關,以及連繫兩關的津渡與橋樑構成會州黃河段重要組織,地理位置甚是關鍵。

第三節　勝州南至同州黃河段

一、勝州黃河段：榆林關、河濱關（文後附圖3-3-1）

　　黃河在勝州由北而南依序經過榆林關與河濱關。勝州北邊隔黃河與豐州為鄰,東邊亦隔黃河與河東道的朔州、嵐州為界,西邊是夏州,南邊是銀州。黃河流向在關內道北邊呈現「几」字形,塑造出西套、後套、前套的河曲形勢,作為南下關中的防禦屏障。艾沖認為唐代河曲內外駐防城群體具有顯明的層級結構,第一層是都督府或都護府城;第二層是州城、軍城;第三層是鎮城、關城;第四層是戍城,四個層級在唐前期統歸駐在靈州城朔方道行軍總管府（後改稱朔方節度使）統轄,後期則分屬四個軍管性質的地方行政機構:靈州節度司、夏州節度司、振武軍節度司、天德軍都防司。[68]關城居黃河曲流內側,屬於第三層級的防禦體系。勝州東北黃河內側有水關與渡口,由

---

[66]　《元和郡縣圖志》,卷4,〈關內道‧會州〉,頁97。會州至涼州600里,詳參《通典》,卷174,〈州郡‧會寧郡／武威郡〉,頁4547、4552。嚴耕望以為600里當就驛道而言,詳參氏著,《唐代交通圖考》（二）,頁416。

[67]　穆渭生,《唐代關內道軍事地理研究》,頁292-293。

[68]　艾沖,〈論唐代「河曲」內外駐防城群體的分布及其對北疆民族關系的作用〉,《唐史論叢》,2008,頁133。

北往南依序是榆林關及河口渡（今托克托東南大黑河入黃河處），河濱關與君子渡（君子津）。[69]

榆林關設置時間依《元和志》關內道勝州記載：「隋文帝開皇三年於此置榆林關，七年又置榆林縣，屬雲州。」[70]隋文帝開皇三年（583）設置榆林關早於四年後（587）才成立的榆林縣。《隋書‧地理志》榆林郡金河縣「開皇三年置，曰陽壽，及置油雲縣，又置榆關總管。五年改置雲州總管。十八年改陽壽曰金河，二十年雲州移，二縣俱廢。仁壽二年又置金河縣，帶關。」[71]榆林關又名榆關，即秦代的榆中關，[72]隋文帝開皇三年重置，時榆林縣尚未出現，隸屬於陽壽縣，並先後轄於榆關與雲州總管，待至開皇七年榆林縣設置，二十年（600）勝州分雲州三縣而成立，關改隸屬勝州榆林縣。《元和志》以為榆林縣名稱與其地北近榆林，即漢之榆溪塞有關。[73]由於榆林關較榆林縣早出現，《寰宇記》則認為縣名與關名密切。[74]開皇三年除設置榆林關外，同時有「榆林戍」，[75]置戍是為強化關城防禦之勢。隋唐之際或因人為戰爭因素，關城有所毀壞，是以《新唐書‧地理志》以為榆林關在貞觀十三年（639）設置。[76]實則恢復其關城而已。

---

[69] 李培娟，〈淺析隋唐勝州軍事地位的興衰原因〉，《蘭臺世界》，2013年第6期，頁92。

[70] 《元和郡縣圖志》，卷4，〈關內道‧單于大都護府‧勝州〉，頁109。《舊唐書》，卷38，〈地理志‧關內道‧勝州都督府‧榆林縣〉，頁1419：「榆林縣，隋舊。」

[71] 唐‧魏徵、令狐德棻，《隋書》（北京：中華書局，1973.8，1版），卷29，〈地理志‧榆林郡‧金河縣〉，頁813。

[72] 《讀史方輿紀要》，卷61，〈陝西‧榆林關〉，頁2933。

[73] 《元和郡縣圖志》，卷4，〈關內道‧單于大都護府‧勝州‧榆林縣〉，頁110。

[74] 《太平寰宇記》，卷38，〈關西道‧勝州‧榆林縣〉，頁810：「隋開皇七年於此置榆林縣，以榆林關為名，屬雲州。」

[75] 《太平寰宇記》，卷38，〈關西道‧勝州〉，頁809。

[76] 《新唐書》，卷37，〈地理志‧勝州‧榆林縣〉，頁975：「東有榆林關，貞觀十三年置。」《太平寰宇記》，卷38，〈關西道‧勝州‧榆林縣‧榆林關〉，頁811：「隋置榆林關總管，後陷賊。唐貞觀十三年復置榆林關。」嚴耕望，《唐代交通圖考》（一），頁269。

　　榆林關位於榆林縣東，[77]史載關城位置卻有兩說。《元和志》勝州榆林縣：「榆林關，在縣東三十里。東北臨河」，[78]嚴耕望謂當大河（約今河道）東流折而南流處，約在今托克托城西近處，[79]此縣城東30里說。《寰宇記》勝州榆林縣：「榆林關，在縣東四十里。東南臨河」，[80]此縣城東40里說。《通典・州郡》榆林郡：「東至河四十里。」[81]隋榆林郡即唐勝州，治所榆林縣東至黃河40里，東40里是縣城與黃河距離，榆林關既緊鄰河岸，疑關在縣東40唐里為是。嚴耕望綜合兩說，認為關在勝州東三四十里，東臨黃河。[82]穆渭生以為關在黃河東流折而南下的大灣內側，[83]所謂東北或東南臨河皆以相對方位而言，榆林關位於今托克托與大黑河入黃河西處，即几字形黃河內側，河口渡臨關而置。

　　夏州治所朔方東行無定河180里至銀州治所儒林縣，由此分南北向，趨東南通往綏州及河東道；趨東北通往麟、勝州方向，再從勝州榆林關（津）渡河通往河套、陰山。[84]渡河東北行約100里至振武軍，東南行約380-390里至河東道朔州。西行至勝州，再西行300里至黃河北岸中受降城，即安北都護府範圍，再西行350里至豐州。[85]

　　勝州的榆林關是先出現才有榆林縣，河濱關則相反。《元和

[77] 《通典》，卷173，〈州郡・勝州・榆林縣〉，頁4532。《新唐書》，卷37，〈地理志・勝州・榆林縣〉，頁975。
[78] 《元和郡縣圖志》，卷4，〈關內道・單于大都護府・勝州・榆林縣・榆林關〉，頁111。
[79] 嚴耕望，《唐代交通圖考》（一），頁269、312。
[80] 《太平寰宇記》，卷38，〈關西道・勝州・榆林縣・榆林關〉，頁811。
[81] 《通典》，卷173，〈州郡・榆林郡〉，頁4531。
[82] 嚴耕望，《唐代交通圖考》（一），頁289。
[83] 穆渭生，《唐代關內道軍事地理研究》，頁108。李鴻賓與艾沖認為關在「今準格爾旗十二連城鄉東部的城坡村古城。」詳參氏著，〈唐朝三受降城與北部防務問題〉，收錄中國長城學會編，《長城國際學術研討會論文集》（瀋陽：吉林人民出版社，1995.12，1版），頁143-153。艾沖，〈論唐代「河曲」內外駐防城群體的分布及其對北疆民族關系的作用〉，頁135。
[84] 穆渭生，《唐代關內道軍事地理研究》，頁352。
[85] 嚴耕望，《唐代交通圖考》（一），頁289、312。

志》關內道勝州河濱縣：「隋時復為榆林縣地。貞觀三年，於此置河濱縣，東臨河岸，因以為名。改雲州為威州，立嘉名也。八年，廢威州，以縣屬勝州。」[86]隋河濱縣由榆林縣而來，唐太宗貞觀三年（629）以其東近黃河濱岸而命名並設置。《舊唐書‧地理志》勝州河濱縣：「隋榆林郡地。貞觀三年，置雲州於河濱，因置河濱縣。四年，改為威州。八年廢，河濱屬勝州。」[87]太宗貞觀三年（629）設置的河濱縣，隸屬雲州，四年（630）改屬威州，八年（634）州廢，縣改隸勝州。河濱縣隸屬沿革：榆林郡榆林縣（隋）→雲州河濱縣（629）→威州河濱縣（630）→勝州河濱縣（634）。又《新唐書‧地理志》勝州河濱縣「東北有河濱關，貞觀七年置。」[88]縣城東北的河濱關於太宗貞觀七年（633）設置，較河濱縣晚四年，可見是先有河濱縣後有關。

　　河濱縣位置據嚴耕望考：「勝州榆林縣南一百九十里有河濱縣，……其地約在今偏關縣西、河曲縣東北境，黃河西岸。」[89]黃河西岸的河濱縣位於今偏關縣西、河曲縣東北，其與河濱關相對位置為何？《新唐書‧地理志》記載，關在河濱縣東北。《元和志》記載勝州河濱縣：「黃河，在縣東一十五步。闊一里，不通船檝，即河濱關，渡河處名君子津。」[90]河濱縣以其東近黃河僅15步，河寬1里為名，[91]由於河寬過窄，船隻無法通行，河濱關置於黃河岸邊，穆渭生以為在今內蒙古準格爾旗東北十二連城，托克托與清水河二縣交界的黃河上，有渡口名「喇嘛灣」，或謂即古君子渡。[92]河濱關渡口處稱

86　《元和郡縣圖志》，卷4，〈關內道‧單于大都護府‧勝州‧河濱縣〉，頁111。

87　《舊唐書》，卷38，〈地理志‧關內道‧勝州都督府‧河濱縣〉，頁1419。《新唐書》，卷37，〈地理志‧關內道‧勝州‧河濱縣〉，頁975-976。

88　《新唐書》，卷37，〈地理志‧關內道‧勝州‧河濱縣〉，頁975-976。

89　嚴耕望，《唐代交通圖考》（一），頁289。

90　《元和郡縣圖志》，卷4，〈關內道‧單于大都護府‧勝州‧河濱縣〉，頁111。

91　此處河寬甚至不到半里。詳參《太平寰宇記》，卷38，〈關西道‧勝州‧河濱縣〉，頁811：「黃河，在縣東一十五步。闊不能半里，不通船筏。」

92　穆渭生，《唐代關內道軍事地理研究》，頁108、380-381。艾沖認為河濱關

君子津。唐代河濱關在勝州榆林縣與河濱縣之間，黃河几字形內側，
君子津渡亦在內側。

　　君子津又名君子濟，名稱源自《水經注》記載皇魏桓帝十一年的
典故：

> 河水於兩縣之間，濟有君子之名。皇魏桓帝十一年，西幸榆中，
> 東行代地。洛陽大賈齎金貨隨帝後行，夜迷失道，困甚，往投津
> 長，曰子封，送之渡河。賈人卒死，津長埋之。其子尋求父喪，
> 發冢舉尸，資囊一無所損。其子悉以金與之，津長不受。事聞於
> 帝，帝曰：君子也。即名其津為君子濟，濟在雲中城西南二百餘
> 里。[93]

魏桓帝是北魏皇帝的先祖之一（拓跋猗㐌），北魏道武帝拓跋珪稱帝後
追封的廟號。時洛陽商人攜帶金貨跟隨皇帝而行，晚上迷路，投宿渡
口津長，津長護送渡河後，商人突然死去，津長為其埋葬。商人子找
到父親下葬處後，發現墳墓裡屍體旁，父親行囊皆無損失，其子感念
津長，以金饋贈，津長不肯接受，皇帝聽聞此事，認為津長是名君
子，渡口改名為君子濟。此渡口在北魏雲中城西南200餘里，嚴耕望
認為君子濟是北魏雲中城西渡黃河最重要的津濟，當時還有橋梁。[94]
可見君子濟在唐改稱君子津，與河濱關皆在黃河內側，渡河透過橋而
通行於兩岸。

　　　故址在今內蒙古准噶爾旗東南、黃河西岸。詳參氏著，〈論唐代「河曲」
　　　內外駐防城群體的分布及其對北疆民族關係的作用〉，頁135。案：艾氏的
　　　河濱關位於准噶爾旗東南，疑「東南」為「東北」之誤。

[93]　北魏‧酈道元注，楊守敬、熊會貞疏，段熙仲點校，陳橋驛復校，《水經
　　　注疏》（南京：江蘇古籍出版社，1989.6，1版），卷3，〈河水〉，頁238-
　　　239。《太平寰宇記》，卷38，〈關西道‧勝州‧河濱縣‧君子津〉，頁812
　　　「君子濟」作「君子津」，且無「曰子封」三字。

[94]　嚴耕望，《唐代交通圖考》（一），頁292。

二、延州黃河段：永和關（文後附圖3-3-1）

　　唐時延州北邊為綏州、夏州，西邊是慶州，南邊是鄜州、丹州，東邊是河東道的隰州。延州多關依穆渭生統計有西北方的蘆子關，東北方的合嶺關、魏平關，東方的永和關，東南的烏仁關，計五關。[95]不過，位於延州僅蘆子、合嶺、永和三關，魏平關在綏州，烏仁關在丹州，五關中以永和關、烏仁關居黃河沿岸。

　　唐代永和關屬下關，[96]既非四面關且無驛道，其地理位置又因史載而出現分歧。一說關屬河東道，以李吉甫說法為主。《元和志》隰州永和縣：

> 本漢狐讘縣，屬河東省，⋯⋯魏廢。高齊後主於其城置永和鎮，周宣帝廢鎮置臨河郡及臨河縣，屬汾州。隋開皇五年改屬隰州，十八年改臨河為永和縣，以縣西永和關為名也。[97]

永和名稱源自北齊後主（565-575）的永和鎮，北周宣帝（578-579）廢鎮置臨河郡與縣，臨河之名與縣瀕臨黃河有關，隋開皇五年（585）以縣城西方的永和關再次改名，[98]可見關城早在縣城之前就已設置。再者，《新唐書・地理志》隰州永和縣：「西北有永和關。」[99]《元和志》隰州永和縣：「黃河，東去縣六十里。」[100]則永和縣在黃河東60

---

[95] 穆渭生，《唐代關內道軍事地理研究》，頁303。

[96] 《唐六典》，卷6，〈尚書刑部〉「司門」條，頁195-196。

[97] 《元和郡縣圖志》，卷12，〈河東道・隰州・永和縣〉，頁347。

[98] 鳳林縣的改名也是因為北有鳳林關，鳳林關位於隴右道河州安昌郡鳳林縣，屬下關。詳參《新唐書》，卷40，〈地理志・隴右道・河州・鳳林縣〉，頁1041：「本烏州，貞觀七年置，十一年州廢，更置安昌縣，來屬，天寶元年更名。北有鳳林關，有積石山」

[99] 《新唐書》，卷39，〈地理志・河東道・隰州・永和縣〉，頁1002。

[100] 《元和郡縣圖志》，卷12，〈河東道・隰州・永和縣〉，頁347。

里，永和關在縣西北方。[101]

　　另說永和關屬於關內道，以李林甫說法為主。《唐六典・尚書刑部》記載：「下關七：梁州甘亭、百牢，河州鳳林，利州石門，延州永和，綿州松嶺，龍州涪水。」[102]玄宗開元時層級下關的永和關位於關內道延州。又延州延水縣東8里為黃河，[103]延水縣西方的延川縣西南至延州治所膚施縣180里。[104]《方輿紀要》延安府延川縣：「永和關。縣東北四十里。宋置關於此，路通綏德，前據山險，下臨黃河。」[105]《方輿紀要》亦載延安府延川縣：「黃河，在縣東四十五里。……《志》云：縣東北六十里有漩窩渡；又有延水關渡，在縣東南七十里；清水渡，在縣東南八十里；皆黃河津濟處。」[106]明代永和關位於延川縣東北40里，關城早出現於唐，並非宋代始置。又黃河在延川縣東45里，顯然永和關在黃河流向的東側，縣東北60里有漩窩渡，縣東南70里有延水關渡，縣東南80里有清水渡，皆屬由西向東渡黃河的津渡，換言之，黃河上游至下游的津渡有漩窩渡、延水關渡與清水渡。

　　《唐六典》「校勘記」云：「永和關宜在隰州。然永和關瀕臨黃河，與延州之延水縣唯隔一水，或者開元時曾一度隸轄於延州，亦未可知。」[107]李林甫記載延州永和關屬玄宗開元時的下關之一，隸屬關內道，不過，《元和志》、《新唐書・地理志》則記載此關位於隰州，隸屬河東道。唐代永和關分置於黃河流向右岸的關內道延州延水

---

[101]　在隰州永和縣（山西今縣）西北65里。今永和縣西北仍有此地名。詳參穆渭生，《唐代關內道軍事地理研究》，頁107。

[102]　《唐六典》，卷6，〈尚書刑部〉，頁196。

[103]　《元和郡縣圖志》，卷3，〈關內道・延州・延水縣〉，頁78：「黃河，在縣東八里。」

[104]　《元和郡縣圖志》，卷3，〈關內道・延州・延川縣〉，頁77：「西南至州一百八十里。」

[105]　《讀史方輿紀要》，卷57，〈陝西・延安府・延川縣〉，頁2731。

[106]　《讀史方輿紀要》，卷57，〈陝西・延安府・延川縣〉，頁2731。

[107]　《唐六典》，卷6，〈尚書刑部〉，頁213。

縣，以及黃河流向左岸的河東道隰州永和縣，河東道關出現時間早於關內道關。又明代在黃河流向右岸有延水關渡，疑延水關是後來關內道永和關的別稱，作為與河東道永和關的區別。嚴耕望也說唐世夾河置永和關，東西各有關城，今河東有永和關，蓋舊址；河西有延水關，蓋後置。[108]

三、丹州黃河段：烏仁關（文後附圖3-3-1）

《新唐書・地理志》丹州汾川縣「有烏仁關」，[109]唐時丹州北方是延州，西方是鄜州、坊州，南方是同州，東方隔河為河東道慈州。烏仁關與汾川縣相對方位為何？《方輿紀要》延安府宜川縣：「烏仁關。在縣東八十里。下臨黃河岸，與山西吉州對境。」[110]宜川（明縣）即義川（唐縣），烏仁關在義川縣東方80里黃河岸，汾川（唐縣）則更近河岸。《元和志》關內道丹州汾川縣：

> 黃河，在縣東七里。河岸頓狹，狀似槽形，鄉人呼為「石槽」，蓋禹治水鑿石導河之處。石槽長一千步，闊三十步，懸水奔流，黿鼉魚鼈所不能游。[111]

黃河位於汾川縣東7里，此處河岸變窄，狀似槽形，時人稱石槽，曾是大禹治水時開鑿導引河水之處。石槽長1000步，寬30步，依嚴耕望說法，六尺為步，[112]如此則長度6000尺，寬度180尺，水流湍急，導

---

[108] 嚴耕望，《唐代交通圖考》（一），頁302-303、312。

[109] 《新唐書》，卷37，〈地理志・關內道・丹州・汾川縣〉，頁971。

[110] 《讀史方輿紀要》，卷57，〈陝西・延安府・宜川縣〉，頁2730。

[111] 《元和郡縣圖志》，卷3，〈關內道・丹州・汾川縣〉，頁75。《太平寰宇記》，卷35，〈關西道・丹州・汾川縣〉，頁746：「黃河，在縣東北四十五里。」「孟門石槽」因河流下切形成。詳參穆渭生，《唐代關內道軍事地理研究》，頁106。

[112] 嚴耕望，《唐代交通圖考》（一），頁307。

致魚鱉無法游。

　　《元和志》河東道慈州文城縣記載：「孟門山，俗名石槽，在縣西南三十六里。……今按河中有山，鑿中如槽，束流懸注，七十餘尺。」[113]文城縣西南36里處的孟門山俗稱「石槽」，換言之，丹州汾川縣東7里黃河處稱「石槽」，慈州文城縣西南36里黃河處稱「孟門山」，《寰宇記》也說孟門山在汾川縣東南20里，[114]「石槽」與「孟門山」兩者分峙黃河兩岸，名稱可相通。孟門山因近黃河，天中倒影，宛若在河中，是以說「河中有山」。

　　酈道元注引《尸子》曰：「龍門未闢，呂梁未鑿，河出孟門之上，大溢逆流，無有邱陵高阜滅之，名曰洪水。大禹疏通，謂之孟門。」[115]昔日龍門與呂梁未闢鑿前，黃河至孟門上方，河水漫溢成災，大禹疏通後即是孟門。《穆天子傳》曰：「北登孟門，九河之隥。孟門即龍門之上口也。實為河之巨阨，兼孟門津之名矣。」[116]孟門山與龍門山南北相對，[117]孟門在龍門上口，是黃河南流之巨阨。石槽、孟門山無疑是丹、慈二州間黃河地理形勢的天險之一，居汾川縣東南與文城縣西南的黃河兩岸，烏仁關則設置在汾川縣孟門山、石槽下游，嚴耕望考證位置在丹州治所義川縣（今宜川）東80里處的黃河西岸，壺口之北近處。[118]

　　烏仁關置於孟門（山）、石槽與龍門之間，姚襄城掌握此區形勢。《元和志》河東道慈州吉昌縣：

---

[113]　《元和郡縣圖志》，卷12，〈河東道・慈州・文城縣〉，頁343。
[114]　《太平寰宇記》，卷35，〈關西道・丹州・汾川縣〉，頁746：「孟門山，在縣東南二十里。」
[115]　《水經注疏》，卷4，〈河水〉，頁281酈注引。
[116]　《水經注疏》，卷4，〈河水〉，頁281酈注引。《元和郡縣圖志》，卷12，〈河東道・河中府〉，頁324：「孟門在慈州文城縣西南三十六里，即龍門上口。」
[117]　《水經注疏》，卷4，〈河水〉，頁280酈注：「孟門山與龍門山相對。」
[118]　嚴耕望，《唐代交通圖考》（一），頁307-308、313。

姚襄城，在縣西五十二里。本姚襄所築，其城西臨黃河，控帶龍
門、孟門之險，周、齊交爭之地。……齊氏又於此城置鎮，隋開
皇廢，武德二年又置鎮，九年廢。城高二丈，周迴五里。[119]

慈州治所吉昌縣西52里有姚襄城，城西濱臨黃河，同時掌控龍門、
孟門兩天險，城高二丈，周圍五里。《通鑑》德宗興元元年（784）：
「宋白曰：慈州文城郡，……郡西南有采桑津，晉里克敗赤狄之地。
漢為北屈縣，隋為汾州，大業為文城郡；唐貞觀為慈州。」[120]慈州西
南方有采桑津，孟門（山）在文城縣西南36里，烏仁關在孟門下游，
采桑津在烏仁關下游，嚴耕望疑此津為關渡口，[121]嚴說可從。

《元和志》記載慈州至丹州180里，西距黃河65里。[122]位於黃河
沿岸的烏仁關是往來丹州與慈州重要關隘，烏仁關隸屬的丹州汾川
縣，縣西南70里至義川縣，東至黃河7里，此處河岸頓狹，狀如槽
形，稱為孟門、孟門山、孟門山石槽、石槽，由於石槽長一千步，
是以《寰宇記》記載孟門山在汾川縣東南20里。義川縣東80里至烏仁
關，位於孟門山石槽下游，可說孟門山石槽是黃河天險之一，與烏仁
關互為犄角。若以黃河流向的左岸慈州而言，文城縣西南36里有孟門
山，東南65里至吉昌縣，[123]姚襄城在吉昌縣西52里，扼守著河東道的
孟門山石槽。

延州至慈州的路線同樣經過丹州，延州膚施縣東南行沿庫利川經
臨真縣、丹州雲岩縣，南行至丹州義川縣，再東循義川河經烏仁關至

---

[119] 《元和郡縣圖志》，卷12，〈河東道・慈州・吉昌縣〉，頁343。《攷證》
　　王應麟引作「二十五里。」
[120] 《資治通鑑》，卷231，〈唐紀〉，頁7443-7444。
[121] 又有采桑津者，蓋此關之渡口歟？詳參嚴耕望，《唐代交通圖考》
　　（一），頁307。
[122] 《元和郡縣圖志》，卷12，〈河東道・慈州〉，頁342：「西北至丹州一百
　　八十里。……正西至黃河六十五里。」
[123] 《元和郡縣圖志》，卷12，〈河東道・慈州・文城縣〉，頁343：「東南至
　　州六十五里。」

慈州。[124]以烏仁關為中心，西通鄜、慶，東通慈、晉，東西向交通依嚴耕望考證：慶州治所安化縣（今慶陽）東行50里至蟠交縣，東行240里至鄜州直羅縣，東行100里至治所洛交縣（今富縣），東行180里至丹州治所義交縣（今宜川），東行80里經烏仁關渡黃河至姚襄城，東行52里至慈州治所吉昌縣（今吉縣），東行50里至昌寧縣，東行190里至晉州治所臨汾縣，再接長安通太原驛道。至於慶州則可接長安通慶靈驛道。[125]

四、同州黃河段：龍門關、蒲津關（文後附圖3-3-1）

同州有龍門關與蒲津關，州的北方丹州、坊州，西方京兆府，南方華州，東方河東道絳州、蒲州。《新唐書‧地理志》同州韓城縣記載：「有龍門山，有關。」[126]《括地志》：「龍門山在同州韓城縣北五十里。」[127]龍門山在韓城縣北50里，關以山為名，稱龍門關，玄宗開元時關屬中關層級。[128]

龍門關設置時間有兩說，一說依《元和志》同州韓城縣記載：「後周於此置龍門關。」[129]另說據《寰宇記》同州韓城縣：「龍門關……西魏文帝大統元年置在龍門山下。」[130]關治中、李金俠引《四庫全書‧山西通志》以為龍門關在秦時已置關，後周又於此置關，乃是恢復。[131]可見秦時已有龍門關，西魏、北周、唐則屬關城復置。

[124] 穆渭生，《唐代關內道軍事地理研究》，頁315。

[125] 嚴耕望，《唐代交通圖考》（一），頁308-309、313。

[126] 《新唐書》，卷37，〈地理志‧關內道‧同州‧韓城縣〉，頁965。

[127] 唐‧李泰等著，賀次君輯校，《括地志輯校》（北京：中華書局，1980.2，1版），卷1，〈同州‧韓城縣〉，頁31。《元和郡縣圖志》，卷2，〈關內道‧同州‧韓城縣〉，頁38：「龍門山，在縣北五十里。」

[128] 《唐六典》，卷6，〈尚書刑部〉「司門」條，頁195-196。

[129] 《元和郡縣圖志》，卷2，〈關內道‧同州‧韓城縣〉，頁38。

[130] 《太平寰宇記》，卷28，〈關西道‧同州‧韓城縣〉，頁601。

[131] 關治中、李金俠，〈臨晉關考證──關中要塞研究之五〉，《渭南師範學院學報》，2000年第3期，頁115。

前引《新唐書・地理志》龍門關位於同州韓城縣，不過，《元和志》卻有不同說法，河東道絳州龍門縣記載：「龍門關，在縣西北二十二里。」[132]河東絳州龍門縣西北22里另有一龍門關，有別於同州韓城縣，可見龍門關位置有關內道與河東道兩說，何說為真？

《新唐書》與《元和志》記載反映不同時期的史實面貌，《新唐書》載同州韓城縣有龍門關，《唐六典》載此關在玄宗開元時屬同州中關層級，可見位於關內道同州韓城縣的龍門關確實存於開元時期，不過，《元和志》同州韓城縣：「後周於此置龍門關，今廢。」[133]李吉甫（758-814）生於肅宗朝，死於憲宗朝，「今廢」意指自己生卒年這段時期，或是唐朝同州韓城縣的龍門關早已廢置，但開元時期關則存在，否則不會有《新唐書》記載的地理位置以及《唐六典》的中關層級說。又《元和志》另說龍門關在河東道，疑「今廢」指的是同州的龍門關廢置，同時變遷至河東道絳州龍門縣，而這時間點落在玄宗開元以後。

《通典・州郡》同州韓城縣：「有龍門山，即禹導河至於龍門是也。魚集龍門，上即為龍，皆在此。龍門城在縣東北，極嶮峻。又有龍門關。」[134]昔日大禹疏導河水處的龍門是黃河天險之一，位於龍門山附近。《三秦記》：「河津一名龍門，水陸不通，魚鱉之屬莫能上。江湖大魚集龍門下數千不得上，上者為龍，故曰『曝鰓龍門。』」[135]龍門險峻，魚群能順利逆流而上者為龍，否則魚鰓暴露龍門而死。《水經注》：「其魚出鞏縣鞏穴，每三月則上渡龍門，得則為龍，否則點額而還。」[136]魚群每年三月從都畿道河南府鞏縣鞏穴，逆渡龍門，魚躍龍門即因龍門險峻之故。《元和志》同州韓城縣：

---

[132]　《元和郡縣圖志》，卷12，〈河東道・絳州・龍門縣〉，頁336。
[133]　《元和郡縣圖志》，卷2，〈關內道・同州・韓城縣〉，頁38。
[134]　《通典》，卷173，〈州郡・同州・韓城縣〉，頁4514-4515。
[135]　《元和郡縣圖志》，卷12，〈河東道・絳州・龍門縣〉，頁336引。
[136]　《元和郡縣圖志》，卷12，〈河東道・絳州・龍門縣〉，頁336引。

「龍門戍，在縣東北，極險峻。」[137]《寰宇記》同州韓城縣：「龍門關，一謂龍門戍，極峻險。……關口有龍門城，即戍所也。」[138]所謂的龍門關又稱龍門戍，此戍即是韓城縣東北的龍門城，龍門關與龍門城相距不遠，又龍門山位於韓城縣北，可見韓城縣內的龍門山、龍門關（戍）、龍門城互為犄角之勢。

唐代龍門關曾從關內道同州變遷至河東道絳州，《元和志》絳州龍門縣載：

> 黃河，北去縣二十五里，即龍門口也。《禹貢》曰「浮於積石，至於龍門」，注曰「龍門山，在河東之西界」。大禹導河積石，疏決龍門，即斯處也。河口廣八十步，巖際鐫迹，遺功尚存。[139]

黃河在河東絳州龍門縣北25里處，方位實為西北方，此處即龍門，同州韓城縣北有龍門山，龍門縣亦有一龍門山，故《禹貢》注「龍門山，在河東之西界。」《三秦記》記載：「河津一名龍門，水懸船而行，兩傍有山，川陸不通。」[140]「兩傍有山」指的是河西龍門山與河東呂梁山。穆渭生語：「龍門又稱禹門口，為晉陝峽谷尾閭，左岸的龍門山和右岸的梁山，伸崖欲抱而中闢如門，大河奔湍於其間，怒勢激浪，險要天成。」[141]禹門口是指河東龍門關的渡口，地理形勢上左岸龍門山，右岸梁山，梁山（呂梁山脈部分）在龍門南方。[142]

《方輿紀要》陝西龍門：「其地兩峰壁立，大河經此，扼束而

---

[137]　《元和郡縣圖志》，卷2，〈關內道・同州・韓城縣〉，頁38。
[138]　《太平寰宇記》，卷28，〈關西道・同州・韓城縣〉，頁601。
[139]　《元和郡縣圖志》，卷12，〈河東道・絳州・龍門縣〉，頁336。
[140]　《太平寰宇記》，卷28，〈關西道・同州・韓城縣〉，頁600引。
[141]　穆渭生，《唐代關內道軍事地理研究》，頁229。
[142]　《讀史方輿紀要》，卷52，〈陝西・龍門〉，頁2469引《括地志》：「龍門之南即梁山，故龍門亦兼梁山之稱。」另說《括地志輯校》，卷1，〈同州・韓城縣〉，頁32：「梁山在同州韓城縣東南九十里。」案：右岸梁山當位於河東，以龍門南方為是。

出，南北蓋百餘里，關之下即禹門渡矣。」[143]黃河南流至河東絳州龍
門縣的龍門關，關下有禹門渡。換言之，龍門關於不同時期先後出
現於黃河兩岸的同州與絳州，同州韓城縣有龍門山、龍門關（戍）、
龍門城，絳州龍門縣亦有龍門山、龍門關，另有禹門渡（龍門口、禹門
口），龍門關乃分峙於黃河兩側，無怪乎嚴耕望與穆渭生皆云此關實
夾河建置，[144]可說是中夾黃河而分置兩側。

　　河東龍門關位於黃河天險之一龍門附近，此處水流湍急，渡河不
易，是以關治中、李金俠認為歷代王朝未把此地當作要塞，也很少發
生戰爭。[145]《舊唐書・高祖紀》大業十三年：

> 秋七月壬子，高祖率兵西圖關中，以元吉為鎮北將軍、太原留
> 守。癸丑，發自太原，有兵三萬。……八月丙戌，進下臨汾郡及
> 絳郡。癸巳，至龍門。[146]

隋煬帝大業十三年（617）七月，高祖領兵三萬自太原西進關中，八月
兵下臨汾郡與絳郡，不久至龍門，渡河經龍門關、韓城縣再經西南
200里至同州治所馮翊縣。[147]《舊唐書・太宗紀》：「（武德）二年十
一月，太宗率眾趣龍門關，履冰而渡之，進屯柏壁，與賊將宋金剛相
持。……武周據太原，專倚金剛以為捍。」[148]高祖武德二年（619），
李世民領眾東經龍門關，十一月黃河結冰，履冰而渡，屯守在柏壁，
與劉武周大將宋金剛僵持不下。龍門關居玄宗開元時二十六關的中關

---

[143] 《讀史方輿紀要》，卷52，〈陝西・龍門〉，頁2469。
[144] 嚴耕望，《唐代交通圖考》（一），頁107。穆渭生，《唐代關內道軍事地
　　　理研究》，頁229。
[145] 關治中、李金俠，〈臨晉關考證──關中要塞研究之五〉，頁115。
[146] 《舊唐書》，卷1，〈高祖紀〉，頁3。
[147] 《元和郡縣圖志》，卷2，〈關內道・同州・韓城縣〉，頁38：「西南至州
　　　二百里。」《太平寰宇記》，卷28，〈關西道・同州・韓城縣〉，頁600：
　　　「東北二百里。」
[148] 《舊唐書》，卷2，〈太宗紀〉，頁25。

之一，屬於四面關之一但無驛道。[149]

　　同州東方與南方分別是蒲州與華州，同州有兩關，中關龍門關在北，上關蒲津關在南，華州有上關潼關，龍門關地位不如蒲津關，蒲津關與潼關雖然皆位列上關，但潼關扼守著長安、洛陽兩都重要關隘，地理位置更甚於蒲津關，是以穆渭生語「以同、華、蒲州的山河形勢與交通結構來看，朝邑縣、蒲津關為潼關之側翼；龍門關又為蒲津關之側翼。」[150]龍門關在蒲津關北，蒲津關在潼關北，三關南北互為犄角。史念海亦云：「龍門關在蒲津關之北，論其形勢和道路的平直，似皆不如蒲津關。」[151]可見三關在河上南北諸關中環環相扣，關係密切。

　　同州除龍門關之外，朝邑縣的蒲津關是另一座層級為上關的關隘。[152]朝邑名稱與地形有關，《元和志》同州朝邑縣：「以北據朝阪，故以為名。」[153]朝阪通朝坂，據《水經注・補洛水》：「洛水東南歷強梁原，俗謂之朝坂。」[154]朝坂即朝邑縣北高而平坦的強梁原，是黃土高原特殊地形產物之一。

　　蒲津關淵源甚早，據《竹書紀年》記載：

> 秦王即秦惠文王也。蒲版，舜舊都，其北有長版，為邑之險要，故曰蒲版。魏既獻河西之地於秦，因險設關以備秦寇，故曰蒲版關，此魏之界上關也。後其地入秦，改曰臨晉關。[155]

---

[149] 嚴耕望：「此關當為四面關之一，而列中關，是開元中不置驛也。」詳參氏著，《唐代交通圖考》（一），頁107。

[150] 穆渭生，《唐代關內道軍事地理研究》，頁229。

[151] 史念海，〈隋唐時期的交通與都會〉，收錄史念海主編，《唐史論叢》（第六輯）（西安：陝西人民出版社，1995.10，1版），頁9。

[152] 《通典》，卷173，〈州郡・同州・朝邑縣〉，頁4514：「有蒲津關。」

[153] 《元和郡縣圖志》，卷2，〈關內道・同州・朝邑縣〉，頁37。《太平寰宇記》，卷28，〈關西道・同州・朝邑縣〉，頁601。

[154] 北魏・酈道元注，陳橋驛校釋，《水經注校釋》（杭州：杭州大學出版社，1999.4，1版），卷16，〈補洛水〉，頁310。

[155] 方詩銘、王修齡，《古本竹書紀年輯證》（上海：上海古籍出版社，

蒲版名稱乃因北有長版，由於魏國獻河西地予秦後，為防秦而於此置關，故稱蒲版關，作為秦、魏兩國的邊界關，隨著秦國勢力的增強，河西地沒於秦後，關亦改稱臨晉關，史載秦始皇二十五年（222B.C.），即墨見齊王曰：「王收而與之百萬人之，使收三晉之故地，即臨晉之關可以入矣」，[156]臨晉關名稱與臨三晉之密切有關。關因臨黃河而有河關之稱，[157]但兩漢仍以臨晉關為普遍名稱，[158]《通鑑》引《漢書》：「武帝元封六年，立蒲津關。」[159]查閱《漢書》漢武帝時並無改或立蒲津關，[160]蒲津關最早可溯源至三國，[161]此後至唐以蒲津關或蒲關為普遍用語。[162]

　　唐代蒲津關位置有二。《通典・州郡》同州朝邑縣：「有蒲津關。」[163]《元和志》關內道同州朝邑縣：「縣西南有蒲津關。」[164]此為關處黃河流向的右岸，關內道同州朝邑縣西南說。《元和志》河中府河東縣：「蒲坂關，一名蒲津關，在縣西四里。《魏志》曰：『太

　　1981.2，1版），〈魏紀〉，頁148-149。

156　《資治通鑑》，卷7，〈秦紀〉，頁233。前漢・劉向編集，繆文遠校注，《戰國策新校注》（成都：巴蜀書社，1987.9，1版），卷13，〈齊六・齊王建入朝於秦章〉，頁404。

157　前漢・司馬遷，《史記》（北京：中華書局，1982.11，2版），卷8，〈高祖本紀〉，頁372。《史記》，卷92，〈淮陰侯傳〉，頁2613-2614。錢穆，《史記地名考》（北京：商務印書館，2001.7，1版），卷8，〈秦地名〉，頁374。

158　文獻可見《史記》、《漢書》、《新書》等。出土資料可見彭浩、陳偉、工藤元男主編，《二年律令與奏讞書──張家山二四七號漢墓出土法律文獻釋讀》，（上海：古籍出版社，2007.8，1版），簡492，頁307。

159　《資治通鑑》，卷172，〈陳紀〉，頁5354引。

160　關治中、李金俠引《漢書・武帝本紀》，認為漢武帝元封六年（115B.C.）改臨晉關為蒲津關。詳參氏著，〈臨晉關考證──關中要塞研究之五〉，頁111。案：二氏疑誤轉引自《通鑑》，而未細查《漢書》原典。

161　《元和郡縣圖志》，卷12，〈河東道・河中府・河東縣〉，頁326引《魏志》曰：「太祖西征馬超、韓遂，夜渡蒲津關。」

162　唐・令狐德棻等撰，《周書》（北京：中華書局，1971.11，1版），卷6，〈武帝紀〉，頁95。《舊唐書》，卷55，〈劉武周傳〉，頁2254。《新唐書》，卷88，〈裴寂傳〉，頁3737等。

163　《通典》，卷173，〈州郡・同州・朝邑縣〉，頁4514。

164　《元和郡縣圖志》，卷2，〈關內道・同州・韓城縣〉，頁37。

祖西征馬超、韓遂，夜渡蒲津關』，即謂此也。」[165]河中府乃肅宗乾元三年由蒲州所升。[166]《寰宇記》河東道蒲州河東縣：「蒲津關，在縣西二里。亦子路問津之所。魏太祖西征馬超、韓遂，夜渡蒲坂津，即此也。」[167]此為關處黃河流向左岸，河東道蒲州河東縣西4里或2里說，里數差異涉及到唐、宋單位換算落差，關治中、李金俠認為里數差異與黃河的東西移動，關址變動所致，但是大的方位沒有變。[168]誠可為真。

　　戰國時魏國設置蒲版關是因河西地獻秦，為增強此地國防安全而出現關，可見關初始置於河西，秦國改稱臨晉關，三國時改回蒲津關名稱，隨著時代演變，疆域政區變遷，河東亦出現蒲津關。《元和志》記載同州朝邑縣有蒲津關。肅宗乾元三年，蒲州升為河中府的同時，朝邑縣亦入河中府，[169]河西蒲津關改隸河東縣，是以《元和志》亦記載河中府河東縣有蒲津關。同州朝邑縣蒲津關是否隨著遷至河東縣而消失？答案是否定的，蒲津關改隸河東縣是短暫現象，蒲津關乃是一關為二，並存於黃河兩岸，同時因臨河置關，河東縣蒲津關有渡口，此可見《魏志》記載曹操西征馬超、韓遂而「夜渡蒲津關」、「蒲坂津」，子路問津之處，張思足也說：「蒲津是古渡名。……與對岸的臨晉關（即大慶關）隔河相望。至今蒲州城的西門殘垣上尚有『蒲津』。」[170]可見河東蒲津關、津並存。《晉書》：「會大雨霖，河渭溢，蒲津監寇登得一履於河，長七尺三寸，人跡稱之，指長尺

[165] 《元和郡縣圖志》，卷12，〈河東道・河中府・河東縣〉，頁326。《新唐書》，卷39，〈地理志・河東道・河中府〉，頁999-1000：「河中府河東郡……縣十三……河東……河西……有蒲津關，一名蒲坂。」

[166] 《舊唐書》，卷38，〈地理志・關內道・同州〉，頁1400。

[167] 《太平寰宇記》，卷46，〈河東道・蒲州・河東縣〉，頁954。

[168] 關治中、李金俠，〈臨晉關考證——關中要塞研究之五〉，頁112。

[169] 《舊唐書》，卷38，〈地理志・關內道・同州〉，頁1400。

[170] 張思足，〈連接秦晉有一橋——唐代的蒲津大浮橋考略〉，《西安教育學院學報》，1998年第4期，頁5。「河東縣縣址即今山西省永濟縣蒲州舊城。朝邑縣縣址即今陝西省大荔縣朝邑舊城。由此可見，關城夾在蒲州和朝邑之間。」詳參關治中、李金俠，〈臨晉關考證——關中要塞研究之五〉，頁112。

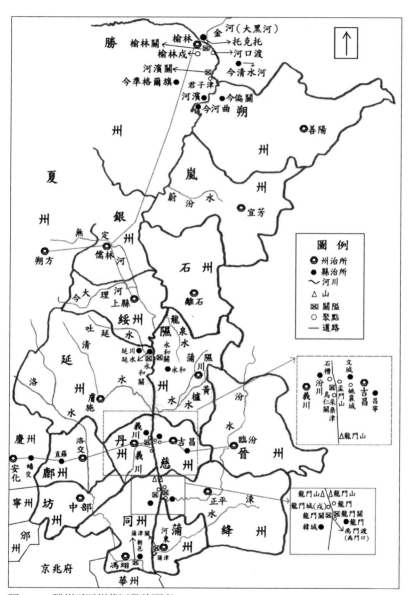

圖3-3-1 勝州至同州黃河段諸關考

出處：參《中國歷史地圖集》（五），頁40-41、46-47改繪。

餘，文深一寸」，[171]即蒲津有監員層級的官員駐守。

黃河兩岸的蒲津關，交通往來是依靠蒲津橋。徐安貞〈奉和聖製早度蒲津關〉云「虹橋闢晉關」、「兩都分地險」，[172]道盡蒲津橋與蒲津關之關係，橋連繫著兩岸關隘。形勢上「壯三輔之雄極」、「總魏國之繁隘，非斯橋而豈他」、「憑險作固，夾咽喉之重關」、「連秦晉之長道」、「襟帶山河」，[173]戰國時魏之險隘非此橋莫屬，憑其山河，扼守三輔，並與兩岸關防相互配合。形制上「浮梁西截於長河」，[174]橋形狀如「崎嶬，似火龍之飲川」，[175]崎嶬有險峻或骨瘦之意，蒲津浮橋險峻且細長般橫躺於黃河上，如火龍飲川。

唐代蒲津橋是介於河東道蒲州河東縣西，以及關內道同州朝邑縣東之間，今日位置、方向雷同。[176]陸敬嚴認為此橋修建於西元前三世紀，十三世紀廢除，約一千六百年。[177]王元林則以為建橋於西元前五百四十一年前，至明洪武二年（1369），約一千九百二十年。[178]《春秋左傳》魯昭公元年：「后子享晉侯，造舟於河。」杜預注：「造舟為梁，通秦、晉之道。」[179]西元前541年，秦景公后子欲至晉，於黃

---

[171] 唐・房玄齡等撰，《晉書》（北京：中華書局，1974.11，1版），卷112，〈載記・苻健〉，頁2871。

[172] 《全唐詩》，卷124，徐安貞〈奉和聖製早度蒲津關〉，頁1229：「仙掌臨秦甸，虹橋闢晉關。兩都分地險，一曲度河灣。路得津門要，時稱古戍閒。城花春正發，岸柳曙堪攀。後乘猶臨水，前旌欲換山。長安迴望日，宸御六龍還。」

[173] 清・董誥等編，《全唐文》（北京：中華書局，1983.11，1版），卷395，閻伯璵《河橋賦》，頁4024-2至4025-1。

[174] 《全唐文》，卷395，閻伯璵《河橋賦》，頁4024-2至4025-1。

[175] 《全唐文》，卷395，閻伯璵《河橋賦》，頁4025-1。

[176] 陸敬嚴，〈蒲津大浮橋考〉，《自然科學史研究》，1985年第1期，頁36。穆渭生，《唐代關內道軍事地理研究》，頁106、224。張思足，〈連接秦晉有一橋——唐代的蒲津大浮橋考略〉，頁5-6。蘇涵、景國勁，〈黃河蒲津渡開元鐵牛雕塑群考論〉，《晉陽學刊》，2004年第4期，頁88。王元林，〈蒲津大浮橋新探〉，《文物季刊》，1999年第3期，頁52。

[177] 陸敬嚴，〈蒲津大浮橋考〉，頁37。

[178] 王元林，〈蒲津大浮橋新探〉，頁52。

[179] 戰國・左丘明傳，西晉・杜預注，唐・孔穎達正義，《春秋左傳正義》，收

河上建造舟橋，作為通往秦、晉間的道路。關治中、李金俠以為這條道路就是臨晉道，[180]蒲津橋的前身可說始於春秋。《史記‧秦本紀》秦昭襄王五十年十月：「初作河橋。」張守節：「此橋在同州臨晉縣東，渡河至蒲州，今蒲津橋也。」[181]戰國時「河橋」即春秋的「舟橋」，河橋是懸浮河上橋之通稱，舟橋才是反映蒲津橋性質之意，然而，春秋戰國戰爭頻仍之際，橋樑是不易維持的。

兩漢時，臨晉關以舟船載人渡河，沒有架橋，王元林認為這與黃河小北幹流河道向西擺動有一定關係。[182]舟船渡河需要船與船夫，且須配合黃河流量是否穩定，便利性不如舟橋的即時性，待至魏晉時期又有所改變。據《周書‧文帝紀》記載：

> 三年春正月，東魏寇龍門，屯軍蒲坂，造三道浮橋度河。又遣其將竇泰趣潼關，高敖曹圍洛州。太祖出軍廣陽，召諸將曰：「賊今挹吾三面，又造橋於河，示欲必渡，是欲綴吾軍，使竇泰得西入耳。久與相持，其計得行，非良策也。且歡起兵以來，泰每為先驅，其下多銳卒，屢勝而驕。今出其不意，襲之必克。克泰則歡不戰而自走矣。」諸將咸曰：「賊在近，捨而遠襲，事若蹉跌，悔無及也。」太祖曰：「歡前再襲潼關，吾軍不過霸上。今者大來，兵未出郊。賊顧謂吾但自守耳，無遠鬥意。又狃於得志，有輕我之心。乘此擊之，何往不克。賊雖造橋，不能徑渡。此五日中，吾取竇泰必矣。公等勿疑。」庚戌，太祖率騎六千還長安，聲言欲保隴右。辛亥，謁帝而潛出軍。癸丑旦，至小關。

錄李學勤主編，《十三經注疏》整理委員會整理，《十三經注疏‧春秋左傳正義》（北京：北京大學出版社，1999.12，1版），卷41，〈昭公〉，頁1154。

[180] 關治中、李金俠，〈臨晉關考證——關中要塞研究之五〉，頁112。

[181] 《史記》，卷5，〈秦本紀〉，頁214。

[182] 王元林，〈隋唐以前黃渭洛匯流區河道變遷〉，《中國歷史地理論叢》，1996年第3輯，頁81-82。作者指出：小北幹流是指黃河禹門口至潼關段。又漢武帝中葉，小北幹流已向西擺動。

> 竇泰卒聞軍至，惶懼，依山為陣，未及成列，太祖縱兵擊破之，
> 盡俘其眾萬餘人。斬泰，傳首長安。高敖曹適陷洛州，執刺史泉
> 企，聞泰之歿，焚輜重棄城走。齊神武亦撤橋而退。[183]

西魏文帝大統三年（537），東魏侵龍門，屯軍蒲坂，造三道浮橋渡黃河，其中之一是蒲津橋，又派遣竇泰至潼關，高敖曹圍攻洛州。宇文泰以竇泰驕兵之心，且軍隊不易在五日內完全渡橋，故先敗竇泰，高歡自然不戰而走。果然竇泰軍「未及成列」，即被宇文泰斬殺，高敖曹雖剛攻陷洛州，亦因此棄城而走，高歡為免追兵，亦撤橋退兵，可見蒲津橋在東、西魏渡黃河中扮演關鍵角色。

　　《通典・州郡》蒲州河東縣：「後魏大統四年，造浮橋；九年，築城為防。」[184]《寰宇記》河東道蒲州河東縣：「蒲津關，在縣西二里。……後魏大統四年造舟為梁，九年築城，亦關河之巨防。」[185]蒲津浮橋在西魏文帝大統三年（537），東魏因率軍西侵西魏已建造舟橋，舟橋取自舟板而置，橋橫跨黃河兩岸的水面上，是以又稱浮橋，[186]後因局勢對己不利而撤橋。大統四年（538）西魏再建舟橋反擊高歡，[187]九年（543）築關城以宿衛往來橋梁之人，此時期興建的浮橋因兵戎不斷，時廢時存。《通鑑》隋紀恭皇帝義寧元年：「朝邑法曹武功靳孝謨，以蒲津、中潬二城降。」胡三省注：「朝邑縣，……其地當蒲津橋西，唐改為河西縣，梁大河為橋，故有中潬。」[188]隋末恭帝義寧元年（617），李淵西進長安，路經「梁大河為橋」的蒲津浮

---

[183]　《周書》，卷2，〈文帝紀〉，頁22。
[184]　《通典》，卷179，〈州郡・蒲州・河東縣〉，頁4726。
[185]　《太平寰宇記》，卷46，〈河東道・蒲州・河東縣〉，頁954。
[186]　舟橋又稱舟梁或浮橋。詳參王開主編，《陝西古代道路交通史》（北京：人民交通出版社，1989.8，1版），頁236。
[187]　關治中、李金俠認為東魏架設浮橋的時間是在西魏大統元年（535）。詳參氏著，〈臨晉關考證──關中要塞研究之五〉，頁112。此時間點說法與《周書》記載西魏文帝大統三年（537）有落差，疑關、李二氏誤擲。
[188]　《資治通鑑》，卷184，〈隋紀〉，頁5754。

橋，可知隋末唐初之際，蒲津仍是屬浮橋性質。唐以前唯兩漢時以舟船渡人，其餘時期皆以架舟橋為主要渡河方式，架橋於河上須考慮到兩岸地形、交通、河流流速、河床寬窄等問題，陸敬嚴提及「從龍門到潼關一段，河床開闊，流水平緩，是架設浮橋的理想地帶」，[189]由於絳州龍門－華州潼關段的黃河水流相對平穩，適合架設浮橋，蒲津橋即置於此。

蒲津橋是渡黃河三橋之一。張說《蒲津橋贊》：「域中有四瀆，黃河是其長。河上有三橋，蒲津是其一，隔秦稱塞，臨晉名關，關西之要衛，河東之輻輳，必由是也。」[190]四瀆依《爾雅·釋水》記載：「江、河、淮、濟為四瀆。四瀆者，發源注海者也。」[191]瀆為大河川意思，終流向大海，長江注東海，黃河、濟水注渤海，淮河注長江，濟水因黃河多次改道被侵占，今黃河下游就是原濟水河道。唐代天下橋樑依材質分三類，《唐六典·尚書工部》：

> 凡天下造舟之梁四，河三，洛一。河則蒲津；大陽；盟津，一名河陽。洛則孝義也。石柱之梁四，洛三，灞一。洛則天津、永濟、中橋，灞則灞橋也。木柱之梁三，皆渭川也。便橋、中渭橋、東渭橋，此舉京都之衝要也。巨梁十有一，皆國工修之。其餘皆所管州縣隨時營葺。[192]

開元時橋樑由朝廷修建有十一座，舟橋有四，蒲津、大陽、盟津（河陽）三座在黃河，孝義在洛水。石柱橋有四，天津、永濟、中橋三座在洛水，灞橋在灞水。木柱橋有三，便橋、中渭橋、東渭橋皆在渭川。此十一座橋居於進出京都要衝，由國家單位的工匠負責維修，其餘橋樑則由所在州、縣隨時修繕。（表3-3-1）

---

[189] 陸敬嚴，〈蒲津大浮橋考〉，頁36。
[190] 《全唐文》，卷226，張說《蒲津橋贊》，頁2277-2。
[191] 晉·郭璞注，宋·邢昺疏，李學勤主編，《爾雅注疏》（北京：北京大學出版社，1999.12，1版），卷7，〈釋水〉，頁225。
[192] 《唐六典》，卷7，〈尚書工部〉，頁226。

表3-3-1　唐代京師的橋樑位置

位置 材質	黃河	洛水	灞水	渭川
舟梁	蒲津、大陽、盟津（河陽）	孝義		
石柱梁		天津、永濟、中橋	灞橋	
木柱梁				便橋、中渭橋、東渭橋

出處：依《唐六典》，卷7，〈尚書工部〉，頁226整理而成。

　　四座舟橋所需竹索、雜匠、腳船、渡船、水手等具體內容依《唐六典・尚書工部》記載：

> 河陽橋所須竹索，令宣、常、洪三州役工匠預支造，宣、洪二州各大索二十條，常州小索一千二百條。大陽、蒲津竹索，每年令司竹監給竹，令津家、水手自造。其供橋雜匠，料須多少，預申所司，其匠先配近橋人充。浮橋腳船，皆預備半副；自餘調度，預備一副。河陽橋船於潭、洪二州造送；大陽、蒲津橋於嵐、石、隰、勝、慈等州採木，送橋所造。河陽橋置水手二百五十人，大陽橋水手二百人，仍各置木匠十人，蒲津橋一十五人。孝義橋所須竹索，取河陽橋退者以充。[193]

　　首先是維護舟橋兩側安危，以及固定橋身的竹索。黃河上的河陽橋（盟津橋）由宣、洪二州提供大索20條，常州供應小索1200條，三州工匠共同建造。大陽橋、蒲津橋每年由司竹監提供竹索，正七品下的司

---

[193] 《唐六典》，卷7，〈尚書工部〉，頁226。案：「校勘記」（頁237）認為「河陽橋所須竹索」之「橋」下有「每年」二字。「每年令司竹監給竹」之「每年」作「每三年一度」。

竹監隸屬於中央九寺之一的司農寺，「掌植養園竹」，[194]並由津戶、水手製造。至於洛水上的孝義橋竹索，取自河陽橋淘汰後充用。從四座舟橋的竹索供應商而言，大陽與蒲津兩座橋由中央單位提供，並且能由諳水性的「津家」、「水手」製造，規模較大。河陽橋由地方供應與州內工匠製造，重要性不如大陽與蒲津兩橋。孝義橋的竹索取自河陽橋汰換後，受重視程度最低。

其次是供應橋樑使用的雜匠，預先申報所需人數、維修材料給所屬單位，雜匠由離橋較近的人員擔任。再者，運送舟橋器具的腳船預留半副，其餘則預留一副。復次是船的製造，河陽橋的船由潭、洪兩州負責製造後送抵渡津處，大陽橋與蒲津橋則由嵐、石、隰、勝、慈等州採木，再分別送往橋樑處製造，想見規模之大才能自行造船。最後是水手數量，河陽橋設置250人，大陽橋有200人，[195]內含分別置有木匠10人，至於蒲津橋水手僅15人，孝義橋則沒有水手紀錄，可見黃河上的蒲津、大陽、河陽三橋兼有船與水手，但蒲津橋水手數量較河陽橋、大陽橋少許多，過橋渡河仍是主要模式。

唐代蒲津橋的增修始於玄宗開元九年（721）。原因依姚春敏、趙曉峰說法，從河東地區的自然資源和交通而論，認為此區有肥沃、平坦土地，且黃河不遠處有鹽池，蒲津橋居通往長安的門戶要道，卻在開元初瀕臨破敗，是以張說奏請玄宗建新橋，[196]實則此橋的增修是以玄宗為主導，且不只在開元九年。《唐會要·橋梁》：「開元九年十二月九日，增修蒲津橋，絙以竹葦，引以鐵牛，命兵部尚書張說刻石為頌。」[197]《通鑑》玄宗開元九年：「新作蒲津橋，鎔鐵為

---

[194] 《舊唐書》，卷44，〈職官志〉，頁1887。

[195] 《唐六典》，卷7，〈尚書工部〉，頁237。案：「校勘記」認為「仍各置木匠十人」下有「在水手數內」一語。

[196] 姚春敏、趙曉峰，〈試論唐王朝修建「蒲津橋」的經濟目的與動機〉，頁18、20。

[197] 《唐會要校證》，卷86，〈橋梁〉，頁1350。

牛以繫絚。」[198]史載玄宗開元九年（721）12月9日增修蒲津橋，以鐵牛輔助「繫絚」，強化舟橋的穩定度，並命時任兵部尚書的張說刻石稱頌，[199]同年五月，位於河東的蒲州因置中都，改為河中府，[200]州升府，層級提升，對於境內建設有所強化，是以同年十二月修建蒲津橋。[201]

玄宗《登蒲州逍遙樓》詩云：「黃河分地絡，飛觀接天津。一覽遺芳翰，千載肅如神。」[202]詩中道盡蒲州西邊的黃河將地域分為河東、河西，站此逍遙樓上，飽覽天下，感受古今天下變化，不禁起肅穆之心。《早度蒲津關》詩云：「鳴鑾下蒲阪，飛旆入秦中。地險關逾壯，天平鎮尚雄。」[203]不論亂世或太平，作為入關中前哨的蒲津關展現出極佳的地理形勢。張說《奉和聖製度蒲關應制》亦云：「蒲坂橫臨晉，華芝曉望秦。關城雄地險，橋路扼天津。」[204]玄宗早已明瞭橫跨河兩岸的蒲津橋優勢所在，是以授意張說主持重修事宜，[205]也正因張說親歷其境，才易於流傳下刻石稱頌與《蒲津橋贊》。

玄宗開元九年的蒲津橋只能算是小規模的增修，開元十二年（724）才算是大規模重修，張思足甚至用「重新建造」來形容此次修建。[206]

---

[198]　《資治通鑑》，卷212，〈唐紀〉，頁6748。

[199]　張說在開元九年任兵部尚書，十一年改為中書令。《新唐書》，卷5，〈玄宗紀〉，頁128開元九年九月：「癸亥，天兵軍節度大使張說為兵部尚書、同中書門下三品。」《新唐書》，卷5，〈玄宗紀〉，頁130開元十一年四月：「甲子，張說為中書令。」

[200]　《通典》，卷179，〈州郡・蒲州〉，頁4726：「大唐初，為蒲州。開元九年五月，置中都，改為河中府，尋罷仍舊。」

[201]　「增修蒲津橋可能與河中府建『中都』有關。」詳參王開主編，《陝西古代道路交通史》，頁236。嚴耕望，《唐代交通圖考》（一），頁102-103。

[202]　《全唐詩》，卷3，明皇帝〈登蒲州逍遙樓〉，頁28。

[203]　《全唐詩》，卷3，明皇帝〈早度蒲津關〉，頁35-36。

[204]　《全唐詩》，卷88，張說〈奉和聖製度蒲關應制〉，頁964。

[205]　「玄宗、張說與蒲津橋的這一段關係，為玄宗下令張說主持重修蒲津橋作了重要鋪墊。」詳參蘇涵、景國勁，〈黃河蒲津渡開元鐵牛雕塑群考論〉，頁88。姚春敏、趙曉峰，〈試論唐王朝修建「蒲津橋」的經濟目的與動機〉，頁20。

[206]　連接秦晉兩地，於此架起的浮橋，古已有之。只是到了唐玄宗開元十二年，在李隆基的聖旨下重新建造。詳參張思足，〈連接秦晉有一橋——唐

具體內容依張說《蒲津橋贊》記載：

> 舊制，橫絚百丈，連艦千艘，辮修筊以維之，繫圍木以距之，亦
> 云固矣。然每冬冰未合，春冱初解，流澌崢嶸，塞川而下，如磓
> 如臼、如堆如阜、或掀或抵、或磨或切，緪斷航破，無歲不有。
> 雖殘渭南之竹，仆隴坻之松，敗輒更之，罄不供費。津吏成罪，
> 縣徒告勞，以為常矣。開元十有二載，皇帝聞之曰：「嘻，我其
> 慮哉。乃思索其極，敷祐於下。通其變，使人不倦；相其宜，授
> 彼有司。俾鐵代竹，取堅易脆。圖其始而可久，紓其終而就逸。
> 受無疆惟休，亦無疆惟恤。」於是大匠蕆事，百工獻藝，賦晉國
> 之一鼓，法周官之六齊。飛廉煽炭，祝融理爐，是煉是烹，亦錯
> 亦鍛，結而為連鎖，鎔而為伏牛，偶立於兩岸，襟束於中潬，鎖
> 以持航，牛以縶纜。亦將厭水物，莫浮梁。又疏其舟閒，畫其鷁
> 首，必使奔澌不突，積凌不溢。[207]

舊有蒲津橋以竹索百丈連結數艘舟船，四周以圍木加以固定，兩側以竹纜拉起橋樑。然而，黃河冬天易結冰，春天時未完全結冰的冬冰，以及初融春冰隨流傾瀉而下，冰塊之堅，流速之快，如利刃般，往往使竹索斷裂，舟船破壞，年年如此，徒增耗費，罪及官員挨告，工匠徒勞。因此，開元十二年玄宗思慮所及，真正「授彼有司」，針對先前問題訂下重修此橋計畫，是以說「我其慮哉！」

　　開元十二年蒲津橋改善方針，首先是「俾鐵代竹」，即以鐵索連接舟船，上鋪木板，鐵鏈代替竹纜，以鐵鏈的堅取代竹纜的脆，使用時間延長，為加強固定鐵鏈，鎔鑄鐵牛立於河兩岸，使鐵鏈有所憑藉。以鐵質材替換竹，正如閻伯璵《河橋賦》云：「鐵牛駭浮川之魍魎，……竹筊其維，不虞於奔濤礊赫；金鏁斯纜，何懼於層冰皚

　代的蒲津大浮橋考略〉，頁5。
[207] 《全唐文》，卷226，張說《蒲津橋贊》，頁2277-2。

峨？」[208]目的在以鐵代竹，抵抗如利刃般冰的切割。《通典・州郡》蒲州河東縣：「大唐開元十二年，河兩岸開東西門，各造鐵牛四，鐵人四。其牛下並鐵柱連腹，入地丈餘，并前後鐵柱十六。」[209]由於蒲津橋橫跨河東、河西，兩岸皆有關隘以宿衛橋梁，除兩岸東、西門之外，橋兩側各有四鐵牛，鐵牛由鐵人駕之，鐵柱連結鐵牛腹部，「入地丈餘」使鐵牛與鐵人更加穩固。《新唐書・地理志》河東道河中府河東縣記載：「有蒲津關，一名蒲坂。開元十二年鑄八牛，牛有一人策之，牛下有山，皆鐵也，夾岸以維浮梁。」[210]鐵人各自駕馭鐵牛，[211]（圖3-3-2、3-3-3）鐵牛底下有山，類如鐵盤坐墊。

　　1989年8月《中國文物報》出土資料所示「唐開元有鐵牛、鐵人、鐵山、鐵柱」，鐵牛外觀「高約1.9米，長約3米，寬約1.3米，牛尾後有橫軸，直徑約0.4米，長約2.3米，前腿作蹬狀，後腿作蹲伏狀，矯角、昂首、瞋目，牛體矯健強壯。尾施鐵軸，以繫浮橋。」[212]鐵牛前腿蹬後腿蹲，呈現前高後低的站姿，「矯角、昂首、瞋目」外貌精神抖擻，尾巴有鐵軸用來繫浮橋兩旁的鐵鏈。前引《新唐書・地理志》「牛下有山」，指的是鐵牛底下的鐵盤，盤下有鐵柱，「6根直徑0.4米，長約3.6米的鐵柱斜前連接，每根鐵柱分別有反向出伸鐵足各一，功能同地錨。」[213]鐵柱如地錨，支撐鐵盤與鐵牛，鐵柱為增加抓地力，採取「反向出伸鐵足」，出土6根鐵柱斜前連接鐵盤，無法與文獻記載「前後鐵柱十六」說法吻合，當是仍有未出土鐵柱。

---

[208] 《全唐文》，卷395，閻伯璵《河橋賦》，頁4025-1。
[209] 《通典》，卷179，〈州郡・蒲州・河東縣〉，頁4726。
[210] 《新唐書》，卷39，〈地理志・河東道・河中府・河東縣〉，頁1000。
[211] 「四尊鐵人服飾神貌各不相同，身高均在1.9米至2米之間，體重均有2噸之多，分置於鐵牛兩側，各作吆喝或牽曳之狀。」詳參蘇涵、景崑勁，〈黃河蒲津渡開元鐵牛雕塑群考論〉，頁89。
[212] 劉永生，〈古城古渡古橋──永濟黃河蒲津渡遺址考古瑣記〉，《文物世界》，2000年第4期，頁7。
[213] 劉永生，〈古城古渡古橋──永濟黃河蒲津渡遺址考古瑣記〉，頁7。

圖3-3-2　鐵牛　　　　　　　圖3-3-3　鐵人與鐵牛
出處：劉永生，〈古城古渡古橋——永濟黃河蒲津渡遺址考古瑣記〉，頁6-7。

又嚴耕望語「每一牛下並鑄前後鐵柱各一」，[214]連鐵牛腹部的鐵柱當以前後各一同時連接著鐵盤，一隻鐵牛前後二隻鐵柱，河兩岸各四隻鐵牛，共十六根鐵柱。論者以為鐵牛各重約30噸左右，下有底盤和鐵柱，各重約40噸。[215]

　　黃河兩岸各四隻鐵牛，排列為何？河東蒲津橋出土所示：「鐵牛分南北兩組。兩牛一組，前後擺列，面朝西。」[216]四隻鐵牛兩兩一組，面河橫向、前後兩排，因位於河東，故頭西尾東面向西方。《方輿匯編・職方典》：「鑄八牛，東西岸各四牛，以鐵人策之，鐵山四，夾岸以維舟梁。」[217]鐵山是用來增加鐵鏈連接鐵牛中間的支撐點，史載蒲津橋兩岸鐵山有四，則一側有兩鐵山，出土所示亦是「鐵山兩座」，[218]張思足云：「出土的四只鐵牛，身後有四座鐵山」，[219]

---

[214] 嚴耕望，《唐代交通圖考》（一），頁100。陸敬嚴認為鐵柱除有穿過鐵牛腹部而入地之外，另有一種是設置在鐵牛前，上呈球形，繫鐵鏈用。詳參氏著，〈蒲津大浮橋考〉，頁39。案：陸氏所說設置在鐵牛前的鐵柱，與置於鐵牛尾巴的鐵軸，同樣皆用來繫鐵鏈用，是否有差別？筆者以為鐵牛前的鐵柱可能是作為牽引船隻靠岸用，鐵牛後尾巴的鐵軸則是橋樑固定鐵鏈所用。
[215] 姚春敏、趙曉峰，〈試論唐王朝修建「蒲津橋」的經濟目的與動機〉，頁21。
[216] 劉永生，〈古城古渡古橋——永濟黃河蒲津渡遺址考古瑣記〉，頁7。
[217] 蘇涵、景國勁，〈黃河蒲津渡開元鐵牛雕塑群考論〉，頁88。
[218] 蘇涵、景國勁，〈黃河蒲津渡開元鐵牛雕塑群考論〉，頁89。
[219] 張思足，〈連接秦晉有一橋——唐代的蒲津大浮橋考略〉，頁6。

王元林則云這次蒲津橋改建，包括增設「四座鐵山」，[220]鐵山當放置於南北兩兩一組鐵牛中間。

其次是「襟束於中潬」，蒲津橋橫跨黃河兩岸，為使舟橋於中間有所支撐點，免於河流湍急時使橋身擺動，是以設置中潬，讓橋分兩段，河水分流。薛能《題河中亭子》詩云：「河擘雙流島在中，島中亭子正南空。」[221]島如亭子般居河中，黃河雙擘分流。日僧圓仁於文帝開成五年（840）8月13日由河東蒲津關西門出，「到關得勘入。便渡黃河。浮船造橋，闊二百步許。黃河西流，造橋兩處。南流不遠，兩派合。」[222]舟船性質的蒲津浮橋寬200多步，時1步5尺，[223]若取整數則寬度是1000唐尺，根據陳夢家說法，1唐（大）里＝1800唐尺＝531米，[224]則此橋寬度295公尺（$\frac{531 \times 1000}{1800}$），實際上當是超過這尺度。圓仁從河東過橋渡河，見到蒲津橋中間底下有中潬，不僅黃河在此分流，也使橋分兩段，故曰「造橋兩處」，過中潬後，黃河又在南方匯合。此中潬又稱雞心灘、[225]河心州、[226]洲渚。[227]河中沙洲的中潬城，將蒲津橋一分為二，匯聚兩段橋於此，（圖3-3-4）不僅使綑綁舟船的鐵索得以固定下來，增加橋身的支撐點，減緩河水沖刷力，同時縮短橋身製造時的長度，架橋更為方便，穩定度也相對提高，是以中潬實有「襟束」橫跨河東、河西，連結兩岸關城的蒲津橋之效。雖有中潬在

---

[220] 王元林，〈蒲津大浮橋新探〉，頁54。

[221] 《全唐詩》，卷560，薛能〈題河中亭子〉，頁6506。

[222] 日・圓仁著，白化文、李鼎霞、許德楠校著，周一良審閱，《入唐求法巡禮行記校注》（石家莊：花山文藝出版社，2007.11，1版），卷3，頁329。案：「黃河西流」當為「黃河兩流。」

[223] 王元林：二百步許以二百一十步當之，則唐代蒲津橋長應為：210×5＝1050（唐尺）＝105唐丈，折合今制應為309.75米。詳參氏著，〈蒲津大浮橋新探〉，頁55。「闊二百步許」，關治中、李金俠與王元林同，皆將「闊」釋為長度，詳參氏著，〈臨晉關考證──關中要塞研究之五〉，頁113。

[224] 陳夢家，〈畝制與里制〉，《考古》，1966年第1期，頁40-41。

[225] 張思足，〈連接秦晉有一橋──唐代的蒲津大浮橋考略〉，頁7。

[226] 王元林，〈蒲津大浮橋新探〉，頁52。

[227] 王開主編，《陝西古代道路交通史》，頁237。

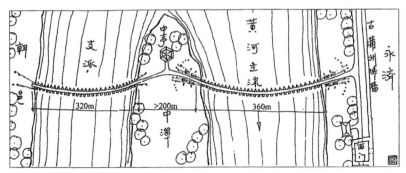

圖3-3-4 唐代蒲津橋復原示意圖
出處：唐寰澄編著，《中國古代橋梁》，頁232。

河中，不過，此橋並非直橋，而是外觀略彎且橋面向下彎曲的舟橋，故閻伯璵《河橋賦》詩云：「屈而且抱」，[228]橋又稱曲浮橋、[229]（圖3-3-5）雙曲橋。[230]

　　中潬城的設置始於西魏。《周書・韋瑱傳》：「大統八年，齊神武侵汾、絳，瑱從太祖禦之。軍還，令瑱以本官鎮蒲津關，帶中潬城主。」[231]西魏大統八年（542），高歡侵襲汾、絳，韋瑱跟隨宇文泰抵禦，事後，韋瑱以原官職鎮守蒲津關，並兼中潬城主，由於中潬「襟束」蒲津橋，地理位置特殊，才會有中潬城的設置與城主的出現。《舊唐書・高祖紀》大業十三年九月：

> 戊午，高祖親率眾圍河東，屈突通自守不出，乃命攻城，不利而還。文武將吏請高祖領太尉，加置僚佐，從之。華陰令李孝常以永豐倉來降。庚申，高祖率軍濟河，舍于長春宮。[232]

---

[228] 《全唐文》，卷395，閻伯璵《河橋賦》，頁4025-1。
[229] 唐寰澄編著，《中國古代橋梁》（北京：中國建築工業出版社，2011.1，1版）頁230。
[230] 張思足，〈連接秦晉有一橋──唐代的蒲津大浮橋考略〉，頁7。
[231] 《周書》，卷39，〈韋瑱傳〉，頁694。
[232] 《舊唐書》，卷1，〈高祖紀〉，頁4。

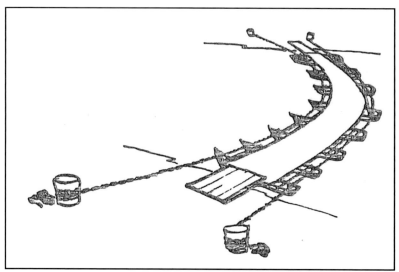

圖3-3-5　曲浮橋

出處：唐寰澄編著，《中國古代橋梁》，頁229。

先是隋煬帝大業十三年（617），李淵率眾包圍河東（蒲州）的屈突通，未果，即由絳州西趨龍門，龍門南下再至蒲州，經蒲津橋至同州，避開由絳州西南直至蒲州，[233]加上華州華陰縣令李孝常以永豐倉來投降後，李淵得以順利渡河，駐軍長春宮。《寰宇記》同州朝邑縣：

> 長春宮，在強梁原上。周武帝保定五年，宇文護所築，初名晉城。武帝建德二年置長春宮。隋文帝開皇十二年增構殿宇。煬帝大業十三年，高祖起義兵，自太原赴京師，九月大軍濟河，舍於此宮，休甲養士，而西定京邑。自後凡牧此州，多帶長春宮使。[234]

北周武帝保定五年（565），宇文護在強梁原上興建長春宮，初名晉城。強梁原在同州朝邑縣，西北有洛水流經，又稱朝坂。[235]建德二年（573）改稱長春宮，隋文帝開皇十二年（592）增建殿宇，由於地理位置特殊，李淵西入長安後，凡為同州牧者，多兼長春宮使。正因為唐軍駐紮於同州朝邑縣長春宮，身為朝邑縣法曹的靳孝謨感到大勢已去，是以《通鑑》恭帝義寧元年九月記載：「朝邑法曹武功靳孝謨，以蒲津、中潬二城降。」[236]武功、靳孝謨於隋恭帝義寧元年（617）將蒲津、中潬二城獻城於李淵。

再次是「厭水物，奠浮梁」，雖然中潬城使架橋時分兩段，增加中段橋身的支撐與穩定，但從圓仁過橋時經過「七重門」的記載可知，[237]每道門理應有駐守人員嚴格鎮守，[238]想必橋的長度當不至於過短，如何使浮橋減少因河流造成的南北擺動？唐人使用與水不相容物放置於橋，增加舟橋重量與吃水深度，使橋更為平穩，避免水漫溢而毀壞的「厭水物」。復次是「疏其舟閒，畫其鷁首，必使奔湍不突，積凌不溢」，鷁首指船頭，泛指船，疏通舟船行駛的河道，清除浮橋附近障礙物，務使河水於初春冰融之際能暢通無阻。最後是在唐詩中提到河岸興建的石堤，張九齡《奉和聖製早渡蒲津關》：「長堤春樹發」[239]張說《奉和聖製度蒲關應制》：「樓映行宮日，堤含宮樹春。」[240]護岸長堤不僅存在唐，明清乃至現代皆有在維修與重建，《永濟縣志》記載：

> 明清兩代，在蒲州城西屢築護岸堤，以保護城池。同時也保護了

---

[235] 《水經注校釋》，卷16，〈補洛水〉，頁310。

[236] 《資治通鑑》，卷184，〈隋紀〉，頁5754。

[237] 《入唐求法巡禮行記校注》，卷3，頁329。

[238] 關治中、李金俠，〈臨晉關考證──關中要塞研究之五〉，頁113。

[239] 唐・張九齡著，熊飛校注，《張九齡集校注》（北京：中華書局，2008.11，1版），卷1，〈奉和聖製早渡蒲津關〉，頁3-5。

[240] 《全唐詩》，卷88，張說〈奉和聖製度蒲關應制〉，頁964。

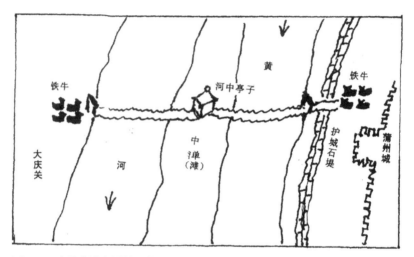

圖3-3-6　唐代蒲津大浮橋示意圖

出處：張思足，〈連接秦晉有一橋——唐代的蒲津大浮橋考略〉，頁7。

　　部分河灘地。……1967年，在蒲州老城西北角修築護岸石堤，長
　　4.8公里，修護城堤280米。[241]

保護河岸、城池的石堤，一方面確保河道的穩定與暢通；另一方面與
兩岸樹木共同發揮護衛蒲津關與蒲津橋的作用。（圖3-3-6）

　　綜上所述，唐開元時期蒲津橋改善計畫有黃河兩岸增設八鐵牛、
八鐵人、八鐵盤、八鐵軸、十六鐵柱、四鐵山，完善橋身中間而置的
中潬城，擺放「厭水物」於橋，增加橋身穩定度，疏通河道與浮橋
周遭障礙物，興建護岸長堤。在增設鐵牛等同時，舟橋的材質由竹
索改為鐵索。《元和志》河東道河中府河東縣蒲津關：「今造舟為
梁，其制甚盛。每歲徵竹索價謂之橋腳錢，數至二萬，亦關河之巨

---

[241] 永濟縣志編纂委員會編纂，《永濟縣志》（山西：山西人民出版社，1991.12，
　　　1版），第七卷〈灘塗開發·開發工程〉，頁114築堤。

防焉。」[242]憲宗時蒲津橋所需竹索，每年課徵竹索價（橋腳錢）就需二萬，可見此時又將鐵索改回竹索。《新唐書・李固言傳》：「武宗立，……蒲津歲河水壞梁，吏撤筏用舟，邀丐行人。」[243]武宗時，年年河水損壞蒲津橋，於是官員撤舟橋，改用行船來渡人。換言之，玄宗開元十二年（724）以前是以竹索固定舟橋，以後改用鐵索，憲宗（806-820）又改為竹索，武宗（841-846）撤橋改舟，唐代使用鐵索橋不足百年，竹索橋仍是蒲津橋主要方式，竹材質雖不如鐵堅硬，但較為柔韌且具伸縮，或許更能適應河水之柔。

同州韓城縣東北的禹（門）口至潼關之間平曠百里，在此黃河河谷北段東邊是中條山，西邊是高原，大道難以形成，因而不需設關；南段洛河、渭河會黃河匯流其間，河道多變，黃河很難渡過，亦無需設關。唯獨中段河谷開闊，兩岸地勢平坦，水流平緩，易於渡河，[244]臨晉道即在於此。置關以控道，河西古有臨晉縣，稱為臨晉關，[245]河東有蒲阪，稱為蒲阪關或蒲津關。兩關之間架浮橋於河上。唐代東北行出關中可由蒲津關、蒲津浮橋，錢穆語：「入關中有三道：潼關為入關正道也；武關為入關孔道，高祖由此入咸陽；及後往來關中，常由臨晉，又入關之隙道也。」[246]潼關是關中東方的「正道」，武關是關中東南方的「孔道」，臨晉關、蒲津關、蒲津橋三者一體，作為出入關中東北方的「隙道」，關是潼關的輔翼，[247]與其構成犄角之勢。

長安東行微北分南、北道至同州。北道由長安北渡渭水70里經涇陽縣，東北行40里至三原縣，東行40里至富平縣，90里至奉先縣，90里至同州治所馮翊縣，總計330里。南道由長安東行50里至東渭橋，

---

[242]　《元和郡縣圖志》，卷12，〈河東道・河中府・河東縣・蒲津關〉，頁326。
[243]　《新唐書》，卷182，〈李固言傳〉，頁5358。
[244]　關治中、李金俠，〈臨晉關考證──關中要塞研究之五〉，頁111。
[245]　「臨晉關位於關中的東部，面對黃河天塹，因而成為關中出關東的東北方要塞。」詳參董平均，《出土秦律漢律所見封君食邑制度研究》（哈爾濱：黑龍江人民出版社，2007.4，1版），頁232。
[246]　錢穆，《史記地名考》，卷8，〈秦地名〉，頁374。
[247]　穆渭生，《唐代關內道軍事地理研究》，頁219。

過橋30里至高陵縣，東行沿渭水北岸20里至櫟陽縣，東行60里至華州下邽縣，東行90里至馮翊縣，總計250里。南、北道中以南道較捷，是以唐人多取道於此。[248]馮翊縣東行35里至朝邑縣，[249]途經蒲津關，蒲津橋介於蒲州河東縣西，以及同州朝邑縣東之間，黃河兩岸的蒲津關作為橋樑的宿衛。《隋書‧食貨志》：「諸州調物，每歲河南自潼關，河北自蒲坂，達於京師，相屬於路，晝夜不絕者數月。」[250]隋、唐地方貢物每年運抵京師，經河南者由潼關西入，經河北者由蒲津關西進長安，可見華州的潼關，同州、蒲州的蒲津關是往來長安必經要道之一。

晚唐軍鎮之亂影響京師安危，皇帝出走皇城史有明文。《舊唐書‧昭宗紀》乾寧二年：「五月丁巳朔。甲子，李茂貞、王行瑜、韓建等各率精甲數千人入覲，京師大恐，人皆亡竄，吏不能止。」[251]昭宗乾寧二年（895）五月，李茂貞、王行瑜、韓建三軍團相互勾結，各自領兵臨長安，官員皆束手無策，，京師混亂。七月，李克用以討伐三人為由，率軍渡河，同州節度使王行實建議昭宗驅車移駕邠州，[252]李克用領兵自蒲津橋西渡，一方面從橋西渡是河東進入關中便捷要道；另一方面反映同州地形平坦，否則軍隊不會選擇由此進。

---

[248] 嚴耕望，《唐代交通圖考》（一），頁93-98。

[249] 《元和郡縣圖志》，卷2，〈關內道‧同州‧朝邑縣〉，頁37：「西至州三十五里。」

[250] 《隋書》，卷24，〈食貨志〉，頁681-682。

[251] 《舊唐書》，卷20，〈昭宗紀〉，頁753。

[252] 《舊唐書》，卷20，〈昭宗紀〉，頁754。

第四節　華州黃河段

一、渭津關（文後附圖3-4-12）

　　玄宗開元時天下二十六關，華州渭津關屬十三座中關之一。[253]唐代華州渭津關位於華陰縣，由於山南水北為陽，山北水南稱陰，華陰縣在華山北，故稱陰。州內除渭津關之外，另一關隘是上關潼關，兩關與永豐倉相距不遠，關係密切。《隋書・食貨志》記載：

> 開皇三年，朝廷以京師倉廩尚虛，議為水旱之備，於是詔於蒲、陝、虢、熊、伊、洛、鄭、懷、邵、衛、汴、許、汝等水次十三州，置募運米丁。又於衛州置黎陽倉，洛州置河陽倉，陝州置常平倉，華州置廣通倉，轉相灌注。漕關東及汾、晉之粟，以給京師。又遣倉部侍郎韋瓚，向蒲、陝以東，募人能於洛陽運米四十石，經砥柱之險，達于常平者，免其征戍。[254]

　　隋文帝開皇三年（583）以京師米倉不足，為因應水、旱災而預作準備，詔令十三州招募運米丁，以備隨時運糧食至都城。

　　煬帝大業初年（605）將華州的廣通倉改名永豐倉。[255]《元和志》關內道華州華陰縣：「永豐倉，在縣東北三十五里渭河口，隋置。義寧元年因倉又置監。」[256]永豐倉位於華陰縣東北35里的渭河出口，位置據

---

[253] 《唐六典》，卷6，〈尚書刑部〉「司門」條，頁195-196。
[254] 《隋書》，卷24，〈食貨志〉，頁683。
[255] 艾沖，〈隋唐永豐倉考論〉，《陝西師範大學學報》（哲學社會科學版），1997年第2期，頁142、143。穆渭生，《唐代關內道軍事地理研究》，頁219。楊朝霞，〈渭河沿流港口碼頭津渡的興衰〉，《陝西師範大學學報》（哲學社會科學版），1997年第4期，頁98。
[256] 《元和郡縣圖志》，卷2，〈關內道・華州・華陰縣・永豐倉〉，頁35。

艾沖考證在渭河（水）匯入黃河口南側，[257]則倉址在兩河交匯的南側，隋恭帝義寧元年（617）設有倉監一職。《元和志》關內道華州華陰縣：「潼關，在縣東北三十九里。」[258]潼關在華陰縣東北39里，換言之，潼關與永豐倉相距4里，兩者可謂互為表裡，潼關是進出關中重要關隘，永豐倉則作為後勤補給，倉廩補給首重交通，此倉當位在潼關驛道上，據學者調查，永豐倉城東西長2里、南北寬1里的長方形城池，且位於海拔450米的高阜上，[259]糧倉建於高處，東北4里處則有潼關保護著。

永豐倉不僅補給潼關，同時為因應關中旱災而適時供應。前述已有隋文帝開皇三年詔令十三州招募運米丁，此外，《隋書‧食貨志》開皇五年五月記載：「關中連年大旱，……命司農丞王亶，發廣通之粟三百餘萬石，以拯關中。」[260]廣通倉能以三百餘萬石糧食運往關中，庫存量勢必高於此數字，規模當不自於太小。《元和志》關內道華州華陰縣永豐倉記載：

> 天寶三年，左常侍兼陝州刺史韋堅開漕河，自苑西引渭水，因古渠至華陰入渭，運永豐倉及三門倉米，以給京師，名曰廣運潭，以堅為天下轉運使。滻、滻二水會於漕渠，每夏大雨輒皆漲，大曆之後，漸不通舟。天寶中，每歲水陸運米二百五十萬石入關；大曆後，每歲水陸運米四十萬石入關。[261]

玄宗天寶三年（744），韋堅自長安禁苑西邊導引渭水至華陰縣，再入渭水，開闢漕渠，作為運送永豐倉及三門倉米至京師，此漕渠稱為廣運潭，每年以水、陸運方式運米250萬石至關中。不過，代宗大曆以後，由於長安南側匯入漕渠的滻水及其支流潏水，每年夏季大雨時造

---

[257] 艾沖，〈隋唐永豐倉考論〉，頁140-141。

[258] 《元和郡縣圖志》，卷2，〈關內道‧華州‧華陰縣‧潼關〉，頁35。

[259] 艾沖，〈隋唐永豐倉考論〉，頁144。

[260] 《隋書》，卷24，〈食貨志〉，頁684。

[261] 《元和郡縣圖志》，卷2，〈關內道‧華州‧華陰縣‧永豐倉〉，頁35。

成水位上漲，舟船漕運漸不通行，運米量降至40萬石。

渭津關不僅是陸關，也是水關。《唐六典・尚書工部》記載渡口規模大且無橋者，根據規模、難易程度，定其層級，配給「船人」，渭津關有船兩艘，船人三人，以永豐倉駐防人員擔任，每年分五班輪流。[262]史載渭津關地理位置不明確，關的船人既然是由永豐倉防人充當，關當是作為倉的渡口碼頭，[263]永豐倉在渭河匯入黃河出口南側，渭津關疑在永豐倉北，而且離渭河匯入黃河出口南側更近處，由此北渡即到同州，所謂渭津關之名即是臨渭河津口之關也。關屬於京城四面關但非驛道上的中關，驛道乃在關南側的永豐倉與潼關線上。

二、潼關（文後附圖3-4-3、3-4-8、3-4-11）

秦漢時山東、山西的山指的是崤山，關東、關西的關指的是函谷關（今河南省三門峽市靈寶市），[264]由於崤山與函谷關地理位置相近，山東即關東範圍。函谷關歷經兩次變遷，位置有三，[265]然而，不論如何變遷，皆不脫離崤山範圍，[266]是以史籍中崤函合稱屢見。隋唐時山東、山西的山指太行山，跨越今河北、山西、河南省，關東、關西的關指今陝西省潼關（今陝西省渭南市潼關縣），函谷關重要性不僅被潼關取代，成為關中新東界，更因為山與關的位置已東西分離，無法配合一致，山東與關東成為兩個截然不同的地域。[267]

262 《唐六典》，卷7，〈尚書工部〉，頁226-227。
263 穆渭生，《唐代關內道軍事地理研究》，頁219。
264 邢義田，〈試釋漢代的關東、關西與山東、山西〉，收錄氏著，《秦漢史論稿》（臺北：東大書局，1987.6，初版），頁85-113。邢義田，〈「試釋漢代的關東、關西與山東、山西」補正〉，頁114-120。
265 蔡坤倫，〈漢代函谷關研究〉（臺中：國立中興大學歷史學系碩士論文，2009.6），頁27-36。
266 史念海，〈論我國歷史上東西對立的局面和南北對立的局面〉，《中國歷史地理論叢》，1992年第1輯，頁61。
267 張榮芳，〈試論隋唐的山東與關東〉，原載《食貨》復刊第13卷1、2期，民國72.5，後收錄中國唐代學會編，《唐代研究論集》（第三輯）（臺北：

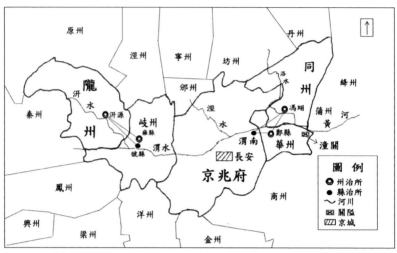

圖3-4-1 史念海所謂關中平原東、西面三角防禦地帶
出處：參《中國歷史地圖集》（五），頁40-41改繪。

　　作為唐代上關之一的潼關，不但是京城四面關，且為驛道所經，控制秦嶺山脈與豫西山地的出入，徐夤〈憶潼關〉詩云：「山夾黃河護帝居」，[268]潼關南控秦嶺，北有黃河自北往南流，守護著西側的關中，潼關、黃河、山脈三者構成防禦體系，是以岑參〈潼關使院懷王七季友〉詩云：「驅車到關下，欲往阻河廣。」[269]潼關是西進關中平原防線的第一關，重兵駐守於此，詩云：「胡寇尚未盡，大軍鎮關門。」[270]所謂關中防線據史念海說法有兩個三角地帶，東面是華縣（華州治所鄭縣）、大荔（同州治所馮翊縣）、渭南（京兆府渭南縣），西面是

新文豐出版社，1992.11，初版），頁761。
[268] 《全唐詩》，卷709，徐夤〈憶潼關〉，頁8155。
[269] 唐・岑參著，廖立箋注，《岑嘉州詩箋注》（北京：中華書局，2004.9，1版），卷1，〈五言古詩・潼關使院懷王七季友〉，頁95-97。
[270] 《岑嘉州詩箋注》，卷1，〈五言古詩・潼關鎮國軍句覆使院早春寄王同州〉，頁82-86。

鳳翔（岐州治所雍縣）、寶雞（岐州虢縣）、隴縣（隴州治所汧源），[271]（圖
3-4-1）東面的渭南縣作為西入關中的據點，不論是從馮翊縣或鄭縣皆
在此交會，可視為三角形重要頂點，潼關則扼守住東面的大門，地理
位置甚是關鍵。

　　地形學上的內、外營力是兩股塑造地形的自然力量，內營力
（endogenetic）來自地球內部，如地殼變動、火山活動等；外營力
（exogenetic）來自地球外部，如風力、水力等。[272]歷史上的潼關，其
名稱淵源、位置變遷、交通網絡等三大面向即受到這兩股力量的左
右，究竟內、外營力如何影響潼關城？大自然的力量又如何形塑這座
人工興建的名關？期能藉由內、外營力之視角切入，了解潼關城的名
稱、三次變遷與交通。

（一）潼關城的名稱：從「衝關」與「潼谷關」兩說談起

　　潼關命名依《通典・州郡》華州華陰縣記載：

> 有潼關，《左傳》所謂桃林塞也。本名衝關，河自龍門南流，衝
> 激華山東，故以為名。……至建安十六年，曹公破馬超於潼關，
> ……周文帝破東魏軍，殺大將竇泰於此。其潼谷關者，因水立
> 稱，故潘岳《西征賦》云「溯黃巷以濟潼」。[273]

潼關本名衝關，因黃河從龍門南流，衝擊華山東側；另說稱潼谷關，

---

[271] 史念海，〈關中的歷史軍事地理〉，收錄氏著，《河山集》（四集）（西
安：陝西師範大學出版社，1991.12，1版），頁219-220。
[272] 劉鴻喜，《地形學綱要》（臺北：三民書局，1990，6版），頁11。
[273] 《通典》，卷173，〈州郡・華州・華陰縣〉，頁4513。漢獻帝建安十六
年（A.D.211），曹操出兵討漢中張魯，假道關中，威脅到屯居關中的韓遂
與馬超等的割據勢力，而有平定關隴的潼關之戰。詳參關治中，〈論曹操
平定關隴的奠基戰役──潼關之戰〉，《西北大學學報》（哲學社會科學
版），1992年第1期，頁27-31。

因關城附近有水，是以潘岳（247-300）說需登黃巷坂，渡谷水才能至潼關。可見潼關名稱存在「衝關」與「潼谷關」兩說。

若進一步追溯「衝關」說則可見酈道元（466/472-527）的《水經》注文，「河在關內南流，潼激關山，因謂之潼關。」[274]又《元和志》關內道華州華陰縣：「潼關，在縣東北三十九里，……又云河在關內，南流衝激關山，因謂之『衝關』。」[275]關山即華山，華陰縣（今陝西省渭南市華陰市）在華山北，潼關在華陰縣東北39唐里，則潼關亦在華山東北。黃河衝擊華山東側後，受到山勢逼擋，折而東去，由於「（案：潼）關城恰巧建在正迎著黃河主泓（大溜）衝擊的山巔」，[276]是以酈道元徑寫為「潼激關山」，「潼激」實為「衝激」。再者，「潼」與「衝」均有「ㄔㄨㄥ（chong）」拼音，關治中也說「潼」、「沖」同意（案：義），[277]可見潼關或衝關名稱取其黃河南流衝擊力道之音義。不過，史念海認為此說解釋雖顯得牽強，但說明黃河的水勢卻也有一定的道理。[278]

「潼谷關」說同樣可追溯自酈道元的《水經》注文，「灌水注之，水出松果之山，北流逕通谷，世亦謂之通谷水，東北注于河，《述征記》所謂潼谷水者也。或說，因水以名地也。」[279]源自松果山的灌水是北流入黃河的南側支流之一，因北流經逕通谷，故水亦稱通谷水或潼谷水，繼而往東北流入黃河。通谷水古稱濩水，據《山海經·西山經》記載：「西四十五里，曰松果之山，濩水出焉，北流注

---

274 《水經注疏》，卷4，〈河水〉，頁315。

275 《元和郡縣圖志》，卷2，〈關內道·華州·華陰縣·潼關〉，頁35。

276 艾沖，〈潼關創建年代考辨〉，《渭南師專學報》（社會科學版），2000年第1期，頁13。

277 關治中，〈潼關天險考證——關中要塞研究之三〉，《渭南師專學報》（社會科學版），1999年第3期，頁35。

278 史念海，〈潼關古城的邊徙〉，收錄氏著，《河山集》（二集）（北京：三聯書店，1981.5，1版），頁179。艾沖亦認為潼關之名由黃河潼（沖）擊關山而來，顯得牽強附會。詳參氏著，〈潼關創建年代考辨〉，頁13。

279 《水經注疏》，卷4，〈河水〉，頁315-316。

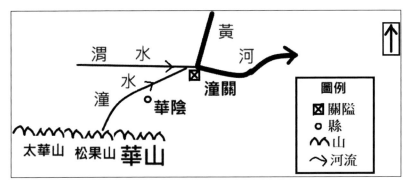

圖3-4-2　潼關周圍示意簡圖

出處：參《中國歷史地圖集》（五），頁40-41改繪。

于渭。」[280]濩水源自華山西的松果山，北流先入渭河，再東北匯入黃河。又松果山西是太華山，[281]太華山在華陰縣南8唐里。[282]松果山與太華山依序為華山西延餘脈。《元和志》關內道華州華陰縣潼關：「關西一里有潼水，因以名關。」[283]酈說灌水同通谷水或潼谷水，關治中云：「通谷水後演釋為潼水」，[284]則潼水亦同潼谷水，唐人說法潼水在潼關西側近處。[285]（圖3-4-2）總之，不論是《山海經》記載的濩水，酈道元記錄的灌水（通谷水、潼谷水），或是李吉甫（758-814）所謂的潼水，皆指同一條水，只是因時代背景名稱互異，此水位於潼關西側不遠處，源自於華山西延餘脈的松果山，先是北流入渭河，再東北匯入黃河。潼谷關之名與關城西近潼水有關。

　　潼關名稱既有「衝關」與「潼谷關」兩說，何說較為適切？梁

---

[280] 佚名著，方韜譯注，《山海經》（北京：中華書局，2009.3，1版），卷2，〈西山經〉，頁19。

[281] 《山海經》，卷2，〈西山經〉，頁19。

[282] 《元和郡縣圖志》，卷2，〈關內道·華州·華陰縣·太華山〉，頁35。

[283] 《元和郡縣圖志》，卷2，〈關內道·華州·華陰縣·潼關〉，頁35。

[284] 關治中，〈潼關天險考證——關中要塞研究之三〉，頁35。

[285] 嚴耕望：「關西一里有潼水，北流入渭，故關以受名。」詳參氏著，《唐代交通圖考》（一），頁35。

建邦認為最初以黃河由北向南沖擊關山,而取名「沖關」,後因關西一里有潼水而更名為「潼關」。[286]將沖擊關山與潼水作為命名潼關的先後,似乎不妥,關山與潼水皆為自然現象,難以判斷孰先孰後的問題。「衝關」說是黃河南流沖擊華山東側後折而往東去,位於華山東北的潼關正置於此,此為沖(衝)擊關山(華山)。又因「潼」與「沖(衝)」,不論在尾音與字義同,故衝關實指潼關。

「潼谷關」說是因關城西側有潼水,名稱自古多變,由濩水、灌水(通谷水、潼谷水)演變而來,水源自華山餘脈松果山,以水名關。可見兩種潼關名稱的說法均與華山有關,一則黃河衝擊華山;一則潼水源自華山餘脈,華山與潼關名稱密切,兩說因切入面不同,實為一體兩面。此外,背後塑造的一股力量皆與黃河有關,一則受主流影響;一則受支流左右,是河流外營力的作用形成潼關名稱的淵源。

(二)潼關城的變遷

潼關歷經三次變遷,位置有四。《通典·州郡》華州華陰縣記載:

> 建安十六年,曹公破馬超於潼關,⋯⋯隋大業七年,移於南北鎮城閿坑獸檻谷置,去舊關四里餘。至大唐天授二年,移向北,近河為路。玄宗開元十二年,於華州嶽祠南之通衢立碑,御製其文及御書,舊路在嶽北,因是移於嶽南。[287]

潼關於漢獻帝(在位:189-220)建安十六年(211)首見於史籍,四百年後,即隋煬帝(604-618)大業七年(611)遷關四里餘,八十年後,即武則天(690-705)天授二年(691)關城北移,位置更近黃河。玄宗(712-

---

[286] 梁建邦,〈潼關古城的建制〉,《滄桑》,2005年第2期,頁17。

[287] 《通典》,卷173,〈州郡·華州·華陰縣〉,頁4513。「隋時曾遷徙,唐武后時,更北徙近河為路,蓋今潼關地。」詳參嚴耕望,《唐代交通圖考》(一),頁35。

756）開元十二年（724）因開闢新路，關城南移。可見歷史上的潼關位置涉及的朝代依序有東漢、隋、唐三朝，今日關城乃是在唐關基礎上重建而成。

1. 東漢潼關—兼論小關

　　漢獻帝建安十六年（211）首見的潼關，可稱作東漢潼關或古潼關。不過，艾冲根據《後漢書》記載安帝（106-125）永初元年至二年（107-108），羌族「寇三輔」、「入益州」、「殺漢中太守董炳」，[288]認為羌亂是創建潼關的背景，官軍作戰失利是建關的根本原因，當時討伐的將軍鄧騭（?-121）於返回洛陽途中，經華陰縣見到潼關周遭形勢，同時拜訪湖縣講學的楊震（54-124），是以《通典·州郡》華州華陰縣記載華嶽（華山）南北廟有後漢太尉楊震墓，以及今潼關西道北行有楊震碑。[289]為保護洛陽西面，避免羌亂危及都城安危，是以艾氏以永初三年（109）為興建潼關的時間。[290]然而，史書並未記載此年有潼關出現，此說僅可作為置關的背景。

　　《元和志》關內道華州華陰縣潼關：「至後漢獻帝初平二年，董卓脅帝西幸長安，出函谷關，自此已前，其關並在新安。其後二十年，至建安十六年，曹公破馬超於潼關，則是中間徙於今所。」[291]潼關的出現與函谷關第二次變遷（191-211），[292]時間上有重疊。由於函谷關與潼關皆居於兩京大道，潼關的出現有逐步取代函谷關地位的意

---

[288] 劉宋·范曄，《後漢書》（北京：中華書局，1965.5，1版），卷5，〈孝安帝〉，頁207永初元年六月：「先零種羌叛，斷隴道，大為寇掠，遣車騎將軍鄧騭、征西校尉任尚討之。」《後漢書》，卷5，〈孝安帝〉，頁211永初二年：「十一月辛酉，拜鄧騭為大將軍，徵還京師，留任尚屯隴右。先零羌滇零（注：滇零為羌名）稱天子於北地，遂寇三輔，東犯趙、魏，南入益州，殺漢中太守董炳。」

[289] 《通典》，卷173，〈州郡·華州·華陰縣〉，頁4513。

[290] 艾冲，〈潼關創建年代考辨〉，頁12-13。

[291] 《元和郡縣圖志》，卷2，〈關內道·華州·華陰縣·潼關〉，頁35。

[292] 蔡坤倫，〈漢代函谷關研究〉，頁27-36。

義。李健超、許正文認為初平二年（191）至建安十六年（211）是潼關設置的時間，[293]梁建邦則說：「潼關的始建年代，最早當不會早於建安元年（196），建成年代最遲不會遲於建安十六年（211）」，[294]則東漢潼關設置時間應落在函谷關第二次變遷（191-211）時期。

東漢（古）潼關興建於高而平坦的黃土原上。酈道元注：「河水自潼關北，東流，水側有長坂，謂之黃巷坂，傍絕澗，涉此坂以升潼關，所謂沂黃巷以濟潼矣。」[295]黃河自北向南流經潼關城北，受到華山山勢逼擋，折而東流，關城東邊有黃巷長坂，陳季卿〈題潼關普通院門〉詩云：「下坂馬無力，掃門塵滿衣」，[296]坂即長坂，黃河緊鄰於坂側，「涉此坂以升潼關」意味由關東經潼關至關中，需先登長坂才能至潼關，因黃河邊無路可通。穆渭生也說：「坂道北面與黃河僅隔一道高崖，道南即是南原，坂道夾處於崖、原之間，長約15里，車不方軌。」[297]換言之，潼關置於南原上，黃巷長坂北緊鄰黃河（絕澗），南側南原，此長坂乃作為登南原至潼關城的管道。

居南原上的東漢潼關，位於弘農郡華陰縣，[298]今潼關縣港口鄉東南4里南原（麟趾原）北段（東陶家莊西側）。[299]許正文以為在楊家莊周

---

[293] 李健超，〈函谷關與潼關〉，載於氏著，《漢唐兩京及絲綢之路歷史地理論集》（西安：三秦出版社，2007.7，1版），頁601。許正文，〈潼關沿革考〉，《人文雜誌》，1989年第5期，頁94。

[294] 梁建邦，〈漫話潼關〉，《渭南師專學報》（綜合版），1989年第5期，頁104。

[295] 《水經注疏》，卷4，〈河水〉，頁316。

[296] 《全唐詩》，卷868陳季卿，〈題潼關普通院門〉，頁9838。

[297] 穆渭生，〈唐代潼關述略──唐關內道軍事地理研究之一〉，《陝西教育學院學報》，2002年第4期，頁63-64。

[298] 西晉・司馬彪撰，梁・劉昭注補，《續漢書志》：「華陰」。載於《後漢書》，第19〈郡國一・司隸・弘農〉，頁3401-3402。注引《晉地道記》曰「潼關是也」。

[299] 關治中，〈潼關天險考證──關中要塞研究之三〉，頁36。嚴耕望，《唐代交通圖考》（一），頁35。史念海，〈潼關古城的遷徙〉，頁176。艾沖，〈潼關創建年代考辨〉，頁10。

圍，[300]史念海認為在今潼關縣港口鄉東南2里的楊家莊附近，[301]可見潼關在今潼關縣東南2-4里間的楊家莊附近。南原呈現南北狹長、東西短促的黃土台原，海拔400～700米，主要原面海拔500米，略呈規則的四邊形。南自秦嶺山脈北坡，北至風陵渡，原北端峭崖逼臨黃河，原頭之下的黃河河谷並無道路可供行走的空間。[302]南原東阻遠（原）望溝與鐵溝，西限潼洛川河（潼水）及其支流禁（金）溝，原畔與黃河水面高度在260-300米。[303]南原範圍南自秦嶺北坡，北至黃河邊的風陵渡口，地勢上類比丘陵高度，溝、河流貫原的東、西兩側，

　　南原上的東漢潼關，一方面關城的東、西兩側徑以溝、河為牆，未再修築壁面，至於南牆與北牆均伸延到遠望溝和禁溝邊緣。[304]楊家莊南有城北村，村北200米有東至望遠溝，西至禁溝，長約三里許的城牆，是為潼關城南牆，雖毀於1970年，但仍留有殘迹，東部尚有50米長，高1-2米。北城牆距南牆約1000米，在陶家莊西側有殘高7-9米的城牆。[305]另說北牆局部仍有4米多高，200餘米長。[306]總之，東漢潼關南城牆在城北村之北，北城牆在陶家莊西、北側，楊家莊的南

---

[300] 許正文，〈潼關沿革考〉，頁95。

[301] 史念海，〈潼關古城的遷徙〉，頁176。「位於黃河南岸的潼關城，東北方與北岸風陵渡相對。因興修三門峽水庫，潼關（縣）城遷移到位於西南的吳村，舊地改名為港口（鎮）（老潼關、舊潼關），古潼關城則在港口東南2公里的楊家莊附近，今楊家莊南0.5公里城北村就是隋時關城南移之處。1972年夏初，作者到當地考察，城北村的隋關城舊址早已堙失。楊家莊附近古潼關的城牆還相當完整。」詳參史念海，《黃土高原歷史地理研究》（鄭州：黃河水利出版社，2001.8，1版），頁110-111、186。

[302] 史念海，〈潼關古城的遷徙〉，頁178。嚴耕望以為「原」北至黃河岸有三、四里空間。詳參氏著，《唐代交通圖考》（一），頁35。

[303] 艾沖，〈古代潼關城址的變遷〉，《歷史地理》，2002年第18輯，頁122-123。艾沖，〈潼關創建年代考辨〉，頁10。關治中，〈潼關天險考證——關中要塞研究之三〉，頁39。李健超，〈函谷關與潼關〉，頁602。

[304] 關治中，〈潼關天險考證——關中要塞研究之三〉，頁36。

[305] 李健超，〈函谷關與潼關〉，頁602-603。關治中：「東漢潼關城的北城牆在陶家莊北側。」詳參氏著，〈潼關天險考證——關中要塞研究之三〉，頁36。

[306] 艾沖，〈古代潼關城址的變遷〉，頁122。

側。[307]另一方面，關城居高臨下，東、西向交通只能登南原過潼關，再沿禁溝、潼水北行而下原，沿渭河南岸繼續西行。（圖3-4-3）（圖3-4-4）（圖3-4-5）（圖3-4-6）

南北朝時在東漢潼關西方出現小關，據《周書・文帝紀》記載：

> 三年春正月，東魏寇龍門，屯軍蒲坂，造三道浮橋度河。又遣其將竇泰趣潼關，高敖曹圍洛州。……太祖率騎六千還長安，聲言欲保隴右。辛亥，謁帝而潛出軍。癸丑旦，至小關。竇泰卒聞軍至，惶懼，依山為陣，未及成列，太祖縱兵擊破之，盡俘其眾萬餘人。斬泰，傳首長安。[308]

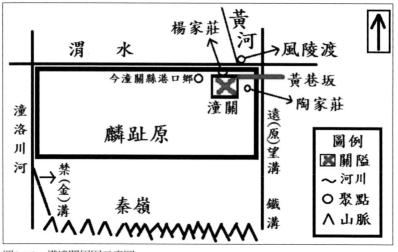

圖3-4-3　漢潼關周圍示意圖
出處：參《中國歷史地圖集》（五），頁40-41改繪。

---

[307] 關治中：「南城牆在楊家莊的南側，城根（北）村的北側。」詳參氏著，〈潼關天險考證──關中要塞研究之三〉，頁36。

[308] 《周書》，卷2，〈文帝紀〉，頁22。唐・李延壽，《北史》（北京：中華書局，1974.10，1版），卷9，〈周本紀〉，頁320。

圖3-4-4　今重建的漢潼關

案：當時筆者前往時遇到關城及其周圍正在維修，沿途多碎石、泥濘，無從近樓
　　而觀，此處乃從紅樓觀往上拍照。又紅樓觀是目前飽覽漢潼關樓最近處，裡
　　面保有許多潼關舊照片。

圖3-4-5　紅樓觀入口（左）與外觀牌匾（右）

圖3-4-6　漢潼關與紅樓觀

出處：以上六張圖片於2016.9.24攝於陝西省渭南市的潼關

西魏文帝（535-551）大統三年（537），東魏高歡（496-547）派竇泰（500-537）至潼關，宇文泰（507-556）掌握竇泰驕兵心理，加上尚書直事郎中宇文深（？-568）建議，「今者大軍若就蒲坂，則高歡拒守，竇泰援之，內外受敵，取敗之道也。不如選輕銳之卒，潛出小關。」[309]宇文深以為大軍攻蒲坂，高歡堅守，竇泰繞道內外夾擊，對己不利，不如挑選輕銳兵先擊小關。因此，宇文泰發兵至長安，聲稱欲保衛隴右安危，實則率騎兵六千潛軍至小關，此時駐守在潼關的竇泰大驚，軍隊布陣未及成列，被斬，可見小關對於東漢潼關具有輔翼作用，小關危則潼關亦不容易守住。

小關位置據《通鑑》梁武帝（502-549）大同三年（537）胡三省（1230-1302）注：「小關在潼關之左，唐時謂之禁谷。」[310]《舊唐書·黃巢傳》：「關之左有谷，可通行人。平時捉稅，禁人出入，謂之禁谷。」[311]谷中景觀據載《通鑑》記載，「關左有谷，平日禁人往來，以權征稅，謂之『禁阬』。賊至倉猝，官軍忘守之，潰兵自谷而入，谷中灌木壽藤茂密如織，一夕踐為坦塗。」[312]《方輿紀要》陝西：「關之左有谷，謂之小關。」[313]南北朝時在潼關西（左）側有小關，即唐代禁谷（關）、[314]禁阬。小關出現當更早，艾冲認為在西晉末年增建的附屬城堡，位於原下，[315]《南山谷口考》：「禁谷在潼關城南三十里，有禁峪關。……潼關，關左有禁谷，……沿谷水北行，登潼關南原，復折而西，可越過潼關，達華陰境。」[316]《方輿紀要》陝西：「又小關曰禁

---

[309] 《通典》，卷155，〈兵八·出其不易〉，頁3982。

[310] 《資治通鑑》，卷157，〈梁紀〉，頁4876。

[311] 《舊唐書》，卷200，〈黃巢傳〉，頁5393。

[312] 《資治通鑑》，卷254，〈唐紀〉，頁8238。

[313] 《讀史方輿紀要》，卷52，〈陝西·其重險則有潼關〉，頁2491。

[314] 「此小關即禁谷關。」詳參嚴耕望，《唐代交通圖考》（一），頁38。

[315] 艾冲，〈古代潼關城址的變遷〉，頁123。艾氏：「晉代『小關』，相當唐代的禁谷關，清代稱為禁溝關，位於老潼關城（明清潼關城）南5公里許禁溝內、有烽台之處。」

[316] 清·毛鳳枝撰，李之勤校注，《南山谷口考校注》（西安：三秦出版社，2006.1.1版），頁5-6。

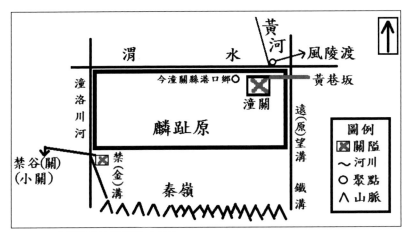

圖3-4-7　小關與漢潼關周圍示意圖

出處：參《中國歷史地圖集》（五），頁40-41改繪。

谷，亦曰禁坑。」[317]正因為小關在東漢潼關西側的南原下禁溝，禁溝乃谷水侵蝕而成，地勢上處於地勢較低的谷地、坑地，即文獻所記「關之左有谷」，唐代稱為禁谷關、禁阬（坑），即清代禁峪關，谷中灌木壽藤茂密，阻礙由關中東沿禁溝與潼洛川河突襲潼關城西側。（圖3-4-7）

2. 隋潼關

東漢潼關在隋代歷經首次變遷。《通典・州郡》華州華陰縣記載：「建安十六年，曹公破馬超於潼關，……隋大業七年，移於南北鎮城閒坑獸檻谷置，去舊關四里餘。」[318]隋潼關位於京兆郡華陰縣，[319]坑獸檻谷是其具體位置。許正文認為位於楊家莊南的城北村，與楊家莊之間挾有一東西走向通往金溝（禁溝）的小谷，此為「坑獸檻谷」。南北朝時在東漢潼關西出現的小關，與東漢潼關形成南、北二關，控制行經此谷的

---

[317]　《讀史方輿紀要》，卷52，〈陝西・其重險則有潼關〉，頁2493。

[318]　《通典》，卷173，〈州郡・華州・華陰縣〉，頁4513。

[319]　《隋書》，卷29，〈地理志〉，頁808-809。案：華陰條下有「有關官」三字。

行人。[320]換言之，隋煬帝大業七年（611），漢潼關南移4唐里多至「坑獸檻谷」，據足立喜六研究，唐里有小程與大程之分，小程一里折合今公尺為454.4，大程則為545.5，[321]則唐4里，小程相當於今1817.6公尺，約1.8公里餘，大程相當於今2182公尺，約2.1公里餘，則東漢與隋代潼關南北相距1.8-2.1公里餘，城北村北的坑獸檻谷正是隋潼關所在，[322]地位上取代小關，與北邊楊家莊的漢潼關形成另一類的南、北關城。

前引《通典·州郡》所謂「南北鎮城」指的是城北村。《續潼關縣志》記載：「十二連城在城南中嘴坡，古為連城關，隋大業七年所遷關城，地東禁溝，西通雒川。」[323]關治中語：「禁溝口即在中咀坡下。」[324]「咀」應為「嘴」誤擲，因為《同州府續志》記載：「中嘴坡，古為連城關，隋大業七年所遷關城。」[325]連城關（中嘴坡）即隋代的「南北鎮城」，今日的城北村，中嘴坡下的禁溝口即小關所在，是以《潼關縣新志》稱：「大業七年，徙南北連城關。」[326]梁建邦也說：「隋大業七年，……把關門遷徙到了今潼關縣港口鎮禁溝口附近的南北連城關間坑獸檻谷。」[327]隋潼關正位於南原上城北村的「坑獸檻谷」處。不過，隋潼關城早已因水土流失等原因而消失。[328]

---

[320] 許正文，〈潼關沿革考〉，頁95。

[321] （日）足立喜六著，王雙懷、淡懿誠、賈雲譯，《長安史迹研究》（西安：三秦出版社，2003.1，1版），〈小引〉，頁3。

[322] 艾沖，〈古代潼關關址的變遷〉，頁123-124。史念海：「隋時又向南移，今楊家莊南半公里許有一個城北村，就是指隋時關城。」詳參氏著，〈潼關古城的遷徙〉，頁176。穆渭生，〈唐代潼關述略——唐關內道軍事地理研究之一〉，頁63。

[323] 清·向淮修，王森文纂，《續潼關縣志》（影清嘉慶廿二年刊本）（臺北：成文出版社，1969，臺1版），卷下，〈兵略·十二連城關隘〉，頁258。

[324] 關治中，〈潼關天險考證——關中要塞研究之三〉，頁36-37。

[325] 清·饒應祺修，馬先登纂，《同州府續志》（影清光緒七年刊本）（臺北：成文出版社，1970，臺1版），卷8，〈古蹟志〉，頁338。

[326] 趙鵬超、羅傳甲，《潼關縣新志》（影民國廿年鉛印本）（臺北：臺大中國方志庫電子資料庫），卷上，〈地理志〉，頁1。

[327] 梁建邦，〈潼關古城的建制〉，頁17。

[328] 許正文，〈潼關沿革考〉，頁95。史念海，〈潼關古城的遷徙〉，頁176。

　　東漢潼關於隋代南遷，位置仍在南原上，何以關城要遷徙？艾
冲指出「漢潼關道路以南數里處，因雨水長期沖蝕，麟趾原西緣出現
一條溝道，上達原面，下抵禁谷口」，此外「漢潼關所在的麟趾原北
畔此時已顯示崩裂的前兆，原面出現了地裂縫，為安全考慮而將關城
南遷也是必要的。」[329]艾氏指出東漢潼關南遷的兩個原因，實可歸結
為內、外營力雙重影響。由於中國北部地區黃土層的特殊性，易受水
力侵蝕成溝塹滿布，形成原、隰相間地貌。一方面潼關以南受雨水侵
蝕（外營力）而產生道路；另一方面潼關所在的麟趾原北面出現崩裂現
象，原面崩裂疑似與原體內部受到地殼變動（內營力），抑或原面北側
黃河在此轉彎處不斷下切（外營力），造成原體崩裂。可預見的是潼關
南側道路形成與南原北側崩裂現象是在隋以前不斷發展，非朝夕而
成。換言之，東漢潼關城南遷原因與內、外營力相關。（圖3-4-8）

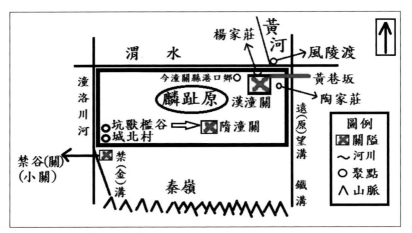

圖3-4-8　隋潼關周圍示意圖
出處：參《中國歷史地圖集》（五），頁40-41改繪。

[329] 艾冲，〈古代潼關城址的變遷〉，頁124。

　　隋煬帝大業七年（611），南遷於城北村北的隋潼關疑似有南、北城。《通鑑》隋恭帝（617-618）義寧元年（617）記載：

> 屈突通聞淵西入，署鷹揚郎將湯陰堯君素領河東通守，使守蒲坂，自引兵數萬趣長安，為劉文靜所遏。將軍劉綱戍潼關，屯都尉南城，通欲往依之，王長諧先引兵襲斬綱，據城以拒通，通退保北城。[330]

李淵（566-635）父子西進長安後，先遣「建成、劉文靜屯永豐倉，守潼關。」[331]抵禦東方勢力的入侵，屈突通（557-628）得知後，自身立即率兵數萬欲至長安，被劉文靜（568-619）所阻，時隋將劉綱在潼關設置都尉，戍守潼關南城，屈突通欲引兵依附，被王長諧率兵先擊殺劉綱，屈突通只好退守潼關北城。由此可知，隋潼關有南、北城，並設有都尉職官。其交通上的重要性據關治中云：「長洛大道從漢潼關城西行下坡必經這裡」，隋潼關在此可控制「長洛大道，又可控制禁溝和通洛谷（潼水）南北通道，避免了漢潼關城不能控制南北的弊病」，[332]可見隋潼關是西行入長安的必經之地，又可控制南原西緣的潼水與禁溝，重要性不言而喻。

3. 唐潼關

　　潼關在唐代歷經兩次變遷。《通典・州郡》華州華陰縣記載：「大唐天授二年，移向北，近河為路。玄宗開元十二年，於華州嶽祠南之通衢立碑，御製其文及御書，舊路在嶽北，因是移於嶽南。」[333]首次是在武則天天授二年（691），由南原上的隋潼關北移至原下近河

---

[330]　《資治通鑑》，卷184，〈隋紀〉，頁5757。
[331]　《新唐書》，卷1，〈高祖紀〉，頁5。
[332]　關治中，〈潼關天險考證──關中要塞研究之三〉，頁37、39。
[333]　《通典》，卷173，〈州郡・華州・華陰縣〉，頁4513。

處的潼水（今潼洛川）東側，[334]（圖3-4-9）即張祜（792-852）〈入潼關〉詩云：「河流側讓關」，[335]吳融（850-903）〈出潼關〉語「黃河腳底來」。[336]雖說「近河為路」，實位於南原北畔，黃河河谷南側一個晚近形成的低臺地（今麒麟山的高阜上，高400米），[337]位於漢潼關城北2公里，[338]南距隋潼關8華里（案：4公里，1華里＝0.5公里）。[339]

第二次是在玄宗開元十二年（724），具體時間據《唐會要・行幸》玄宗開元記載：「十二年十一月四日，幸東都。十日，至華州，命刺史徐知仁與信安郡王禕，勒石於華岳祠南之通衢，上親制文及詩。」[340]華岳（嶽）祠在華陰縣東，[341]若將《通典》與《唐會要》兩部典籍作比較，可知開元十二年（724）十一月四日，玄宗至東都，經華州時命徐知仁、王禕於華岳（嶽）祠南側大道立碑，皇帝親自書寫詩文於上，此碑立在新路華岳（嶽）祠南，以別於華岳（嶽）祠北的舊路，可見此時再次因關城南移，形成關道新路，是以《寰宇記》華州華陰縣記載潼關條時，直稱此道為「新關南路」。[342]

---

[334] 「唐天授二年遷建的潼關城，在潼水（今潼洛川）之西，濱河扼路。」詳參穆渭生，〈唐代潼關述略——唐關內道軍事地理研究之一〉，頁65。案：穆氏以為遷關後的潼關在潼水西邊，並非史實。因《元和郡縣圖志》，卷2，〈關內道・華州・華陰縣・潼關〉，頁35記載：「關西一里有潼水，因以名關。」顯然潼水在關城西邊。

[335] 《全唐詩》，卷510，張祜〈入潼關〉，頁5814。

[336] 《全唐詩》，卷684，吳融〈出潼關〉，頁7858。

[337] 穆渭生，《唐代關內道軍事地理研究》，頁221。艾沖，〈古代潼關城址的變遷〉，頁124。艾沖案：即今麟趾山，稱低臺地是跟高亢的麟趾原相對而言。

[338] 「唐代潼關，位於漢代潼關北2公里的黃河南岸高阜上，即明清潼關城的東南部麒麟山上。」詳參艾沖，〈隋唐永豐倉考論〉，頁140。

[339] 艾沖，〈古代潼關城址的變遷〉，頁123。案：艾氏認為唐代首次潼關位於漢潼關北2公里，南距隋潼關4公里。然而，前引《通典・州郡》華州華陰縣記載，隋潼關與漢潼關即已相距4公里多，何況從隋潼關北邊的唐潼關？唐潼關南距隋潼關的里數至少在6公里以上。

[340] 《唐會要校證》，卷27，〈行幸〉，頁450。

[341] 王文楚，〈唐代兩京驛路考〉，收錄氏著，《古代交通地理叢考》（北京：中華書局，1996.7，1版），頁57。

[342] 《太平寰宇記》，卷29，〈關西道・華州・華陰縣・潼關〉，頁620。

圖3-4-9　今重建的唐潼關

（2016.9.24攝於陝西省渭南市的潼關）

案：當時筆者前往時遇到關城及其周圍正在維修，無從近樓而觀，此處乃從紅樓
　　觀測拍。又此潼關城離黃河甚近，疑是唐代武則天天授二年（691）的潼關
　　（首次）。

　　唐潼關城西門距潼水1里，北牆緊鄰河岸，南牆位於南原半坡，
東門在原望溝口東側的黃巷坡內金陡關。[343]（圖3-4-10）從關東至關中
的道路，先經唐潼關東關門內的金陡關，次登黃巷長坂過原望溝，繞
南原北側半坡，西過潼水至關中。關城介於黃河南岸與南原之間，既
可控扼河岸道路，且可控制原上以及河岸風陵津。（圖3-4-11）《元和
志》關內道華州華陰縣潼關記載：

> 今歷二處而至河潼，上躋高隅，俯視洪流，盤紆峻極，實謂天
> 險。河之北岸則風陵津，北至蒲關六十餘里。河山之險，邐迤相
> 接，自此西望，川途曠然。[344]

二處指由關東入關中依序經過的函谷關與潼關，入潼關前先登黃巷長
坂至今麒麟山低臺地，黃河在北，故謂「上躋高隅，俯視洪流」。風

---

[343] 關治中，〈潼關天險考證——關中要塞研究之三〉，頁37。關氏：「『金
　　陡關』是為潼關城的第一門，又稱潼關第一關。」

[344] 《元和郡縣圖志》，卷2，〈關內道‧華州‧華陰縣‧潼關〉，頁35-36。

圖3-4-10 金陡關舊照

（2016.9.24攝於陝西省渭南市潼關附近的紅樓觀內）

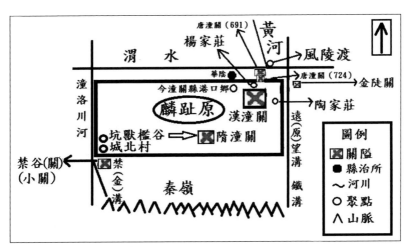

圖3-4-11 唐潼關周圍示意圖

出處：參《中國歷史地圖集》（五），頁40-41改繪。

陵津在黃河北岸，《元和志》河東道河中府河東縣：「風陵故關，一名風陵津，在縣南五十里。魏太祖西征韓遂，自潼關北渡，即其處也。」[345]風陵津又稱風陵故關，在河東縣南50里處，昔日曹操（155-220）從潼關北渡，西征韓遂（?-215），即由此也。風陵津（關）與潼關居黃河兩岸而南北相對，名稱源自河東縣南55里的風陵堆山。[346]風陵津以船、船人作為往來黃河的交通方式，依《唐六典》記載有船2艘，每船有船人3人。[347]

　　無論是東漢潼關或隋潼關均位於南原上，但唐潼關則遷於原下低臺地。關城由原上遷於原下的因素為何？唐以前南原北側由於緊鄰黃河，河南岸並無足夠空間可供道路通行，是以必須繞道原上而過，位於原上的東漢潼關正可發揮一夫當關之效。隨著時間流逝，潼關北側的黃河在此受山勢遮擋，南流折向東，水流必然衝下切，原麓河畔形成可供行人行走的道路，[348]交通亦隨之由原上遷移到原下，關城自無在原上道理，倘關城仍在原上，無法控制原下低平臺地，關城意義頓隱。

　　除黃河南流下切形成河岸南側道路之外，關城北遷至原下低臺地，低臺地如何形成？艾冲認為這跟漢潼關北側南原北端發生原體崩裂和滑坡的產物有關。[349]前述隋以前南原北側就曾因受內、外營力作用而發生原體崩裂，基於安全考量而南遷關城，此現象在唐代亦有之，同時伴隨滑坡物產生，塑造出低臺地。如果說黃河下切形成南原北端的道路，此一作用是外營力的結果，南原北端原體崩裂產生的滑

---

[345] 《元和郡縣圖志》，卷12，〈河東道・河中府・河東縣・風陵故關〉，頁326。

[346] 《元和郡縣圖志》，卷12，〈河東道・河中府・河東縣〉，頁325：「風陵堆山，在縣南五十五里。與潼關相對。」

[347] 《唐六典》，卷7，〈尚書工部〉，頁226-227。

[348] 史念海，〈潼關古城的遷徙〉，頁178-179。許正文，〈潼關沿革考〉，頁96。關治中，〈潼關天險考證──關中要塞研究之三〉，頁37。穆渭生，〈唐代潼關述略──唐關內道軍事地理研究之一〉，頁63。

[349] 艾冲，〈古代潼關城址的變遷〉，頁125。

坡物則屬內營力作用。除部分滑坡物因落入河道中被黃河帶走之外，其餘滑坡體成為黃河南岸的低臺地，低臺地成為人們日行的新道路，久之，人們不再繞回原上潼關，交通路線亦隨之改變，南原上的隋潼關失去作用，另於黃河南側與南原北端的低臺地關建潼關新城，是為唐潼關。

地表內、外營力導致隋潼關北移的關鍵，一方面外營力切割出南原北畔的道路；另一方面內營力導致南原北側原體崩裂，產生的滑坡物形成低臺地，這些滑坡物部分落入河道被水帶走之外，部分因局部體積較大而壅塞河道，造成河道短暫「河清」現象。《隋書・五行志》：「大業三年，武陽郡河清，數里鏡澈。十二年，龍門又河清。」[350]河清意味黃河「數里鏡澈」，隋煬帝大業三年（607）與十二年（616）先後發生於武陽郡與龍門。《新唐書・五行志》：「武德九年二月，蒲州河清。」[351]高祖（618-626）武德九年（626）蒲州段黃河也有河清現象。據艾氏說法，導致黃河局部河段水體變清的因素就是黃河河道被滑坡體或崩壞體堰塞。[352]

滑坡體崩裂導致局部河道壅塞，上游河水無法順流而下（艾氏按：一般僅數日），河水不斷往上游擴大，與更上游的水逆衝導致流速變慢，泥沙逐漸沉積於河床，出現上游河水清澈的景觀。大業三年（607）河北武陽郡河清，表示下游河北黃河段武陽郡、清河郡、平原郡、渤海郡局部發生河道阻塞。大業十二年（616）河東郡龍門，以及武德九年（626）蒲州黃河段出現河清，表示下游有河道異常現象，龍門與蒲州段黃河正是河水南流，東轉90度的潼關所在上游處，南原北端崩裂形成的低臺地即在隋大業十二年（616）至唐武德九年（626）期間產生，低臺地為後來唐潼關提供地點。由此可知，上游河清現象乃是下游河道因滑坡體崩裂阻塞，造成短暫的現象。

---

350 《隋書》，卷23，〈五行志〉，頁653。
351 《新唐書》，卷36，〈五行志〉，頁946。
352 艾沖，〈古代潼關城址的變遷〉，頁125。

（三）潼關城的交通網

　　潼關城的交通網絡隸屬於長安─洛陽兩京大道間，兩京路線相關研究成果甚多，本書無意就此多作著墨，僅針對關城變遷如何影響交通此一視角談起，同時，關城變遷又受到前述內、外營力的左右，可說自然力量改變交通路線。

　　呂思勉云：「古代列國之間，交通多有制限，是為關梁。」[353]認為「關」制限交通，實為點睛之論。關之重要性在於扼守交通路線，誠然有交通線不一定有關，但有關則必有交通線經過，關與交通路線密切性不言而喻。關城位置的變遷亦影響交通上的改道，起初東漢潼關設置於南原上，由於原下緊鄰河岸，無道路可行，是以東西往來需登黃巷坂繞原上過關。爾後因關城南面受雨水沖蝕出溝道，加上關城北面南原畔有崩裂，而有南遷的隋潼關，交通路線亦由南原北側轉移到南原南側，但仍是繞南原上而行。隨著時間的流逝，一方面黃河南流衝擊出南原北側原下道路；另一方面原體崩裂形成低臺地，使得關城有北移至原下低臺地的可能性，交通亦隨之由原上遷移到原下。可見關城位置的變遷受到內、外營力的左右，連帶改變交通路線。

　　潼關與函谷關皆是古代長安與洛陽兩京必經關隘，此段交通或名為「兩京路」，[354]或以沿線關隘命名，稱為「關路」、[355]「關道」。[356]兩京驛路沿途有館店、驛站，「兩京間驛家，緣使命極

---

[353] 呂思勉，《秦漢史》（上海：上海古籍出版社，2005.7，1版），頁549。

[354] 唐・白居易著，顧學頡校點，《白居易集》（北京：中華書局，1979.10，1版），卷25，〈律詩・京路〉，頁574：「來去騰騰兩京路，閑行除我更無人。」唐・劉禹錫著，《劉禹錫集》整理組點校，卞孝萱校訂，《劉禹錫集》（北京：中華書局，1990.3，1版），卷28，〈送別・送王司馬之陝州〉，頁368：「兩京大道多遊客，每遇詞人戰一場。」

[355] 《劉禹錫集》，卷33，〈詩・和令狐相公入潼關〉，頁464：「寒光照旌節，關路曉無塵。」《全唐詩》，卷685，吳融〈武牢關遇雨〉，頁7865：「澤春關路迥，暮雨細霏霏。」同書卷691，杜荀鶴〈下第出關投鄭拾遺〉，頁7938：「杏園人醉日，關路獨歸時。」

[356] 唐・杜甫著，清・仇兆鰲注，《杜詩詳註》（北京：中華書局，1979.10，1

繁。」[357]驛館為使者歇腳處，建築規模與附屬設施有驛樓、驛亭、河亭。[358]正因為兩京驛道每日往來行旅者眾，唐德宗貞元二年（786）十二月定「上都至汴州為大路驛」，[359]從京畿道長安至河南道汴州，沿途穿越東都洛陽，可說兩京驛路是大路驛局部，居當時國內驛路的核心要道。

　　唐代兩京驛路由西向東分成三段：首先是長安東至虢州湖城縣，沿途經京兆府新豐縣、渭南縣，華州鄭縣、華陰縣、永豐倉（北有渭津關）、潼關，虢州閺鄉縣、湖城縣。[360]其次是湖城縣分南、北兩道東至陝州桃林縣匯合後，再行至陝縣。北道從虢州湖城縣沿黃河南岸，東北行經弘農縣北稠桑驛，至陝州桃林縣（靈寶縣）。南道從虢州湖城縣東南行，沿華山北麓東行，經弘農縣，東北行沿鴻臚水至陝州桃林縣，與北道匯合。南、北道匯合於桃林縣，東北行至陝縣。[361]最後是陝縣分崤山南、北兩路東至河南府洛陽。陝州東南行即為崤山範圍，北路沿線有西崤與東崤，二崤道甚為險絕，順穀水而行約200里，經河南府澠池縣、新安縣，再分南、北路線入洛陽。南路沿洛水行約250里至洛陽，沿途經陝州硤石縣，河南府永寧縣、福昌縣、壽安縣。南路雖較迂迴，但較北路平坦，唐代公私旅行多取南道（路）。[362]（圖3-4-12）

版），卷7，〈潼關吏〉，頁526-528：「士卒何草草，築城潼關道。」《全唐詩》，卷700，韋莊〈壺關道中作〉，頁8044。

[357] 《全唐文》，卷27，元宗皇帝〈簡察驛路妄索供給詔〉，頁309。

[358] 如潼關驛站、驛樓、驛亭、河亭。《全唐詩》，卷528，許渾〈行次潼關題驛後軒〉，頁6042。《全唐詩》，卷529，許渾〈秋日赴闕題潼關驛樓〉，頁6053。《全唐詩》，卷531，許渾〈秋霽潼關驛亭〉，頁6070。《全唐詩》，卷548，薛逢〈潼關河亭〉，頁6324。

[359] 《唐會要校證》，卷61，〈館驛使〉，頁905。

[360] 嚴耕望，《唐代交通圖考》（一），頁22-42。王文楚，〈唐代兩京驛路考〉，頁47-60。王文楚，〈西安洛陽間陸路交通的歷史發展〉，頁94。

[361] 嚴耕望，《唐代交通圖考》（一），頁44、45-51。王文楚，〈唐代兩京驛路考〉，頁60-61、63-65。王文楚，〈西安洛陽間陸路交通的歷史發展〉，頁95。

[362] 嚴耕望，《唐代交通圖考》（一），頁17、51-78。王文楚，〈西安洛陽間

圖3-4-12　長安至洛陽路線圖

出處：參《中國歷史地圖集》（五），頁40-41、44-45、46-47改繪。

　　安史之亂原本鎮守在潼關的哥舒翰（?-757），因當時主政者錯誤決策，[363]導致潼關失守，唐軍兵敗如山倒。八年戰亂導致行宮破壞殆盡，南路較多的行宮、館驛，損傷更是嚴重。《通鑑》敬宗（824-827）寶曆二年：

> 上自即位以來，欲幸東都，宰相及朝臣諫者甚眾，上皆不聽，決意必行，已令度支員外郎盧貞按視，脩東都宮闕及道中行宮。……三月丁亥，敕以脩東都煩擾，罷之，召盧貞還。[364]

陸路交通的歷史發展〉，頁94。

[363] 賀潤坤，〈安史之亂中潼關為何失守〉，《漢中師院學報》（哲學社會科學版），1989年4期，頁50。劉樹友，〈「哥舒白谷兩英雄，痛哭催軍萬年淚」──唐軍與安史叛軍的潼關、靈寶之戰探析〉，《渭南師專學報》（社會科學版），1997年第1期，頁27-34。

[364] 《資治通鑑》，卷243，〈唐紀〉，頁7848-7849。

敬宗執意車駕東都，令盧貞巡查沿途行宮，終究聽從大臣建議，以修建煩擾為由取消，反映沿途行宮、館驛者多的南路所受破壞甚鉅。特別在僖宗（873-888）廣明元年（880）的黃巢之亂，「尚讓、林言率前鋒由禁谷而入，夾攻潼關，官軍大潰」，[365]黃巢（835-884）軍隊從潼關東面與西面禁谷關（小關）夾擊，兩京沿途要道可謂受到嚴重破壞。不過，北路終究為捷徑，於唐末日趨成為兩京主要路線。

第五節　小結

　　唐代關中黃河ㄇ字段沿線關隘，首先是會州會寧縣的會寧關（驛道中關），以及烏蘭縣的烏蘭關（驛道中關）。會寧關舊稱顛耳關，北宋時往南改建，稱通會關。會寧關與會寧縣皆設置於宇文泰時期，會寧關與烏蘭關夾黃河而置，河的西北岸是烏蘭關，東南岸是會寧關，兩關既是陸關亦是水關。會州西北行經會寧關、烏蘭縣，渡河後是烏蘭關，再往西即是涼州，此道亦是絲路東段的北道。會寧關東南行經原州石門關，進入蔚如水，沿河而上可至靈州。

　　會寧津以人力拉船的方式渡河，《唐六典》與《水部式》記載的船隻數不同，當是不同時期的呈現。烏蘭津採橋樑與渡船並行方式渡河，津的出現時間不晚於東、西魏，先有船隻、渡子，後有烏蘭橋，興建時間不晚於唐德宗，橋乃是架設於會寧關與烏蘭關之間的黃河浮橋。武則天時郭元振於烏蘭關西北設置新泉軍，玄宗時廢為守捉。駐軍一方面管制通往會寧關、烏蘭關者；另一方面防西北敵軍。北周武帝時始置烏蘭縣、烏蘭關，以烏蘭二字命名關與縣，一方面是關城當地地質為紫紅色，蒙語烏蘭二字指紅色；另一方面關城設置於烏蘭山上。換言之，烏蘭關所在不但臨河且居高處。

---

[365] 《舊唐書》，卷200，〈黃巢傳〉，頁5393。

其次是勝州的榆林關（驛道中關）與河濱關（下關）。榆林關即秦代榆中關，隋文帝重置，同時置榆林戍以強化關城，太宗時復置關城。關位於榆林縣東几字形黃河內側，河口渡臨關而置。由夏州治所朔方東行無定河至銀州治所儒林縣，由此分南北向，趨東南通往綏州及河東道；趨東北通往麟、勝州方向，再從勝州榆林關（津）渡河東北行可至振武軍，東南行至河東道朔州。西行至黃河北岸中受降城，即安北都護府範圍，再西行至豐州。河濱縣東北的河濱關於太宗時設置，關設置於榆林縣與河濱縣間的黃河几字形內側邊，渡口處稱君子津，透過橋樑方式渡河。

黃河經勝州後繼續南流經延州與丹州。永和關（下關）分置於黃河兩岸的河東道隰州與關內道延州，屬夾河置關。隰州永和縣西北的永和關出現早於延州延水縣西的永和關。明代在黃河流向右岸有延水關渡，為延水關的渡口，疑延水關是後來關內道永和關的別稱，用以區別位於河東道的永和關。丹州汾川縣有烏仁關（驛道中關），縣東南的黃河處河岸變窄，水流湍急，時人稱石槽（孟門）。河東道慈州文城縣西南處的孟門山俗稱「石槽」，「石槽」與「孟門山」分峙黃河兩岸，名稱可相通。石槽、孟門山是丹、慈二州間黃河天險之一，烏仁關則設置在石槽下游，關的下游處設有采桑津渡口。

交通上由延州膚施縣東南行沿庫利川經臨真縣、丹州雲岩縣，南行至丹州義川縣，再東循義川河經烏仁關至慈州。以烏仁關為中心，西通鄜、慶，東通慈、晉，鄜州東向至晉州路線乃由慶州治所安化縣東行至蟠交縣、鄜州直羅縣、治所洛交縣、丹州治所義交縣、經烏仁關渡黃河至姚襄城，東行至慈州治所吉昌縣、昌寧縣、晉州治所臨汾縣，再接長安通太原驛道。

同州有龍門關（四面中關）與蒲津關（上關）。龍門關位於韓城縣，縣北有龍門山，東北有龍門城（龍門戍），關名即由此而來。北周置關，唐代復置。龍門山、龍門關、龍門城三者互為犄角之勢。龍門關不僅存在關內道同州，河東道絳州龍門縣西北也有龍門關、龍門山與

龍門天險，關下有禹門渡。先有同州龍門關，開元以後廢置並變遷至河東道。蒲津關設置於戰國時魏國，因魏獻河西地於秦，為防秦而置此關，時稱蒲版關，爾後為秦國所有，改稱臨晉關，三國時改回蒲津關之名，並延續至唐。唐代蒲津關（蒲關）位於河西同州朝邑縣，爾後河東黃河邊亦出現蒲津關、蒲津渡口。蒲津橋則是維繫著兩岸關防，此橋介於蒲州河東縣西，以及同州朝邑縣東。橋的材質以竹為主，質材雖不如鐵堅硬，但較為柔韌且具伸縮性，更能適應河水之柔。

黃河南流90度轉彎處的華州有渭津關（四面中關）與潼關（上關），兩關與永豐倉相距不遠，關係密切。倉位於華州華陰縣東北的渭河匯入黃河口南側，潼關亦在華陰縣東北，與永豐倉相距4里。渭津關不僅是陸關，也是水關，此關透過船與船人渡河，以永豐倉駐防人員擔任，每年分五班輪流，關在倉北側，且離渭河匯入黃河出口南側更近處，由此北渡即到同州，關名乃臨渭河津口之意，驛道則在永豐倉與潼關沿線。

潼關名稱存在「衝關」與「潼谷關」兩說。所謂「衝關」說是黃河南流沖擊華山東側後折而往東去，位於華山東北的潼關正置於此，此為沖（衝）擊關山（華山）。又因「潼」與「沖（衝）」，不論在尾音與字義同，故衝關實指潼關。「潼谷關」說是因關城西側有潼水，名稱自古多變，由濩水、灌水（通谷水、潼谷水）演變而來，水源自華山西延餘脈松果山，以水名關。可見兩種潼關名稱的說法均與華山有關，一則黃河衝擊華山；一則潼水源自華山餘脈，華山與潼關名稱密切，兩說因切入面不同，實為一體兩面。此外，背後塑造的一股力量皆與黃河有關，一則受主流影響；一則受支流左右，是河流外營力的作用形成潼關名稱的淵源。

潼關歷經三次變遷，位置有四。東漢（古）潼關於漢獻帝建安十六年（211）首見於史籍，四百年後，即隋煬帝大業七年（611）南遷關城約2公里，八十年後，即武則天天授二年（691）關城再次北移4公

里，位置更近黃河。玄宗開元十二年（724）因開關新路，關城南移。可見歷史上的潼關位置涉及的朝代依序有東漢、隋、唐三朝，今日關城乃是在唐關基礎上重建而成。

東漢（古）潼關興建在函谷關第二次變遷（191-211）時期，置於南原北畔，今潼關縣東南的楊家莊附近，黃巷長坂北緊鄰黃河，此長坂乃作為登南原至潼關城的管道。南城牆在城北村北，北城牆在陶家莊西、北側，楊家莊的南側。關城所在的南原，呈現南北狹長、東西短促的黃土台原，南自秦嶺山脈北坡，北至風陵渡，原北端峭崖逼臨黃河，原頭之下的黃河河谷並無道路可供行走的空間。東阻遠（原）望溝與鐵溝，西限潼洛川河及其支流禁（金）溝。另一方面，關城居高臨下，東、西向交通只能登南原過潼關，再沿禁溝、潼水北行而下原，沿渭河南岸繼續西行。

南北朝時在東漢潼關西（左）側的南原下禁溝處有小關，即唐代禁谷（關）、禁阬（坑），清代的禁峪關，谷中灌木壽藤茂密，屏障著由關中東沿禁溝與潼洛川河突襲潼關城的西側，可見小關對於東漢潼關具有輔翼作用。東漢潼關在隋代歷經首次變遷，隋煬帝大業七年（611），東漢潼關南移4唐里多（今1.8-2.1公里餘）至城北村北的坑獸檻谷，仍在南原上，地位上取代小關，與北邊楊家莊的東漢潼關形成另一類的南、北關城。隋潼關有南、北城，並設有都尉職官，成為西行入長安的必經之地，又可控制南原西緣的潼水與禁溝。

潼關在唐代歷經兩次變遷。首次是在武則天天授二年（691），由南原上的隋潼關北移至原下近河處，即南原北畔黃河南側一個晚近形成的低臺地，位於漢潼關城北2公里，南距隋潼關4公里的潼水東側。第二次是在玄宗開元12年（724）十一月四日，玄宗至東都，經華州時命徐知仁、王褲於華陰縣東的華岳（嶽）祠南側大道立碑，皇帝親自書寫詩文於上，本為臨黃河的潼關此時南移，新路名稱即文獻所謂的「新關南路」。唐潼關城西門臨潼水，北牆緊鄰河岸，南牆位於南原半坡，東門在原望溝口東側的黃巷坡內金陡關。從關東至關中的道

路，先經唐潼關東關門內的金陡關，次登黃巷長坂過原望溝，繞南原北側半坡，西過潼水至關中。關城介於黃河南岸與南原之間，既可控扼河岸道路，且可控制原上以及河岸風陵津。

東漢潼關南遷成為隋潼關的原因，一方面東漢潼關以南受雨水侵蝕而產生道路，這使得關城有南遷的可能性，雨水作用實為外營力表現。另一方面是東漢潼關所在的南原北面已有崩裂現象，這使得關城因安全性考量而有南遷的可能性，南原崩裂實為內、外營力表現。隋潼關北移成為唐潼關的原因，一方面黃河下切形成南原北畔的道路，此乃外營力作用；另一方面南原北側原體崩裂，形成低臺地，以及由此產生的原面裂縫與滑坡物，此乃內營力作用。這些滑坡物部分落入河道被水帶走之外，部分因局部體積較大而壅塞下游河道，造成上游河道短暫「河清」現象。史籍所載隋煬帝大業十二年（616）河東郡龍門，以及唐高祖武德九年（626）蒲州黃河段出現河清，可見此時期下游的潼關所在南原北端崩裂，形成的低臺地成為唐潼關北移的地點。換言之，內、外營力的自然力量，導致潼關城隨朝代，歷經二次變遷，其中唐代第二次關城南遷屬人為因素，因皇帝於原本潼關道南側立碑，隨著交通路線南移，關城亦隨之南遷。

關城位置的變遷影響交通的改道，起初東漢潼關設置於南原上，由於原下緊鄰河岸，無道路可行，是以東西往來需登黃巷坂繞原過關。爾後因關城南面受雨水沖蝕出溝道，加上關城北面南原畔有崩裂，而有南遷的隋潼關，交通由南原北側轉移到南原南側，但仍是繞南原上而行。隨著時間的流逝，一方面黃河南流衝擊出南原下的道路；另一方面原體崩裂形成低臺地，使得關城有北移至原下的可能性，交通亦隨之由原上遷移到原下。可見關城位置受到內、外營力的左右，連帶改變交通路線。

潼關所扼的道路實為兩京驛路的部分，由西向東分成三段：首先是長安東至虢州湖城縣，其次是湖城縣分南、北兩道東至陝州桃林縣匯合後，再行至陝縣。最後是陝縣分崤山南、北兩路東至河南府洛

陽，南路雖較迂迴，但較北路平坦，唐代公私旅行多取南道。隨著安史之亂的發生，南路較多的行宮、館驛，損傷更是慘重，加上北路終究為捷徑，於唐末日趨成為兩京主要路線。

第四章　長安西逾隴山諸關

第一節　背景概述與章節安排

　　隴山是唐代關中西逾會州、隴右道重要山脈之一，主要盤據在原州、隴州、秦州境內，呈西北－東南走向。古今隴山所指範圍不同，酈道元稱北部隴山為大隴山，南部稱小隴山（隴山）。[1]胡三省同酈氏說法，[2]劉滿以為今隴山是古隴山的一部分，而古隴山包括今六盤山和隴山，大隴山相當今北段六盤山，小隴山相當今南段隴山。[3]小隴山位於隴州汧源縣西60里，[4]華亭縣西40里。[5]（圖4-1-1）古稱隴坻、隴坂等，（表4-1-1）汧水源自於此，[6]大隴山在隴州汧源縣西62

[1] 北魏・酈道元注，楊守敬、熊會貞疏，段熙仲點校，陳橋驛復校，《水經注疏》（南京：江蘇古籍出版社，1989.6，1版），卷17，〈渭水〉，頁1480。

[2] 北宋・司馬光編著，元・胡三省音註，《資治通鑑》（北京：中華書局，1956.6，1版），卷150，〈梁紀〉「武帝普通六年（525）」條，頁4692胡注：「隴山有大隴山、小隴山。」

[3] 劉滿，〈秦漢隴山道考述〉，《敦煌學輯刊》，2005年第2期，頁264。

[4] 唐・李吉甫撰，賀次君點校，《元和郡縣圖志》（北京：中華書局，1983.6，1版），卷2，〈關內道・隴州・汧源縣〉，頁45：「岍山，在縣西六十里。」北宋・樂史，王文楚等點校，《太平寰宇記》（北京：中華書局，2007.11，1版），卷32，〈關西道・隴州・汧源〉，頁686：「汧山，在縣西六十里。」

[5] 《元和郡縣圖志》，卷2，〈關內道・隴州・華亭縣〉，頁46：「小隴山，在縣西四十里。」

[6] 《三秦記輯注》，收錄劉慶柱輯注，《三秦記輯注・關中記輯注》（合刊本）（西安：三秦出版社，2006.1，1版），頁84注隴山。梁・蕭統編，唐・李善注，《文選》（一）（上海：上海古籍出版社，1986.8，1版），卷2，〈賦甲・京都〉，頁49張平子《西京賦》李善注《漢書音義》引應劭：「天水有大阪曰隴。」唐・杜佑撰，王文錦等點校，《通典》（北京：中華書局，1988.12，1版），卷174，〈州郡・秦州〉，頁4545：「郡有大坂，名曰隴坂，亦曰隴山。」清・顧祖禹撰，賀次君、施和金點校，《讀史方輿紀要》（北京：中華書局，2005.3，1版），卷52，〈陝西・隴坻〉，頁2464。畢沅：「隴山，汧水所出，故謂之汧山，山以水稱也。因

里。[7]

　　隴坻（小隴山）與源自於此的汧水（千水）構成隴州境內的山、水屏障。《漢書・王莽傳》：「汧隴之阻，西當戎狄。」[8]汧水與隴坻發揮西阻戎狄之效。《三秦記》述及隴山：「隴坻其坂九迴，不知高幾里，欲上者七日乃越。」該書引《俗歌》曰：「西上隴坂，羊腸九迴。」[9]羊腸、九迴（迴），七日乃得越，皆是形容隴坻險要。《讀史方輿紀要》（以下簡稱《方輿紀要》）且說：「隴坻即隴山，亦曰隴坂，亦曰隴首，……山高而長，北連沙漠，南帶汧、渭，關中四塞，此為西面之險。」[10]作為關中西面屏障的隴坻，兼具「隔閡華戎」的文化意義。[11]交通方面，穆渭生以為隴山南的渭河寶雞峽谷段，在古代無路可行，所以東西行旅往來，必須翻越隴山。[12]源出隴坻的汧水東南流經汧源（隴縣）、汧陽（千陽）至虢縣（寶雞）匯入渭水，汧水與渭水交會形成的岐州、隴州河谷地帶，地勢較為平坦，成為通往穿越隴坻，通往隴右的必經之地。

　　為隴山西嶺，故又謂之小隴山。」詳參清・畢沅撰，張沛校點，《關中勝蹟圖志》（西安：三秦出版社，2004.12，1版），卷16，〈鳳翔府・名山〉，頁488謹案。王成成，〈隴坻古道的繁榮與衰敗〉，《天水師院學報》（綜合版），2000年第3期，頁40。雍際春、蘇海洋，〈絲綢之路隴右南道隴山段的交通路線〉，《絲綢之路》，2009年第6期，頁33。劉滿，〈秦漢隴山道考述〉，頁264。

[7]　《元和郡縣圖志》，卷2，〈關內道・隴州・汧源縣〉，頁45：「隴山，在縣西六十二里。」

[8]　後漢・班固，《漢書》（北京：中華書局，1962.6，1版），卷99，〈王莽傳〉，頁4117。

[9]　劉慶柱輯注，《三秦記輯注》，頁83-84。

[10]　《讀史方輿紀要》，卷52，〈陝西・隴坻〉，頁2464-2465。

[11]　《讀史方輿紀要》，卷52，〈陝西・隴坻〉，頁2465：「《論都賦》曰：『置列汧、隴，廱偃西戎。』《西京賦》亦云：『隴坻之隘，隔閡華戎。』言其高且險也。」

[12]　穆渭生，《唐代關內道軍事地理研究》（陝西：陝西人民出版社，2008.7，1版），頁265-266。雍際春、蘇海洋：「歷史上由中原、關中通往隴右、西域，或由西域進入中原，隴山為必經之區。」詳參氏著，〈絲綢之路隴右南道隴山段的交通路線〉，頁33。

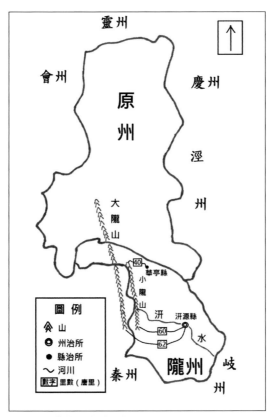

圖4-1-1　古代隴山地理位置

出處：參《中國歷史地圖集》（五），頁40-41改繪。

表4-1-1　隴山南、北段名稱說

位置\人名	北段	南段
酈道元	大隴山	小隴山、隴山
劉滿	今六盤山	今隴山
百家說		隴坻、隴坂、隴首、分水嶺、關山、隴頭、雞頭山、崆峒山、汧山

出處：依注釋1、6文獻、著作與期刊論文等，整理而成。

　　長安西逾隴山的道路不僅有沿渭水、西北接汧水，順岐州、隴州越小隴山的南道，也存在由長安沿涇水西北行，順邠州、涇州、原州越大隴山的北道與中道，不論是北道、中道或南道皆屬絲路東段的部分。嚴耕望稱北道為烏蘭路，南道稱秦州路，[13]蘇海洋等人則以隴右北道與南道稱呼。[14]換言之，隴山北道與中道穿越隴山北段的大隴山，隴山南道越過隴山南段的小隴山，大、小隴山構成唐代關中西面的天然屏障。前述《方輿紀要》謂隴坻乃「西面之險」，並引《西京賦》說隴坻「隔閡華戎」，事實上不僅小隴山具備關中西面險要、區隔華戎之效，可以說古代隴山對於唐、蕃兩族的華、戎邊界起到一定程度的軍事防禦作用，尤其是唐後期吐蕃入侵造成關中西面邊界屢屢異動，依恃著隴山的諸關在此地域扮演著關鍵角色，是以探討隴山諸關沿革乃至於對唐蕃邊界的影響具有其意義。

　　前人已論及的北道關隘有木峽關、石門關、六盤關、瓦亭關、石峽關、制勝關，南道有大震關、安夷關。然而，就廣度面向而言，尚有蕭關、驛藏關、木崝關、大和關、大橫關未受關注。就深度言之，文章多屬泛論眾關，似有再發揮空間。周佩妮〈絲綢之路上的「六盤鳥道」〉以為舊時從關中到河西走廊通常行蕭關道，越過六盤山為主道，元代以後，翻越六盤山不再以繞行固原的蕭關道為主，而是行原雞頭道路線，從平涼由崆峒山東峽入涇源，穿制勝關西出六盤山至隴西。[15]經制勝關的雞頭道取代蕭關道，成為主道，意味著沿線關隘隨著交通路線的改變，亦歷經此消彼長的趨勢。透過全面檢視隴山北道與中道沿線及其周圍關隘，計有隴山關、瓦亭關、木峽（硤）關、蕭

---

[13]　嚴耕望，《唐代交通圖考》（二）（臺北：中央研究院歷史語言研究所專刊之八十三，1985.5，初版），頁344。

[14]　蘇海洋、雍際春、晏波、龍曉妮，〈絲綢之路隴右南道甘肅東段的形成與變遷〉，《西北農林科技大學學報》（社會科學版），2011年第3期，頁126。雍際春、蘇海洋，〈絲綢之路隴右南道隴山段的交通路線〉，頁33。

[15]　周佩妮，〈絲綢之路上的「六盤鳥道」〉，《寧夏師範學院學報》（社會科學），2010年第4期，頁16-19。

關、石門關、制勝關、石峽關、驛藏關、木崝關、大橫關共十關。隴
山南道沿線及其周圍關隘，計有大和關、大震關、安夷關等三關。進
而闡述隴山北、中、南三道之十三座關沿革、位置與地理形勢等，結
合關道，頗析關隘沿革及其交通。期能完整勾勒出唐代關中西面山、
河、關所形成的地域控制。

第二節　隴山北段關隘——兼論中道的興衰

一、原州七關或九關考——從唐宣宗收復三州七關談起

　　隨著唐後期隴右道相繼失陷與復歸，三州七關的收復時間亦因史
籍對於兵民來歸與收復的記載，究竟是指同一事，抑或兩事而有時間
分歧？蘇瑩輝〈唐宣宗收復河湟地區與三州七關的年代略論〉一文認
為三州七關的兵民來歸在前，收復在後，[16]筆者大致認同蘇氏觀點，
唯細微處仍有待疏解，並由此引出原州七關或九關的問題。《新唐
書・地理志》關內道原州平涼郡記載：

> 廣德元年沒吐蕃，節度使馬璘表置行原州於靈臺之百里城。貞元
> 十九年徙治平涼。元和三年又徙治臨涇。大中三年收復關、隴，
> 歸治平高。廣明後復沒吐蕃，又僑治臨涇。[17]

---

[16] 蘇瑩輝，〈唐宣宗收復河湟地區與三州七關的年代略論〉，原載《中央研
究院民族學研究所集刊》，第29期（1970）。收錄中國唐代學會編，《唐
代研究論集》（第一輯）（臺北：新文豐出版股份有限公司，1992.11，初
版），頁773-808。

[17] 北宋・歐陽修、宋祁撰，《新唐書》（北京：中華書局，1975.2，1版），
卷37，〈地理志〉「關內道・原州平涼郡」，頁968。

代宗廣德元年（763）原州及其境內關隘陷於吐蕃，直到宣宗大中三年（849）收復關、隴，治所回到平高縣，原州才又短暫收回，因為僖宗廣明年間又再次陷於吐蕃。《舊唐書‧宣宗本紀》大中三年春正月記載：「涇州節度使康季榮奏，吐蕃宰相論恐熱以秦、原、安樂三州及石門等七關之兵民歸國。」[18]宣宗大中三年（849）正月，何以吐蕃宰相論恐熱要讓秦、原、安樂三州，以及原州七關之兵民歸唐？司馬光《考異》曰：「三州、七關，以吐蕃國亂，自來降唐，朝廷遣諸道應接撫納之，非恐熱帥以來。」[19]三州七關兵民因吐蕃內亂而自動歸唐，非論恐熱率領而來，但當時領土仍未屬唐。

　　唐朝收復安樂州、秦州與蕭關的時間，史載有歧異。《資治通鑑》（以下簡稱《通鑑》）宣宗大中三年七月記載：「靈武節度使朱叔明取長樂州。甲子，邠寧節度使張君緒取蕭關。甲戌，鳳翔節度使李玭取秦州。」胡三省注：「長樂」當作「安樂」。[20]安樂州、秦州、蕭關的收復在宣宗大中三年七月。《舊唐書‧宣宗本紀》記載六月：「康季榮奏收復原州、石門、驛藏、木峽、制勝、六盤、石峽等六關訖。邠寧張君緒奏，今月十三日收復蕭關。……敕於蕭關置武州，改長樂為威州。」八月「鳳翔節度使李玭奏收復秦州。」[21]另說安樂州（威州）、蕭關的收復在宣宗大中三年六月，秦州則在八月。〈宣宗本紀〉則說「七月，三州七關軍人百姓，皆河、隴遺黎，數千人見於闕下。上御延喜門撫慰，令其解辮，賜之冠帶，共賜絹十五萬疋。」[22]如果說三州七關未在七月前收復，何來皇帝召見撫慰，並賜

[18]　後晉‧劉昫，《舊唐書》（北京：中華書局，1975.5，1版），卷18，〈宣宗本紀〉，頁621-622。案：《舊唐書》，卷196，〈吐蕃傳〉，頁5266作「尚恐熱」，恐誤。

[19]　《資治通鑑》，卷248，〈唐紀〉「宣宗大宗三年（849）」條，頁8038《考異》。

[20]　《資治通鑑》，卷248，〈唐紀〉「宣宗大宗三年（849）」條，頁8039正文及胡注。

[21]　《舊唐書》，卷18，〈宣宗本紀〉，頁622-623。

[22]　《舊唐書》，卷18，〈宣宗本紀〉，頁622-623。

冠帶？可見大中三年六至七月是三州七關陸續收復的時間點。

　　三州是指秦州、原州與安樂州，安樂州後屬靈州，原州、安樂州屬關內道，秦州屬隴右道，三州宿衛著長安西北的安全。三州中以原州境內的七關扮演著重要角色，然而，七關究竟指哪七個？同樣因史籍記載分歧而需釐清。一說認為七關有蕭關而無木靖關，《唐會要・關市》宣宗大中三年：「六月二十七日收復原州城及諸關。石門關、驛藏關、木峽關、制勝關、六盤關、石峽關。……今月十三日收蕭關。」[23]又《舊唐書・宣宗紀》大中三年六月：「康季榮奏收復原州、石門、驛藏、木峽、制勝、六盤、石峽等六關訖。邠寧張君緒奏，今月十三日收復蕭關。」[24]《通鑑》大中三年六月：「涇原節度使康季榮取原州及石門、驛藏、木峽、制勝、六磐、石峽六關。秋，七月，……甲子，邠寧節度使張君緒取蕭關。」[25]七關指石門關、驛藏關、木峽關、制勝關、六盤（磐）關、石峽關及蕭關，史曰「七關要害。」[26]

　　另說認為七關有木靖關而無蕭關，《新唐書・地理志》關內道原州平涼郡平高縣注云：「西南有木峽關。州境又有石門、驛藏、制勝、石峽、木靖等關，并木峽、六盤為七關。又南有瓦亭故關。」[27]木靖關是七關之一，但無蕭關，縣南又有瓦亭故關。《通鑑》宣宗大中三年二月，胡注：「原州界有石門、驛藏、制勝、石峽、木靖、木峽、六盤七關。」[28]嚴耕望認為「木靖關別無可考，似當列蕭關為七關之一。」[29]是否因史料無他處記載，而以他關取代，可再商榷。又〈地理志〉記為木「崝」關，胡三省記為木「靖」關，以作者年代而言，當採木崝關為是。此說認為七關是石門關、驛藏關、木峽關、制

---

[23]　北宋・王溥撰，牛繼清校證，《唐會要校證》（西安：三秦出版社，2012.5，1版），卷86，〈關市〉，頁1352。

[24]　《舊唐書》，卷18，〈宣宗本紀〉，頁622。

[25]　《資治通鑑》，卷248，〈唐紀〉「宣宗大宗三年（849）」條，頁8039。

[26]　《舊唐書》，卷18，〈宣宗本紀〉，頁623-6249。

[27]　《新唐書》，卷37，〈地理志・關內道・原州平涼郡・平高縣〉，頁968注。

[28]　《資治通鑑》，卷248，〈唐紀〉「宣宗大宗三年（849）」條，頁8038胡注。

[29]　嚴耕望，《唐代交通圖考》（二），頁405。

勝關、六盤關、石峽關及木崝關。

許成、余軍、王惠民〈瓦亭故關考略〉一文認為原州除七關外，另有隴山關與瓦亭關，實為九關，九關是石門關、驛藏關、木峽關、制勝關、六盤關、石峽關、木崝關、隴山關、瓦亭關。[30]（表4-2-1）許氏等人是採《新唐書》原州七關的說法，再加上隴山關與瓦亭關。論者以為瓦亭關在唐代重要性降低，故《新唐書・地理志》不列入七關，且以「故關」稱之，但即便如此，並不表示唐代不存在。又隴山關與六盤關是否為同一關，抑或兩關？學界實有兩派說法。

一則視為不同處的兩關說，如前述許氏等人將六盤關與隴山關並列為原州九關，魯人勇等亦認為隴山關與六盤關位置不同。[31]一則視為同地點的一關說，由於《唐六典》記載隴山關為玄宗開元時上關之一，[32]《新唐書・地理志》關內道渭州平涼縣注云：「西南隴山有六盤關」，[33]嚴耕望以為隴山關建置較早，隴山關即六盤關，[34]隴山關名見於玄宗朝，六盤關則見於唐末。[35]穆渭生亦認為原州七關有隴山

---

[30] 許成、余軍、王惠民，〈瓦亭故關考略〉，《寧夏社會科學》，1993年第6期，頁60-62。安志平認為七關於西元636年，為適應戰事需要而置。詳參氏著，〈固原歷代軍事史述略〉，《固原師專學報》（社會科學版），2002年第2期，頁76-79。

[31] 魯人勇等編著，《寧夏歷史地理考》（銀川：寧夏人民出版社，1993），頁121-122、125。

[32] 唐・李林甫等撰，陳仲夫點校，《唐六典》（北京：中華書局，1992.1，1版），卷6，〈尚書刑部〉「司門」條，頁195-196。

[33] 《新唐書》，卷37，〈地理志〉「關內道・渭州・平涼縣」，頁968-969注云：「（代宗）廣德元年（763）沒吐蕃，（德宗）貞元四年（788）復置。及為行渭州，其民皆州自領之。西南隴山有六盤關。」

[34] 嚴耕望，《唐代交通圖考》（二），頁399。譚其驤繪製的「關內道」地圖，隴山關以現代地名顏色（棕色）標示，六盤關則以唐代地名顏色（藍色）標示，兩關位置繪製於不同地點。此點一方面可解釋為兩關是不同時間下而可能有變遷的同一關；另一方面也可能是不同時間下的兩座關。詳參譚其驤主編，《中國歷史地圖集》（五）（北京：中國地圖出版社，1982），頁40-41。

[35] 李春茂：「『六盤』之名，始見於唐末。」詳參氏著，〈絲路東段的隴山古道〉，《甘肅社會科學》，1996年第2期，頁77。許成、余軍、王惠民：「隴山關大凡記載唐安史之亂以後的史實，就再也找不出這個關名了。」

關，而無六盤關，[36]因兩者名異實同。論者傾向隴山關與六盤關為唐代前後期之同一關說法，因史籍記載不論是新舊《唐書》、《通鑑》等，臚列原州七關名稱皆僅有六盤（磐）關而無隴山關，說明兩關是同一關，故無需並列。爰此，文章行文以隴山關為主。

　　史載的原州七關較無爭議者有石門、驛藏、木峽（硤）、制勝、隴山【六盤（磐）】、石峽六關，木峉與蕭關何者該列入成為七關之一？史籍記載眾說紛紜，故採兩關並述的方式。又瓦亭關僅因在唐代重要性銳減，但仍存在原州，亦列入考察。總之，原州境內共有石門、驛藏、木峽（硤）、制勝、隴山【六盤（磐）】、石峽、木峉、蕭關、瓦亭計九關，再加上京兆府西北面的大橫關，即原州九關與京兆府一關，構成唐代長安西北行經隴山北段的北道與中道之十道關隘，至於原州七關如何從九關演變，其間涉及關隘的消長，此需從各關做論證。

表4-2-1　原州七關、九關與論者各家說法

名稱	關名	出處
原州七關	石門關、驛藏關、木峽關、制勝關、六盤（磐）關、石峽關、蕭關	《唐會要》、《舊唐書》、《資治通鑑》
原州七關	石門關、驛藏關、木峽關、制勝關、六盤關、石峽關、木峉關	《新唐書》、《資治通鑑》胡注
原州九關	石門關、驛藏關、木峽關、制勝關、六盤關、石峽關、木峉關、隴山關、瓦亭關	〈瓦亭故關考略〉
隴山北段十關（原州九關＋京兆府一關）	石門關、驛藏關、木峽（硤）關、制勝關、隴山關、石峽關、瓦亭關、蕭關、木峉關、大橫關	論者整理

出處：整理自《唐會要》、《舊唐書》、《新唐書》、《資治通鑑》及胡注、〈瓦亭故關考略〉。

□：表示各家說法不同處。

　　詳參氏著，〈瓦亭故關考略〉，頁60。

[36]　穆渭生，《唐代關內道軍事地理研究》，頁286。

二、隴山關興起與瓦亭關沒落（文後附圖4-2-1）

　　原州土地面積廣大，管理單位理應設置不少，但因隴山之六盤山段蟠踞州境西南，成為河川源頭，蔚如水（葫蘆河，今清水河）北流入黃河，瓦亭川水（今葫蘆河）與涇水分別向南與東南流入渭水，也因此阻礙發展，人煙稀少。然而，從軍事地理角度而言，山、水反而強化軍防。由於西邊會州與東南涇州為黃土平原溝壑地區，尤其以涇州地形開闊平夷，軍事上易攻難守，原州處於會州與涇州之間，山、水之險不但形成古代絲路東段北道的天然屏障，而且扮演著安史亂後，西抵禦吐蕃的重要角色，[37]是以關隘數量不在少數，且多位於隴山北陲，[38]關倚山呈犄角之勢，更阻礙西來敵人的攻勢。

　　原州北邊經蕭關縣的蕭關道是隋唐時期突厥南侵的通道之一，西南方穿越隴山的「六盤鳥道」則是吐蕃進犯的道路之一。[39]唐朝為防禦吐蕃曾在州內設置諸關，《太平寰宇記》（以下簡稱《寰宇記》）載隴山關在原州平高縣南110里隴山上，[40]瓦亭關興廢與其相關。《通鑑》貞觀二十年八月記載：「踰隴山，至西瓦亭，觀馬牧。」胡三省注：「原州平高縣南有瓦亭故關。瓦亭水出隴山，東北斜趣，西南流，經成紀、略陽、顯親界，又東南出新陽峽，入於渭，故有東、西瓦亭之別。」[41]古代會州南，秦州、渭州北，隴山西側間的交會地帶是隴右畜牧區。瓦亭關名稱源自山、水，位於原州治所平高縣南，瓦亭水呈東北、西南出隴山向西南流，經隴右道秦州成紀，東南出新陽峽而入於渭水。又《通鑑》記為「踰隴山，至西瓦亭。」《新

[37]　穆渭生，《唐代關內道軍事地理研究》，頁276-277、285。嚴耕望，《唐代交通圖考》（二），頁404。

[38]　關治中、王克西，〈隴山諸關考──關中要塞研究之六〉，《渭南師範學院學報》，2002年第1期，頁58。

[39]　「六盤鳥道」乃是援用周佩妮用語。詳參氏著，〈絲綢之路上的「六盤鳥道」〉，頁18。

[40]　《太平寰宇記》，卷33，〈關西道・原州・平高縣〉，頁704。

[41]　《資治通鑑》，卷198，〈唐紀〉，頁6239。

唐書‧太宗本紀》載為「踰隴山關，次瓦亭。」[42]不論是貞觀二十年（646），太宗橫越隴山或隴山關，均說明隴山關得名與隴關密切。

《方輿紀要》華亭縣瓦亭關引胡氏曰：「瓦亭川出隴山東北，西南流，關在瓦亭川之首，故名。」[43]瓦亭川即瓦亭水，源出隴山，山的兩側有東、西瓦亭，瓦亭關離西瓦亭不遠的瓦亭川水源頭處。[44]另說瓦亭關名與山有關，《元和郡縣圖志》（以下簡稱《元和志》）原州平高縣：「瓦亭故關，在縣南七十里。即隴山北垂。」[45]瓦亭關在平高縣南70里隴山北垂，關治中、王克西以為隴山北垂其中之一是瓦亭山，關置於瓦亭山而得名。[46]

瓦亭關名稱與瓦亭川水（瓦亭川、瓦亭水）、瓦亭山相關。酈道元《水經注》記載：

> 渭水又東與新陽崖水合，即隴水也，東北出隴山。其水西流，右逕瓦亭南，隗囂聞略陽陷，使牛邯守瓦亭，即此亭也。一水亦出隴山，東南流，歷瓦亭北，又西南，合為一水，謂之瓦亭川。[47]

渭水北納新陽崖水後繼續東流，新陽崖水即隴水。隴水源自東北方的隴山，水往西（南）流，「右逕瓦亭南」的瓦亭指西瓦亭，隴水在西瓦亭南。另一水指瓦亭川水，亦出隴山，「東南流」疑為「東北流」之誤，東北流「歷瓦亭北」之瓦亭仍指西瓦亭，「又西南」疑為「又東南」，東南流與渭水合為一水。

瓦亭關據學者考證：「故城依山而建，北高南低，背山傍河。南

[42] 《新唐書》，卷2，〈太宗本紀〉，頁45。
[43] 《讀史方輿紀要》，卷58，〈陝西‧華亭縣‧瓦亭關〉，頁2784。
[44] 唐人習慣稱瓦亭川為瓦亭川水。劉宋‧范曄，《後漢書》（北京：中華書局，1965.5，1版），卷13，〈隗囂傳〉，頁528李賢注：「安定烏支縣有瓦亭故關，有瓦亭川水在今原州南。」
[45] 《元和郡縣圖志》，卷3，〈關內道‧原州‧平高縣〉，頁58。
[46] 關治中、王克西，〈隴山諸關考──關中要塞研究之六〉，頁59。
[47] 《水經注疏》，卷17，〈渭水〉，頁1480-1481。

瀕東流的瓦亭峽水;東側緊臨水蝕沖溝,蝕溝南通瓦亭峽;……故城的營建就局踏於這山、溝、峽、澗之間。」[48]關城依瓦亭山而建,南臨瓦亭川水,則關在瓦亭川水北側,更南側是西瓦亭。東側臨瓦亭川水侵蝕而現的溝,蝕溝南通瓦亭峽。由涇州安定縣西行循涇水,經陰盤縣、原州平涼縣,逾東瓦亭而上隴山可至瓦亭關。

瓦亭水南側的西瓦亭與北側的瓦亭關,以及瓦亭關東南的蕭關,[49]地理位置甚為關鍵。古代由銀川平原進入關中,自蔚如水東南行後有兩條道路,一條是循涇水而下,經涇州、邠州至京兆府;另一條是沿瓦亭川,匯入渭水後,經秦州、隴州、岐州至京兆府。涇水路線由蕭關控制,瓦亭川路線則由瓦亭關掌控,由涇水至京城較瓦亭川便捷,絲路東段的北道大致即沿涇水而行。關治中、王克西:「如果瓦亭不設關,敵方就可繞過蕭關由此進入關中。」[50]可見瓦亭關與蕭關分別掌控涇水路與瓦亭川路,對於往來關中的重要性。

隴山西側除有西瓦亭外,東側的東瓦亭位置亦甚為關鍵。《方輿紀要》華亭縣瓦亭關:「至德元載肅宗幸靈武,牧馬於瓦亭,此東瓦亭也。」[51]肅宗至德元載(756),北幸靈武,從東瓦亭北上。嚴耕望云:「由平涼西至瓦亭,瓦亭西北至原州,瓦亭西南踰隴山關至西瓦亭,即瓦亭為南北兩道之樞紐矣。」[52]平涼縣西至東瓦亭後分成西北與西南兩道,西北至原州,北行可至靈州靈武縣,西南經隴山關,越隴山至西瓦亭。換言之,東瓦亭作為原州西北、西南的分歧點,與瓦亭關、西瓦亭構成三位一體的犄角之勢。

瓦亭關不僅是古代往來東、西瓦亭必經關隘,也是原州各關的腹

---

[48] 許成、余軍、王惠民,〈瓦亭故關考略〉,頁58。

[49] 蕭關位置據《漢書》,卷6,〈武帝紀〉,頁195如淳曰:「蕭關在安定朝那縣也。」前漢・司馬遷,《史記》(北京:中華書局,1982.11,2版),卷106,〈吳王濞傳〉,頁2830《正義》在原州平涼縣界。

[50] 關治中、王克西,〈隴山諸關考——關中要塞研究之六〉,頁59。

[51] 《讀史方輿紀要》,卷58,〈陝西・華亭縣・瓦亭關〉,頁2784。

[52] 嚴耕望,《唐代交通圖考》(二),頁398。

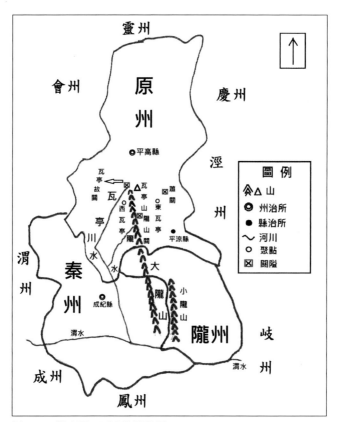

圖4-2-1　隴山關、瓦亭故關位置

出處：參《中國歷史地圖集》（五），頁40-41改繪。

地、門戶，[53]何以在唐代不僅未列為天下二十六關之一，且重要性銳減而退居故關？實因絲路東段中道的興起（詳後述），伴隨而興的隴山關的地理位置更勝於它。長安西北行經邠州、涇州至原州東瓦亭後，分西北與西南兩方向，由於瓦亭關位於隴山北垂小山頭瓦亭山，瓦亭

---

[53] 瓦亭關是原州諸關腹地、門戶說，引述許成、余軍、王惠民，〈瓦亭故關考略〉，頁62。

山僅為隴山部分，東來者需橫越位於隴山頂上的隴山關，[54]才能至西瓦亭，此道亦稱為「六盤鳥道」，言其道路如鳥形狹小，唐宋時期僅為羊腸小道，金朝才拓展為大道。[55]由於隴山關在隴山頂上，是西逾隴山必經關隘，瓦亭關重要性被隴山關取代，是以《新唐書・地理志》稱瓦亭為故關。嚴耕望考隴山關在瓦亭故關西南20里，疑唐隴山關即在瓦亭故關地區。[56]實則隴山腳下是瓦亭故關，東南方為隴山頂上的隴山關，兩關是前後興廢關隘。

三、木峽（硤）關興起與蕭關沒落（文後附圖4-2-3）

唐代木峽（硤）關在原州治所平高縣西南。[57]平高縣多山，有笄頭山（崆峒山）、逢義山，[58]《寰宇記》原州平高縣：「木峽關，在頹沙山上。縣南一百一十里隴山上，有隴山關。與此有別。」[59]頹沙山上不僅有木峽關，亦是河水源頭，《寰宇記》原州蕭關縣：「蔚茹水，一名胡盧河，源出原州西南頹沙山中。」[60]流經蕭關縣的蔚茹（通如）水（胡盧河）源自平高縣西南的頹沙上。木峽關當在平高縣西南40里頹沙山上，[61]山是蔚如水源頭，至於隴山關則在平高縣南110里隴山上。《方輿紀要》鎮原縣木峽關：「亦隴山之口也。」[62]木峽關

---

[54] 史念海：今有西蘭公路登上六盤山，則隴山關當設在西蘭公路越過的六盤山上。詳參氏著，〈隋唐時期的交通與都會〉，收錄氏主編，《唐史論叢》（第六輯）（西安：陝西人民出版社，1995.10，1版），頁7注1。

[55] 李春茂，〈絲路東段的隴山古道〉，頁77。

[56] 嚴耕望，《唐代交通圖考》（二），頁400。

[57] 《元和郡縣圖志》，卷3，〈關內道・原州・平高縣〉，頁58。《新唐書》，卷37，〈地理志・原州・平高縣〉，頁968。案：《元和志》作「木硤關」，《新唐書》作「木峽關」。《通典》，卷173，〈州郡・原州・平高縣〉，頁4521記為「木峽關。」

[58] 《通典》，卷173，〈州郡・原州・平高縣〉，頁4521。

[59] 《太平寰宇記》，卷33，〈關西道・原州・平高縣〉，頁704。

[60] 《太平寰宇記》，卷33，〈關西道・原州・蕭關縣〉，頁705-706。

[61] 里數40里乃依嚴耕望考證。詳參氏著，《唐代交通圖考》（二），頁406。

[62] 《讀史方輿紀要》，卷58，〈陝西・鎮原縣・木峽關〉，頁2790。

所在的頹沙山是入隴山口之一，西側不遠處有摧沙堡。[63]

木峽關與摧沙堡皆在原州西南，關、堡相依，增強守禦。《通鑑》代宗廣德二年（764）十月記載：

> 懷恩之南寇也，河西節度使楊志烈發卒五千，謂監軍柏文達曰：「河西銳卒，盡於此矣，君將之以攻靈武，則懷恩有返顧之慮，此亦救京師之一奇也！」文達遂將眾擊摧沙堡、靈武縣，皆下之，進攻靈州。[64]

僕固懷恩南侵京師，楊志烈告知柏文達兵取長安北邊靈州靈武縣，使懷恩有後顧之憂，達到拯救長安之危。文達依計取摧沙堡與靈武縣後，續攻靈州，可見摧沙堡、靈武縣對於京城安危有犄角作用。安史亂後，原州陷入吐蕃，吐蕃駐防於摧沙堡，代宗大曆八年（773），吐蕃進一步兵入邠州、寧州，威逼京城安全，元載認為「吐蕃防戍在摧沙堡，而原州界其間。原州當西塞之口，接隴山之固，草肥水甘，舊壘存焉。」[65]因此當移京城以西軍隊戍守原州，趁隙築城與貯存糧粟，並使郭子儀移兵駐紮於涇州，「分兵守石門、木峽、隴山之關」，[66]摧沙堡、石門、木峽、隴山關皆在原州，唐朝若能憑石門、木峽、隴山關，可與據守在摧沙堡的吐蕃相抗衡。

德宗貞元二年（786）十月，李晟奉命兵襲摧沙堡，斬殺堡使，燒毀糧倉而還。[67]摧沙堡與木峽關皆在平高縣西南，木峽關在縣西南40里，摧沙堡在木峽關不遠西處，兩者皆在頹沙山上，嚴耕望頗疑「頹

---

63 嚴耕望，《唐代交通圖考》（二），頁404。
64 《資治通鑑》，卷223，〈唐紀〉「代宗廣德二年（764）」條，頁7168-7169。案：胡注：「摧沙堡，在原州西北。」疑誤。
65 《舊唐書》，卷118，〈元載傳〉，頁3411-3412。
66 《舊唐書》，卷118，〈元載傳〉，頁3411-3412。
67 《舊唐書》，卷133，〈李晟傳〉，頁3671-3672。《新唐書》，卷216，〈吐蕃傳〉，頁6094-6095。《資治通鑑》，卷232，〈唐紀〉「德宗貞元二年（786）」條，頁7473。

沙山區有相當範圍，木峽關在山之北麓或東麓，近原州，攂沙堡在山之西麓或南麓，距原州較遠，故雖為吐蕃所屯戍，唐仍可乘間城原州也。」[68]嚴說可從，唐軍在頹沙山上北麓或東麓之木峽關，與吐蕃在頹沙山上西麓或南麓的攂沙堡分兵駐防，木峽關較近平高縣。除木峽關之外，通往會州的石門關，以及隴山上的隴山關皆有唐兵居高以臨視，占盡地理形勢之利，是以能順利奪回攂沙堡。

　　木峽關始見於北魏時期。[69]北魏孝武帝永熙三年（534），侯莫陳悅於二月發動「河曲之變」殺害賀拔岳，駐兵水洛城，宇文泰率軍取道平涼縣至原州，四月，留侄子宇文導鎮守原州，親自領兵橫越隴山，當軍隊過木峽關時，「大雨雪，平地二尺」，宇文泰指揮部隊「倍道兼行，出其不意」，直逼水洛城，侯莫陳悅留萬餘人據守水洛城，自身退守略陽。[70]《隋書·突厥傳》記載文帝開皇二年（582），突厥「縱兵自木硤、石門兩道來寇。」[71]西出石門，南下木硤，兩路並進，搶奪中原畜馬區。此處木硤指的是延續北魏而來的木硤關，石門當時尚未設關，指石門道（詳後述）。

　　前引《舊唐書·元載傳》代宗大曆八年（773）吐蕃入侵邠州、寧州後，元載提議分兵守石門、木峽、隴山關，與駐防在攂沙堡的吐蕃形成對峙。憲宗時沈亞之對於國防安危論曰：「今邠寧、涇原軍皆出平涼，道彈箏。邠寧軍北固崆峒，守蕭關；涇原軍西遮木峽關。鳳翔軍逾隴，出上邽，因臨洮，取鳳林關。」[72]從元載與沈亞之談論防禦

---

[68]　嚴耕望，《唐代交通圖考》（二），頁407。

[69]　史念海，〈唐代原州的木峽關和石門關〉，收錄氏著，《河山集》（七）（西安：陝西師範大學出版社，1999.1，1版），頁239。

[70]　唐·令狐德棻等撰，《周書》（北京：中華書局，1971.11，1版），卷1，〈文帝紀〉，頁8-9。李春茂，〈絲路東段的隴山古道〉，頁78。

[71]　唐·魏徵、令狐德棻，《隋書》（北京：中華書局，1973.8，1版），卷84，〈突厥傳〉，頁1866。《資治通鑑》，卷175，〈陳紀〉「宣帝太建十四年（582）」條，頁5458。

[72]　北宋·李昉等編，《文苑英華》（北京：中華書局，1966.5，1版），卷492，〈策·直言〉，沈亞之〈賢良方正直言極諫策〉，頁2520-2。

吐蕃的方式，可知吐蕃以摧沙堡為駐紮據點，往東經涇州至寧州、邠州，南臨威逼京城安全，元載建議將京城以西軍隊移至原州，利用時機築城並貯存軍糧，郭子儀軍隊移至涇州，同時駐兵木峽關、石門關、隴山關，形成一條大隴山、頹沙山的南北防線，以利與吐蕃相抗。

　　沈亞之則建議讓邠寧、涇原軍皆出兵原州平涼縣，西經彈箏峽、隴山關，越大隴山後，邠寧軍依峙平高縣西崆峒山，鎮守在縣東南的蕭關，涇原軍則駐紮木峽關，鳳翔軍西經隴州，越小隴山後，經秦州上邽縣、蘭州狄道縣（今臨洮），取河州鳳林關。由於木峽關與摧莎堡對峙，不論是元載或沈亞之皆認為須有軍隊駐防，從圖4-2-2可知，唐軍取得鳳林關、蕭關、木峽關、石門關、隴山關後，形成對吐蕃所在的摧沙堡包圍之勢，有利於日後決戰。

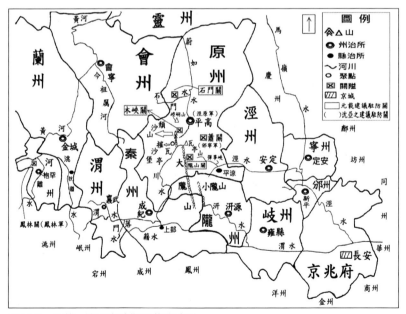

圖4-2-2　元載、沈亞之防禦吐蕃路線圖
出處：參《中國歷史地圖集》（五），頁40-41、61-62改繪。

　　史念海認為漢時蕭關在唐代廢棄，另於原州北設置蕭關縣，正是因為蕭關道受到侵蝕，已荒蕪難行，代之而起的乃是經過平涼縣的平涼道。木峽關的建立實際上是代替漢時蕭關，控制經過平涼而至於長安的道路。[73]唐時軍隊屢屢行經隴山北側入口的木峽關，說明蕭關道重要性銳減。《元和志》關內道原州蕭關縣：「南至州一百八十里。本隋他樓縣，大業元年置，神龍三年廢，別立蕭關縣，以去州闊遠，御史中丞侯全德奏於故白草軍城置，因取蕭關為名。」[74]唐代蕭關縣南至平高縣180里，隋煬帝大業元年（605）設置他樓縣，中宗神龍三年廢，另於故白草軍城置蕭關縣，縣名取其蕭關名稱。「蔚如水在縣之西，一名葫蘆河，源出原州西南頹沙山下。」[75]即蕭關縣在蔚如水東，水源自原州西南頹沙山下。

　　唐代於原州平高縣北180里，蔚如水東設置蕭關縣，位於「平高縣東南30里」的蕭關，[76]由於經平涼縣的道路逐漸取代蕭關道，蕭關道路使用頻率降低而漸荒廢，但關城並未消失，從沈亞之論曰「邠寧軍北因崆峒，守蕭關」，以及宣宗大中三年（849）「收復蕭關」語可知，與其說蕭關在唐代成為故關，不如說是次關。換言之，靈州南來的北敵，入原州蕭關縣，南行180里至平高縣，平高縣西南40里至頹沙山上的木峽關，沿途沿蔚如水而行，再東越隴山行平涼道。

　　木峽關為玄宗開元時天下二十六關中關之一，性質上屬京城四面關，抑或有無驛道？嚴耕望認為「此關似不在京城四面關之列，然亦不能定，故不知是否當驛道也。」[77]嚴說對此關屬於何種性質的中

---

[73]　史念海，〈唐代原州的木峽關和石門關〉，頁240-241。

[74]　《元和郡縣圖志》，卷3，〈關內道・原州・蕭關縣〉，頁60。案：中宗神龍元年是705，無神龍三年號。

[75]　《元和郡縣圖志》，卷3，〈關內道・原州・蕭關縣〉，頁60。

[76]　《元和郡縣圖志》，卷3，〈關內道・原州・平高縣〉，頁58：「蕭關故城，在縣東南三十里。《漢書》文帝十四年，匈奴入蕭關，殺北地都尉，是也。」

[77]　嚴耕望，《唐代交通圖考》（二），頁406。

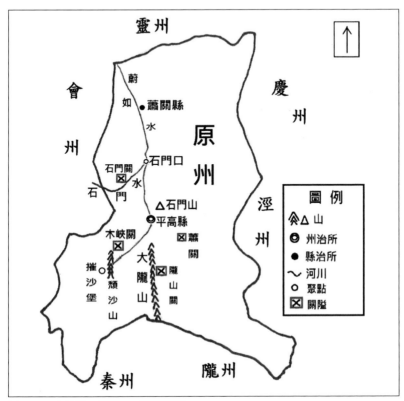

圖4-2-3　木峽關、蕭關、石門關位置

出處：參《中國歷史地圖集》（五），頁40-41改繪。

關，語帶保留，由木峽關掌控入隴山北側口，入蕭關縣後至平涼縣道路而言，當屬有驛道而不在四面關之列的中關。

四、絲路東段中道的興起與關隘

　　絲路東段北道稱烏蘭路或隴右北道，南道稱秦州路或隴右南道，唯獨中道名稱與路線則不明確。但是伴隨著前述隴山關與瓦亭關的

興廢，木峽關與蕭關的更迭，中道已逐漸浮現，若要讓中道更加明朗化須從制勝關（文後附圖4-2-4）談起。唐代制勝關記載僅有宣宗大中三年（849）六月，收復原州七關時有提及。《宋史・地理志》陝西秦鳳路渭州安化縣：「熙寧七年，廢制勝關，移縣於關地，以舊地為鎮。」[78]北宋神宗熙寧七年（1074）制勝關被廢，同時把安化縣移往舊關處，原安化縣改置為安化鎮。唐代關的具體位置，嚴耕望認為仍難確認，大致在原州平涼縣南，隴州華亭縣西北，今六盤山東南。[79]

　　位於大隴山頂上的隴山關制約著橫越山頭東西向道路，位置更勝於山腳下的瓦亭關，故逐漸取代之。往南可至岐州、隴州、秦州，東經原州制勝關、平涼縣、涇州陰盤縣、安定縣、邠州新平縣至於長安，史念海以為制勝關就在木峽關南行道路上，[80]可見位於平高縣西南的木峽關與制勝關之間存在一條南北向道路。

　　穆渭生認為制勝關西有安化峽（西峽），[81]周佩妮認為翻越六盤山的輔助道路有雞頭道與瓦亭道，雞頭道由平涼縣從崆峒山東峽入今涇源縣，穿制勝關西出六盤山，抵達隴西郡。[82]《通典・州郡》原州平高縣：「漢平高縣，有笄頭山，語訛亦曰汧屯山，涇水所出，一名崆峒山。隗囂使將王孟塞雞頭道，即此也。」[83]又《元和志》原州平高縣：「笄頭山，一名崆峒山，在縣西一百里，……《漢書》曰开頭山，在涇陽西。」[84]所謂雞頭道乃由原州平涼縣西行，經涇水之東峽、今涇源縣、過制勝關後經西峽，登大隴山頂上的隴山關後，一方面可與隴山北側的木峽關銜接；另一方面可由此抵達隴山以西。

　　唐時蕭關成為次關，經過蕭關的北道亦因此退居次要道路，木

[78]　元・脫脫等撰，《宋史》（北京：中華書局，1977.11，1版），卷87，〈地理志・秦鳳路・渭州・安化縣〉，頁2157。

[79]　嚴耕望，《唐代交通圖考》（二），頁404、409。

[80]　史念海，〈唐代原州的木峽關和石門關〉，頁243。

[81]　穆渭生，《唐代關內道軍事地理研究》，頁287。

[82]　周佩妮，〈絲綢之路上的「六盤鳥道」〉，頁17-18。

[83]　《通典》，卷173，〈州郡・原州・平高縣〉，頁4521。

[84]　《元和郡縣圖志》，卷3，〈關內道・原州・平高縣〉，頁58。

峽關代蕭關而起，由木峽關南行入大隴山，登頂上的隴山關，東行西峽、制勝關、今涇源縣、東峽、平涼縣，應即是中道，或稱為平涼道（雞頭道），中道繼續東行經陰盤縣、安定縣、新平縣至長安，涇州陰盤縣是北道與中道分歧處。正因為隴山關與木峽關崛起，形成長安平涼段的中道路線，瓦亭關因隴山關而成為故關，蕭關雖因木峽關而退居次關，但北道仍較中道近捷，道路依舊存在，只是階段性被取代，這也許是中道名稱與路線之所以隱晦的原因，至於中道上的制勝關同木峽關，皆屬有驛道的中關。

　　由銀川平原經由蔚如水進入關中後所依循的瓦亭川與涇水路徑，一方面因為中道的興起，隴山關取代瓦亭關；另一方面瓦亭川入關中較涇水繞路，瓦亭關地位漸趨沒落。東瓦亭西南行可接中道上的隴山關，西北行接原州平高縣，匯入北道，並由平高縣北循蔚如水至靈州靈武縣，顯見東瓦亭可通往北道與中道，兩道之間可藉由東瓦亭聯繫彼此，亦可由中道的木峽關北行匯入北道，中道實為北道支線，北道順涇水路線終究是銀川入關中的主道。

　　伴隨中道而發展的關隘，在木峽關西北有石峽、驛藏、木靖三關（文後附圖4-2-4）。石峽關記載在唐代僅見於宣宗大中三年（849）六月，收復原州七關有提及。《方輿紀要》鎮原縣石門關條：「又石峽關，在縣西七十里，當隴山之口。其南又有驛藏、木靖二關。」[85]鎮原縣即唐平高縣，石峽關在原州平高縣西70里，為南入隴山北匯入口之一，南有驛藏、木靖二關，具體位置待考。[86]《新唐書‧王同皎傳》其孫王潛：「拜涇原節度使。……遂引師自原州踰硤石，取虜將一人，斥烽候，築歸化、潘原二壘，請復城原州，度支阻議，故原州

---

[85]　《讀史方輿紀要》，卷58，〈陝西‧鎮原縣‧石門關〉，頁2790。

[86]　嚴耕望以為驛藏關在平高縣西。詳參氏著，《唐代交通圖考》（二），頁404。穆渭生以為石峽關在原州西北，且在石門關以北，處於從清水河谷西越今屈吳山通往會州的道路上。詳參氏著，《唐代關內道軍事地理研究》，頁289。案：穆說關於唐代石峽關位置與《方輿紀要》明顯有出入，是否因為關在唐、明時有遷徙，導致位置不同，有待釐清。

復陷。」[87]嚴耕望以為硤石（硤石）疑當作石硤，即石硤關也。[88]憲宗時，涇原節度使王潛率軍自原州取道石峽關，俘虜蕃將一人，增建烽火臺，修築歸化、潘原二堡壘，並奏請恢復原州城，但受中央度支使反對，不久原州復陷。石峽、驛藏、木靖三關疑因應中道而設置，但中道存在時間不長，周圍關隘相對留下的記錄亦不多。

石峽關北，近石門水附近有石門關（文前附圖4-2-3）。《通鑑》憲宗元和三年（808）胡三省注：「石門水，在高平縣西八十里，唐於此置石門關，在原州平高縣界。」[89]唐於平高縣（高平縣）置石門關，縣西有蔚如水支流石門水。酈道元《水經注》河水曰：

> 河水又東北逕於黑城北，又東北，高平川水注之，即苦水。水出高平大隴山苦水谷。……東北流，逕高平縣故城東。……苦水又北，與石門水合。……東北同為一川。混濤歷峽，峽即隴山之北垂也。謂之石門口，水曰石門水。在縣西北八十餘里。石門之水，又東北，注高平川。[90]

此乃會州、原州北，西南往東北流的黃河段。黃河在靈州境內往東北流有高平川水匯入。北魏時高平川水又稱苦水，唐時稱蔚如水，源自頹沙山，河水先往東北流經平高縣東，北流與石門水合，匯合處稱石門口。《魏書・地形志》涇州新平郡高平縣：「有石門山。」[91]可見石門水名稱與山有關。西南往東北流的石門水在平高縣西北80餘里匯入蔚如水，非胡注所謂「石門水，在高平縣西八十里」，唐於此處設

---

[87] 《新唐書》，卷191，〈王同皎傳〉，頁5508。

[88] 嚴耕望，《唐代交通圖考》（二），頁409。

[89] 《資治通鑑》，卷237，〈唐紀〉「憲宗元和三年（808）」條，頁7651胡注引《水經註》。

[90] 《水經注疏》，卷2，〈河水〉，頁187-191。

[91] 北齊・魏收撰，《魏書》（北京：中華書局，1974.6，1版），卷106，〈地形志・涇州・新平郡・高平縣〉，頁2619。

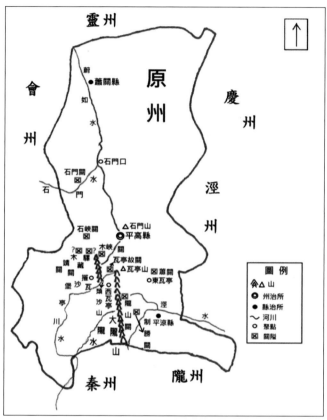

圖4-2-4　唐代原州八關與瓦亭故關位置

出處：參《中國歷史地圖集》（五），頁40-41改繪。

置石門關。前引《隋書·突厥傳》突厥：「縱兵自木硤、石門兩道來寇。」馬東海認為隋已置石門關，[92]非也，有道不一定有關，有關則必有道，隋出現石門道，但尚未置關，置關乃在唐代。又水往東北流匯入高平川，可知石門關在蔚如水西側。《方輿紀要》鎮原縣亦載：

---

[92]　馬東海，〈唐木峽關、摧沙堡、石門關考〉，《寧夏師範學院學報》（社會科學），2010年第4期，頁22。

「石門關，在縣西九十八里。亦曰石門峽。」[93]石門關亦稱石門峽，非在平高縣西，而是在縣西北方。

　　石門關曾在唐末扮演著防禦吐蕃的重要角色。《新唐書・代宗本紀》大曆八年記載：

> 八月己未，吐蕃寇靈州，郭子儀敗之於七級渠。……十月庚申，吐蕃寇涇、邠。丙寅，朔方兵馬使渾瑊及吐蕃戰於宜祿，敗績。涇原節度使馬璘及吐蕃戰于潘原，敗之。[94]

代宗大曆八年（773）八月，吐蕃進犯靈州，被郭子儀擊敗，十月，吐蕃再犯長安西北的涇州與邠州，渾瑊與吐蕃戰於邠州宜祿縣，被吐蕃打敗。馬璘再與吐蕃戰於潘原，唐朝贏得勝利。吐蕃入侵邠州與寧州後，京師瀕臨安危，前述元載曾對此提出謀略，讓郭子儀軍隊居涇州，固守根本，並分兵守住原州石門、木峽、隴山關。大曆十一年（776）七月：「吐蕃寇石門，入長澤川。」胡注：「長澤川，後魏置闡熙郡，隋廢郡為長澤縣，屬夏州。吐蕃寇原州，遂北入夏州界也。……又按原州北有長澤監。」[95]胡氏以為長澤川為唐代夏州長澤縣。吐蕃進犯石門關後，乃沿原州北界經鹽州至夏州長澤縣（長澤川），又原州北另有長澤監。不過，穆渭生認為長澤川或即長澤監，[96]此說將長澤川與長澤監畫上等號，筆者以為穆氏在釋讀胡注時有誤，長澤川在夏州，與位於原州的長澤監是兩個地名。

　　唐末沙陀族降於吐蕃，吐蕃將沙陀安置於甘州，每有戰事，即以沙陀為前鋒。憲宗元和三年（808）六月，回鶻進攻吐蕃，奪取隴右道東部涼州，吐蕃懷疑沙陀有二心於回鶻，欲遷沙陀於河外，沙陀酋

---

[93]　《讀史方輿紀要》，卷58，〈陝西・鎮原縣・石門關〉，頁2790。

[94]　《新唐書》，卷6，〈代宗本紀〉，頁176-177。

[95]　《資治通鑑》，卷225，〈唐紀〉「代宗大曆十一年（776）」條，頁7238正文及胡注。

[96]　穆渭生，《唐代關內道軍事地理研究》，頁289。

長朱邪盡忠與子執宜率部落三萬謀歸唐，吐蕃追兵從洮水轉戰至石門關，最終朱邪盡忠死，士兵死傷過半，朱邪執宜率眾近萬人，騎兵三千，自靈州來降。[97]石門關西北可通往會州，東北沿石門水至蔚如水後可北往靈州，東南至原州平高縣。原州境內由東南向西北並列的隴山、木峽、石門三關，三關分別是原州平高縣南，西南，西北的出口。石門關雖未列於二十六關之一，但作為原州西北與東北通往會州與靈州的要關，又非四面關，當屬有驛道的中關。[98]

　　長安西逾隴山北段的交通，因為會州有烏蘭縣、烏蘭關，故稱道路為烏蘭路，沿途所經原州境內關隘眾多，史籍所謂原州七關之名，實應為九關中興廢的結果，源於木峽關與隴山關崛起，蕭關與瓦亭關退居次要或幕後。原州境內不只有北道，更有木峽關與隴山關形成的中道。九關中位於平涼縣西、平高縣南隴山上的隴山關，取代平高縣南隴山腳下瓦亭山的瓦亭關。平高縣西南的木峽（硤）關取代縣東南的蕭關。平涼縣西的制勝關、隴山關與木峽關沿線構成中道。伴隨中道而興起的關隘有平高縣西的石峽關，以及其南側的驛藏關、木靖關，另有石峽關北端，位於平高縣西北，可通往會州、靈州的石門關。北道驛程里數據嚴耕望考證，長安西北行300里至邠州，邠州180里至涇州，涇州320里至原州，原州390里至會州，會州600里至涼州，總計長安至涼州里數共1790里。[99]又長安至邠州具體路線乃由都城西北行渡渭水，經京兆府咸陽縣、醴泉縣至奉天縣，北行經邠州永壽縣至治所新平縣。[100]其中奉天縣至永壽縣沿途經過京兆府好畤縣的大橫關，[101]此關位於京城西北且有驛道所經，屬於上關。（圖4-2-5）

---

[97]　《資治通鑑》，卷237，〈唐紀〉「憲宗元和三年（808）」條，頁7651。

[98]　嚴耕望亦云：「石門道自亦置驛。」詳參氏著，《唐代交通圖考》（二），頁409。

[99]　嚴耕望，《唐代交通圖考》（二），頁385-413。另參王開主編，《陝西古代道路交通史》（北京：人民交通出版社，1989.8，1版），頁224-225考證。

[100]　嚴耕望，《唐代交通圖考》（一）（臺北：中央研究院歷史語言研究所專刊之八十三，1985.5，初版），頁224-225。

[101]　《新唐書》，卷37，〈地理志‧關內道‧京兆府‧好畤縣〉，頁963。時

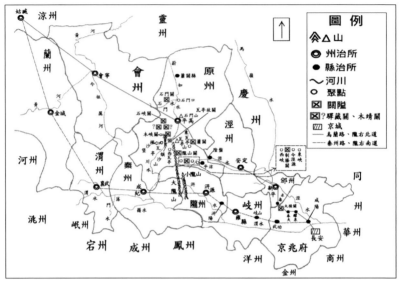

圖4-2-5 長安西逾隴山北段路線圖

出處：參《中國歷史地圖集》（五），頁40-41改繪。

第三節 隴山南段關隘

一、大和關（文後附圖4-3-1）

通往隴山南段交通的秦州路（隴右南道）自長安西行經岐州，境內有大和關。關址僅知在麟遊縣西南往岐州治所雍縣路上，疑屬麟遊縣。唐時大和關記載主要見於朝代後期。肅宗至德二載（757）二月記載：

意與神明有關，詳參《元和郡縣圖志》，卷2，〈關內道·京兆府·好畤縣〉，頁33：「時者，神明所依止也。以雍州積高，神明之隩，故立時以郊上帝諸神也。」譚圖於好畤縣東北繪製大橫關，詳參譚其驤主編，《中國歷史地圖集》（五）（北京：中國地圖出版社，1982.10，1版），頁40-41。

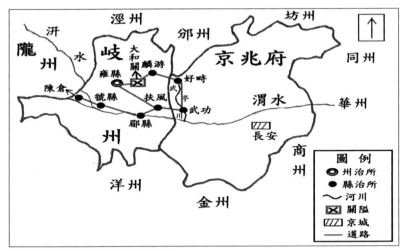

圖4-3-1　唐代大和關位置及其四周

出處：參《中國歷史地圖集》（五），頁40-41改繪。

> 賊將安守忠及李歸仁、安泰清來戰，思禮以其眾退守扶風。賊兵
> 分至大和關，去鳳翔五十里，王師大駭，鳳翔戒嚴，中官及朝官
> 皆出其孥，上使左右巡御史虞候書其名，乃止。遂命司徒郭子儀
> 以朔方之眾擊之而退。[102]

肅宗至德二載二月，潼關失守後，王思禮等退守京兆府長安西武功
縣，敵將安守忠、李歸仁、安泰清繼續進攻，王思禮再退守至岐州扶
風縣。[103]敵方且分兵至距離鳳翔府50里處的大和關，治所雍縣（今鳳
翔）戒備，宦官及朝中大臣紛紛將妻、兒送出去，皇帝遣虞候記下其

---

[102]　《舊唐書》，卷110，〈王思禮傳〉，頁3312。《資治通鑑》，卷219，〈唐
　　　紀〉，頁7019肅宗至德二載（757）二月：「賊遊兵至大和關，去鳳翔五十
　　　里，鳳翔大駭。」
[103]　北宋・歐陽修、宋祁撰，《新唐書》（北京：中華書局，1975.2，1版），
　　　卷37，〈地理志・關內道・鳳翔府・扶風縣〉，頁966：「武德三年（620）
　　　析岐山置，以湋水名之，貞觀八年（634）更名。」

名，方阻止這波送妻兒行動，爾後，郭子儀率朔方眾擊退。

　　此次戰役雙方攻守的主力在扶風縣、武功縣與雍縣沿途，次在麟遊縣，麟遊縣西南經大和關至雍縣非主線。嚴耕望認為大和關疑似仍在長安至涼州南道上。[104]換言之，南道秦州路在京兆府武功縣是分支點，北支線是向北經好畤縣，西經麟遊縣，西南行經大和關至雍縣。主線是武功縣西經岐州扶風縣、雍縣。另外扶風縣亦是分支點，南支線是由扶風縣向南經郿縣，沿渭水至虢縣、陳倉縣。再者，《唐六典》未見大和關層級，史籍所知此關在唐代記載僅肅宗年間，疑關的重要性在唐中期以後才突顯，在此之前由於關位於京城西北面，屬四面中關。雖然關所在的北支線非主線要道，但仍為唐中後期戰事發生時，軍隊佈署點所看重，此時關層級轉變為四面且有驛道所經的上關。

　　《通鑑》後唐清泰元年（934）三月乙卯：「諸道兵大集於鳳翔城下攻之，克東西關城，城中死者甚眾。丙辰，復進攻城，期於必取。」[105]鳳翔城東、西兩側各有關城。又後漢乾祐元年（948）十月戊寅：「景崇遣兵出西門，趙暉擊破之，遂取西關城。」[106]王景崇據守鳳翔，出兵西關門而叛，上派遣趙暉擊退之，遂取得西關城。時鳳翔府號為西京，東、西兩側皆建有關城作為宿衛，東側關疑指大和關。

二、大震關（文後附圖4-3-2）

（一）名稱沿革

　　《新唐書・地理志》隴州汧源縣記載：「西有安戎關，在隴山，本大震關，大中六年，防禦使薛逵徙築，更名。」[107]指出大震關原在

---

[104]　嚴耕望，《唐代交通圖考》（二），頁359。

[105]　《資治通鑑》，卷279，〈後唐紀〉，頁9107。

[106]　《資治通鑑》，卷288，〈後漢紀〉，頁9400。

[107]　《新唐書》，卷37，〈地理志・關內道・隴州・汧源縣〉，頁968。

隴州汧源縣西的小隴山，宣宗大中六年（852），薛逵提議變遷關城，改稱安戎關。唐代大震關屬上關，[108]隸屬隴州汧源縣汧水之北，汧源縣在漢代稱汧縣，北魏稱汧陰縣，隋改為汧源縣，唐憲宗元和三年（808）併華亭縣。[109]關名與漢武帝於雍縣南祭祀五畤廟、獵獲白麟的旅途中有關，《漢書‧武帝紀》：「元狩元年冬十月，行幸雍，祠五畤。獲白麟，作白麟之歌。」[110]五畤據張守節引《括地志》云：「漢五帝時在岐州雍縣南。孟康云畤者神靈之所止。」[111]位於雍縣南的五畤廟，為祭祀五位天神所在，五畤廟與相對應供奉的五帝據《正義》案語：

> 五畤者鄜畤、密畤、吳陽畤、北畤。先是文公作鄜畤，祭白帝；秦宣公作密畤，祭青帝；秦靈公作吳陽上畤、下畤，祭赤帝、黃帝；漢高祖作北畤，祭黑帝：是五畤也。[112]（表4-3-1）

表4-3-1　五畤與五帝

廟宇	鄜畤	密畤	吳陽上畤	吳陽下畤	北畤
天神	白帝	青帝	赤帝	黃帝	黑帝

出處：依《史記》，卷12，〈孝武本紀〉，頁452張守節案語整理而成。

漢武帝元狩元年（122B.C.）冬，至雍縣南五畤廟祭祀五帝時，捕獲白麟，不僅作曲歌頌此事，同時改元朔年號為元狩，是以應劭曰「獲白麟，因改元曰元狩也。」[113]武帝太始二年（95B.C.）三月，皇帝自己

---

[108] 《唐六典》，卷6，〈尚書刑部〉「司門」條，頁195-196。
[109] 《元和郡縣圖志》，卷2，〈關內道‧隴州‧汧陽縣〉，頁45：「汧水，在縣南一里。」《舊唐書》，卷38，〈地理志‧關內道‧隴州‧汧陽縣〉，頁1405。《太平寰宇記》，卷32，〈關西道‧隴州‧汧陽縣〉，頁686。
[110] 《漢書》，卷6，〈武帝紀〉，頁174。師古曰：「麟，麇身，牛尾，馬足，黃色，圓蹄，一角，角端有肉。」
[111] 《史記》，卷12，〈孝武本紀〉，頁452。
[112] 《史記》，卷12，〈孝武本紀〉，頁452。
[113] 《漢書》，卷6，〈武帝紀〉，頁174。

也說：「朕郊見上帝，西登隴首，獲白麟以饋宗廟」，[114]又〈禮樂志〉：「朝隴首，覽西垠，靁電燎，獲白麟。」[115]隴首即小隴山，武帝於雍縣南的五時廟祭祀天帝時，同時獲得白麟，繼續西行欲登隴山，《元和志》隴州汧源縣：「大震關，……漢武至此遇雷震，因名。」[116]換言之，漢武帝乃是在這次西行祭拜五時廟，獲白麟途中，遇到雷震，大震關名稱即源於此。

漢武帝出現大震關名稱後，由於關的位置在隴山，東漢時出現隴關別稱。《漢書‧王莽傳》置四關將軍，命懷羌子王福曰：「汧隴之阻，西當戎狄。女作五威右關將軍，成固據守，懷羌于右。」[117]汧與隴分別指隴州境內的汧水與隴山，右關將軍的關疑指大震關，有關則有道，關道顯然已受到重視而開通。《後漢書‧順帝紀》永和五年九月為絕羌患，曾「令扶風、漢陽築隴道塢三百所，置屯兵。」[118]順帝永和五年（140）九月，在隴道上築塢堡三百處，屯兵以為防禦羌患。又為「凍羌寇武都」也有燒隴關之舉，李賢曰：「隴山之關也，今名大震關，在今隴州汧源縣西。」[119]可見隴關名稱始於漢末，實為漢武帝以來大震關的改稱。

北周時隴關又改回大震關之名，並沿用至唐代。《元和志》隴州汧源縣：「大震關，……後周置。」[120]《寰宇記》隴州汧源縣：「大

---

[114] 《漢書》，卷6，〈武帝紀〉，頁206。

[115] 《漢書》，卷22，〈禮樂志〉，頁1068。

[116] 《元和郡縣圖志》，卷2，〈關內道‧隴州‧汧源縣〉，頁45。《讀史方輿紀要》，卷52，〈陝西‧隴坻〉，頁2467：「世傳漢武帝登隴經此，遇雷震而名。」雍際春、蘇海洋：「這次獵獲白麟的馴獸活動中，漢武帝曾遭雷震，大震關一名蓋源起於此。」詳參氏著，〈絲綢之路隴右南道隴山段的交通路線〉，頁34。蘇海洋、雍際春、晏波、龍曉妮：「得名與漢武帝元狩元年的一次巡狩活動。」詳參氏著，〈唐蕃古道大震關至鄯城段走向新考〉，《青海民族大學學報》（社會科學版），2011年第3期，頁62。

[117] 《漢書》，卷99，〈王莽傳〉，頁4117。

[118] 《後漢書》，卷6，〈順帝紀〉，頁269。

[119] 《後漢書》，卷6，〈順帝紀〉，頁270。

[120] 《元和郡縣圖志》，卷2，〈關內道‧隴州‧汧源縣〉，頁45。

震關，……後周武帝天和元年置，今為隴山關。」[121]漢末以來的隴關可能因戰亂因素而沒落，[122]北周武帝天和元年（566）的大震關當為改名與復置。又《方輿紀要》隴坻條記載：「宇文周天和中避諱改關曰大寧，亦曰隴山關，隋、唐復為大震關。」[123]另說北周武帝時除稱大震關之外，因避諱改稱大寧關，隋唐才又出現大震關，宋稱隴山關。

（二）關的變遷與新、舊關

唐代大震關在宣宗時曾有過變遷。前引《新唐書・地理志》隴州汧源縣：「西有安戎關，在隴山，本大震關，大中六年，防禦使薛逵徙築，更名。」[124]宣宗大中六年（852），薛逵提議「徙築」、「更名」，意味著原本的大震關不僅改名為安戎關，且位置異動。《唐會要・關市》記載：

> 六年三月，隴州防禦使薛逵奏：「伏奉正月二十六日詔旨，令臣築故關訖聞奏者。伏以汧源西境，切在故關，昔有隄防，殊無制置。僻在重岡之上，苟務高深；今移要會之口，實堪控扼。舊絕泉井，遠汲河流，今則臨水挾山，當川限谷，危牆深塹，克揚營壘之勢，伏乞改為定戎關，關吏鈐轄往來。……」勅旨：「薛逵新置關城，得其要害，形於圖畫，頗見公忠，宜依所奏。」[125]

宣宗大中六年三月，薛逵說明此次關城變遷乃今年一月二十六日，奉命重築位於「汧源（縣）西境」的「故關」（大震關），薛氏審視大震關地理形勢，以為故關「昔有隄防，殊無制置。僻在重岡之上，苟

---

[121] 《太平寰宇記》，卷32，〈關西道・隴州・汧源縣〉，頁687。

[122] 嚴耕望：「蓋漢末以後，此關浸廢，周武帝復置關，始以大震名耳。」詳參氏著，《唐代交通圖考》（二），頁362。

[123] 《讀史方輿紀要》，卷52，〈陝西・隴坻〉，頁2467。

[124] 《新唐書》，卷37，〈地理志・關內道・隴州・汧源縣〉，頁968。

[125] 《唐會要校證》，卷86，〈關市〉，頁1352。

務高深」、「舊絕泉井，遠汲河流」，大震關興建在「重岡」隴山上，遠離泉、井、河流。[126]今日徙築的安戎關（定戎關誤記），[127]形勢上「要會之口，實堪控扼」、「臨水挾山，當川限谷，危牆深塹，克揚營壘之勢」，可見安戎關位置依山傍水，築牆、挖地塹、蓋堡壘，形勢更居險要。最終皇帝下旨曰「新置關城，得其要害」，即以新關（安戎關）取代舊關（大震關）。[128]新關本身地理形勢的險要，成為遷關的內部原因。

　　新、舊關位置依《方輿紀要》引《里道記》記載：「隴山有新、故兩關：故關，大震關也；在隴州西七十里。舊志云：在清水縣東五十里。新關，安夷關也。」在隴州西四十里。[129]又《方輿紀要》大震關條：「又有安戎關，在州西四十里。亦曰安夷關，亦曰新關。」[130]「唐薛達改築新關於隴山上，西去故關三十里。控扼要道，與故關並為戍守處。」[131]顧祖禹將安夷關與安戎關劃上等號，當為誤記，又大震關在隴州西70明里，安戎關在隴州西40明里，大震關在安戎關西30明里處。

　　隴州西70里處的大震關，以及西40里處的安戎關，畢竟是明代人說法，而且新關安戎關是否建於隴山上？《元和志》隴州汧源縣：

---

[126] 李健超云：「西漢初年在千水河谷險要處設隴關（大震關）」。詳參氏著，〈絲綢之路之陝西、甘肅中東部線路的形成與發展〉，《絲綢之路》，2009年第6期，頁32。案：顯然李氏不同意大震關位置遠離河流的說法，今依《唐會要》記載。

[127] 「按今本《會要》譌誤特甚，……《會要》「定」字形譌耳。」詳參嚴耕望，《唐代交通圖考》（二），頁363。

[128] 張國藩、趙建平語：「該關建成後，大震關即廢。」詳參氏著，〈絲綢之路隴坂古道考察散記〉，《絲綢之路》，2001年S1期，頁108。案：大震關是否因安戎關的新置而廢置，仍有討論空間。

[129] 《讀史方輿紀要》，卷52，〈陝西·隴坻〉，頁2466。案：「在隴州西四十里」此句應置於引號內。《讀史方輿紀要》，卷52，〈陝西·隴坻〉，頁2467：「今大震關曰故關，安彝關曰新關。」

[130] 《讀史方輿紀要》，卷55，〈陝西·隴州·大震關〉，頁2657。

[131] 《讀史方輿紀要》，卷52，〈陝西·隴坻〉，頁2467。「大震關在安戎關以西30里。」詳參吳洁生，〈唐大震關考〉，《歷史地理》，1990年第7輯，頁138。

「大震關，在州西六十一里。」[132]又「隴山，在縣西六十二里。」[133]此處隴山指大隴山，在汧源縣西62里，又小隴山在隴州汧源縣西60里，[134]可見位於汧源縣61里的大震關正處於大、小隴山間且近山頂處，[135]是以宋代以後有隴山關之名。安戎關以西交通據《舊唐書‧馬燧傳》記載：

> 抱玉移鎮鳳翔，以汧陽被邊，署奏隴州刺史、兼御史中丞。州西有通道，廣二百餘步、上連峻山，山與吐蕃相直，虜每入寇，皆出於此。燧乃按行險易，立石植樹以塞之，下置二門，設籬檑，八日而功畢。[136]

李抱玉移任鳳翔節度使，上奏請求任命馬燧為隴州刺史兼御史中丞。隴州西有「廣二百餘步」的通道，上通隴山，與吐蕃毗鄰，吐蕃往往由西越隴山寇唐。於是馬燧設立擋石，種植樹木以阻之，並於山下置兩門，設籬笆、望樓。[137]前引《唐會要‧關市》大震關興建在「重岡」、「高深」、「絕泉井，遠汲河流」，海拔較安戎關高，近隴山頂，人煙更為稀少的崇山峻嶺中，此「州西有通道」、「上連峻

---

132 《元和郡縣圖志》，卷2，〈關內道‧隴州‧汧源縣〉，頁45。《太平寰宇記》，卷32，〈關西道‧隴州‧汧源縣〉，頁687。《資治通鑑》，卷218，〈唐紀〉，頁6986胡注：「大震關，在隴州汧源縣西隴山。」

133 《元和郡縣圖志》，卷2，〈關內道‧隴州‧汧源縣〉，頁45。《太平寰宇記》，卷32，〈關西道‧隴州‧汧源縣〉，頁686。

134 《元和郡縣圖志》，卷2，〈關內道‧隴州‧汧源縣〉，頁45：「岍山，在縣西六十里。」《太平寰宇記》，卷32，〈關西道‧隴州‧汧源縣〉，頁686：「汧山，在縣西六十里。」案：汧山即小隴山。

135 相關說法甚夥，如吳洁生，〈唐大震關考〉，頁137-138。劉滿，〈秦漢隴山道考述〉，頁265。關治中、王克西，〈隴山諸關考——關中要塞研究之六〉，頁60。楊軍輝，〈關於唐大震關的幾個問題〉，《甘肅農業》，2006年第6期，頁292。

136 《舊唐書》，卷134，〈馬燧傳〉，頁3691。

137 《文選》（一），卷8，〈賦丁‧畋獵〉，頁371司馬長卿〈上林賦〉李善引郭璞：「檑，望樓。」

山」，道廣僅「二百餘步」當指安戎關以西，連接隴山頂至大震關這一段途中關道。[138]

由隴州汧源縣沿汧水西北行40唐里至安戎關，此關源於宣宗大中六年（852）三月，薛逵將大震關東徙30唐里，由隴山頂遷至山下。[139]安戎關依隴山之險，傍汧水之利，是以說「臨水挾山，當川限谷」，交通更為便捷，可謂「要會之口，實堪控扼」。遷關的原因與秦州收復有關，安史亂後，三州七關陷於吐蕃，吐蕃屢屢由秦州東越隴山，經由大震關入侵隴州，此為馬燧「立石植樹」之因，大震關亦隨戰亂而屢遭破壞。宣宗大中三年（849）七月秦州收復後，大震關免於再受吐蕃東侵，維修關防與道路聲音四起，[140]但因大震關久廢，[141]加上吐蕃勢力漸衰，終究於三年後（852）決定將關遷於隴山下，此為遷關的外部原因。

唐代大震關（今陝西省寶雞市隴縣上關廠）在隴州汧源縣西61里（約今32.5公里），大隴山東1里處。蘇海洋等人認為：

> 隴縣故關西北的「上關廠」和「下關廠」一帶離隴縣約30公里，
> 與大震關離隴州汧源縣的距離相當；地名「上關廠」和「下關
> 廠」證明兩地之間古代有關隘存在；「上關廠」一帶還發現墩台
> 遺迹。……大震關確定在「上關廠」一帶可能更妥帖些。[142]

今上關廠較下關廠更近隴山，與大震關在大隴山東1里處近隴山頂吻

---

[138] 《舊唐書・馬燧傳》所指為大震關道，此說亦見嚴耕望，《唐代交通圖考》（二），頁362。

[139] 王成成：「薛逵在審查了山川形勢後，將關址從山上移至山下。更利於大震關對隴坻道的控制。」詳參氏著，〈隴坻古道的繁榮與衰敗〉，頁41。

[140] 王開云：「吐蕃勢衰，秦州來歸，復通隴道，因而築關。」詳參氏主編，《陝西古代道路交通史》，頁224。

[141] 嚴耕望，《唐代交通圖考》（二），頁361、364。

[142] 蘇海洋、雍際春、晏波、龍曉妮，〈唐蕃古道大震關至鄯城段走向新考〉，頁63。

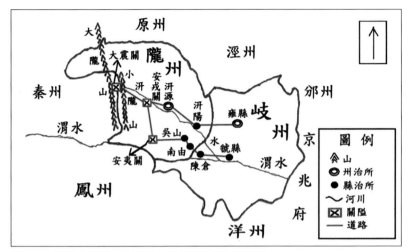

圖4-3-2　唐代大震關、安戎關、安夷關位置及其四周

出處：參《中國歷史地圖集》（五），頁40-41改繪。

合。且墩台遺跡疑似屬關城。又雍際春、蘇海洋考察這裡有古城遺
迹，城牆殘長約30米，殘高4米多，曾出土過城門石墩、瓦片，關南
百米有一個旗台石，上有直徑10釐米的圓洞，為唐營插旗杆之用。[143]

（三）關道

　　長安西行經岐州、隴州、秦州、渭州、蘭州至涼州的南道驛程，
具體里數據嚴耕望考證如下：[144]長安西行140里至京兆府武功縣，武
功縣分西路與北路，西路為主線，由武功縣西行170里，經岐州扶風
縣至治所雍縣。北路由武功縣北行210里，經京兆府好畤縣，岐州麟
游縣、大和關至雍縣。長安至岐州行西路計310里，行北路350里，北
路里程較遠，且至雍縣後仍需匯入西路，可見僅為西路的輔助道路。

---

[143]　雍際春、蘇海洋，〈絲綢之路隴右南道隴山段的交通路線〉，頁34。

[144]　嚴耕望，《唐代交通圖考》（二），頁354-385、416。另參王開主編，《陝
　　　西古代道路交通史》，頁223-224。

岐州西北行150里至隴州治所汧原縣，再西行340里，經安戎關、大震
關，越隴山至秦州治所上邽縣。秦州西行300里至渭州治所襄武縣，
再西北行380里至蘭州治所金城縣。蘭州西北行540里至涼州治所姑臧
縣。總計南道里程計2020里。（文後附圖4-3-3）

　　隋、唐時期利用大震關的史實，據《隋書・煬帝紀》大業五年
記載：

> 三月己巳，車駕西巡河右。庚午，有司言，武功男子史永遵與從
> 父昆弟同居。上嘉之，賜物一百段，米二百石，表其門閭。乙
> 亥，幸扶風舊宅。夏四月己亥，大獵於隴西。[145]

隋煬帝楊廣在大業五年（609）三月己巳日從都城出發，巡幸河右，翌
日（庚午），經京城西邊武功縣，表揚孝子史永遵，四天後（乙亥）先
經岐州扶風縣舊宅，繼而南道至隴西狩獵，途經大震關，可見此道亦是
皇帝巡遊路線之一。《舊唐書・薛舉傳》記載隋末群雄爭天下事件：

> 十三年秋七月，舉僭號於蘭州，……仁杲進兵圍秦州。……及仁
> 杲克秦州，舉自蘭州遷都之。遣仁杲引軍寇扶風郡，汧源賊帥唐
> 弼率眾拒之，兵不得進。初，弼起扶風，立隴西李弘芝為天子，
> 有徒十萬。舉遣使招弼，弼殺弘芝，引軍從舉。仁杲因弼弛備，
> 襲破之，並有其眾，弼以數百騎遁免。舉勢益張，軍號三十萬，
> 將圖京師。會義兵定關中，遂留攻扶風。太宗帥師討敗之，斬首
> 數千級，追奔至隴坻而還。[146]

隋煬帝大業十三年（617）七月，薛舉於蘭州稱帝，其子仁杲兵圍秦
州，爾後，佔領秦州，薛舉自蘭州遷都於此。繼而遣子東行略扶風

---

[145]　《隋書》，卷3，〈煬帝紀〉，頁72-73。
[146]　《舊唐書》，卷55，〈薛舉傳〉，頁2246。

郡，與郡內汧源縣的唐弼相抗，終併其軍，薛舉軍號稱三十萬，往東試圖侵略長安，李世民率眾破薛舉，並追擊至隴坻而還，途經大震關，可見此道亦是軍隊行走路線之一。

　　唐代天可汗地位反映在與周邊民族關係上。文成與金城兩位公主聯姻於吐蕃，據學者統計，前後200年間，雙方使者往來83次，[147]並在彼此努力下，開闢出連接兩國都城的唐蕃古道，[148]古道即經由大震關。沈亞之《隴州刺史廳記》記載：「隴益為國路，凡戎使往來者，必出此。」[149]隴州為戎使往來必經國路。宗教方面，玄奘於太宗貞觀元年（627）自長安西行，沿隴坻道經秦州、蘭州、涼州、瓜州至印度取經。[150]回唐後至大慈恩寺總理廟務，於高宗永徽三年（652）主持修建大雁塔於慈恩寺內。[151]

　　唐詩也傳達關道文化。杜甫〈秦州雜詩二十首〉第一首：「滿目悲生事，因人作遠遊。遲迴度隴怯，浩蕩及（入）關愁。水落魚龍夜，山空（通）鳥鼠秋。西征問烽火，心折此淹留。」[152]魚龍水即汧水，源於隴坻，鳥鼠山在渭州西，杜甫在隴州歷經「度隴怯」、「及（入）關愁」，即行經隴坻道時途經小隴山、大震關時表現「遲

---

[147] 張國藩、趙建平，〈絲綢之路隴坂古道考察散記〉，頁111。

[148] 蘇海洋、雍際春、晏波、龍曉妮，〈唐蕃古道大震關至鄯城段走向新考〉，頁62。

[149] 清・董誥等編，《全唐文》（北京：中華書局，1983.11，1版），卷736，沈亞之〈隴州刺史廳記〉，頁7603-1。

[150] 唐・慧立、彥悰著，孫毓棠、謝方點校，《大慈恩寺三藏法師傳》，收錄《大慈恩寺三藏法師傳／釋迦方誌》（合刊本）（北京：中華書局，2000.4，1版），卷1，〈起載誕於緱氏 終西屆於高昌〉，頁10-18：「貞觀三【元】年，玄奘西行，由京師先至秦州，又經蘭州、涼州，至瓜州，達伊吾、高昌。」

[151] 案：大慈恩寺建於唐太宗貞觀廿二年（648），當時太子李治（高宗）為母文德皇后追福而建。大雁塔則由玄奘主持修建於唐高宗永徽三年（652），目的是貯藏從印度取回的經像。塔原是仿照印度形式而修的五層磚塔，武則天長安年間（701-704）改建為七層。

[152] 唐・杜甫著，清・仇兆鰲注，《杜詩詳註》（北京：中華書局，1979.10，1版），卷7，〈秦州雜詩二十首〉，頁572-573。

迴」、「浩蕩」心情，沿汧水西行至秦州，本欲再西至渭州，但因烽火緣故，滯留於秦州，寫下此雜詩詠懷。

　　作為上關之一的大震關，沿途設有驛站以供驛騎使用。岑參詩云：「一驛過一驛，驛騎如星流。平明發咸陽，暮到隴山頭。……山口月欲出，光照關城樓。」[153]長安至小隴山途中經大震關，驛騎「一驛過一驛」，反映人群來往隴坻道之場景。「平明」至日暮不到一天時間即從咸陽到隴山頂，學者指出長安到隴山頭500里，正好是唐代驛使1天的路程。[154]日暮低垂時，月光投射至「隴山頭」上的大震關城樓，是以王維詩云「明月迴臨關」之感。[155]隴坻險要「高無極」，[156]不僅作為河水分水嶺，[157]人群登隴途中，或因夜行，為排解無趣而有「吹笛」、「鳴笳」之舉，[158]笳是一種古管樂器，鳴笳即吹笳。隴坻、隴關道是天然與人文交織形成的場域，這空間充滿著離別聲、馬行聲、軍旅聲與流水聲，是以王建〈隴頭水〉詩云：「征人塞耳馬不行，未到隴頭聞人聲。」[159]由於隴坻道沿汧水而行，流水聲更增添愛別離的傷感，岑參〈經隴頭分水〉云：「隴水何年有，潺潺逼路旁。東西流不歇，曾斷幾人腸。」[160]可見隴坻、大震關形成的關

---

[153]　唐・岑參著，廖立箋注，《岑嘉州詩箋注》（北京：中華書局，2004.9，1版），卷1，〈五言古詩・初過隴山途中呈宇文判官〉，頁239-242。

[154]　張國藩、趙建平，〈絲綢之路隴坂古道考察散記〉，頁108。

[155]　唐・王維著，陳鐵民校注，《王維集校注》（北京：中華書局，1997.8，1版），卷2，〈編年詩（開元）・隴頭吟〉，頁145-148。

[156]　唐・盧照鄰著，祝尚書箋注，《盧照鄰集箋注》（上海：上海古籍出版社，2011.10，2版），卷2，〈五言律詩・隴頭水〉，頁98-100：「隴阪高無極，征人一望鄉。」

[157]　唐・高適著，孫欽善校注，《高適集校注》（上海：上海古籍出版社，1984.2，1版），〈詩・登隴〉，頁218-219：「登隴遠行客，隴上分流水。」

[158]　《王維集校注》，卷2，〈編年詩（開元）・隴頭吟〉，頁145-148：「長安少年游俠客，夜上戍樓看太白。隴頭明月迴臨關，隴上行人夜吹笛。」清・彭定求等編，《全唐詩》（北京：中華書局，1960.4，1版），卷346，王涯〈隴上行〉，頁3874-3875：「負羽到邊州，鳴笳度隴頭。」

[159]　《全唐詩》，卷18，王建〈隴頭水〉，頁181。

[160]　《岑嘉州詩箋注》，卷6，〈五言絕句・經隴頭分水〉，頁744。

道，不僅是商旅往來，更為文化交流、觸景情懷之處。

關道莫過於與軍事行動最密切。《通鑑》高祖武德五年（622）八月突厥攻陷大震關。[161]肅宗至德元載：「安祿山遣其將高嵩以敕書、繒綵誘河、隴將士，大震關使郭英乂擒斬之。」[162]肅宗至德元載（756），安祿山攻破潼關，向西威逼河、隴，遣將高嵩以敕書、繒綵利誘隴州將士，被天水郡太守兼防禦守捉使及大震關使郭英乂擒獲並斬首。[163]

安史之亂歷經玄、肅、代三朝皇帝（755-763）。代宗廣德元年（763）正月平定後，同年七月吐蕃進入大震關，奪取河西、隴右之地，其實吐蕃早趁安祿山謀反，邊防軍隊內調入援之際，即不斷蠶食，史載「西北數十州相繼淪沒，自鳳翔以西，邠州以北，皆為左衽矣」，[164]十月吐蕃寇涇州，刺史高暉成為降將，引吐蕃東南入邠州，繼而南侵京兆府奉天縣、武功縣，京師動盪，即便緊急徵召雍王适與郭子儀為正、副元帥，仍因時間急迫，僅徵得二十騎兵，吐蕃帥吐谷渾、党項、氐、羌二十餘萬眾，至盩厔縣東司竹園北渡渭水，繼續往東朝咸陽而來，郭子儀請求中央增兵，被程元振阻止，雖有呂月將以精兵二千於盩厔縣西擊敗吐蕃，最終仍寡不敵眾，兵敗於盩厔縣，被擒。[165]

代宗大曆三年（768）九月，鳳翔節度使李抱玉，派遣李晟率兵五千擊吐蕃，李晟以千人西出大震關，繞至洮州，擊破吐蕃定秦堡，並焚毀裝備，俘虜堡帥而還，吐蕃回防，放棄圍困靈州，京師之危遂

[161]《資治通鑑》，卷190，〈唐紀〉，頁5955。
[162]《資治通鑑》，卷218，〈唐紀〉，頁6986。
[163]《新唐書》，卷67，〈方鎮表〉，頁1869隴右至德元載（756）：「天水郡太守兼防禦守捉使及大震關使。」
[164]《資治通鑑》，卷223，〈唐紀〉，頁7146-7147。陳正奇、穆渭生，〈唐後期隴右失陷與京畿安全危機述略〉，《中國歷史地理論叢》，2009年第4輯，頁95。
[165]《資治通鑑》，卷223，〈唐紀〉，頁7150-7151。

解。[166]德宗貞元二年（786）八月，吐蕃再次寇涇、隴、邠、寧州，九月，以騎兵逞於京兆府西北的好時縣，鳳翔節度使李晟趁吐蕃侵襲之際，遣將王佖夜襲敵營，並率三千兵入隴州汧陽縣，[167]同時告知王佖，待吐蕃自汧陽縣東進時，擊殺部隊的中軍，使其首尾無法「合勢」，果然，吐蕃兵敗。繼而又寇鳳翔城，李晟出兵敗之，十月，並兵襲摧沙堡，破之，焚其裝備。[168]宣宗大中三年（849）春季，下令在秦州與隴州之間的道路設置堡柵，[169]秦、隴交通需經隴坻與大震關，堡柵的增置更強化此區軍防。

　　綜上所述，長安至涼州路線有北道與南道之分，北道烏蘭路里數較南道秦州路近捷，不過，唐代仍以南道為盛，史載例證也以南道為主。嚴耕望以為北道（原州）平涼縣以西較峻險，南道雖迂，但較平坦，且沿途亦較富庶。[170]蘇海洋等人以為隴右南道（秦州路）所經地區自然條件優越、人口稠密、經濟富庶，所以後勤補給便利；隴右北道雖然便捷，但由於自然條件相對惡劣，且唐朝在秦州、渭州、蘭州狄道縣、會州、原州圍繞的區域，設立養馬牧地，造成所經地區人口稀少，補給困難。[171]可見南道雖迂迴但平坦，人口、經濟、後勤補給均較北道優，無怪乎成為長安通往西域的主幹道。

---

[166]　《資治通鑑》，卷224，〈唐紀〉，頁7202-7203。

[167]　汧陽縣位於汧水以北，處於河谷狹長地段，吐蕃騎兵不易在此發揮作用，相對而言，唐朝則易於設伏兵防守。又文宗大和元年（827）四月，於汧陽縣西北80里處築有臨汧城。詳參《舊唐書》，卷17，〈文宗紀〉，頁525。

[168]　《舊唐書》，卷196，〈吐蕃傳〉，頁5249。

[169]　《唐會要校證》，卷97，〈吐蕃〉，頁1489。

[170]　嚴耕望，《唐代交通圖考》（二），頁419。

[171]　蘇海洋、雍際春、晏波、龍曉妮，〈絲綢之路隴右南道甘肅東段的形成與變遷〉，頁130。「長安、隴州道是長安通向西域的主要驛道。」詳參王開主編，《陝西古代道路交通史》，頁222。

三、安夷關（文前附圖4-3-2）

安夷關名稱源自北魏太武帝太平真君八年（447），天水郡顯新縣併安夷，[172]嚴耕望以為關名當襲受於此。[173]《通典‧州郡》隴州南由縣：「隋故安夷關在今縣西。」[174]安夷關在隴州南由縣西。《元和志》記載南由縣西146里有安夷關，縣西100步有長蛇川，[175]1步5唐尺，[176]100步是500唐尺，又1唐（大）里＝1800唐尺＝531米，[177]100步約0.277唐里（今147.087公尺），即長蛇川東距南由縣距離不到150公尺。安夷關在長蛇川往西145.723唐里（今77.378公里）。又南由縣南40唐里（今21.24公里）有渭水，[178]可見關處於東長蛇川，南渭水，西小隴山，北有大震關。

《元和志》隴州吳山縣記載：「西北至州一百十里。」隴州南由縣記載：「東北至州一百二十里。」[179]換言之，南由縣在隴州西南120里，吳山縣在隴州東南110里，兩縣相距甚遠。然而，譚圖將兩縣繪於隴州東南，南由縣繪於吳山縣東南不遠處，[180]嚴耕望根據《寰宇記》廢南由縣在「在今縣東南十里」，認為廢南由縣在吳山縣南10里，是當在州東南120里，非西南也，今姑作州南120里。[181]筆者以為《元和志》記載南由縣「東北」至隴州120里當為「西北」誤擲，不

---

[172]　《魏書》，卷106，〈地形志‧秦州‧天水郡‧顯新縣〉，頁2610。

[173]　嚴耕望，《唐代交通圖考》（二），頁373。

[174]　《通典》，卷173，〈州郡‧隴州‧南由縣〉，頁4517。

[175]　《元和郡縣圖志》，卷2，〈關內道‧隴州‧南由縣〉，頁46。《太平寰宇記》，卷32，〈關西道‧隴州‧吳山縣‧廢南由縣〉，頁689。

[176]　王元林，〈蒲津大浮橋新探〉，《文物季刊》，1999年第3期，頁55。

[177]　陳夢家，〈畝制與里制〉，《考古》，1966年第1期，頁40-41。

[178]　《元和郡縣圖志》，卷2，〈關內道‧隴州‧南由縣〉，頁46：「渭水，在縣南四十里。」《太平寰宇記》，卷32，〈關西道‧隴州‧吳山縣‧廢南由縣〉，頁689。

[179]　《元和郡縣圖志》，卷2，〈關內道‧隴州‧吳山縣／南由縣〉，頁45-46。

[180]　譚其驤主編，《中國歷史地圖集》（五），頁40-41。

[181]　嚴耕望，《唐代交通圖考》（二），頁372。

論是吳山縣或南由縣皆位於隴州東南，吳山縣在東南110里，南由縣在東南120里，兩縣相距10里。

　　《唐會要・關市》宣宗大中六年三月，隴州防禦使薛逵奏：「臣當界又有南由路，亦是要衝，舊有水關，亦請准前扼捉。去正月二十七日起工，今月十七日畢，謹畫圖進上。」[182]這是薛逵上奏徙大震關於安戎關位置的後半段奏文，內容是大震關南另有南由路要道，「舊有水關」指的是隋故安夷關，宣宗大中六年（852）一月二十七日復建，今年三月十七日完工，修繕僅兩個月。此關據嚴耕望說法為南近渭水，遮渭水而置的水關。[183]可見安夷關南近渭水，東則距長蛇川較遠，乃是於渭水北側置關。

　　安夷關道又稱南由路，起因於關城東邊的南由縣。《三國志・夏侯淵傳》稱「陳倉狹道」，[184]因路線經過岐州陳倉縣，沿渭水北岸的狹道西行，是以徐日輝稱「陳倉渭水道」。[185]陳倉縣西北行經隴州南由縣，渡長蛇川至吳山縣，再至安夷關。[186]安夷關重要性不如大震關，僅為次關，史念海也說安夷關是為鞏固隴關和安戎關側翼的防禦而置，[187]此道位於安戎關南側，僅為西通隴坻的輔助路線。王開、穆渭生則認

---

[182] 《唐會要校證》，卷86，〈關市〉，頁1352。

[183] 嚴耕望，《唐代交通圖考》（二），頁372。劉滿，〈秦漢隴山道考述〉，頁268亦持此說。「不過，王開以為古代這一段渭水河谷是懸崖絕壁，不能通行，所以，安夷關也不會在渭河上遮水為關，當為遮通關河為關。」詳參王開主編，《陝西古代道路交通史》，頁226。寶雞市公路交通史志編寫辦公室編，《寶雞古代道路志》（西北：陝西人民出版社，1988.5，1版），頁145-147。

[184] 西晉・陳壽，《三國志》（北京：中華書局，1982.7，2版），卷9，〈魏書・夏侯淵傳〉，頁271。

[185] 徐氏日輝認為該道東起關中的陳倉，西至隴右上邽，傍行於渭水漕運，比渭水北岸的隴山道要艱險的多，因而史稱「狹道」。詳參氏著，〈「陳倉渭水道」與街亭戰役考〉，《中國歷史地理論叢》，2001年第2輯，頁90。

[186] 王開主編，《陝西古代道路交通史》，頁226-227。案：以作者所敘路線，以唐代縣重作推測。

[187] 史念海，〈關中的歷史軍事地理〉，收錄氏著，《河山集》（四集）（西安：陝西師範大學出版社，1991.12，1版），頁200。

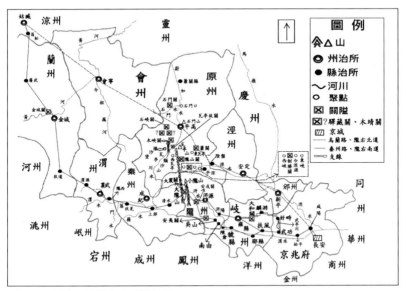

圖4-3-3　長安西逾隴山南段路線圖

出處：參《中國歷史地圖集》（五），頁40-41、61-62改繪。

為道路是人行畜馱的捷徑，[188]疑此關在唐代層級僅為下關，道路舒適
度不至太高，安戎關道仍為主道。換言之，南道秦州路在岐州境內的
南支線是由京兆府武功縣西經岐州扶風縣、郿縣、虢縣、陳倉縣，北
行接隴州南由縣、吳山縣、安夷關，再匯入南道主線。（圖4-3-3）

第四節　小結

　　原州境內有古隴山蟠踞州西南，成為河川源頭，蔚如水北流入黃
河，瓦亭川水與涇水分別向南與東南流入渭水，山、水屏障加上關隘

---

[188]　王開主編，《陝西古代道路交通史》，頁225。穆渭生，《唐代關內道軍事
　　　地理研究》，頁270。

有隴山、瓦亭、木峽（硤）、蕭、石門、制勝、石峽、驛藏、木靖等九關，扮演著安史亂後，西禦吐蕃重要的天然景觀與人文設施，原州九關多依隴山而置，目的在增強防禦之勢。三州七關兵民歸唐的時間在宣宗大中三年（849）正月，與吐蕃本身內亂有關。但領土當時仍未為唐所有，待至大中三年六至七月才陸續收復。而七關名稱實為九關興替更迭的結果。

首先是隴山關（上關）取代瓦亭關（驛道中關）。隴山關是唐前期用語，後期稱六盤關，位於原州平高縣南的隴山上。瓦亭關興建於隴山北垂的瓦亭山，一方面因為中道的興起，隴山關取代瓦亭關；另一方面由瓦亭川入關中較涇水繞路，再加上隴山關的地理位置勝於隴山腳下的瓦亭關，使得瓦亭關退居故關角色。其次是木峽關（驛道中關）取代蕭關（驛道中關），木峽關位於平高縣西南頹沙山上，由於唐代於原州北置蕭關縣，加上蕭關道受到侵蝕而荒蕪難行，蕭關及其道路退居次要。

唐代長安西逾隴山北段的北道交通屬於絲路東段，又稱烏蘭路或隴右北道，大致沿涇水西北行。由京城西北行經咸陽縣、醴泉縣、奉天縣、大橫關（上關）至邠州，再經涇州、原州蕭關、會州、蘭州至涼州，其中在涇州經安定縣、陰盤縣，陰盤縣是北道與中道分歧點。中道隨著隴山關與木峽關崛起而明朗化，蕭關所在的北道短暫居幕後。由陰盤縣向西經原州平涼縣、東峽、今涇源縣、制勝關（驛道中關）、西峽，登大隴山頂上的隴山關後，一方面西行經瓦亭關，與隴山北側口的木峽關銜接，再北往平高縣，匯入北道，此即中道，或稱長安平涼道（雞頭道）；另一方面可由此抵達隴山以西。

中道的確在唐代短暫取代北道陰盤縣－蕭關－平高縣段，但終究在起點陰盤縣與終點平高縣與北道共用，加上路徑較遠，北道仍是主幹道。伴隨中道而興起的關隘有平高縣西的石峽關（下關），為南入隴山口之一，關南有驛藏（下關）、木靖（下關）二關，關北有石門關（驛道中關），設置於石門水北側，此關西北可通往會州，東北沿石門

水至蔚如水，北往靈州，東南至平高縣，作為原州西北的門戶。

總之，唐代關中西面隴山北段的軍事防禦是由山、河、關所構成。山的主體以隴山為要，石門山、瓦亭山、頹沙山居次；河的主體以涇水為要，蔚如水、瓦亭川水、石門水居次；關有隴山、瓦亭、木峽（硤）、蕭、石門、制勝、石峽、驛藏、木崝、大橫等十關，其中位於隴山北道及其周圍關隘有大橫關、蕭關、石門關等三關，居中道者有隴山關、瓦亭關、木峽（硤）關、制勝關、石峽關、驛藏關、木崝關等七關。

絲路東段的南道乃是經隴山南段的小隴山而行，稱為秦州路或隴右南道。路線是由長安西行經岐州、隴州、秦州、渭州、蘭州至涼州，微觀之則是由主線與南、北兩支線形成，主線是由長安經京兆府的咸陽縣、始平縣、武功縣，西行入岐州扶風縣、雍縣（治所）、西北入隴州汧陽縣、汧源縣（治所）、安戎關、小隴山、大震關（上關）、大隴山，西行入秦州清水縣、上邽縣、伏羌縣，西行入渭州隴西縣、襄武縣、渭源縣，西北行入蘭州狄道縣、金城縣（治所）、金城關、廣武縣，西北行入涼州昌松縣、姑臧縣（治所）。北支線是由京兆府武功縣向北經好畤縣，西行入岐州麟遊縣，西南行經大和關（四面中關→上關），再匯入主線道上的雍縣。南支線是由岐州扶風縣，西南行經郿縣、虢縣、陳倉縣，西北行入隴州南由縣、吳山縣、安夷關（下關），再匯入主線道上安戎關。此道主、支線構成的交通，沿途由一上關一中關一下關扼守。

安夷關位於隴州南由縣西，南近渭水，北有安戎關，關在唐代有過興廢。關道又稱南由路，與關城東邊的南由縣有關，三國時稱「陳倉狹道」，因路線經過岐州陳倉縣，又因沿渭水北岸的狹道西行，又稱「陳倉渭水道」。安夷關僅為大震關、安戎關側翼的次關，作為主線的輔助道路，道路舒適度不至太高。

大震關（上關）位於隴州汧源縣西，汧水北，大、小隴山間且近山頂處，名稱源自漢武帝登隴山途中遇雷震，東漢時稱隴關，北周時

改稱大震關、大寧關，宋代稱隴山關。宣宗大中六年一月，薛逵奉命重築大震關，同時考察新、舊關地理形勢，以為舊關（大震關）建在隴山上，遠離泉、井、河流，新關（安戎關）東遷且改名，關城依山傍水，同時築牆、挖地塹、蓋堡壘，關城的地理形勢成為遷關的內部原因。至於遷關的外部原因與秦州收復有關，安史亂後，三州七關陷於吐蕃，大震關亦隨戰亂而屢遭破壞。大中三年（849）七月秦州收復，維修大震關與關道聲音四起，但因關隘久廢不堪，加上吐蕃勢力衰弱，終究決定於三年後（852）將關由隴山頂上的大震關遷於山下，是為安戎關。

　　長安西逾隴山的絲路東段交通，北道雖然較南道近捷，不過，唐代仍以南道為盛，原因是南道雖迂迴但平坦，人口、經濟、後勤補給均較北道優，無怪乎成為都城通往西域的主幹道。

第五章　長安南逾秦嶺與北去河套、受降城諸關

第一節　背景概述與章節安排

　　秦嶺是中國地理上地形與氣候重要的南、北分界之一。西起甘肅臨洮，東至河南崤山、熊耳山、伏牛山，以東西走向之勢橫亙於關中、陝西南部，制約著長安南至四川、湖北的路線，往來於「重山複巘，老林密佈」的秦嶺乃依南、北向的谷道而行。[1] 河套位於關中北部，黃河中、上游兩岸農業灌溉發達之處，自上游而下依序有西套、後套、前套，前套、後套合稱東套。三套位於北緯37度以北，西有賀蘭山，北有陰山，東有呂梁山，南有長城，分屬今寧夏回族自治區、內蒙古自治區與陝西省。黃河沿賀蘭山北上，歷經西套，順陰山南而東，經後套與前套，再沿呂梁山南下，形成「几」字狀，（圖5-1-1）西套、後套、前套如黃河之套，故其名。受降城據《新唐書‧地理志》關內道豐州永豐縣東受降城條記載：「景雲三年，朔方軍總管張仁愿築三受降城。」[2] 唐睿宗景雲三年（712）張仁愿於河套北側、黃河北岸上游自下游修築西、中、東三受降城，作為防禦北方突厥前線的軍事駐防體。[3] 三個受降城同時與黃河三套互為關中北面軍防與農業要帶。

　　本章第一部分從長安南面的地域控制談起。唐代關中南逾秦嶺的谷道主要有六條，以京兆府方位而言，正南方有子午道、庫谷道，

---

[1]　嚴耕望，《唐代交通圖考》（三）（臺北：中央研究院歷史語言研究所專刊之八十三，1985.9，初版），頁674。

[2]　北宋‧歐陽修、宋祁撰，《新唐書》（北京：中華書局，1975.2，1版），卷37，〈地理志‧關內道‧豐州‧永豐縣〉，頁976。

[3]　三受降城的設置與對外交通的開通與突厥有關。石維娜，〈唐長安通往「三受降城」的驛路及其歷史作用〉，《華夏文化》，2011年第4期，頁27。

穿越秦嶺段的南山，對應的關防為京兆府的子午關、庫谷關，地域上
是由南山、豐水／庫峪河、子午關／庫谷關構成。東南方有藍田道、
武關道，穿越秦嶺段的嶢山、商山，對應的關防為京兆府的藍田關，
商州的武關，地域上由嶢山、藍溪、藍田關，以及商山、丹水、武關
構成。西南方有駱谷道、散關道，穿越秦嶺段的終南山、大散嶺，對
應的關防為京兆府的駱谷關，岐州的散關，地域上由終南山、駱水、
駱谷關，以及大散嶺、散谷水、散關構成。六座人為興築的關，除各
依秦嶺段的山脈之外，也多半依水而建，藉由探討六座關的位置、名
稱、交通等，其如何與山、水相依，山、水、關交錯的山川形便與人
文設施，構成關中南面完整的軍防布局與地域控制。

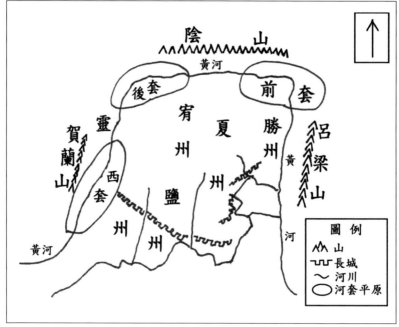

圖5-1-1　河套平原

出處：參《中國歷史地圖集》（五），頁40-41改繪。

第二部分從長安北面的地域控制談起。唐代關中北往河套與受降城有三條路線，東線是由長安東北行至前套、東、中受降城，沿途所經關隘有延州的合嶺關，綏州的魏平關，單于大都護府的雲伽關。往西受降城有兩條路線，其一是由東線中的延州膚施縣西北行是為中線，延州的蘆子關扼守此道。其二是經西套、後套的西線，沿途有寧州的定安關，慶州的驛馬關與豐州佚名關鎮守。再者，東線與西線中另有主、支線之分。最後宏觀長安至三受降城的交通網絡與關防布局，提出自然環境如何影響交通路線。進而對唐代關中北面山、河、關軍事布局有更進一步認識。

第二節　長安正南面諸關

一、子午關的名稱（文後附圖5-2-1）

唐代子午關位於京兆府長安縣（今陝西省西安市）南百里。[4]關置於在谷中，谷名據《讀史方輿紀要》（以下簡稱《方輿紀要》）記載，稱為子午谷，[5]不過，嚴耕望以為關不在子午谷，而在灃水上源夾谷中，[6]譚其驤地圖關亦繪於渭水支流的豐水上游，[7]可見關實設置於豐（灃）水谷中。既然關不在子午谷，何以稱子午關？又子、午二字意思為何？此有待先行釐清。

一說子、午二字借指皇帝、皇后，《漢書・王莽傳》：「莽以

---

[4]　《新唐書》，卷37，〈地理志・關內道・京兆府・長安縣〉，頁962。唐・李吉甫撰，賀次君點校，《元和郡縣圖志》（北京：中華書局，1983.6，1版），卷1，〈關內道・京兆府・長安縣・子午關〉，頁6。

[5]　清・顧祖禹撰，賀次君、施和金點校，《讀史方輿紀要》（北京：中華書局，2005.3，1版），卷53，〈陝西・西安府・咸寧縣〉，頁2535。

[6]　嚴耕望，《唐代交通圖考》（三）頁676。

[7]　譚其驤主編，《中國歷史地圖集》（五）（北京：中國地圖出版社，1982.10，1版），頁40-41。

皇后有子孫瑞，通子午道。子午道從杜陵直絕南山，徑漢中。」張晏曰：「時年十四，始有婦人之道也。子，水；午，火也。水以天一為牡，火以地二為牝，故火為水妃，今通子午以協之。」[8]「南山」即子午道通往秦嶺段的別稱，西漢平帝元始五年（A.D.5），欲篡漢的王莽（時任安漢公），[9]以被封為皇后的女兒「有子孫瑞」為由，疏通從長安南側的杜陵（今陝西省西安市），通往秦嶺段的南山，以達漢中的子午道。又子喻水、天、牡、皇帝，午喻火、地、牝、皇后，通子午道祈求女兒能順利生產，此說語帶漢代陰陽五行之韻。

　　另說與方位有關，顏師古曰：「子，北方也。午，南方也。言通南北道相當，故謂之子午耳。今京城直南山有谷通梁、漢道者，名子午谷。」[10]古人以子表北方，午指南方，子午關位於長安縣南百里的子午谷道上，路線大致呈南北向，但道路全線也不完全向南，有些段落則是折向西南、正西、甚至西北。[11]顏師古又說：「宜州西界，慶州東界，有山名子午嶺，計南北直相當。此則北山者是子，南山者是午，共為子午道。」[12]子午嶺乃由稱子的北山與稱午的南山構成，以子、午二字名之乃是此山呈南北向。

　　總之，子、午本意指皇帝（子）與皇后（午）有子嗣祥瑞，藉由通子午道暗指子女能順利產出，以及南北向方位說。又子午關置於子午谷與豐水谷相匯處，關雖置於豐水谷，但僅為子午谷夾谷而已，[13]故仍以子午名之。又豐水谷道兩側高山，存在形狀如羊的巨石，故此

8　後漢・班固，《漢書》（北京：中華書局，1962.6，1版），卷99，〈王莽傳〉，頁4076。

9　李之勤，〈歷史上的子午道〉，《西北大學學報》（哲學社會科學版），1981年第2期，頁38。

10　《漢書》，卷99，〈王莽傳〉，頁4076。

11　李之勤，〈《讀史方輿紀要》卷五六《子午道》條校釋〉，《中國歷史地理論叢》，2000年第3輯，頁28。

12　《漢書》，卷99，〈王莽傳〉，頁4076。

13　劉樹友認為此關位於兩山相鉗之間，同時卡住了沿子午谷和灃峪口進入關中的關鍵處。詳參氏著，〈秦嶺諸關考──關中要塞研究之四〉，《渭南師專學報》（社會科學版），1999年第4期，頁26。

關亦稱石關、關石、石羊關。[14]

二、子午道

　　唐代子午道路線與漢魏時期是有區別的。漢魏子午舊道由長安縣（今陝西省西安市）南子午谷入，經關城所在的豐水谷，越秦嶺南山段，沿洵水南流至金州洵陽縣（今陝西省安康市旬陽縣），溯漢水經治所西城縣（今陝西省安康市漢濱區）、安康縣（今陝西省安康市漢濱區）、石泉縣（今陝西省安康市石泉縣），[15]西入洋州黃金縣（今陝西省漢中市洋縣）、興道縣（今陝西省漢中市洋縣），再西行經梁州城固縣（今陝西省漢中市城固縣）、治所南鄭縣（今陝西省漢中市南鄭縣）。交通大致沿洵水、漢水水路而行，但因路程繞道，甚是不便，是以南朝梁有改道之舉。

　　《元和郡縣圖志》（以下簡稱《元和志》）京兆府長安縣子午關：「梁將軍王神念以舊道緣山避水，橋梁多壞，乃別開乾路，更名子午道，即此路也。」[16]史念海也說舊道「本來由南至漢水之濱，再折向西行，水濱多有災患，後改行幹路，直至洋州附近，與出駱谷關路相合。唐初玄奘入蜀求經，即由此道。」[17]王神念以子午舊道沿南山，依河谷而行，橋樑多因水漲而易壞，乃須避水，另開新路，稱為乾路，[18]乾路即取道路避水之意。

　　梁朝的乾路（子午新道）針對南山以南的子午道路線作調整。嚴耕

---

[14] 嚴耕望，《唐代交通圖考》（三）頁676。劉樹友，〈秦嶺諸關考——關中要塞研究之四〉，頁26。李之勤，〈歷史上的子午道〉，頁39。李之勤，〈《讀史方輿紀要》卷五六《子午道》條校釋〉，頁30。

[15] 李之勤以為漢魏時期，子午道的最南端在漢江支流池河下游，今石泉縣的池河鎮附近。詳參氏著，〈歷史上的子午道〉，頁38。

[16] 《元和郡縣圖志》，卷1，〈關內道・京兆府・長安縣・子午關〉，頁6。

[17] 史念海，〈隋唐時期的交通與都會〉，收錄氏主編，《唐史論叢》（第六輯）（西安：陝西人民出版社，1995.10，1版），頁11。

[18] 舊道，自王神念開新道後，似亦未全廢，故史料所見，頗有由子午趨上津、金州（今安康）者，然亦可能由子谷東南小道插入乾元縣，與義谷、駱谷道合黢？詳參嚴耕望，《唐代交通圖考》（三），頁682。

望以為越秦嶺的子午道，經由洵水上游之西源，經葭閣，度入直水（今池河）河谷，循谷道至金州安康縣。[19]劉樹友云：「子午道的南段路向西移動，改至今石泉縣境。」[20]李之勤云：「子午道的中段改取了較為直捷的新線，即從洵河上游向西南過腰竹嶺，經今寧陝縣西行，順子午谷，沿漢江北岸，過洋縣到漢中。」[21]子午新道興築於舊道西，越秦嶺後，由洵水上游往西南方向過腰竹嶺，經今陝西省安康市寧陝縣後，往西南至金州石泉縣，石泉縣往南可至安康縣，往西溯漢水可至洋州黃金縣、[22]興道縣。舊道則由洵水上游順河南流，可見不論新、舊道皆以洵水上游作為分歧，舊道往南，新道往西南。[23]換言之，唐代子午道乃是由長安南行至子午關，越過秦嶺南山段後，西南行經金州至洋州興道縣。

　　《唐六典》將子午關層級訂為中關，[24]但屬驛道中關抑或四面中關則不明確。前述子午關在唐代長安縣南百里，此關是京城南面關之一，符合四面關標準。《法苑珠林》記載終南山大秦嶺竹林寺與子午關相距五十許里、獨聖寺與子午關南第一驛三交驛相距五里，[25]位於子午關南的三交驛說明唐前期子午道上是有設置驛站，且周遭有竹林、獨聖等寺廟，僧侶往來甚是便利，如玄奘（602-664）於隋末與兄至先至蜀受佛法業，後與兄「經子午谷入漢川」，[26]透過子午道經漢

---

[19]　嚴耕望，《唐代交通圖考》（三）頁671-672。

[20]　劉樹友，〈秦嶺諸關考──關中要塞研究之四〉，頁26。

[21]　李之勤，〈歷史上的子午道〉，頁38-39。

[22]　《新唐書》，卷40，〈地理志・山南道・洋州・黃金縣〉，頁1034-1035：「有子午谷路。」

[23]　嚴耕望云：「乾道向西南斜出，至唐之洋州，是為新道。」詳參氏著，《唐代交通圖考》（三）頁670。

[24]　唐・李林甫等撰，陳仲夫點校，《唐六典》（北京：中華書局，1992.1，1版），卷6，〈尚書刑部〉「司門」條，頁195-196。

[25]　唐・釋道世著，周叔迦、蘇晉仁校注，《法苑珠林校注》（三）（北京：中華書局，2003.12，1版），卷39，〈伽藍篇・致敬部・感應緣〉，頁1252。黃運喜，〈玄奘的四川之行〉，《西南民族大學學報》（人文社科版），2007年總第185期，頁167。

[26]　唐・慧立、彥悰著，孫毓棠、謝方點校，《大慈恩寺三藏法師傳》，收

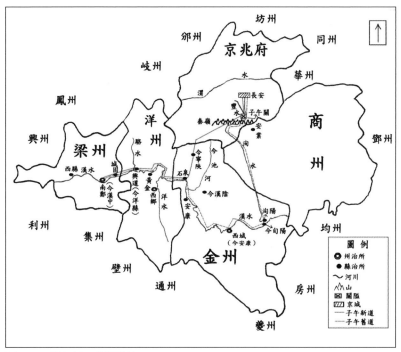

圖5-2-1　子午新、舊道路線

出處：參《中國歷史地圖集》（五），頁40-41、52-53改繪。

川至蜀。可見子午關不但是京城四面關且有驛道經過，當列為上關，
是否可以說《唐六典》分類的唐代天下關層級只能表示玄宗開元期間
的情況，嚴耕望也說關雖為京師四面關之一，但開元時未置驛，[27]是
以《唐六典》將此關定位為中關。換言之，關的層級在唐朝是不斷在
改變，如子午關在唐前期屬上關，玄宗開元時屬四面中關，層級變化

錄《大慈恩寺三藏法師傳／釋迦方誌》（合刊本）（北京：中華書局，
　　2000.4，1版），卷1，〈起載誕於緱氏 終西屆於高昌〉，頁7。嚴耕望：
　　「唐初子午道曾置驛，玄奘由長安入蜀，即取此道。」詳參氏著，《唐代
　　交通圖考》（三），頁681。
[27]　嚴耕望，《唐代交通圖考》（三），頁677。

亦反應關的重要性隨時在調整。

　　楊貴妃（719-756）喜愛的荔枝也是透過子午道運送。《新唐書・后妃傳》：「妃嗜荔支，必欲生致之，乃置騎傳送，走數千里，味未變已至京師。」[28]楊貴妃喜愛的荔枝，以快騎運送數千里至京師。《方輿紀要》：「唐天寶中涪州貢生荔枝，取西鄉驛入子午谷，不三日至長安。」[29]山南西道的涪州貢獻新鮮荔枝，往北取道至洋州治所西鄉縣（今陝西省漢中市西鄉縣），再經由縣驛入子午道至長安，開元時子午道未置驛，天寶年間玄宗為楊貴妃喜好荔枝，講求新鮮，特置驛站傳遞。隨著子午道上驛站的設置，可說子午關在玄宗天寶時層級再次調整為上關。

　　子午道是長安南行往今漢中、四川的捷徑之一，相對而言，京畿的安全措施亦甚為關鍵。《唐會要・關市》記載：

> 寶應元年九月，勅：「駱谷、金牛、子午等路往來行客所將隨身器仗等，今日以後，除郎官、御史、諸州部統進奉事官，任將器仗隨身，自餘私客等皆須過所上具所將器仗色目，然後放過。如過所上不具所將器仗色目數者，一切於守捉處勒留。」[30]

代宗寶應元年（762）九月下詔，往來於駱谷、金牛、子午道路者，除官員及其進奉朝廷者之外，隨身器仗須在過所上載明種類、名目，才准予通行。可見代宗以前的商旅可自由隨身攜帶器仗，不需申報。《資治通鑑》（以下簡稱《通鑑》）代宗廣德二年正月：「吐蕃之入長安也，諸軍亡卒及鄉曲無賴子弟相聚為盜；吐蕃既去，猶竄伏南山子午等五谷，所在為患。」[31]代宗廣德二年（764）正月，吐蕃侵入長安，造

28　《新唐書》，卷76，〈后妃傳〉，頁3494。

29　《讀史方輿紀要》，卷56，〈陝西・漢中府・儻駱道〉，頁2670。

30　北宋・王溥撰，牛繼清校證，《唐會要校證》（西安：三秦出版社，2012.5，1版），卷86，〈關市〉，頁1352。

31　北宋・司馬光編著，元・胡三省音註，《資治通鑑》（北京：中華書局，

成社會混亂，盜賊為亂，即便吐蕃後來被唐軍平息，亡軍逃卒仍竄伏於南山子午等五谷為患。南山據胡三省注解，西以岐州，東至虢州為界，五谷為子午谷、斜谷、駱谷、藍田谷、衡嶺谷，皆屬南山大谷，尤以子午谷為首，子午谷上的子午道與子午關，重要性亦由此可見。

三、庫谷關與庫谷道：兼論義谷道與錫谷道
（文後附圖5-2-2）

　　《新唐書‧地理志》京兆府藍田縣記載：「有庫谷，谷有關。」[32]庫谷關設置於庫谷，位於京兆府藍田縣（今陝西省西安市藍田縣）。藍田縣名依《元和志》京兆府藍田縣引《周禮》：「『玉之美者曰球，其次為藍』蓋以縣出美玉，故曰藍田。」[33]玉有等級之分，美者稱球，次等稱藍，藍田縣出產次級玉，故縣名有藍字。又縣東28唐里有「藍田山，一名玉山，一名覆車山。」[34]縣名與山亦有關，又因縣內產玉，故藍田山有玉山之名。唐代藍田縣位於都城東南方，為通往鄧州南陽縣（今河南省南陽市）、襄州治所襄陽縣（今湖北省襄陽市），以至於江南、嶺南等地，同時位於藍田武關驛道的北端，地理位置極其重要。[35]

1956.6，1版），卷223，〈唐紀〉，頁7160。
32　《新唐書》，卷37，〈地理志‧關內道‧京兆府‧藍田縣〉，頁963。《元和郡縣圖志》，卷1，〈關內道‧京兆府‧藍田縣〉，頁16：「周閔帝割京兆之藍田又置玉山、白鹿二縣，置藍田郡，至武帝省郡復為藍田縣，屬京兆，後遂因之。」
33　《元和郡縣圖志》，卷1，〈關內道‧京兆府‧藍田縣〉，頁15-16。「校勘記」：〈考證〉：今《周禮》無此文，樂史作《周禮注》，宋敏求《長安志》亦作「周禮」，畢沅未加校正。案辛氏《三秦記》有此二語，不知所本，《周禮》古經散佚，難微信矣。（頁22）
34　《元和郡縣圖志》，卷1，〈關內道‧京兆府‧藍田縣‧藍田山〉，頁16。《漢書》，卷28，〈地理志‧京兆尹‧藍田縣〉，頁1543：「山出美玉。」
35　李之勤，〈藍田縣的兩個石門與唐長安附近藍武道北段的水陸聯運問題〉，《中國歷史地理論叢》，1992年第2輯，頁63。

　　《元和志》京兆府藍田縣記載：「東北至府八十里。」[36]實為縣西北是京兆府，[37]庫谷關據嚴耕望考，位於藍田縣西南50里，長安東南80里，[38]關在子午關東側，[39]京兆府南680唐里取庫谷道至金州，[40]道上有南、北口，北口為庫谷關所扼，南口為旬關控制。[41]長安南向入北口庫谷關，越秦嶺，經商州安業縣（今陝西省商洛市柞水縣），循今乾佑河，匯入洵水，於洵陽縣再入漢水，溯漢水至金州治所西城縣。

　　庫谷關所在的庫谷實為關道，庫谷又稱庫峪河谷，庫谷道依庫峪河谷，其西側依序有依大峪河谷的義谷道，以及小峪河谷的錫谷道，[42]庫峪、大峪、小峪三條河谷由東向西，依序的三條道路並排南行，越過秦嶺頂上，三路次第於今陝西省商洛市鎮安縣相合，成為一條道路。[43]三道中以庫谷道為主道，義谷道與錫谷道僅為庫谷道的輔助性道路，故關置於庫谷道。

　　《唐六典》將庫谷關定位為中關，[44]但究竟屬京城四面關還是驛道關？嚴氏考此關在長安東南，東南方位是否屬於四面關定義？以《唐六典》將位於長安東南的藍田關歸類為上關標準來看，[45]唐代界

---

[36] 《元和郡縣圖志》，卷1，〈關內道・京兆府・藍田縣〉，頁15。
[37] 譚其驤主編，《中國歷史地圖集》（五），頁52-53。
[38] 嚴耕望，《唐代交通圖考》（三），頁682。
[39] 史念海，〈隋唐時期的交通與都會〉，頁11。
[40] 《元和郡縣圖志》，卷1，〈關內道・京兆府・八到〉，頁3：「南取庫谷路至金州六百八十里。」
[41] 吳亞娥，〈試論安康境內的幾條古交通要道〉，《安康師專學報》，1994年第1期，頁82。
[42] 穆渭生，《唐代關內道軍事地理研究》（陝西：陝西人民出版社，2008.7，1版），頁246。辛德勇，〈隋唐時期長安附近的陸路交通──漢唐長安交通地理研究之二〉，收錄氏著，《古代交通與地理文獻研究》（北京：中華書局，1996.7，1版），頁162。
[43] 史念海，〈西安地區地形的歷史演變〉，《中國歷史地理論叢》，1995年第4輯，頁40-41。嚴耕望，《唐代交通圖考》（三），頁685-686。
[44] 《唐六典》，卷6，〈尚書刑部〉「司門」條，頁195-196。
[45] 《唐六典》，卷6，〈尚書刑部〉「司門」條，頁195-196。

定的四面可說是以今日四方位（北、東、南、西）或八方位（北、東北、東、東南、南、西南、西、西北）。因此，庫谷關不但是京城四面關之一，庫谷道尤為義谷道、錫谷道之首，理論上在唐朝某時期為上關之一，也許是玄宗開元時未置驛，《唐六典》才將層級定位為中關，即當時屬於京城四面中關。再者，庫谷道相對於義谷道、錫谷道雖為主道，三道為今鎮安縣匯合，南沿今乾佑河於金州洵陽縣與子午舊道相合，隨著梁朝以後子午新道的斜向西南，庫谷道重要性亦大為降低。

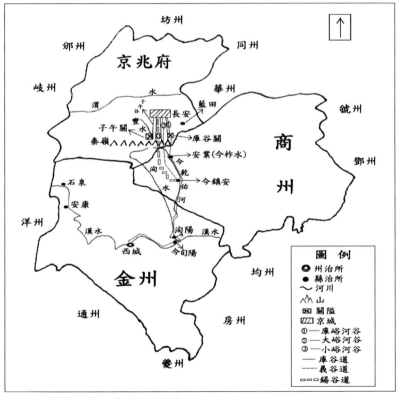

圖5-2-2　庫谷、義谷、錫谷三道路線

出處：參《中國歷史地圖集》（五），頁52-53改繪。

四、關中正南面的子午關、庫谷關及其關道

　　子午關、庫谷關作為唐代關中正南面的地域控制，兩關消長反應關層級在唐朝的演變。《唐六典》將子午關、庫谷關訂為中關層級，實子午關在京城南，庫谷關在京城偏東南，皆符合京城四面中關定義，又分別有子午道與庫谷道，是以既為京城四面關且有驛道所經，兩關可說是上關。史籍將兩關記為中關，僅可視為玄宗開元時未置驛的情況，此時為京城四面中關。

　　庫谷道控制長安偏東南行經商州、金州，西行經洋州至梁州治所南鄭，並於商州今鎮安縣匯合來自長安的義谷道、錫谷道，於金州洵陽縣與子午舊道相匯。可見子午舊道與庫谷道在洵陽縣以西路線重疊，這也間接影響庫谷道的重要性。隨著梁朝開關子午新道取代舊道，路線斜向西南，庫谷道重要性更加式微，交通衰微也影響關防層級。雖然子午關與庫谷關皆為上關，玄宗開元時兩關降為四面中關，但從唐前期玄奘入蜀求佛法，唐中期玄宗天寶時特置驛站運送四川來的貴妃荔枝，以及唐後期代宗時下詔對子午等關，進出人員隨身攜帶物的管制，可知子午關在唐朝前後期地位舉足輕重，認定此關在唐代多數時期為上關層級是可信的。相對而言，庫谷關及其關道隨著子午新道開關，路線重疊，關、道地位在唐朝不如子午關、道來得重要，庫谷關在唐朝疑似以四面中關層級居多數時期。

第三節　長安東南面諸關

一、藍田關的地理環境（文後附圖5-3-1）

　　唐代藍田關層級屬上關，[46]位於京兆府藍田縣東南，此關即秦、

46　《唐六典》，卷6，〈尚書刑部〉「司門」條，頁195-196。

漢時期嶢關。[47]藍田縣多山，除前引《元和志》縣東28里處有藍田山（玉山、覆車山）外，藍田山北有倒虎山（玄象山），[48]縣東南25里處有簣山。[49]質言之，藍田縣東北、東、東南群山環繞，關則置於群山之中。《說文解字》釋「嶢」：「焦嶢，山高皃」，[50]《漢書・高帝紀》顏師古引應劭曰：「嶢山之關。」[51]嶢字意為高山，舊時嶢關乃是置於「嶢山」之關，劉樹友認為嶢山位於藍田縣南側秦嶺山脈一段的專稱。[52]可見嶢山屬秦嶺部分，地處嶢山的藍田關，周遭亦多山環繞。

藍田關氣候多變化，韓愈詩中描寫自己朝夕之間，因諫佛骨而遭貶職至嶺南道的潮州，其距離長安城有八千里，途中見到「雲橫秦嶺」而睹思「家何在」，「雪擁藍關馬不前」之景，[53]臨秦嶺的藍關曾有過積雪。杜荀鶴提及「馬度藍關雨雪多」，[54]藍田關簡稱藍關，雪景之外，雨多亦是此關特色。

藍田關位於藍田縣何處？張守節引《括地志》：「藍田關在雍州藍田縣東南九十里，即秦嶢關也。」[55]藍田關位於雍州（京兆府）藍田縣東南唐90里。《元和志》京兆府藍田縣：「藍田關，在縣南九十里，即嶢關也。秦趙高將兵拒嶢關，沛公引兵攻嶢關，踰蕢山擊秦

[47] 《新唐書》，卷37，〈地理志・關內道・京兆府・藍田縣〉，頁963。
[48] 北宋・樂史，王文楚等點校，《太平寰宇記》（北京：中華書局，2007.11，1版），卷26，〈關西道・雍州・藍田縣〉，頁556：「倒虎山，一名玄象山，在覆車山北。」
[49] 《元和郡縣圖志》，卷1，〈關內道・京兆府・藍田縣〉，頁16。
[50] 後漢・許慎撰，清・段玉裁注，《說文解字注》（上海：上海古籍出版社，1988.2，2版），九篇下「山」部，頁441。
[51] 《漢書》，卷1，〈高帝紀〉，頁22引應劭語。
[52] 劉樹友，〈秦嶺諸關考——關中要塞研究之四〉，頁27。
[53] 唐・韓愈著，錢仲聯、馬茂元校點，《韓愈全集》（上海：上海古籍出版社，1997.10，1版），〈詩集〉卷11，〈左遷至藍關示侄孫湘〉，頁98：「雲橫秦嶺家何在？雪擁藍關馬不前。」
[54] 清・彭定求等編，《全唐詩》（北京：中華書局，1960.4，1版），卷692，杜荀鶴〈辭鄭員外入關〉，頁7972。
[55] 前漢・司馬遷，《史記》（北京：中華書局，1982.11，2版），卷54，〈曹相國世家〉，頁2023注引。

軍，大破之。」[56]《括地志》與《元和志》分別代表兩部唐前、後期的史籍，由此可知唐前期藍田關在縣東南90唐里，後期關在縣南90唐里。此外，《太平寰宇記》（以下簡稱《寰宇記》）雍州藍田縣記載藍田關在縣東南98宋里。[57]史籍說法不論在方位與里數皆有分歧，此與不同朝代以及同一朝代之前、後期單位用法不同有關，抑或藍田縣位置有所更動，造成方位與里數上的落差。[58]譚圖則將藍田關繪於藍田縣東南，[59]疑關在縣東南方位。

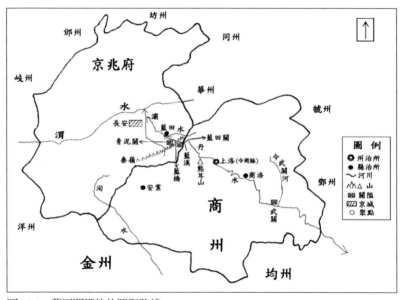

圖5-3-1　藍田關遷徙位置與路線

出處：參《中國歷史地圖集》（五），頁40-41、52-53改繪。

---

[56]　《元和郡縣圖志》，卷1，〈關內道・京兆府・藍田縣〉，頁16。

[57]　《太平寰宇記》，卷26，〈關西道・雍州・藍田縣・藍田關〉，頁556。

[58]　劉樹友曾提到相差八里的主要原因在於藍田縣城曾向北移動過。詳參氏著，〈秦嶺諸關考──關中要塞研究之四〉，頁27。

[59]　譚其驤主編，《中國歷史地圖集》（五），頁52-53。

　　藍田關不僅在位置上呈現分歧，其所在的行政區亦有商州與京兆府兩種說法。商州說以牛樹林、郭敏厚為首，認為藍田關等於嶢關，關址已超出藍田縣東南境內，在今商州境內西北的牧護關。[60]京兆府說以陳維旭為主，此說否定關在商州，並認為嶢關不等於藍田關，藍田關就在藍田縣，嶢關在藍田縣東南。[61]然而，藍田關依唐代前、後期史籍記載，皆屬京兆府，又藍田縣東南為藍田關，即古嶢關，今牧護關，實為不同時期，名稱有異的關名沿革，關理應位於京兆府藍田縣東南。

二、藍田道

　　唐代藍田關位於長安東南方，沿此東南行經武關，藍田關與武關交通有重疊，是有「嶢武」合稱用語，[62]道路名可稱藍田武關道。又嶢關東南行約1公里處即到秦嶺頂端，[63]此關建於秦嶺近高處，皮日休詩曰：「千巖作鏁，萬嶂為拴。」[64]可謂畫龍點晴藍田關的地理形勢。藍田關既屬唐代上關，不但居京城四面關，且有驛道所經，柳宗元〈館驛使壁記〉提及：「自灞而南至於藍田，其驛六，其蔽曰商州，其關曰武關。」[65]從灞水南至藍田縣的驛站有六，嚴耕望以為

---

[60]　牛樹林、郭敏厚，〈「藍關」考〉，《人文雜誌》，1994年增刊。牛樹林、郭敏厚，〈秦漢嶢關、唐藍關小考〉，《商洛學院學報》，2008年第3期，頁1。牛樹林、郭敏厚、耶磊，〈秦漢嶢關、唐藍關續考——從文獻所載「藍田縣東南」的里程說起〉，《商洛學院學報》，2009年第1期，頁46、48。

[61]　陳維旭，〈漢唐嶢關、藍關考略——兼與牛樹林、郭敏厚先生商榷〉，《商洛學院學報》，2006年第1期，頁28-29。

[62]　唐・張九齡著，熊飛校注，《張九齡集校注》（北京：中華書局，2008.11，1版），卷3，〈奉使自藍田玉山南行〉，頁268-270：「嶢武經陳迹，衡湘指故園。」

[63]　劉樹友，〈秦嶺諸關考——關中要塞研究之四〉，頁27。

[64]　清・董誥等編，《全唐文》（北京：中華書局，1983.11，1版），卷797，皮日休〈藍田關銘〉，頁8363。

[65]　唐・柳宗元，吳文治等校點，《柳宗元集》（北京：中華書局，1979.10，1版），卷26，〈館驛使壁記〉，頁703-704。

是霸橋驛、藍田驛、青泥驛、韓公驛、藍橋驛、藍溪驛，[66]王開改霸橋驛為五松驛，其餘與嚴氏同。[67]顯然此關所扼交通為陸驛，關屬陸關。[68]

藍田武關道據李之勤考證，由灞橋驛循灞水東岸，趨東南行至藍田驛（今藍田縣）、藍田故驛（舊藍田縣，有青泥驛），至韓公（堆）驛（七盤嶺），東南行越灞水支流藍谷水，經藍橋驛、藍溪驛，約115里至藍田關，東南行越秦嶺，經丹江谷地，東南行至武關。[69]藍田關東南行經商州治所上洛縣（今陝西省商洛市商州區）、鄧州內鄉縣（今河南省南陽市西峽縣），南行至襄州（今湖北省）與荊州（今湖北省），荊州臨長江，可由長江水運通行上、下游，即《通典・食貨》所謂：

> 東至宋、汴，西至岐州，夾路列店肆待客，酒饌豐溢。每店皆有驢賃客乘，倏忽數十里，謂之驛驢。南詣荊、襄，北至太原、范陽，西至蜀川、涼府，皆有店肆，以供商旅。[70]

沿途店家提供豐盛酒食待客，並有驢子供商旅往來使用，由於藍田武關道是長安東南至荊州、襄州的捷徑，故唐前期社會穩定之際，官私行旅多取此道於斯。安史亂後，河北淮河一帶為藩鎮所據，京師所需東南物資仰賴水、陸往西北輸送，由於水運易受季節、氣候影響，較不穩定。相對而言，陸運藍田武關道扮演著補給都城重要角色，無怪

---

[66]　嚴耕望，《唐代交通圖考》（三），頁638。

[67]　王開主編，《陝西古代道路交通史》（北京：人民交通出版社，1989.8，1版），頁192。

[68]　「唐代的藍武道本系陸驛而非水驛，歷史上也從未見在藍武道北道組織水陸聯運的記載。」詳參李之勤，〈藍田縣的兩個石門與唐長安附近藍武道北段的水陸聯運問題〉，頁69。

[69]　李之勤，〈唐代藍武道上的七盤嶺與韓公堆〉，收錄氏著，《西北史地研究》（鄭州：中州古籍出版社，1994.12，1版），頁126-133。

[70]　唐・杜佑撰，王文錦等點校，《通典》（北京：中華書局，1988.12，1版），卷7，〈食貨七〉，頁152。

乎德宗貞元二年（786）十二月定「從上都至汴州為大路驛，從上都至荊南為次路驛」，[71]僅次於大路驛的藍田武關道是為次路驛。

唐代利用藍田武關道的史例，首先是代宗廣德元年（763）十月，吐蕃入侵關中，皇帝東逃至都畿道陝州（今河南省三門峽市），後車駕西行經潼關至京畿道華州（今陝西省渭南市）。[72]郭子儀（時任關內兵馬副元帥）於商州收集散兵及武關防兵共4000人，循藍田武關道返至藍田，會合諸路勤王之師，收復京城。

其次，尚可孤（時任神策兵馬使）為魚朝恩收為養子，取名魚智德，統禁兵三千於岐州的扶風縣（今陝西省寶雞市扶風縣）、京兆尹的武功縣（今陝西省咸陽市武功縣），軍紀嚴明。魚朝恩死後，皇帝賜尚可孤李姓，名嘉勳。德宗建中四年（783）十一月，業已發生涇原兵變，尚可孤奉召討伐李希烈（時任淮西節度使），同時率軍三千於襄州襄陽，往西北行藍田武關道，自武關入援，由於敵軍勢重，尚可孤乃駐軍於藍田縣東南韓公驛與藍橋驛之間的七盤，修城柵營居，值朱泚部將仇敬（仇敬忠）等來攻，被尚可孤軍隊擊退，進而取道藍田關，收復藍田縣。興元元年（784）四月，仇敬續攻被可孤軍隊擒斬，五月收復京城。[73]

最後是僖宗中和三年（883）二月，各路唐軍會集長安，黃巢軍屢敗，糧食用罄，巢以三萬軍「搤藍田道」，胡三省注「通自武關南走之路」，[74]並早已暗中陳兵三萬於藍田武關道，確保道路的暢通，同時「遺珍寶於路」，[75]使自身得以順利由藍田入商山沿東南而去。

71 《唐會要校證》，卷61，〈館驛使〉，頁905。
72 《資治通鑑》，卷223，〈唐紀〉，頁7151-7153。後晉‧劉昫，《舊唐書》（北京：中華書局，1975.5，1版），卷196，〈吐蕃傳〉，頁5237-5239。
73 《舊唐書》，卷144，〈尚可孤傳〉，頁3911-3912。《資治通鑑》，卷229，〈唐紀〉，頁7372。
74 《資治通鑑》，卷255，〈唐紀〉，頁8289-8290。
75 《資治通鑑》，卷255，〈唐紀〉，頁8294。

三、武關位置（文後附圖5-3-2）

　　武關位置據張守節云：「商州東一百八十里商洛縣界。」[76]唐代商州治所在上洛縣，武關在上洛縣東180唐里的商洛縣界（今陝西省商洛市丹鳳縣）。李泰則云：「故武關在商州商洛縣東九十里。」[77]唐代武關在商州上洛縣東180里，商洛縣東90里，隸屬於商洛縣，關位於上洛、商洛東南方。據考古報告所示，今商洛地區丹鳳縣武關城遺址東、南、西三面臨武關河。關城平面呈長方形，面積約4萬平方米，牆體夯築，尚存部分東、西牆，殘高6.5米，寬2.5米，夯層厚10釐米。兩牆各闢一磚石砌券門。東門外額題「武關」，門內額題「古少習關」；西門額題「三秦要塞」。[78]武關東邊四公里的山上還遺留有一段春秋時期的秦楚分界石牆，殘高約0.6米。[79]可見武關居丹水北岸今武關河處。[80]

---

[76] 《史記》，卷40，〈楚世家〉，頁1726《正義》。

[77] 《史記》，卷6，〈秦始皇本紀〉，頁248《正義》引《括地志》。《史記》，卷54，〈曹相國世家〉，頁2023《正義》引《括地志》。《史記》，卷118，〈淮南衡山列傳〉，頁3091《正義》。《新唐書》，卷37，〈地理志·關內道·商州·商洛縣〉，頁966：「東有武關。」

[78] 陝西省文物事業管理局編制，《中國文物地圖集》（陝西分冊）（下）（西安：西安地圖出版社，1998.12，1版），頁1187。

[79] 趙靜，〈武關煙雲漫談〉，《文博》，2005年第2期，頁55。

[80] 武關位置有「未動」和「變動」兩說，兩說主要是針對《史記》，卷6，〈秦始皇本紀〉，頁249《集解》引引文穎語「武關在析西百七十里弘農界」之析地位置認知不同有關。主張「未動」說有劉樹友、侯甬堅，以為武關在析地【唐為鄧州內鄉縣（今河南西峽縣）】西170里處，即商洛縣東南90里武關河畔的武關。此說詳參劉樹友，〈武關考──關中要塞研究之七〉，《渭南師範學院學報》，2002年第3期，頁49。侯甬堅，〈論唐以前武關的地理位置〉，《陝西師範大學學報》（哲學社會科學版），1986年第3期，頁82-88。主張「變動」說有余方平、王昌富、李孝聰，認為武關在析地【唐為鄧州（今河南淅川縣）】西170里處，即今商南縣南丹水是早期位置，北魏以後才從丹江沿岸，遷移到今丹鳳縣，即商洛縣東南90里武關河畔。此說詳參王昌富，〈早期武關地望初探〉，《文博》，1989年第4期，頁21。余方平、王昌富，〈武關早期位置探索新論〉，《商洛學院學報》，2008年第1期，頁30。李孝聰，《中國區域歷史地理》（北京：北京

四、武關道

　　武關道的開闢有自然與人為因素。先是西安以東的秦嶺因山體強烈抬升，渭河谷地的沉降，造成北坡陡峻雄險，北流入渭水的河流以水短流急的小河居多，僅有灞水流程緩而長，[81]灞水源頭與漢水最長支流丹水相對，透過秦嶺北側的灞水與南側丹水，兩河道連接形成的孔道，此為自然因素。爾後，西周時楚人由中原往關中、商洛、豫西南，而由江漢平原輾轉遷徙過程中開闢出來的，[82]成為西安穿越秦嶺通往東南的道路。由於路線經藍田關、武關，道路名有藍田道、武關道、藍田武關道。又因這一段秦嶺名為「商山」或「商洛山」，[83]另有商山道、商山路之稱。

　　唐代武關道亦是物資運送道路。《舊唐書・穆寧傳》蕭宗上元二年（761）：「河運不通，漕輓由漢、沔自商山達京師。」[84]白居易於穆宗長慶二年（822）七月，以中書舍人的身分至杭州，途經藍溪時寫下：「東道既不通，改轅遂南指。自秦窮楚越，浩蕩五千里。」[85]安史亂後，關東漕渠常為割據勢力所遏，江淮財賦無法平穩經由黃河、渭水達於京師，漢水、丹水、藍田武關道成為江南物資送抵都城的重要交通路線。德宗貞元二年（786）十二月，皇帝更將此路定為「次路驛」，[86]即從長安、商州、襄州、荊州的路線是僅次兩都間的

大學出版社，2004.10，1版），頁246。案：筆者以為武關變動說在證據上仍不足，故傾向關址未動說。

[81]　李孝聰，《中國區域歷史地理》，頁245。

[82]　劉樹友，〈武關考——關中要塞研究之七〉，頁45。

[83]　李孝聰以為這段秦嶺又名「商山」、「商洛山」。詳參氏著，《中國區域歷史地理》，頁246。

[84]　《舊唐書》，卷155，〈穆寧傳〉，頁4114。

[85]　唐・白居易著，顧學頡校點，《白居易集》（北京：中華書局，1979.10，1版），卷8，〈閒適・古調詩五言・長慶二年七月自中書舍人出守杭州路次藍溪作〉，頁148。

[86]　《唐會要校證》，卷61，〈館驛使〉，頁905：「從上都至汴州為大路驛，從上都至荊南為次路驛。」

「大路驛」，為當時全國第二驛道。

名利路是此道另一名稱。王貞白詩云：「商山名利路，夜亦有人行。」[87]齊己：「前程有名利，此路莫艱難。」[88]江南名士至京城謀取功名利祿，取道近捷的商山路，有時因路程關係，即使夜半，路難行，依舊不減人民求取名利之心。白居易〈登商山最高頂〉詩對於商山名利路語道更是精闢：

> 高高此山頂，四望唯烟雲；下有一條路，通達楚與秦。或名誘其
> 心，或利牽其身；乘者及負者，來去何云云！我亦斯人徒，未能
> 出囂塵；七年三往復，何得笑他人！[89]

商山路聯絡著戰國時秦、楚兩國，此路前方有「名誘心」、「利牽身」，來往者何其多。朝中官員的任、貶數度由此經過，如白居易有「七年三往復」之語。相對於此道名為武關道，充滿著軍事、政治意味，[90]名利路反應的是經濟與文化色彩。嚴耕望歸納唐代長安與江淮嶺之間交通，只有東取汴河水道，西取商鄧陸路。水道運輸量大，物資運輸多取東路，陸路行程捷近，公私行旅多取西路，旅途亦較艱辛。[91]商山路雖因陸路而旅途艱辛，但仍以京城往東南近捷著稱，成為人們來往京師的重要選擇。

唐代關中東側有華州潼關，關隘南有武關和盧靈關，北有龍門關和蒲津關，成為潼關的左右兩翼。[92]武關、蒲津關與潼關互為犄角

---

[87]　《全唐詩》，卷701，王貞白〈商山〉，頁8061。

[88]　《全唐詩》，卷840，齊己〈過商山〉，頁9480。

[89]　《白居易集》，卷8，〈閑適‧古調詩五言‧登商山最高頂〉，頁152-153。

[90]　如《資治通鑑》，卷220，〈唐紀〉，頁7037肅宗至德二載（A.D.757）十月記載：「壬子，興平軍奏：破賊於武關，克上洛郡。時王難得領興平軍。」

[91]　嚴耕望，《唐代交通圖考》（三），頁664-665。

[92]　《陝西軍事歷史地理概述》編寫組，《陝西軍事歷史地理概述》（西安：陝西人民出版社，1985.6，1版），頁125。

之勢，三關對於都城東方的國防安全起到一定程度的作用，攻守雙方皆須慎重考慮的半弧防禦圈。武關道路況據張九齡云：「伏奉四月十四日制，授臣荊州大都督府長史。聞命皇怖，魂膽飛越！即日戒路，星夜奔馳，屬小道所使多，驛馬先少。」[93]張九齡奉命至荊州擔任大都督府長史，行經武關道時，發現山道不廣且為小道，加上來往使者多，以致於驛馬時而不敷使用，驛程受到影響。《太平廣記》引〈玉堂閒話〉：「舊商山路多有鷙獸害其行旅。」[94]可見此道尚多猛獸擾行。

武關道沿途驛站據柳宗元語：「自灞而南至於藍田，其驛六，其蔽曰商州，其關曰武關。」[95]嚴耕望釋「藍田」為藍田關，關至長安170里，平均驛距不到30里。[96]又《元和志》記載京兆府東南至商州265里，[97]則藍田關至商州為95里。若釋「藍田」為藍田縣，前述藍田關在縣東南90里，則長安至藍田縣為80里，平均驛距在14里以下。驛站間相距甚短，一方面反映此道的重要性；另一方面道路不平坦，置驛密度相對提高。藍田武關道路線是由長安東南行80里至京兆府藍田縣，東南行90里至藍田關，東南行130里至商州治所上洛縣，東南行90里至商洛縣，東南行90里至武關，東南行350里至鄧州內鄉縣，東南行沿湍水50里至新城縣（今河南省南陽市內鄉縣），東南行45里至治所穰縣（今河南省南陽市鄧州市），南行160里至襄州安養縣（今湖北省襄陽市），南渡漢水20里至治所襄陽縣，凡1100餘里。[98]

---

[93] 《張九齡集校注》，卷13，〈荊州謝上表〉，頁702-705。

[94] 北宋・李昉等編，《太平廣記》（九）（北京：中華書局，1961.9，新1版），卷432，〈商山路〉，頁3508引。

[95] 《柳宗元集》，卷26，〈館驛使壁記〉，頁703-704。

[96] 嚴耕望，《唐代交通圖考》（三），頁638。

[97] 《元和郡縣圖志》，卷1，〈關內道・京兆府・八到〉，頁3：「東南至商州二百六十五里。」

[98] 嚴耕望，《唐代交通圖考》（三），頁638-660。王開主編，《陝西古代道路交通史》，頁191-196。

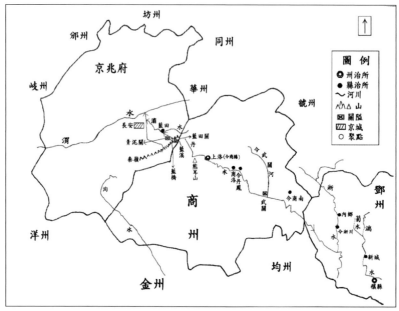

圖5-3-2　武關遷徙位置與路線

出處：參《中國歷史地圖集》（五），頁40-41、52-53。陝西省文物事業管理局
　　　編制，《中國文物地圖集》（陝西分冊），頁1187改繪。

　　商山路是唐代長安往東南地區的重要路線，沿途路段多沿丹水北
側，夏、秋兩季江水上漲，時而沖毀道路，[99]加上路久損壞，史載曾
有修治、拓寬。嚴耕望以為中宗景龍中，崔湜由商州西境開山道通藍
田縣西南的石門，由此折北至藍田縣西境，商州以東則利用丹水漕
運，由襄陽溯漢水轉丹水。新道路基不易鞏固，常摧陷不通。崔氏
死後，商州以西復循舊道。[100]不過，唐後期再次針對商山道拓寬與開
新路。

　　《唐會要·道路》德宗貞元七年（791）八月記載：

---

[99]　王開主編，《陝西古代道路交通史》，頁190。
[100]　嚴耕望，《唐代交通圖考》（三），頁660-661。

> 貞元七年八月，商州刺史李西華請廣商山道，又別開偏道，以避
> 水潦。從商州西至藍田，東抵內鄉，七百餘里皆山阻，行人苦
> 之。西華役功十餘萬，修橋道，起官舍。舊時每至夏秋，水盛阻
> 山澗，行旅不得濟者，或數日糧絕，無所求糴。西華通山間道，
> 謂之偏路，人不留滯，行者為便。[101]

商州刺史李西華上奏請求「廣商山道」，以及「開偏道，以避水潦」
兩件事。「廣商山道」是從京兆府藍田縣至鄧州內鄉縣之700餘里道
路，透過「修橋道，起官舍」，拓寬道路以避「山阻」。開偏道、偏
路是為避水禍，因每逢夏、秋兩季，水多阻塞山谷間水流，造成行旅
通行不便，甚至延滯行程，糧食用盡。又《寶刻叢編》商州〈唐新修
橋驛記〉：「唐韋行儉撰，柳汶正書，元和八年立。」〈唐商於驛路
記〉：「唐翰林學士承旨韋琮撰、太子賓客柳公權書，祕書者校書郎
李商隱篆額、商州刺史呂公。碑不著名。移建州之新驛碑，以大中元
年正月立。」[102]可見憲宗元和與宣宗大中年間，對於商山道有建橋、
置驛。王開認為這麼多名士、學者，為之撰書建碑立志，說明不是一
個小工程。[103]誠可為真。

五、關中東南面的藍田關、武關及其關道

《唐六典》雖然記載唐朝天下關有26座關，藍田關屬上關，武關
卻未見列入任一層級，這說明史籍26數字並非代表整個唐朝關隘的總
數，頂多只能反應玄宗開元時期關防數。再者，藍田關與武關所在的
藍田武關驛道上，一方面是唐後期全國第二驛道，德宗皇帝將此道定

為「次路驛」，另一方面，天下士人謀取功名利祿的行經道路，素有
「名利路」之稱。可謂唐代長安通往東南州縣的重要幹道，是以唐後
期屢屢有因道路損壞而有整治、拓寬之舉，這都意味此道的重要性，
居其驛道上且位於京城東南方位的武關，應與藍田關同屬上關層級。

　　藍田關與武關雖然皆處於長安東南方，但以藍田關較近京城，
武關偏遠，這離都城一近一遠的兩關，扼守關中東南面的地域，層層
防衛更增添此道險峻。或許是因藍田關離長安較近，重要性較武關倍
增，《唐六典》僅列藍田關為代表上關，對於同樣層級且居同驛道的
武關則省略。

第四節　長安西南面諸關

一、駱谷關的位置、設置與變遷（文後附圖5-4-1）

　　《新唐書‧地理志》鳳翔府盩厔縣（今陝西省西安市周至縣）記載有
駱谷關。[104]關的地理形勢可透過縣名來分析，《通典》京兆宜壽縣：
「漢盩厔縣，武帝置。山曲曰盩，水曲曰厔，因山水之曲，故以名
之。」[105]山、水之曲折乃盩厔本意，山是指縣南側秦嶺段終南山，水
是指縣北側的渭水，地勢上南高北低，穆渭生語山曲水曲是因秦嶺北
坡險峻，河流短急的地理特徵。[106]張守節引《括地志》：「駱谷關在
雍州之盩厔縣西南二十里，開駱谷道以通梁州也。」[107]《元和志》關
內道京兆府盩厔縣：「駱谷關，在縣西南一百二十里。」[108]駱谷關在

---

[104]　《新唐書》，卷37，〈地理志‧關內道‧鳳翔府‧盩厔縣〉，頁967。

[105]　《通典》，卷173，〈州郡三〉，頁4511。

[106]　穆渭生，《唐代關內道軍事地理研究》，頁244-245。

[107]　《史記》，卷104，〈田叔列傳〉，頁2779。《元和郡縣圖志》，卷2，〈關
　　　內道‧京兆府‧盩厔縣‧駱谷關〉，頁32。

[108]　《元和郡縣圖志》，卷2，〈關內道‧京兆府‧盩厔縣‧駱谷關〉，頁32。

縣城西南有20唐里（小程約9.088公里；大程約10.91公里）與120唐里（小程約54.528公里；大程約65.46公里）兩說，[109]劉樹友考周至縣（案：盩厔縣）西南行30里為駱谷出口，自此南行80里為十八盤嶺，又南下10里至河底，即為漢魏時期的駱谷關關址。[110]嚴耕望說法與劉氏同，[111]疑唐代駱谷關在縣西南120唐里（今55-65公里）。

　駱谷關設置於道路北段，[112]南段洋州興道縣設有華陽關。柳宗元〈館驛使壁記〉記載：「自長安至於盩厔，其驛十有一，其蔽曰洋州，其關曰華陽。」[113]北段駱谷關與南段華陽關為駱谷道的南北關隘，也是京師掌控關中至西南的要關。《新唐書・地理志》盩厔縣提到武德七年（624）設置駱谷關，[114]不過，《隋書・地理志》京兆郡盩厔縣下有「關官」之置，[115]可見駱谷關在隋代早已有之，李之勤也說最晚設置在隋代，[116]唐初當為復置，駱谷關在國家待興之際重置，某種程度而言也反應此道的利用價值。[117]

　唐代駱谷關因涉及變遷而有新、舊關之別。《元和志》京兆府盩厔縣駱谷關：「武德七年，開駱谷道以通梁州，在今關北九里，貞觀四年移於今所。」[118]「今關」是指駱谷舊關，盩厔縣西南120唐里

---

[109] 據日人足立喜六研究，唐里有小程與大程之分，小程一里折合今公尺為454.4，大程則為545.5。詳參氏著，王雙懷、淡懿誠、賈雲譯，《長安史迹研究》（西安：三秦出版社，2003.1，1版），〈小引〉，頁3。

[110] 劉樹友，〈秦嶺諸關考──關中要塞研究之四〉，頁25。

[111] 嚴耕望，《唐代交通圖考》（三），頁690。

[112] 李之勤，〈儻駱古道的發展特點、具體走向和沿途要地〉，《文博》，1995年第2期，頁49。雷震，〈歷史時期的儻駱道及其作用〉，《陝西理工學院學報》（社會科學版），2011年第4期，頁42。

[113] 《柳宗元集》，卷26，〈館驛使壁記〉，頁704。

[114] 《新唐書》，卷37，〈地理志・關內道・鳳翔府・盩厔縣〉，頁967。

[115] 唐・魏徵、令狐德棻，《隋書》（北京：中華書局，1973.8，1版），卷29，〈地理志・京兆郡・盩厔縣〉，頁808。

[116] 李之勤，〈《讀史方輿紀要》陝西省漢中府「儻駱道」條校釋〉，《中國歷史地理論叢》，2000年第1輯，頁236。

[117] 徐志斌，〈論唐代儻駱道的特點與價值〉，《陝西理工學院學報》（社會科學版），2011年第3期，頁18。

[118] 《元和郡縣圖志》，卷2，〈關內道・京兆府・盩厔縣・駱谷關〉，頁32。

處。武德七年（624）設置的駱谷是新關，新關既在「今關北九里」，
則近於十八盤嶺處，頗有居高臨下之勢，李之勤云：「今稱官城
子」，為「關」字的音轉，由駱谷關而得名。[119]不過，新關如曇花
般，於太宗貞觀四年（630）「移於今所」，即再次南移9里回盩厔縣
西南120里舊關處。[120]換言之，駱谷關有新、舊之分，新關在舊關北9
里，存在時間始於高祖武德七年（624）至太宗貞觀四年（630），唐朝
仍以駱谷舊關為主。

二、駱谷道

　　駱谷關所扼交通是由谷道形成的。《元和志》山南道洋州興道
縣：「按駱谷在長安西南，南口曰儻谷，北口曰駱谷。」[121]《新唐
書》洋州興道縣：「有駱谷路，南口曰儻谷，北口曰駱谷。」[122]駱谷
北口稱駱或駱谷，位於盩厔縣西南，南口稱儻或儻谷，位於洋州興道
縣，連接南北口道路稱為駱谷道、儻谷道、儻駱道，駱谷關因置於北
口駱谷而得名。北口的駱水河谷，以及南口的儻水河谷實際上並非直
接相通的谷道，而是經過西駱谷水、黑水、湑水、酉水、儻水等五條
水的河谷，組成一條迂迴曲折的山谷道路。[123]

　　駱谷道北口在盩厔縣西南30里，嚴耕望以為在南30里。[124]南口
位置據《元和志》山南道洋州興道縣記載：「儻谷，一名駱谷，在

---

[119] 李之勤，〈儻駱古道的發展特點、具體走向和沿途要地〉，頁49。

[120] 穆渭生，《唐代關內道軍事地理研究》，頁243。辛德勇，〈隋唐時期長安
附近的陸路交通──漢唐長安交通地理研究之二〉，頁171。

[121] 《元和郡縣圖志》，卷22，〈山南道‧洋州‧興道縣‧駱谷路〉，頁562。

[122] 《新唐書》，卷40，〈地理志‧山南道‧洋州‧興道縣〉，頁1034。《讀
史方輿紀要》，卷56，〈陝西‧漢中府‧儻駱道〉，頁2668：「南口曰
儻，……北口曰駱。」

[123] 王開主編，《陝西古代道路交通史》，頁177。

[124] 嚴耕望，《唐代交通圖考》（三），頁688。

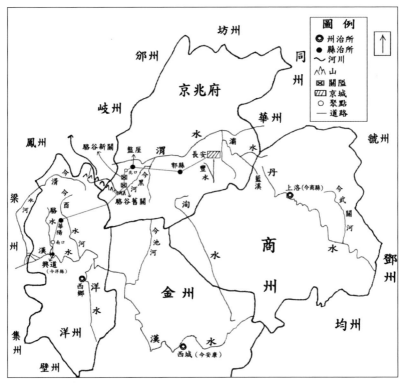

圖5-4-1　駱谷關的位置變遷與交通

出處：參《中國歷史地圖集》（五），頁40-41、52-53改繪。

縣北三十里。」[125]南口儻谷，亦稱駱谷，位於洋州興道縣北30里處。
洋州舊治所興道縣北至盩厔縣500里，[126]又北口在盩厔縣西南／南30
里，南口在興道縣北30里，則駱谷南、北口河谷長440里。路線由長
安西南行至京兆府鄠縣（今陝西省西安市盧縣），西行至盩厔縣，南行入
駱谷北口，經駱谷關至洋州華陽縣（今陝西省漢中市洋縣），西南行至駱

---

[125]　《元和郡縣圖志》，卷22，〈山南道・洋州・興道縣・儻谷〉，頁562。

[126]　《元和郡縣圖志》，卷22，〈山南道・洋州・八到〉，頁561：「北至京兆
府盩厔縣五百里。」

谷南口，南行至治所興道縣。[127]

北口與南口並非直接相通，而是透過五條河谷形成山谷道路，道路崎嶇之外，沿途亦多危險。《通鑑》記載德宗貞元三年（787），皇帝自駱谷道至梁州，途中遇大雨，道路濕滑，衛士多叛亡。[128]《元和志》洋州興道縣：「谷中多反鼻蛇，青攢蛇一名燋尾蛇，常登竹木上，能十數步殲人。人中此蛇者，即須斷肌去毒，不然立死。」[129]此道多能爬竹木的毒蛇，距離十步尚能攻擊人，被攻擊者不立刻處理，會有生命危險。李紳〈南梁行〉自注：「駱谷中多毒樹，名山琵琶。其花明豔，與杜鵑花同。樵者識之，言曰，早花殺人。」[130]名為山琵琶的樹，其花色澤鮮豔，與杜鵑花近似，實本身有毒能殺人。

岑參〈酬成少尹駱谷行見呈〉：「五馬當路嘶，按節投蜀都。千崖信縈折，一徑何盤紆。層冰滑征輪，密竹礙隼旗。深林迷昏旦，棧道淩空虛。……峰攢望天小。」[131]道中多懸崖且迴旋曲折而至蜀郡，冬天時層冰使車輪滾滑，茂密竹林阻礙官員通行，峯高頂天，不但由底處仰望天變得如此渺小，早晨亦看似黃昏，棧道上少有人通行而略顯空虛，駱谷關興建於此，更增添險要。《丹淵集》描述駱谷「高峯偃蹇雲崔嵬，層崖巨壑長峽開。龍蛇縱橫虎豹亂，古棧巧裂埋深苔。行人側足恐懼過，飛鳥斂翅哀鳴回。」[132]「高峯」、「層崖」，龍蛇、虎豹肆虐，棧道裂開，深苔暗藏於內。德宗時有詔令佈達於洋州等百姓，「絕碉縈迴，危棧綿亙。時經霖雨，道阻且長。」[133]總之，

[127] 嚴耕望，《唐代交通圖考》（三），頁689-695。王開主編，《陝西古代道路交通史》，頁177-180。

[128] 《資治通鑑》，卷232，〈唐紀〉，頁7491。

[129] 《元和郡縣圖志》，卷22，〈山南道‧洋州‧興道縣‧駱谷路〉，頁562。

[130] 《全唐詩》，卷480，李紳〈南梁行〉，頁5459。

[131] 唐‧岑參著，廖立箋注，《岑嘉州詩箋注》（北京：中華書局，2004.9，1版），卷1，〈五言古詩‧酬成少尹駱谷行見呈〉，頁114-119。

[132] 北宋‧文同，《丹淵集》（四部叢刊正編42）（臺北：臺灣商務印書館，1979，臺1版），卷13，〈駱谷〉，頁2。

[133] 《全唐文》，卷463，陸贄〈重優復興元府及洋鳳州百姓等詔〉，頁4727-2。

此道山高谷深，棧道險要，不僅動、植物多毒，且經常連綿大雨，致使道路受阻而隊伍拉長。

《唐六典》記載駱谷關屬中關，[134]關址居長安西南，玄宗開元時因未置驛，此時屬四面中關層級，唐後期駱谷驛道使用頻繁，尤其是安史亂後，此關留下的史證不絕，至少可以說代宗至僖宗期間，駱谷關屬上關。

代宗寶應元年（762）九月下詔，往來於駱谷、金牛、子午道路者，除官員、進奉朝廷者外，從今以後，隨身器仗必須在過所上載明種類、名目，才准予通行，否則一律扣留。[135]《舊唐書·來瑱傳》：「寶應二年正月，貶播州縣尉員外置。翌日，賜死於鄠縣，籍沒其家。瑱之被刑也，門客四散，掩于坎中。」[136]寶應二年（763）一月，來瑱被貶為黔中道播州縣尉員外，隔日即被賜死於京兆府鄠縣。鄠縣是駱谷道所經地之一，可見此道亦是貶官，押解罪犯的驛道。詩人杜甫同二十一戶人家逃難入蜀，由四川北行經駱谷回長安僅剩一人，就連入蜀前咬著胳臂發誓要回來的兩個女兒也沒了，只能望著秦嶺上的白雲而哭，[137]此詩乃杜甫於代宗永泰元年（765）書寫。翌年（766），皇帝下詔宰相杜鴻漸往劍南平崔寧亂事，杜氏「出駱谷」至劍南，[138]並由駱谷回程，「過鄠，廚驛豐給」，[139]顯見驛道沿途有廚房提供食物供給官員。

德宗建中四年（783）十月發生涇原兵變，涇原兵等擁立朱泚（時任幽州隴右節度使），涇原節度使姚令言亦附之，攻陷長安，皇帝逃於

---

[134] 《唐六典》，卷6，〈尚書刑部〉「司門」條，頁195-196。
[135] 《唐會要校證》，卷86，〈關市〉，頁1352。
[136] 《舊唐書》，卷114，〈來瑱傳〉，頁3368。
[137] 唐·杜甫著，清·仇兆鰲注，《杜詩詳註》（北京：中華書局，1979.10，1版），卷14，〈三絕句·其二〉，頁1240-1242：「二十一家同入蜀，惟殘一人出駱谷。自說二女齧臂時，迴頭卻向秦雲哭。」
[138] 《新唐書》，卷144，〈崔寧傳〉，頁4705。
[139] 《新唐書》，卷132，〈劉子彙傳〉，頁4524。

京城西北京兆府奉天縣（今陝西省咸陽市乾縣），朱泚等續犯奉天縣。[140]
當時朔方節度使李懷光自河北率軍至咸陽，奏請與李晟軍隊結合，終
究懷光有二心，興元元年（784）二月反，德宗緊急逃離，「車駕幸梁
州。時變生倉卒，百官扈從者十二三，駱谷道路險阻，儲供無素，從
官乏食。」[141]德宗由駱谷道車駕南行至洋州興道縣，再往西行，經
城固縣至梁州，由於事發突然，百官隨從者僅十幾人，加上駱谷道艱
險，驛廚無法順利供給，隨行官員無糧可食。《方輿紀要》記載：
「關中多故，朝廷每繇駱谷而南，以其道之近且便也。」[142]由於駱
谷道是京城西南取道經洋州至梁州治所南鄭的捷徑，否則德宗不會將
此道視為避難的首選路線。

　　憲宗元和元年（806）春正月，西川節度使劉闢反叛，高崇文（時
任左神策行營節度使）奉命由斜谷路，李元奕（時任左右神策京西行營兵馬使）
由駱谷路，與興府府嚴礪（時任山南西道節度使）、李康（時任劍南東川節度
使）共同匯集於劍南道北部劍州梓潼縣（今四川省綿陽市梓潼縣），[143]共
同討伐劉闢。元和四年（809），元稹以監察御史的身分，奉命出使東
蜀，彈劾並上奏曾任職於劍南東川節度使的嚴礪，因其擅徵賦稅，
又沒收吏民田宅、奴婢、草、錢，由於劾奏時，嚴礪業已去逝，轄下
七州刺史皆受責罰。不過，元稹卻也得罪嚴礪同黨。[144]關於此次元稹
至四川查辦案件，王開以為是由駱谷道至東川節度使轄治梓州展開調
查，回程亦由原路。[145]元和五年（810），元稹又舉劾河南尹房式，並
擅自將其停權，朝廷反對，罰元稹一季薪俸，召回長安，途經華州華
陰縣（今陝西省渭南市華陰市）西敷水驛，遭人擊傷顏面，朝廷卻以元稹

---

[140]　《新唐書》，卷7，〈德宗紀〉，頁189-190。
[141]　《舊唐書》，卷133，〈李晟傳〉，頁3664-3665。
[142]　《讀史方輿紀要》，卷56，〈陝西・儻駱道〉，頁2669。
[143]　《舊唐書》，卷14，〈憲宗紀〉，頁414-415。《讀史方輿紀要》，卷56，
　　　〈陝西・儻駱道〉，頁2669。
[144]　《舊唐書》，卷166，〈元稹傳〉，頁4331。
[145]　王開，《陝西古代道路交通史》，頁179。

「年少輕樹威，失憲臣體」，以及舉劾房式為過，最終被貶至山南西道通州（今四川省達州市）司馬。[146]通州在洋州南方，元稹赴任路線仍是行駱谷道至洋州後再南行。

　　文宗大和九年（835），李訓（時任禮部侍郎）政變失敗，單騎入終南山區，投靠寺廟僧侶宗密，宗密與訓甚為友好，欲幫其剃髮藏匿，宗密徒弟以為不可。李訓不得已，欲往鳳翔，投靠鄭注（時任鳳翔節度使），才剛出終南山，即被盩厔縣鎮將宗楚所擒，押送京師，途中說服士兵將其殺死。[147]李訓出入終南山，終被盩厔鎮將所擒，路線上欲出終南山後北行駱谷道，由盩厔縣西行至鳳翔。僖宗廣明元年（880），黃巢入關中，田令孜（時任左軍中尉）帥神策兵五百，護送皇帝自長安西面第二門金光門離開，由駱谷道南行至洋州興道縣，再西行至梁州（興元府）南鄭，若敵軍勢力猶盛，則至成都。[148]此道雖然艱險，但畢竟是京城通至漢中、四川的捷徑之一，[149]故尤為唐朝重視與利用。

　　後唐明宗長興四年（933）正月：

---

[146] 《新唐書》，卷174，〈元稹傳〉，頁5227-5228。《資治通鑑》，卷238，〈唐紀〉，頁7671。

[147] 《舊唐書》，卷169，〈李訓傳〉，頁4398。《資治通鑑》，卷245，〈唐紀〉，頁7915-7916。

[148] 《資治通鑑》，卷254，〈唐紀〉，頁8239-8241。《舊唐書》，卷19，〈僖宗紀〉，頁709。

[149] 「儻駱道是由關中至漢中最近的同時也是通行條件最惡劣的一條古道。」「儻駱道的地理環境極為惡劣，其間山高谷深，道路蜿蜒起伏於人煙稀少、野獸毒蟲出沒的原始森林中間，路途異常艱險。」詳參雷震，〈歷史時期的儻駱道及其作用〉，頁40-41。「駱谷道的艱險陡峭超過褒斜、子午二道，但它有捷近的優點。」王開主編，《陝西古代道路交通史》，頁176。「駱谷道以特別近捷和艱險著稱。」李之勤，〈儻駱古道的發展特點、具體走向和沿途要地〉，頁44。「儻駱道的里程，從長安至漢中，誠較褒斜、子午、故道等為近，但便則未必。」李之勤，〈《讀史方輿紀要》陝西省漢中府「儻駱道」條校釋〉，頁236。「若以山道長度來算，則儻駱道最短，具有長度短的優勢。」「若就道路平坦度而言，唐代儻駱道地形上的特點是路途險阻，並不平坦，其安全程度不比它道為好。」徐志斌，〈論唐代儻駱道的特點與價值〉，頁18。

> 西京留守王思同進〈擬開駱谷路圖〉。上指山險謂侍臣曰：「如此之
> 險，何以開通？」左右奏曰：「據興元關內兵戎交番，及轉餉大散，修開斜谷
> 路，迂迴校五百里。如從駱谷，自雍京直抵興元，糧戎稍便，然此路險阻尤甚，
> 以此竭力開通，將來霖雨，亦煩修葺。」上僶勉從其奏，竟無成功而止。[150]

王思同上奏擬開駱谷道圖，可見此道在五代時已出現不通，地位降低
的現象。對此，皇帝以道路險阻，如何能開通回應，群臣們以駱谷
道至興元府（梁州）較斜谷路、散關道，運抵糧食來得便捷，傾向復
修，最終以修繕失敗而結束。五代以後，隨著政治中心東移，駱谷道
地位亦降低。

三、散關的地理環境（文後附圖5-4-2）

《元和志》關內道鳳翔府寶雞縣（今陝西省寶雞市陳倉區）記載：
「散關，在縣西南五十二里。」[151]散關在鳳翔府寶雞縣西南，寶雞縣
乃依序經由陳倉縣、鳳翔縣改名而來，[152]陳倉縣名與縣南十里的陳倉
山有關，[153]可見散關東北有陳倉山。

散關名稱據《方輿紀要》記載：「有大散嶺，置關嶺上，亦曰大
散關，為秦、蜀之噤喉。」[154]散關因設置於大散嶺上，又稱大散關，
大散嶺是秦嶺山脈在此段的專稱，此地有「秦嶺」石碑可證。[155]《後
漢書・虞詡傳》記載安帝元初二年（115），身為武都太守的虞詡，
負責抵禦羌亂，羌率眾數千，阻詡於陳食、崤谷，詡乃上書請求增

---

[150] 北宋・王溥，《五代會要》（臺北：九思出版社，1978.11，臺1版），卷25，
〈道路〉，頁409。

[151] 《元和郡縣圖志》，卷2，〈關內道・鳳翔府・寶雞縣〉，頁43。

[152] 《新唐書》，卷37，〈地理志・關內道・鳳翔府・寶雞縣〉，頁967

[153] 《元和郡縣圖志》，卷2，〈關內道・鳳翔府・寶雞縣〉，頁43：「陳倉
山，在縣南十里。」

[154] 《讀史方輿紀要》，卷52，〈陝西・散關〉，頁2497。

[155] 劉樹友，〈秦嶺諸關考──關中要塞研究之四〉，頁23-24。

兵。[156]崤谷據胡三省注：「此崤谷當在陳倉縣界，即今之大散關，非弘農澠池縣之崤山也。」[157]崤谷是東漢散關的別稱。散關名稱不僅與山（大散嶺）有關，亦與水密切，李賢等注：「散關，故城在今陳倉縣南十里，有散谷水，因取名焉。」[158]換言之，陳倉縣南10里處不僅有陳倉山，且有散谷水流經舊散關，故名。

　　李賢等注舊散關在唐代陳倉縣南10唐里，有散谷水流經。散關位置不僅有新、舊關，更有漢、北魏與唐三朝散關之不同，但關址皆沿散谷水而變遷，依序居下游、中游、上游。[159]散關在東漢史籍已見，《通鑑》記載光武帝建武2年（A.D.26），原先投降於劉嘉的延岑再次反叛，包圍漢中郡南鄭，漢中王劉嘉敗走，後劉嘉整備軍隊復與延岑連戰，延岑乃北入散關至陳倉縣（今陝西省寶雞市金台區），劉嘉追擊破之。[160]散關建立不晚於東漢，位於陳倉縣南10唐里（案：小程約4.544公里；大程約5.455公里，今約4.5-5.5公里）散谷水下游處，[161]是為漢散關。散谷水南源自秦嶺段的大散嶺，經散關後自南向北匯入渭水，北魏時散谷水又稱捍（扞）水，酈道元：「渭水又與捍水合，水出周道谷，……其水又東北歷大散關而入渭水也。」[162]周道谷即散關道，捍水即散谷水，東北流經大散關匯入渭水，換言之，北魏散關稱大散關，居散谷水中游，較漢散關南側。

　　史載唐散關位置有二。張守節引《括地志》：「散關在岐州陳倉

---

[156]　《後漢書》，卷58，〈虞詡傳〉，頁1868。

[157]　《資治通鑑》，卷49，〈漢紀〉，頁1594。

[158]　《後漢書》，卷14，〈順陽懷侯嘉傳〉，頁568。

[159]　李仲操，〈歷代散關遺址小考〉，《人文雜誌》，1985年第6期，頁74。

[160]　《資治通鑑》，卷40，〈漢紀〉，頁1300。《後漢書》，卷14〈順陽懷侯嘉傳〉，頁568。

[161]　馬正林，〈關於古散關遺址〉，《陝西師範大學學報》（哲學社會科學版），1986年第1期，頁105。李仲操，〈歷代散關遺址小考〉，頁74。

[162]　北魏・酈道元注，楊守敬、熊會貞疏，段熙仲點校，陳橋驛復校，《水經注疏》（南京：江蘇古籍出版社，1989.6，1版），卷17，〈渭水〉，頁1505-1506。

縣南五十里。」[163]《元和志》則說關在寶雞縣西南五十二里。[164]一說關在縣南50里（案：小程約22.72公里；大程約27.275公里，今約22.7-27.3公里），另說在縣西南52里（案：小程約23.6288公里；大程約28.366公里，今約23.6-28.4公里）。譚圖散關標誌於陳倉縣西南，[165]馬正林推算52里約今20公里，[166]陳夢家說法，1唐（大）里＝531米，[167]52唐里等於27612公尺，約今28公里（27.612公里），劉樹友考在寶雞縣西南33公里處的秦嶺上，里數較《元和志》記載多數5公里多，是因為古道沿散谷水向前沿伸，路線無多大彎道，今日川陝公路是盤山而上，繞道較長。[168]換言之，劉說散關在寶雞縣西南33公里是以繞山路里程為依據。唐散關實在寶雞縣西南52唐里（約今28公里）的大散嶺上，居散谷水上游。

　　居大散嶺上的唐代散關，[169]當地氣候依羅鄴所述：「過往長逢日色稀，雪花如掌撲行衣。嶺頭卻望人來處，特地身疑是鳥飛。」[170]大散嶺上天色時常陰暗，手掌大的雪花迎面撲滿衣服，站在嶺頭處回望山下，如鳥飛上來，而非人爬上去。山高天寒、雪花撲衣、鳥飛嶺頭隱喻大散嶺高聳與登爬艱險。此關「當山川之會，扼南北之交，北不得此無以啟梁、益，南不得此無以圖關中。」[171]秦嶺大散嶺段北有散谷水匯入渭水再入黃河，南有故道水經嘉陵江匯入長江，居大散嶺段的散關可說是黃河與長江兩大流域的分水嶺。得散關則有利於南取梁州、益州，北進關中，作為關中西南要關，戰略地位重要。

---

[163]　《史記》，卷63，〈老子傳〉，頁2141。

[164]　《元和郡縣圖志》，卷2，〈關內道・鳳翔府・寶雞縣・散關〉，頁43。

[165]　譚其驤主編，《中國歷史地圖集》（五），頁40-41。

[166]　馬正林，〈關於古散關遺址〉，頁105。

[167]　陳夢家，〈畝制與里制〉，《考古》，1966年第1期，頁41。

[168]　劉樹友，〈秦嶺諸關考──關中要塞研究之四〉，頁24。

[169]　穆渭生語「崖壁聳立」的大散嶺上。詳參氏著，《唐代關內道軍事地理研究》，頁262-263。

[170]　《全唐詩》，卷654，羅鄴〈大散嶺〉，頁7523。

[171]　《讀史方輿紀要》，卷52，〈陝西・散關〉，頁2497。

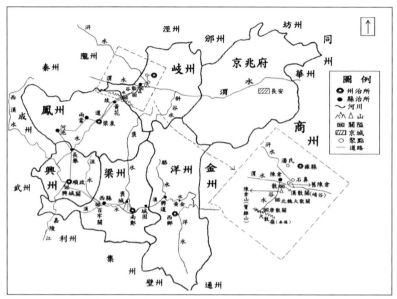

圖5-4-2　散關遷徙位置與路線

出處：依參《中國歷史地圖集》（五），頁40-41、52-53改繪。

　　散關多雪亦可見李商隱詩，「劍外從軍遠，無家與寄衣。散關三尺雪，回夢舊鴛機」，[172]李氏妻王氏於宣宗大中五年（851）驟逝，同年冬天，李商隱應東川節度使柳仲郢之邀，「從軍」至節度使擔任官職，想到赴蜀路途，以及甫喪妻之痛，既無家亦無人幫他寄送衣服，困於散關的三尺雪，夢境中見到妻子坐在舊鴛機上為其縫製衣服的場景，對比現在的自己，道盡無限哀傷。積雪三尺的散關，更增添行者路途的艱險。

---

[172] 唐・李商隱著，葉蔥奇疏注，《李商隱詩集疏注》（臺北：里仁書局，1987.7），卷上，〈悼傷後赴東蜀辟至散關遇雪〉，頁30-31。

四、散關道

　　《史記・河渠書》云：「抵蜀從故道」，[173]散關西南側有故道水，李之勤認為先有故道，後有故道水，故道名稱早於故道水，[174]故道水是嘉陵江支流之一。[175]又散關東北52唐里是陳倉縣，是該道稱陳倉道。故道之稱說明漢以前道路已開闢。[176]陳倉古道、陳倉故道和古陳倉道名稱，就名稱言，開發利用時間比陳倉道早，然而，李之勤語它們出現時間皆較陳倉道來得晚，是在元代及其以後的事，[177]為說明即是早出現的陳倉道，後人於陳倉道加入古、舊兩字。陳倉道、故道、散關道三者是否可互通？筆者以為陳倉道與散關道皆可涵蓋故道範圍，但故道不可取代二者，原因是故道之稱是源自散關西南側的故道水，範圍僅為故道水，陳倉道則是涵蓋散關道北的陳倉縣，是以郭清華亦提到「故道與陳倉道有根本的區別，……故道不能取代陳倉道。」[178]散關作為陳倉道上關，以關與交通的密切性而言，關道命名似乎更為貼切。

　　散關道起自鳳翔府（岐州、扶風郡，今陝西省寶雞市）至興元府（梁州、漢中郡，今陝西省漢中市），岐州治所雍縣（今陝西省寶雞市鳳翔縣）西南行至陳倉縣，西南渡渭水至散關，略循故道水，越秦嶺至鳳州黃花縣（今陝西省寶雞市鳳縣），西南行至治所梁泉縣（今陝西省寶雞市鳳縣），西行至兩當縣（今甘肅省隴南市兩當縣），西南行至河池縣（今甘肅省隴南市徽

---

[173] 《史記》，卷29，〈河渠書〉，頁1411。

[174] 李之勤，〈「散道」釋名與考地〉，收錄趙建黎主編，《長安學——李之勤卷》（西安：三秦出版社，2012.12，1版）。

[175] 史念海：「故道本是出散關後，循嘉陵江而下。」詳參氏著，〈隋唐時期的交通與都會〉，頁10。

[176] 嚴耕望懷疑戰國以前此道已通，後褒斜道建成，此道壅廢，遂稱「故道」歟？詳參氏著，《唐代交通圖考》（三），頁799。穆渭生認為開闢更早在殷周之際。詳參氏著，《唐代關內道軍事地理研究》，頁262。

[177] 李之勤，〈陳倉古道考〉，《中國歷史地理論叢》，2008年第3輯，頁119。

[178] 郭清華，〈陳倉道初探——兼論「暗度陳倉」與陳倉道有關問題〉，《成都大學學報》（社會科學版），1989年第2期，頁105。

縣），東南行至興州長舉縣（今陝西省漢中市略陽縣），南行至治所順政縣（今陝西省漢中市略陽縣），南行至興城關（中關），東南行至梁州百牢關（下關），東北行至西縣（今陝西省漢中市勉縣），東行至襃城縣（今陝西省漢中市南鄭縣），東渡襃水，循漢水北岸至治所南鄭縣。（圖5-4-2）全程約910里，上、中、下關各居其一，亦見此道重要性。[179]

唐初即有利用散關道的記載。隋末義寧元年（617），薛舉與子薛仁果侵略扶風郡（今陝西省寶雞市），並以號稱三十萬兵東取京兆郡長安，時丞相李淵已底定長安，薛舉父子不得已轉而圍攻扶風郡，李世民以兵擊之，並派姜謩、竇軌同出散關道，安撫隴右，李孝恭宣撫山南，張道源至山東。[180]玄宗天寶十五載（756）六月，「玄宗幸蜀，駐蹕成都。至德二年十月，駕迴西京，改蜀郡為成都府」，[181]劍南道成都府，隋為蜀郡，唐高祖武德元年（618）更為益州，玄宗天寶元年（742）改為蜀郡，因玄宗避安史之亂，直至肅宗至德二年（757）十月方返回長安，皇帝所至蜀郡改稱成都府。天寶十五載（756）六月「庚寅，哥舒翰將兵八萬與賊將崔乾祐戰于靈寶西原，官軍大敗，死者十六七。……辛卯，哥舒翰至潼關，為其帳下火拔歸仁以左右數十騎執之降賊。」[182]哥舒翰領兵八萬與崔乾祐戰於靈寶西原，兵敗西退至潼關，被部下火拔歸仁綑綁送至敵營。

潼關失守，京師動盪，玄宗決定撤至蜀郡，途經散關，其路線依《舊唐書・玄宗本紀》記載：

> 甲午，將謀幸蜀，乃下詔親征，仗下後，士庶恐駭，奔走于路。
> 乙未，凌晨，自延秋門出，微雨霑濕，扈從惟宰相楊國忠韋見素、內侍高力士及太子、親王，妃主、皇孫已下多從之不及。

[179] 嚴耕望，《唐代交通圖考》（三），頁759-797。
[180] 《資治通鑑》，卷184，〈隋紀〉，頁5766。
[181] 《舊唐書》，卷41，〈地理志・劍南道〉，頁1664。
[182] 《舊唐書》，卷9，〈玄宗本紀〉，頁231-234。

> ……戊戌，次扶風縣。己亥，次扶風郡。……辛丑，發扶風郡，
> 是夕，次陳倉。壬寅，次散關。……秋七月癸丑朔。壬戌，次益
> 昌縣，……甲子，次普安郡，……庚午，次巴西郡，……庚辰，
> 車駕至蜀郡。[183]

從乙未日（起始，1）自延秋門離開京城，戊戌日（4）至關內道扶風郡扶風縣（今陝西省寶雞市扶風縣），己亥日（5）至治所，辛丑日（7）晚至陳倉縣，壬寅日（8）至散關，壬戌日（28）至山南西道益昌郡益昌縣（今四川省廣元市昭化區），甲子日（30）南至劍南道北部普安郡（今四川省廣元市），庚午日（36）西南至巴西郡（今四川省綿陽市），庚辰日（46）西南至目的地蜀郡，計四十六日車程。散關至益昌縣路程，當由散關西南行至鳳州，南行至興州，沿嘉陵江而下，經梁州金牛縣（今陝西省漢中市寧強縣），西南至益昌縣。返京的太上皇玄宗亦是循原路而回，[184]即嚴耕望語駕至金牛轉向西北至鳳翔，當經興、鳳二州。[185]長安西南至蜀郡距離雖有2010、2379、2370三種唐里紀錄，[186]總在二千唐里以上，里數不算短，無怪乎朝廷於此道由北而南置有散關（上關）、興城關（中關）、百牢關（下關）三種層級關隘，同時見證此道的重要性。

　　肅宗上元元年（760）先是涇州、隴州部落有十萬眾向鳳翔節度使崔光遠投降，二年（761）聯合渾、奴刺，入侵寶雞縣，殺害官員與百姓，掠奪財寶，繼而西南行火燒大散關，西南行至鳳州，殺害刺史蕭悅，掠奪西行，被鳳翔節度使李鼎追擊破之。翌年（762）再南行攻梁

183　《舊唐書》，卷9，〈玄宗本紀〉，頁231-234。

184　穆渭生，《唐代關內道軍事地理研究》，頁263-264。王蘭蘭，〈唐朝皇帝的避難所〉，《唐都學刊》，2011年第4期，頁21。

185　嚴耕望，《唐代交通圖考》（三），頁756。

186　《元和郡縣圖志》，卷31，〈劍南道・成都府・八到〉，頁767：「東北至上都二千一十里。」《舊唐書》，卷41，〈地理志・劍南道・成都府〉，頁1766：「在京師西南二千三百七十九里。」《通典》，卷176，〈州郡・蜀郡〉，頁4625：「去西京二千三百七十里。」

州，刺史李勉棄城而走，皇帝下詔由臧希讓代李勉刺史缺。[187]由此可知散關是鳳翔府南經鳳州、梁州，乃至於隴右地區的要關。

僖宗光啟元年（885），河中節度使王重榮與田令孜爭奪鹽池，重榮引晉兵進犯京師，[188]光啟二年（886）春正月，僖宗被宦官首領田令孜劫至鳳翔府，李克用、王重榮同表請皇帝回宮，上奏田令孜罪而誅之，僖宗重新任用楊復恭為樞密使，田令孜再次請皇帝移駕至興元府（梁州），並劫僖宗至寶雞縣。途中，邠寧、鳳翔兵追擊皇帝乘車，於潘氏此地擊敗楊晟（時任神策指揮使），田令孜派禁軍守石鼻（今陝西省寶雞市），在鳳州、興州設置感義軍，楊晟為節度使鎮守散關。[189]

由於潘氏失守，朱玫（時任邠寧節度使）續攻石鼻，禁軍潰散，軍隊至散關北口尊途驛，[190]王建（時任神策軍使）、晉暉（時任清道斬斫使）開道，使皇帝乘輿能續往興元府，並將傳國寶付與王建，使之揹負登大散嶺而行，李昌符（時任鳳翔節度使）焚毀數丈閣道，摧毀折斷，增加皇帝南行難度，王建掌控僖宗馬車，自火焰上躍然而過。朱玫攻散關不克，只在遵途驛擄獲因病不及跟上的肅宗玄孫。[191]李昌符與朱玫共同謀立為襄王，但由於朱玫自專為宰相，昌符與其分道揚鑣，朱玫復遣將王行瑜追僖宗，楊晟屢戰而卻，終究棄散關而逃，行瑜南進至鳳州。杜讓能獻計於皇帝，讓王重榮以討朱玫名義，作為贖之前進犯京師罪，成功化解危機。[192]

---

[187] 《新唐書》，卷221，〈党項傳〉，頁6216。另《資治通鑑》，卷222，〈唐紀〉，頁7105記為：「二月，奴剌、党項寇寶雞，燒大散關，南侵鳳州，殺刺史蕭悅，大掠而西；鳳翔節度使李鼎追擊，破之。」

[188] 北宋・歐陽修撰，徐無黨註，《新五代史》（北京：中華書局，1974.12，1版），卷63，〈前蜀世家〉，頁784。

[189] 《資治通鑑》，卷256，〈唐紀〉，頁8329。

[190] 《舊唐書》，卷19，〈僖宗本紀〉，頁733。案：尊途驛，胡三省作「遵塗驛」，在石鼻，亦謂之石鼻驛。穆渭生認為此驛在散關北口外。詳參氏著，《唐代關內道軍事地理研究》，頁264-265。嚴耕望亦同穆說，詳參氏著，《唐代交通圖考》（三），頁759-797。

[191] 《資治通鑑》，卷256，〈唐紀〉，頁8330-8331。

[192] 《資治通鑑》，卷256，〈唐紀〉，頁8336。

　　昭宗景福元年（892）七月，李茂貞擊敗在僖宗光啟二年（886）獲得鳳州的滿存，取得鳳州，滿存循散關道南奔興元府，依附楊守亮。茂貞又取興州、洋州，奏請子弟鎮守兩州。[193]鳳州、興州、洋州皆為茂貞所得，形成對興元府的三面包圍，八月，茂貞即出兵興元府，楊守亮等及滿存南奔閬州。[194]

　　昭宗天復元年（901）六閏月，「朱全忠、李茂貞各有挾天子令諸侯之意，全忠欲上幸東都，茂貞欲上幸鳳翔」，[195]朱全忠欲迎天子往東至洛陽，李茂貞欲迎天子往西至鳳翔府。十月丁酉日，宦官韓全誨得知全忠將至京城，令李繼筠、李彥弼等兵諫昭宗至鳳翔府。[196]戊申日，全忠至河中，上表欲迎帝至東都，十一月己酉朔，全忠引兵七萬至同州。[197]壬子日，韓全誨陳兵於殿前，為皇帝所拒，李彥弼縱火焚宮廷，昭宗不得已出宮與全誨等人往西南方而行，當晚夜宿於鄠縣。[198]癸丑日，李茂貞迎皇帝車駕於田家磑。甲寅日，車駕至盩厔縣，隔日停留於此。全忠兵至長安東北新豐縣附近的零口西側。[199]爾後至鳳翔府，駐紮於城東，辛未日，移兵北往邠州。[200]天復二年（902）六月甲申日，李茂貞親自率兵與朱全忠交戰於鳳翔府虢縣北，失敗而回，丙戌日，全忠遣將孔勍出散關後，南行取鳳州，丁亥日，進軍鳳翔城下，欲迎皇帝還宮。[201]七月秋，孔勍亦西取隴州、成州，

[193] 《資治通鑑》，卷259，〈唐紀〉，頁8433。
[194] 《資治通鑑》，卷259，〈唐紀〉，頁8435-8436。
[195] 《資治通鑑》，卷262，〈唐紀〉，頁8556。
[196] 《資治通鑑》，卷262，〈唐紀〉，頁8559。
[197] 《資治通鑑》，卷262，〈唐紀〉，頁8559-8560。
[198] 《資治通鑑》，卷262，〈唐紀〉，頁8560。
[199] 《資治通鑑》，卷262，〈唐紀〉，頁8561。案：零口據胡三省注引「宋白曰：昭應縣界有零口，天授二年於此置鴻州，於郭下置鴻門縣，蓋古鴻門之地也。昭應，漢新豐縣地，宋又改昭應為臨潼。《九域志》：臨潼縣有零口鎮。」
[200] 《資治通鑑》，卷262，〈唐紀〉，頁8563-8564。
[201] 《資治通鑑》，卷263，〈唐紀〉，頁8576。

秦州則無人防守，想必也取之，並從故關北歸。[202]邠州、鳳翔府虢縣、隴州、成州、秦州皆在朱全忠掌握之下，形成對鳳翔府包圍，迫使李茂貞屈服，釋放皇帝。

五、關中西南面的駱谷關、散關及其關道

駱谷關與散關作為唐代長安西南交通的軍事控制，駱谷道扼守京兆府西南行至洋州興道縣路線，興道縣也是子午新道由京兆府先南行，再西南行經金州，西行至洋州的途經縣之一。可見興道縣是駱谷道與子午新道的交會點，兩路匯合後繼續西行至梁州治所南鄭縣，南鄭以東（長安西南至南鄭）的交通既由駱谷道與子午新道所扼，南鄭以西的交通則由散關道掌握。散關道是京兆府西行經岐州，西南行經鳳州，南行經興州，東行至梁州南鄭，以南鄭為中心，形成長安至此縣一東一西的路線，對於唐帝國關中西南的地域甚為關鍵。作為交通線上的駱谷關與散關，重要性由此展現，是以《唐六典》將散關列為上關，駱谷關雖訂為中關，但這僅限於玄宗開元朝屬於四面中關，因當時未置驛道，唐朝多數時期駱谷關不但是四面關且有驛道所經，應與散關同列為上關。

第五節　長安北面諸關

一、合嶺關、魏平關、雲伽關（文後附圖5-5-1）

唐朝勝州位於關內道東北方，北、東兩側緊鄰黃河，西側接壤夏州，南側為銀州。勝州北、東兩側黃河段即今日河上三套之一前套所

---

[202] 《資治通鑑》，卷263，〈唐紀〉，頁8577。

在，此外，東、中受降城分別位於勝州東北與西北黃河外側。長安東北行至勝州距離據嚴耕望考證為1860里，[203]分段則為長安北微東至坊州治所中部縣，北至鄜州治所洛交縣，北至延州治所膚施縣，膚施縣是東北行至前套、東、中受降城，以及西北行往西受降城的分歧點。膚施縣東北循清水（今延河）至豐林縣，縣東北有合嶺關，[204]合嶺關乃是掌控由膚施縣東北行的首座關隘，然而，《唐六典》未見此關被列入層級，[205]以此關距離長安較遠且相對方位而言，疑屬驛道中關。

　　合嶺關後路線有主、支線。支線是東北行經延州延川縣，北循吐延水（今秀延河），再接今清澗河，經今清澗至綏州綏德縣。主線是北沿今杏子河經綏州城平縣西南的魏平關，[206]再匯入綏德縣。換言之，延州豐林縣東北的合嶺關，綏州城平縣西南的魏平關，兩關南北相對，史念海認為通過這兩座關更東北行，就可達到勝州，[207]可見兩關之間存在道路。魏平關雖然亦不見於《唐六典》的層級記載，但既然與合嶺關同為主線關隘，疑亦屬於驛道中關。綏州綏德縣北至治所上縣，循無定河而上至銀州撫寧縣，西北至治所儒林縣，東北至真鄉縣、開光縣，北至勝州銀城縣、連谷縣，連谷縣分兩條路線，東北至治所榆林縣，渡河後至東受降城，此處也是前套平原所在，西北至中受降城。

　　東受降城與金河縣有其淵源，據《元和志》單于大都護府金河縣記載：「天寶四年置。初，景龍二年，張仁愿於今東受降城置振武軍，天寶四年，節度使王忠嗣移於此城內，置縣曰金河。」[208]中

---

[203] 嚴耕望，《唐代交通圖考》（一）（臺北：中央研究院歷史語言研究所專刊之八十三，1985.5，初版），頁259。穆渭生，《唐代關內道軍事地理研究》，頁317。

[204] 《新唐書》，卷37，〈地理志・關內道・延州・豐林縣〉，頁971。

[205] 《唐六典》，卷6，〈尚書刑部〉「司門」條，頁195-196。

[206] 《新唐書》，卷37，〈地理志・關內道・綏州・城平縣〉，頁974。

[207] 史念海，〈隋唐時期的交通與都會〉，頁15。

[208] 《元和郡縣圖志》，卷4，〈關內道・單于大都護府・金河縣〉，頁108。「校勘記」：「今按：殿本同此，它本無『移於此城內置縣曰』八字，

宗景龍二年（708），張仁愿在東受降城設置振武軍，玄宗天寶四年
（745），由於節度使王忠嗣移防於東受降城，同時設置金河縣。又
《新唐書·地理志》單于大都護府金河縣記載：「有雲伽關，後廢，
大和四年復置。」[209]單于大都護府設置與宿衛突厥有關，其轄下金
河縣內有雲伽關，此關後曾廢置，於文宗大和四年（830）再次設置。
《唐六典》未見雲伽關的層級記載，其地理位置亦不甚明確，但既然
金河縣的出現與節度使移防的東受降城有關，受降城是唐朝於河套北
側設置的外圍駐防軍事城，縣內的雲伽關與東受降城共同形成勝州、
黃河外側的軍事防禦體，並從文宗朝復置此關而言，至少可推測雲伽
關層級於唐後期屬驛道中關。

二、蘆子關（文後附圖5-5-1）

　　《新唐書·地理志》記載延州延昌縣（昔稱罷交縣）北有蘆子
關。[210]《方輿紀要》記載蘆關亦曰蘆子關，並引蔡夢弼云：「去延州
百八十里有土門山，兩崖峙立如門，形若葫蘆，故謂之蘆子。」[211]
蘆子關南距延州180里處有土門山，土門山兩崖對峙如門，外觀似葫
蘆，關名由此而來，蘆關、蘆子、蘆子關同表一關。

　　蘆子關不僅位於延州延昌縣北，同時處於清水（今延河）源頭。王
開以為關分峙於河水兩岸，[212]論者以為蘆子關相對位置需從新、舊
塞門鎮談起。《元和志》對於塞門鎮位置有兩說，一說「蘆子關，屬
夏州，北去鎮一十八里。」[213]鎮是指塞門鎮，蘆子關在塞門鎮南18

　　　　『金河』二字屬下句。」（頁125）
[209] 《新唐書》，卷37，〈地理志·關內道·單于大都護府·金河縣〉，頁976。
[210] 《新唐書》，卷37，〈地理志·關內道·延州·延昌縣〉，頁971。
[211] 《讀史方輿紀要》，卷57，〈陝西·延安府·安塞縣·蘆關〉，頁2724。
　　　 艾冲，〈論唐代「河曲」內外駐防城群體的分布及其對北疆民族關系的作
　　　 用〉，《唐史論叢》，2008，頁141。
[212] 王開主編，《陝西古代道路交通史》，頁208認為蘆子關「兩岸對峙。」
[213] 《元和郡縣圖志》，卷3，〈關內道·延州·延昌縣〉，頁78。

里，蘆子關既屬夏州，[214]位於更北的塞門鎮理應屬夏州，此塞門鎮在蘆子關北方，以及蘆子關與塞門鎮皆屬夏州說。另說「塞門鎮，在縣西北二十里。鎮本在夏州寧朔縣界，開元二年移就蘆子關南金鎮所安置。」[215]塞門鎮本在延昌縣西北20里的夏州寧朔縣邊界，玄宗開元二年（714）遷到蘆子關南金（今）鎮所，[216]此塞門鎮在蘆子關南方說。由此可知塞門鎮有新、舊之別，舊塞門鎮在夏州寧朔縣界，蘆子關在南，兩者相距18唐里。新塞門鎮於玄宗開元移至蘆子關南，蘆子關在北。

《元和志》記載蘆子關位於夏州，《新唐書‧地理志》則記為關屬延州，胡三省注：「蘆子關在延州延昌縣北。（北宋）趙珣《聚米圖經》曰：蘆關在延州塞門寨北十五里。」[217]疑蘆子關與塞門鎮皆因變遷而有新、舊之分，或者夏州、延州邊界有所調整，造成關隸屬有別。《元和志》呈現的是唐中後期關位於夏州說法，但從史籍記載與註解中，蘆子關在唐朝多數時期仍以位於延州為主，且位於夏、延兩州交界。換言之，延夏間道路乃是由夏州寧朔縣，入延州蘆子關後經新塞門鎮，東南經延昌縣，沿清水經金明縣至治所膚施縣。至於蘆關南入新塞門鎮即為趙珣所謂的金明路。[218]

《唐六典》玄宗開元時天下二十六關並未見蘆子關，[219]但作為

---

[214] 「夏州的南界以蘆子關所在的白於山為限。」詳參艾沖，〈唐代靈、鹽、夏、宥四州邊界考〉，《中國歷史地理論叢》，2004年第1輯，頁30。「位於陝西安塞縣北約70公里土門山谷，北與靖遠縣接界。」詳參王北辰，〈唐代長安－夏州－天德軍道路考〉，《歷史地理》，1990年第9輯，頁273。「故址在今安塞縣西北70公里與靖遠縣交界處，當延河源頭。」詳參穆渭生，《唐代關內道軍事地理研究》，頁309。

[215] 《元和郡縣圖志》，卷3，〈關內道‧延州‧延昌縣〉，頁78。

[216] 按「金」疑「今」之譌。詳參嚴耕望，《唐代交通圖考》（一），頁237。

[217] 《資治通鑑》，卷278，〈後唐紀〉，頁9083明宗長興四年（933）四月條。

[218] 《資治通鑑》，卷278，〈後唐紀〉，頁9084明宗長興四年（933）四月條胡三省注：「趙珣《聚米圖經》曰：自蘆關南入塞門，即金明路。陳執中曰：塞門至金明二百里。」

[219] 《唐六典》，卷6，〈尚書刑部〉「司門」條，頁195-196。

長安正北且為延、夏邊關，至少在唐中期關道地位即相當重要，此從杜甫詩中可知。〈塞蘆子〉詩云：「延州秦北戶，關防猶可倚。焉得一萬人，疾驅塞蘆子。……蘆關扼兩寇，深意實在此。」[220]杜甫認為位於秦嶺北的延州是京城北邊門戶，倘能派兵一萬守住州內北界的蘆子關，則可扼安祿山與史思明入京後繼續北上的可能，此舉展現出杜氏的「軍事意識」。[221]〈彭衙行〉詩提及「憶昔避賊初，北走經險艱，夜深彭衙道，月照白水山。……小留同（固／周）家窪，欲出蘆子關。」[222]彭衙在同州白水縣，長安陷入敵軍之際，杜甫北行白水縣、[223]鄜州治所洛交縣、延州治所膚施縣，出蘆子關至靈武追隨肅宗，沿路艱險之景溢於言表。[224]

　　蘆子關不僅作為京城北邊門戶，[225]同時緊鄰長城南側，控制城北塞外的要關，是以在穆宗長慶四年（824）甲戌日，時敬宗已登帝位，夏州節度使李祐奏議於塞外、蘆子關北興建烏延、宥州、臨塞、陰河、陶子等五城，木瓜嶺築堡壘，以宿衛蕃寇、党項。[226]五城分布據艾沖記載，宥州、陶子與夏州三城形成鼎立之勢，扼制無定河上游東進的河谷通道；烏延、臨塞、陰河三城也相互配合，肩負著無定河南側支流——蘆河河谷的防務。[227]換言之，長城南側的五城，以

---

[220] 《杜詩詳註》，卷4，〈塞蘆子〉，頁327-329。王北辰，〈唐代長安—夏州—天德軍道路考〉，頁273語此詩寫於安史亂起。

[221] 鮮于煌，〈論杜甫的「軍事意識」〉，《渝州大學學報》（社會科學版），2002年第3期，頁75。

[222] 《杜詩詳註》，卷5，〈彭衙行〉，頁413-417。

[223] 李德輝，〈唐京北地區交通與唐後期邊塞行旅詩〉，《唐代文學研究》，2004，頁64。

[224] 王北辰，〈唐代長安—夏州—天德軍道路考〉，頁273。案：作者語彭衙在同州白水縣。

[225] 史念海，〈隋唐時期的交通與都會〉，頁14。案：史氏同意此關作為長安北面關。

[226] 《舊唐書》，卷17，〈敬宗紀〉，頁509。《新唐書》，卷37，〈地理志·關內道·夏州·朔方〉，頁973-974。

[227] 艾沖，〈論唐代「河曲」內外駐防城群體的分布及其對北疆民族關系的作用〉，頁141-142。

及木瓜嶺的堡壘，與蘆子關形成犄角，共同承擔京城北面宿衛之責。

《太平廣記》引〈獨異志〉記載一則趙雲遊鄜事件，從中可窺知蘆子關交通路線，其載：

> 唐元和初，有天水趙雲，客遊鄜時，過中部縣。縣僚有燕，吏擒一人至，其罪不甚重，官僚欲縱之，雲醉，固勸加刑，於是杖之。累月，雲出塞，行及蘆子關，道逢一人，要之言款。日暮，延雲下道過其居。去路數里，於是命酒偶酌。既而問曰：「君省相識耶？」雲曰：「未嘗此行，實昧平生。」復曰：「前某月日，於中部值君，某遭罹橫罪。與君素無讐隙。奈何為君所勸，因被重刑。」雲遽起謝之，其人曰：「吾望子久矣，豈虞於此獲雪小耻。」乃令左右，拽入一室。室中有大坑，深三丈餘，坑中唯貯酒糟十斛。剝去其衣，推雲於中，飢食其糟，渴飲其汁，於是昏昏幾一月，乃縛出之。使人瘞頷縮額，援捩支體，其手指肩髀，皆改舊形，提出風中，倏然凝定，至於聲韻亦改，遂以賤隸蓄之，為烏延驛中雜役。累歲，會其弟為御史，出按靈州獄，雲以前事密疏示之，其弟言於觀察使李銘，由是發卒討尋，盡得奸宄，乃復滅其黨，臨刑亦無隱暱，云前後如此變改人者，數世矣。[228]

唐憲宗元年初年（806），天水人趙雲遊鄜時，「時」以字形言疑為「時」，鄜時即趙雲遊鄜州時，途經坊州治所中部縣，醉話中要求縣吏加刑於一位罪不甚重，吏欲縱放的犯人，終使其被杖刑。數月後，趙雲行至蘆子關，途中遇到日前得罪之人，被拉入一室，受其凌虐至身形、聲音皆變，後被置於烏延驛中服雜役。數年後，逢趙雲弟為為御史，出按靈州獄，雲告其事情前因後果，乃得昭雪復仇而獲救。此

---

[228] 《太平廣記》（六），卷286，〈中部民〉，頁2279。

事可知趙雲旅行經坊州中部縣時，因醉語加害一人被杖刑，爾後經鄜州、延州蘆子關時被當時加害人所囚與凌虐，並將其至於蘆子關北興建的五城之一烏延，於烏延驛從事雜役。趙雲沿途所經即是長安北至西受降城交通中蘆子關路段，也是延州膚施縣西北行之中線。

總之，中線與東線在長安經坊州、鄜州、延州段是重疊的，具體路線是長安北微東行經京兆府涇陽縣、三原縣、華原縣、同官縣，入坊州宜君縣、中部縣，入鄜州三川縣、東北循洛水至洛交縣、伏陸縣，入延州膚施縣，總計由長安至延州650里。延州膚施縣後分東北與西北行兩脈道路，東北行即前述至勝州路線，西北行溯清水經金明縣、罷交縣、新塞門鎮、蘆子關，入夏州關北五城與木瓜嶺至寧朔縣、朔方縣，北微西行入豐州九原縣，凡延州至豐州計1150里。九原縣後分西北與東北兩路，西北80里至黃河北岸西受降城。東北160里至天德軍。[229]蘆子關扼守關中北面長安北至豐州、西受降城、天德軍路線之要關，且為驛道所經，至少在唐中後期屬驛道中關角色。

三、定安關、驛馬關、佚名關（文後附圖5-5-1）

邠州乃長安西北最近州，由長安西北行至邠州有兩條路線，不論是北行或西北行，其里數近300里。北行乃由長安北渡渭水及涇水，經京兆府涇陽縣，西北行經雲陽縣至邠州治所新平縣。[230]西北行乃由長安西北渡渭水，經咸陽縣、醴泉縣、奉天縣、大橫關、永壽縣至新平縣的逾隴北道烏蘭路。（見第四章）

邠州至靈州有東、西兩道。[231]東道由邠州北循涇水上游馬嶺水

---

[229] 嚴耕望，《唐代交通圖考》（一），頁231-238。王開主編，《陝西古代道路交通史》，頁207-209。案：《元和志》所見18里乃指位於夏州的舊塞門鎮，南至蘆子關的距離，並非嚴耕望、王開所指位於延州新塞門鎮，北至蘆子關的距離。

[230] 嚴耕望，《唐代交通圖考》（一），頁182-183、225。

[231] 嚴耕望，《唐代交通圖考》（一），頁180-181、184-197、225。嚴氏語另有

至寧州定平縣，北行至治所定安縣，邠州至寧州計140里。《元和志》記載寧州定安縣西北3里有定安故關，[232]然而，《唐六典》未見此關層級記載，定安關既有驛道所經，此關應屬驛道中關，憲宗元和年間，因重要性降低而有故關之稱。由定安關北行經彭原縣入慶州治所安化縣，寧州至慶州計130里。寧州彭原縣入慶州安化縣之前需經位於慶州西南的驛馬關，[233]驛馬關成為彭原縣北行入慶州首遇關隘，並由此東北至治所，可推測此關與定安關皆為驛道中關，掌控東道路線。慶州西北行沿馬嶺水而上，640里經靈州鳴沙舊縣，北行至治所迴樂縣，全長計910里。

　　西道由邠州西行略循涇水河谷而上，經涇州治所安定縣，西北行至原州治所平高縣，北略循蔚如水180里至蕭關縣，蕭關縣北行再分東、西兩支線，東支線東北經靈州鳴沙舊縣，與東道匯合。西支線沿蔚如水至鳴沙新縣，東北行循黃河南岸至靈州治所迴樂縣，東、西兩道於迴樂縣交匯。靈州南距原州560里，[234]原州至蕭關縣180里，則蕭關縣至靈州380里，又《元和志》記載原州東南800里至長安，[235]邠州至長安300里，則邠州至原州500里，換言之，西道（邠州—靈州）計1060里，較東道迂迴。是否因為東道相對於西道，乃是長安西北行經邠州、寧州、慶州、鹽州、靈州至豐州捷徑，唐朝使用東道頻率較繁，故在此道上置有定安與驛馬兩關，至於西道則未見任何關的設置。

　　東道所經慶州驛馬關，朱泚曾欲至此關。《通鑑》德宗興元元年記載：

　　慶州北行經鹽州，再西行至靈州路線，然路途迂遠，未見行之者。

[232]　《元和郡縣圖志》，卷3，〈關內道・寧州・定安縣〉，頁65。
[233]　嚴耕望以為位於慶州西南的驛馬關似不在此道所經，然而，穆渭生以為由寧州彭原縣北行入慶州界有驛馬關。詳參穆渭生，《唐代關內道軍事地理研究》，頁296。
[234]　嚴耕望，《唐代交通圖考》（一），頁226。
[235]　《元和郡縣圖志》，卷3，〈關內道・原州・八到〉，頁57-58。

> 朱泚將奔吐蕃，其眾隨道散亡，比至涇州，纔百餘騎。田希鑒閉
> 城拒之，泚謂之曰：「汝之節，吾所授也。奈何臨危相負！」使
> 焚其門；希鑒取節投火中曰：「還汝節！」泚眾皆哭。涇卒遂殺
> 姚令言，詣希鑒降。泚獨與范陽親兵及宗族、賓客北趣驛馬關；
> 寧州刺史夏侯英拒之。至彭原西城屯，其將梁庭芬射泚墜阮中，
> 韓旻等斬之，詣涇州降。[236]

德宗興元元年（784），朱泚兵敗欲往吐蕃，經涇州時所剩騎兵餘百，
被田希鑒閉門拒之，涇州兵更殺害朱泚部下姚令言，並向希鑒投降。
朱泚欲往驛馬關，被寧州刺史夏侯英阻擋，退至寧州彭原縣西城紮
營，卻被部下梁庭芬以箭使其墜入阮中，韓旻等進而殺之，獻朱泚首
級投降涇州。朱泚欲往慶州驛馬關不成，退至寧州彭原縣，反應兩地
之間有道路可通，驛馬關掌握著東道南北交通。又朱泚由涇州欲北
往驛馬關，可見涇州東北行至慶州亦有道可通，東、西道在涇州是匯
通的。

　　《新唐書‧地理志》豐州中受降城記載：「接靈州境有關，元
和九年置。」[237]憲宗元和九年（814）於豐州中受降城與靈州邊境交
界處設有關隘。《唐會要‧關市》且說：「元和九年（814）五月，
豐州奏：『中受降城與靈州城接界，請置關。』從之。」[238]可見此
關由豐州上奏請置。至於穆渭生語「靈州與西受降城接界處曾置有
關城。」[239]關城位於豐州西受降城與靈州交界，與憲宗元和九年設
置的關城並非同一處。然而，《新唐書》與《唐會要》所載中受降
城與靈州接界的關，礙而文獻資料不足，位置、關名與層級仍不得
而知。

---

[236]　《資治通鑑》，卷231，〈唐紀〉，頁7437。
[237]　《新唐書》，卷37，〈地理志‧關內道‧豐州‧中受降城〉，頁976。
[238]　《唐會要校證》，卷86，〈關市〉，頁1352。
[239]　穆渭生，《唐代關內道軍事地理研究》，頁340。

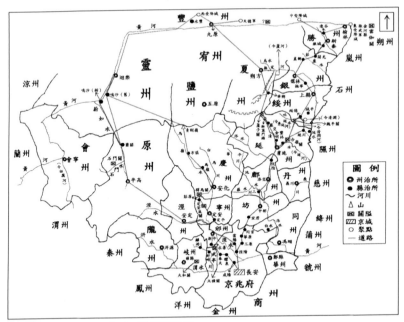

圖5-5-1　京城北往河套平原諸關與路線

出處：參《中國歷史地圖集》（五），頁40-41改繪。案：今日所稱鄂爾多斯高
　　　原，南以長城為界，東、北、西三面環繞黃河，即唐代靈州、宥州、鹽
　　　州、夏州、勝州與黃河之間。地圖因顧及整體交通路線與關隘呈現，對此
　　　比例上有所壓縮。

四、關中北面的交通網絡與關防布局

　　長安北往靈州、豐州、勝州的三條驛道，嚴耕望依序命名為西線
長安西北通靈州驛道、中線長安北通豐州天德軍驛道、東線長安東北
通勝州振武軍驛道。[240]所謂長安－靈州驛道（西線）分兩道，東道是由
長安西北行經邠州、寧州、慶州，途經寧州定安關，慶州驛馬關。西
道是由長安西北行經邠州、涇州、原州，兩道再由靈州北至豐州的西

---

[240]　嚴耕望，《唐代交通圖考》（一），頁259。

受降城，此外，豐州有佚名關。長安－豐州天德軍驛道（中線）是由長安北行經坊州、鄜州、延州，西北行經夏州至豐州西受降城及天德軍，道路經蘆子關。長安－勝州振武軍驛道（東線）是由長安北行經坊州、鄜州、延州，東北行經綏、銀、勝州至豐州東、中受降城、振武軍、單于大都護府，途經合嶺關、魏平關、雲伽關。中線與東線在長安北至延州段是重疊的，延州作為兩線的分歧地。三線作為長安北至黃河北岸三受降城與河套的交通，同時以中線最為捷近，史云「從天德取夏州乘傳奏事，四日餘便至京師。」[241]四日多即能從關內道北境傳遞訊息至京師，可說此道是三線中的主幹道。

　　交通路線受到自然環境山、河的制約。西、中、東三線由長安北渡渭水後，西線中不論東、西道皆先沿涇水溯流而上，西道接蔚如水至靈州，東道接馬嶺水至靈州。中線與東線於鄜州溯洛水後，中線接延州清水入夏州南部，東線渡延州清水、綏州吐延水，溯無定河至銀州，渡茹盧水至勝州。唐代勝州、夏州、鹽州、宥州、靈州是今日鄂爾多斯高原所在地，鄂爾多斯高原屬於內蒙古高原南部，西、北、東三面黃河環繞，南接長城，以白于山與黃土高原為界，形成關中北面重要的自然地形屏障，都城北往受降城與河套均需繞行高原四周較低處或沿黃河沿岸而行，意味著自然環境的山、河制約長安北面的交通網絡，並與在此設置的七關人文設施，共同形成軍事防禦體系。

第六節　小結

　　唐代關中南面的地域控制，乃由山、河、關交錯的山川形便與人文設施所形成的軍防布局。六座關隘及其關道沿河而建，交通路線

---

[241] 《元和郡縣圖志》，卷4，〈關內道‧新宥州〉，頁107。

受秦嶺各段餘脈制約，依序是京城正南面的南山－豐水／庫峪河－子午關／庫谷關、東南面的嶢山－藍溪－藍田關，以及商山－丹水－武關，西南面的終南山－駱水－駱谷關，以及大散嶺－散谷水－散關。

　　子午關的子、午二字，一說是借指皇帝、皇后，另說與方位有關，因此道越京城正南方的南山至漢中，路線大致呈南北向，古代以北為為子，南為午，故名。《唐六典》將此關定位為中關，但這僅限於玄宗開元時因未置驛，此時關屬四面中關，但從唐前、後時期史籍可見此關出現頻率高，具有一定地位，推測在唐代多數時期為上關層級。子午關居京兆府長安縣南百里的豐（灃）水谷中，此谷僅為子午谷夾谷，故關仍以子午名之。關所在的豐水谷道，兩側高山狀如羊巨石，因而關也稱石關、關石、石羊關。

　　子午道因自然因素於梁朝時有所改道，形成新、舊道之分。漢魏子午舊道由長安縣南子午谷入，經關城所置的豐水谷，越秦嶺，沿洵水南流至洵陽縣，溯漢水經金州西城縣、安康縣、石泉縣，再西入洋州至梁州南鄭縣，交通繞路，甚為不便，是以南朝梁有改道之舉。梁將軍王神念以舊子午道緣秦嶺，依河谷而行，橋梁多因水漲而易壞，乃須避水，另開新路，稱為乾路。新道針對子午道南段作異動，興築於舊道西，越秦嶺後，由洵水上游往西南方向過腰竹嶺，往西南至金州石泉縣，石泉縣往南可至安康縣，往西溯漢水可至洋州黃金縣、興道縣。換言之，新、舊道皆以洵水上游作為分歧，舊道往南，新道往西南。

　　子午關東側，京兆府藍田縣西南有庫谷關，《唐六典》將此關定位為中關，但這僅限於玄宗開元時因未置驛，此時關屬四面中關。庫谷關與子午關皆為京城四面關且有驛道，屬於上關。不過，庫谷關及其關道隨著子午新道開闢，路線重疊，關、道地位在唐朝不如子午關、道來得重要，此關在唐朝疑似以四面中關層級居多數時期。

　　長安南向入庫谷關，越秦嶺，經商州安業縣，循今乾佑河，匯入洵水，於洵陽縣再入漢水，溯漢水至金州治所西城縣。庫谷道位於

庫峪河谷，西側依序有位於大峪河谷的義谷道，以及小峪河谷的錫谷道，庫峪、大峪、小峪由東向西，三條道路並排南行，越過秦嶺頂上，三路次第於今鎮安縣相合，成為一條道路，往南行並與子午道相接。三道中以庫谷道為主道，義谷道與錫谷道為庫谷道的輔助性道路，故關置於庫谷道。

《唐六典》將藍田關歸類為上關，即秦、漢嶢關，位於京兆府藍田縣東南，關建於嶢山。關址有位於藍田縣東南與南兩說，此與唐前、後期單位用法不同有關，抑或縣城位置有所更動，造成方位與里數上的落差，關以位於藍田縣東南較真。

唐代藍田關位於京城東南方，沿此東南則為武關，兩關交通有重疊，是有「嶢武」合稱用語。此道由長安東南行至京兆府藍田縣，東南行越秦嶺至藍田關，東南行至商州治所上洛縣，經商洛縣、武關至鄧州，為唐前期官私行旅往東南取道的重要交通。安史亂後，河北淮河一帶為藩鎮所據，藍田武關道扮演著補給都城重要角色，是以德宗時定為次路驛，甚至有「貢道」之稱。

《唐六典》記載唐朝天下關有26座關，但武關卻未見列入，可見26並非代表整個唐朝關隘的總數，頂多只能反應玄宗開元時期關防數。藍田關與武關皆位於藍田武關驛道上，此道一方面是唐後期全國第二驛道，有「次路驛」之稱，另一方面，天下士人謀取功名利祿的行經道路，素有「名利路」之名，又因穿越秦嶺商山段而有商山道、商山路之說。

藍田武關道作為唐代長安通往東南州縣的重要幹道，路段多沿丹水北側，然而，夏、秋兩季江水上漲，時而沖毀道路。先是中宗時崔湜曾於商州西境另開山道以通藍田縣西南，但效果不彰。接著是德宗時李西華上奏「廣商山道」與「開偏道，以避水潦」，來改善道路沿線。最後是憲宗元和與宣宗大中年間，對於商山道有建橋與置驛。唐後期屢屢有因道路損壞而有整治、拓寬之舉，這都意味此道的重要性，是以居其驛道上且位於京城東南方位的武關，應與藍田關層級同

屬於上關。藍田關與武關雖然皆處於長安東南方，但以藍田關較近京城，武關偏遠，或許是因藍田關離長安較近，重要性較武關倍增，《唐六典》僅列藍田關為代表上關，對於同樣層級且居同驛道的武關則省略。

　　唐時駱谷關位於京兆府盩厔縣。漢魏舊關在縣西南的道路北段，與南段洋州興道縣的華陽關成為駱谷道上的南北關隘。駱谷關在隋代早存在，唐初復置，高祖武德七年（624）舊關北徙是為駱谷新關，不過，新關如曇花般，於太宗貞觀四年（630）再次南移回至舊關處，顯見舊關仍為唐朝主要關隘。盩厔縣西南或南的駱谷北口稱駱、駱谷，興道縣北的南口稱儻、儻谷，亦稱駱谷，連接南、北口道路稱為駱谷道、儻谷道、儻駱道，駱谷關因置於北口駱谷而得名。北口的駱水河谷，以及南口的儻水河谷實際上並非直接相通的谷道，而是經過五條水的河谷組成一條迂迴曲折的山谷道路。路線由長安都亭驛西南行渡灃水至京兆府鄠縣，西行至盩厔縣，南行經終南山入駱谷口，南行至駱谷關，南行至洋州華陽縣，西南行至駱谷南口，南行至洋州治所興道縣。

　　散關在鳳翔府寶雞縣西南，秦嶺餘脈大散嶺上，故又稱大散關，唐時層級屬上關，有散谷水流經，可見關名源自山（大散嶺）、水（散谷水）。關址有漢、北魏與唐三朝之不同，但皆沿散谷水而變遷。漢散關位於陳倉縣南散谷水下游處，散谷水南源自大散嶺，經散關後自南向北匯入渭水。北魏時散谷水又稱捍（扞）水，關稱大散關，居散谷水中游，較漢散關南側。唐散關在寶雞縣西南大散嶺上，居散谷水上游。散關道由岐州治所雍縣西南行至陳倉縣，西南渡渭水至散關，略循故道水西南行，再南行至鳳州黃花縣，西南行至治所梁泉縣，西至兩當縣，西南至河池縣。東南行至興州長舉縣，東南行至治所順政縣，南行至興城關（中關），東南行渡沮水至梁州百牢關（下關），東北行至西縣，東行至褒城縣，東渡褒水循漢水北岸至興元府治所南鄭，全程上、中、下關各居其一，可見此道重要性。

　　駱谷關與散關作為唐代長安西南交通的軍事控制，駱谷道扼守京兆府西南行至洋州興道縣路線，興道縣也是子午新道途經縣之一，可見興道縣是駱谷道與子午新道的交會點，兩路匯合後繼續西行至梁州治所南鄭縣，南鄭以東的交通既由駱谷道與子午新道所扼，南鄭以西的交通則由散關道掌握。散關道是京兆府西行經岐州，西南行經鳳州，南行經興州，東行至梁州南鄭。換言之，以南鄭為中心，形成長安至南鄭縣一東一西的路線，對於唐帝國關中西南的地域甚為關鍵。作為交通線上的駱谷關與散關，重要性由此展現，是以《唐六典》將散關列為上關，駱谷關雖訂為中關，但這僅限於玄宗開元朝屬於四面中關，因當時未置驛道，唐朝多數時期駱谷關不但是四面關且有驛道所經，應與散關同列為上關。

　　綜上所述，長安南面至山南道交通乃是穿越秦嶺形成六條道路，交通路線的發展不僅受到山、河形勢的制約，同時也因關的設置而得到強化。首先是京城東南沿灞水、藍溪、丹水，經京兆府藍田關、商州武關，越嶢山、商山經商州往鄧州而去。其次是京城南沿子午谷，與豐水谷交匯處經子午關，舊道南越南山後，循洵水入漢水經金州，西行經洋州、梁州，新道西南越南山後，經金州石泉縣與舊道合。京城南行經庫谷關是子午關東側的另一座關隘，沿庫峪河越南山後經商州，循今乾佑河匯入洵水，與子午舊道合。最後是京城西南行入駱水河谷、循西駱谷水、黑水、湑水、酉水、儻水，入儻水河谷，途經駱谷新、舊關，越終南山至洋州。長安至隴山的南道秦州路，於岐州雍縣西南行經陳倉縣，渡渭水後循散谷水經散關，越大散嶺後，略循故道水經鳳州、興州，東行經梁州至洋州。

　　唐代關中南面的地域控制，不論是東南、正南、西南面皆各由二座關所扼，《唐六典》雖將子午關、駱谷關、庫谷關列為中關，本書以為這僅是代表玄宗開元時期關的層級情況，並指出當時中關是指四面中關。此外，武關未列入史籍26座關，也是因為《唐六典》記載僅反應玄宗開元時期的關數量。據考六座關在唐朝多數時期皆屬上關，

庫谷關可能因與子午關及其新道路線有重疊，以四面中關層級存在於唐朝時間較長。

唐代關中北往前套、東、中受降城的交通是為東線，沿線關隘有延州豐林縣的合嶺關（驛道中關），綏州城平縣的魏平關（驛道中關），單于大都護府金河縣的雲伽關（驛道中關）。路線是由長安北渡渭水經京兆府涇陽縣、三原縣、華原縣、同官縣，入坊州宜君縣、中部縣，入鄜州三川縣，循洛水經洛交縣、伏陸縣，入延州治所膚施縣。延州膚施縣是東線與中線分歧點，由此循清水東北行經豐林縣、合嶺關，合嶺關分兩道，其一是經綏州城平關，其二是經延州延川縣，北循吐延水，兩道皆匯入綏州綏德縣，北行入無定河谷至治所上縣，循無定河而上至銀州撫寧縣，西北行至治所儒林縣，東北行至真鄉縣、開光縣，北行至銀城縣、連谷縣，連谷縣東北行至勝州治所榆林縣，再往東可至雲伽關，此關曾經廢置，文宗大和四年（830）復置。連谷縣西北行至中受降城。

關中北往西受降城的路線有中線與西線。中線在長安至延州膚施縣之間是與東線重疊的。中線由延州膚施縣，西北行循清水經金明縣、罷交縣北的新塞門鎮、蘆子關（蘆關、蘆子）（驛道中關），關北有五城與木瓜嶺，再至夏州寧朔縣與治所朔方縣。朔方縣西北行至豐州治所九原縣，西北可至西受降城，東北則至天德軍。另外，豐州中受降城與靈州交界處有一座佚名關。

西線由關中西北行經後套、西套至西受降城，長安西北行至邠州分兩道，一道由長安北行，經涇陽縣、雲陽縣，一道由長安西北行，即北道烏蘭路線，經咸陽縣、醴泉縣、奉天縣、大橫關、邠州永壽縣，兩道匯合於邠州治所新平縣。邠州至靈州亦分兩道，東道乃由邠州北行渡涇水至寧州定平縣，北行至治所定安縣，北稍西略循馬嶺水河谷，經定安關（驛道中關，憲宗時為故關）至彭原縣，北行入慶州驛馬關（驛道中關），東北行至治所安化縣，西北行循馬嶺水至靈州鳴沙縣舊址，北行至治所迴樂縣，再東北行至豐州西受降城。

　　西道由邠州西行略循涇水河谷至涇州治所安定縣，西北行至原州治所平高縣，北略循蔚如水而下至蕭關縣，北行分東、西兩脈，東脈東北經靈州鳴沙縣故城，與東道匯合。西脈沿蔚如水而下至鳴沙縣新城，東、西兩道皆以東北行循黃河南岸至靈州治所迴樂縣匯合，繼而東北行至豐州西受降城。總之，西道路線較東道迂迴，又涇州東北行至慶州亦有道可通，可見東、西兩道在此是可匯通的。

第六章 結論

　　本書以唐代關中四面關為核心，先是宏觀律令制下的通關規範、用語與過所。相關法規範大致可區分為對人與對物的管制。人方面，僅就唐律對關門的啟閉即有違法、過失造成門已開或未開，由輕至重區分為四類型及其相關刑期。物方面，唐代將物品分為私家不應有與可有兩類，雖私家可有物亦不可攜帶至西、北邊諸關、嶺外，以及邊防各州從事貿易。至於禁物不論出關與否一概沒收。通關用語依史家、法學家、文學家而有遣詞用字之別，從秦漢至隋唐的法律文書而言，合法通關用語從「出入」、「出」、「入」發展至「度」、「渡」（唐律、式），非法通關用語則在合法用字前加「闌」、「越」發展至「私、冒、越」，魏晉南北朝是用語轉變的階段，可知唐代在律、式的法律用語有精準性，但在令、敕、詔令則用語上相對多元。史書、唐詩、唐判則表現出史家與文學家的隨意性與灑脫性，遣詞用字不拘一格。關證方面，唐代度關者隨身份不同，公文憑證各異，但以過所的使用最為頻繁，申請流程大致可分為事前準備、向單位提出、核發單位、過關時的勘驗等四步驟。

　　接著微觀關中36座四面關。此部分首先從長安北方ㄇ字型黃河沿岸諸關談起，字型左上角有會州會寧關、烏蘭關，右上角有勝州榆林關、河濱關，黃河南流經延州永和關、丹州烏仁關、同州龍門關、蒲津關、華州渭津關、潼關。其次是長安西往隴山的北道關隘有原州蕭關、石門關與京兆府大橫關，中道關防有原州隴山關、瓦亭故關、木峽關、制勝關、石峽關、驛藏關、木靖關，南道關有岐州大和關，隴州大震關、安夷關。復次是長安南往秦嶺南面關隘有京兆府子午關、庫谷關，東南面有京兆府藍田關與商州武關，西南面有京兆府駱谷關與岐州散關。最後是長安北往受降城、河套關隘有寧州定安故關，慶州驛馬關，延州合嶺關、蘆子關，綏州魏平關，豐州佚名關，單于大

都護府雲伽關。換言之，關中河上關有10座，西面關有13座，南面關有6座，北面關有7座。

《唐六典》記載天下關有26座，並有上、中、下三種層級之分。上關有6座，分別是藍田關、潼關、蒲津關、散關、大震關、隴山關，皆屬關中關。中關13座，居關中者有7，分別是會寧關、龍門關、木峽關、渭津關、子午關、庫谷關、駱谷關。下關7座，地處關中者僅永和關。可見文獻所記關中關在當時占天下關數過半（$\frac{14}{26}$）。然而，26座關只是代表玄宗開元時期，關中關也不只是這14座，但將關依京城四面與驛道有無，劃分為三層級，則可視為唐朝對於關層級界定的一種方式。

唐代關中四面關除《唐六典》所記14座之外，據筆者爬梳另有22座，屬上關者除史籍所載6座之外，另有大橫關、大和關、子午關、庫谷關、駱谷關、武關，計12座關。中關層級則因文獻對於每座關屬於京城四面抑或驛道有無未有明確界定，加上唐朝關隘層級並非一成不變，經考辨後歸納如下：屬驛道中關者有會寧關、烏蘭關、榆林關、烏仁關、蕭關、石門關、瓦亭關、木峽關、制勝關、合嶺關、蘆子關、定安關、驛馬關、魏平關、雲伽關，計15座關。屬四面中關者有龍門關、渭津關，計2座關，所謂京城四面的四面定義乃指與京兆府接壤的行政區，如商州、華州、同州、坊州、邠州、岐州、洋州、金州，當然也包括長安所在的京兆府本身，在這些行政區內所設置的關皆為京城四面關。屬下關者除文本記錄1座之外，另有河濱關、石峽關、驛藏關、木靖關、安夷關，計6座關。此外，還有一座因位置與名稱不明，無從判斷層級的佚名關。（表6-0-1）

表6-0-1　唐代關中四面關層級

位置	州名	數量	關名	上關 （●明確； ▲推估）	中關 （●明確； ★驛道；◆四 面；▲推估）	下關 （●明確； ▲推估）
河上關	會州	2	會寧關		●★▲	
			烏蘭關		★▲	
	勝州	2	榆林關		★▲	
			河濱關			▲
	延州	1	永和關			●
	丹州	1	烏仁關		★▲	
	同州	2	龍門關		●◆▲	
			蒲津關	●		
	華州	2	渭津關		●◆▲	
			潼關	●		
西面關	原州	9	蕭關		★▲	
			石門關		★▲	
			隴山關	●		
			瓦亭關		★▲	
			木峽關		●★▲	
			制勝關		★▲	
			石峽關			▲
			驛藏關			▲
			木靖關			▲
	岐州	1	大和關	▲		
	隴州	2	大震關	●		
			安夷關			▲
	京兆府	1	大橫關	▲		

位置	州名	數量	關名	上關 （●明確； ▲推估）	中關 （●明確； ★驛道；◆四 面；▲推估）	下關 （●明確； ▲推估）
南面關	京兆府	4	子午關	▲	●	
			庫谷關	▲	●	
			藍田關	●		
			駱谷關	▲	●	
	岐州	1	散關	●		
	商州	1	武關	▲		
北面關	延州	2	合嶺關		★▲	
			蘆子關		★▲	
	寧州	1	定安關		★▲	
	慶州	1	驛馬關		★▲	
	綏州	1	魏平關		★▲	
	豐州	1	佚名關		不明	
	單于大都護府	1	雲伽關		★▲	

出處：依各章節注釋整理而成。

　　唐代關中軍事防禦體系是由山、河、關交錯形成，所謂山川形勢與四面關之關係。關中外圍的山者乃指北陰山，西賀蘭山、隴山，南秦嶺，東呂梁山，細言之，前、後套以北有東西向的陰山，西套以西有南北向的賀蘭山，原州、隴州、秦州境內有西北－東南向的隴山，京城以南有東西向的秦嶺，今山西省有南北向的呂梁山。黃河ㄇ字型流向從會州經靈州、豐州、勝州、銀州、綏州、延州、丹州、同州、華州，環繞著關中外圍西、北、東三面。關中內圈流往京城主要有三大河川，首先是延州洛水東南流經鄜州，支流華池水自西北注入後南流經坊州、同州，匯入渭水；其次是原州涇水，東南流經涇州、

寧州，支流馬嶺水自西北注入後南流經邠州，東南流至京兆府匯入渭水；最後是隴州汧水東南流至岐州匯入渭水。川者乃黃河為主，洛水、涇水、汧水為輔，三者皆匯入京城北側的渭水，渭水重要性不亞於黃河。

交通路線的發展不僅受到山、河形勢的制約，同時也因關的設置而得到強化。（文後附圖6-0-1）長安西面至涼州道路乃穿越隴山，形成北、中、南三道，北道烏蘭路大致沿涇水西北行，經京兆府大橫關（上關）、邠州、寧州、涇州、原州蕭關（驛道中關）、會州會寧關（驛道中關）、烏蘭關（驛道中關）至涼州，沿途由1上關3中關扼守。涇州陰盤縣是北道與中道的分歧點，中道平涼道由陰盤縣西行經原州制勝關（驛道中關）、隴山關（上關）、瓦亭關（驛道中關）、木峽關（驛道中關），匯入平高縣，與北道合而，是為北道的支線，沿途由1上關3中關扼守。

南道秦州路由一主線與二支線構成，主線沿渭水、汧水西北行，經京兆府、岐州、隴州安戎關、大震關（上關）、秦州、渭州、蘭州至涼州。京兆府武功縣是主線與支線其中一個分歧點，由此北行經好畤縣、西行岐州麟游縣，西南行經大和關（上關），再西行匯入主線岐州治所雍縣。岐州扶風縣是另一個分歧點，由此西南行經郿縣，西北行經虢縣、陳倉縣、隴州南由縣、吳山縣、安夷關（下關），北行匯入主線安戎關。安戎關乃大震關東遷，此道主、支線構成的交通，沿途由2上關1下關扼守。

總之，京城西面交通由4座上關，6座中關，1座下關，配合隴山、渭水、汧水、涇水等山川交錯而成。若不論關隘層級，原州即設置9關，會州、隴州各置2關，岐州、京兆府各置1關，共計15座關，以關中四面關而言，此區域置關密度是相當高的，何以如此？蓋西南方緊鄰吐蕃。安史亂後，河隴陷於吐蕃，唐朝西界限縮，隴右諸州失守之外，關內會州、原州亦陷，頓失11座關的屏障，待至宣宗大中、懿宗咸通年間隨著原州收復，隴右復歸。從玄宗至宣宗，吐蕃與唐朝

在此區域的爭奪，如德宗貞元十六年，唐於會州烏蘭橋擊敗吐蕃，憲宗元和八年，吐蕃賄賂王必得以建橋完成，凡此皆可見雙方在此的角力戰，以及原州、會州、隴右對於唐朝西側國防安全的重要性。

　　長安北面至河套、三受降城的交通主要有三條，東線是京城至前套、東、中受降城；中線是至西受降城；西線分兩路經西套至西受降城，京兆府涇陽縣是東、西線分歧點，延州膚施縣是東、中線分歧點。東線由京城北行至涇陽縣，東北行經坊州、鄜州、延州合嶺關（驛道中關），合嶺關分兩路至綏州，一路經綏州魏平關（驛道中關）；一路經延州延川縣，兩路匯合至綏州綏德縣，東北行經上縣、銀州至勝州連谷縣，一路東北行經勝州榆林關（驛道中關）、單于大都護府雲伽關（驛道中關）、東受降城；一路西北行至中受降城，沿途由4中關扼守。

　　中線由延州膚施縣西北行，經延州蘆子關（驛道中關）、夏州至西受降城，沿途由1中關扼守。西線由京城北行至涇陽縣，西北行經邠州後分兩路，一路北行經寧州定安關（驛道中關）、慶州驛馬關（驛道中關）、西北循馬嶺水經鹽州至靈州鳴沙舊縣；一路西北循烏蘭路線、涇水至平高縣後，北循蔚如水至蕭關縣，再分兩路，東路至鳴沙舊縣，與定安關－驛馬關路線匯合；西路經鳴沙新縣、西套，與東路匯合於靈州迴樂縣，再東北行至西受降城，沿途由2中關扼守。

　　總之，京城北面交通由7座中關，配合涇水、馬嶺水、蔚如水、陰山、賀蘭山等山川交錯而成。北方突厥南下欲至京城，除須越過陰山、河套之外，分布於靈州、鹽州、宥州、夏州、勝州，南以長城為界，東、北、西三面黃河環繞廣大的鄂爾多斯高原，亦是關中北面重要防線。若不論關隘層級，延州設置2關，單于大都護府、綏州、勝州、寧州、慶州、豐州各1關，共計8座關。

　　長安南面至山南道交通乃是穿越秦嶺形成六條道路。京城東南沿灞水、丹水，經京兆府藍田關（上關），越商山經商州武關（上關）往鄧州而去。京城南沿子午谷，與豐水谷交匯處經子午關（上關），

舊道南越秦嶺後，循洵水入漢水經金州，西行經洋州、梁州，新道西南越秦嶺後，經金州石泉縣與舊道合。京城南行經庫谷關（上關）是子午關東側的另一座關隘，越秦嶺後經商州，循今乾佑河匯入洵水，與子午舊道合。京城西南行入駱水河谷、循西駱谷水、黑水、滑水、酉水、儻水，入儻水河谷，途經駱谷新、舊關（上關），越終南山至洋州。長安至隴山的南道秦州路，於岐州雍縣西南行經陳倉縣，渡渭水後循散谷水經散關（上關），越大散嶺後，略循故道水經鳳州、興州，東行經梁州至洋州。總之，京城南面交通由6座上關，配合秦嶺、灞水、丹水、洵水、漢水、西駱谷水、黑水、滑水、酉水、儻水、散谷水、渭水、故道水等山川交錯而成。若不論關隘層級，京兆府設置4關，岐州、商州各置1關，共計6座關。

　　關中範圍東面是由黃河南流所構成的天然屏障，也是今陝西與山西兩省分界，同時有呂梁山矗立於山西省，山、河之外，河上置關更增添渡河難度。會州會寧與烏蘭兩關已見於西往隴山北道烏蘭路沿途，勝州榆林關亦見於北去前套的東線河岸。丹州烏仁關（驛道中關）往西經鄜州治所洛交縣，匯入北至河套的東線或中線，若續往西行則可至慶州，匯入北至河套的西線，此關西行串聯丹州、鄜州、慶州，乃東西向道路，連接北往河套、受降城的南北向道路。同州蒲津關（上關）西行至馮翊縣，一路西行經京兆府奉先、富平、三原縣，南行涇陽縣至京城，三原縣往北可通往河套東線或中線；一路西行經華州下邽縣、京兆府櫟陽、高陵縣至京城。顯見此關亦可西行北接河套路。

　　潼關（上關）是唐都東側第一關，位於渭水與黃河交匯，黃河南流衝擊華州，90度往東流轉彎處，作為兩京驛路上重要關隘，東西向交通通往長安與洛陽，並可由兩都南來北去通往各處。總之，河上諸關交通由2座上關，1座中關，配合呂梁山、黃河、渭水等山川交錯而成。若不論關隘層級，同州、華州各置2關，丹州、延州、勝州各置1關，共計7座關。

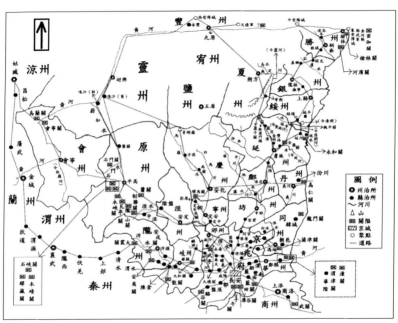

圖6-0-1　唐代關中四面關與對外交通全圖

出處：參《中國歷史地圖集》（五），頁40-41改繪。

參考書目

一、史料及相關文獻

（一）經部

《孟子》，收錄南宋・朱熹，《四書章句集注》，北京：中華書局，
　　1983.10，1版。

戰國・左丘明傳，西晉・杜預注，唐・孔穎達正義，《春秋左傳正義》，
　　收錄李學勤主編，《十三經注疏》整理委員會整理，《十三經注
　　疏・春秋左傳正義》，北京：北京大學出版社，1999.12，1版。

前漢・毛亨傳，鄭玄箋，唐・孔穎達疏，《毛詩正義》，收錄《十三經
　　注疏》整理委員會整理，《十三經注疏・毛詩正義》，北京：北京
　　大學出版社，2000.12，1版。

晉・郭璞注，宋・邢昺疏，《爾雅注疏》，收入李學勤主編，《十三經
　　注疏》整理委員會整理，《十三經注疏・爾雅注疏》，北京：北京
　　大學出版社，1999.12，1版。

後漢・鄭玄注，唐・孔穎達疏，《禮記正義》，收入李學勤主編，《十
　　三經注疏》整理委員會整理，《十三經注疏・禮記正義》，北京：
　　北京大學出版社，1999.12，1版。

後漢・鄭玄注，唐・賈公彥疏，《周禮注疏》，收入李學勤主編，《十
　　三經注疏》整理委員會整理，《十三經注疏・周禮注疏》，北京：
　　北京大學出版社，1999.12，1版。

後漢・許慎撰，清・段玉裁注，《說文解字注》，上海：上海古籍出版
　　社，1988.2，2版。

程樹德撰，程俊英、蔣見元點校，《論語集釋》，北京：中華書局，
　　1990.8，1版。

（二）史部

1. 正史類

前漢・劉向編集，繆文遠校注，《戰國策新校注》，成都：巴蜀書社，

1987.9，1版。

前漢・司馬遷，《史記》，北京：中華書局，1982.11，2版。

後漢・班固，《漢書》，北京：中華書局，1962.6，1版。

劉宋・范曄，《後漢書》，北京：中華書局，1965.5，1版。

西晉・陳壽，《三國志》，北京：中華書局，1982.7，2版。

唐・房玄齡等撰，《晉書》，北京：中華書局，1974.11，1版。

北齊・魏收撰，《魏書》，北京：中華書局，1974.6，1版。

唐・令狐德棻等撰，《周書》，北京：中華書局，1971.11，1版。

唐・李百藥，《北齊書》，北京：中華書局，1972.11，1版。

梁・沈約，《宋書》，北京：中華書局，1975.6，初版。

唐・姚思廉，《梁書》，北京：中華書局，1973.5，1版。

唐・李延壽，《北史》，北京：中華書局，1974.10，1版。

唐・魏徵、令狐德棻，《隋書》，北京：中華書局，1973.8，1版。

後晉・劉昫，《舊唐書》，北京：中華書局，1975.5，1版。

北宋・歐陽修、宋祁撰，《新唐書》，北京：中華書局，1975.2，1版。

北宋・王溥，《五代會要》，臺北：九思出版社，1978.11，臺1版。

北宋・歐陽修撰，徐無黨註，《新五代史》，北京：中華書局，
　　1974.12，1版。

元・脫脫等撰，《宋史》，北京：中華書局，1977.11，1版。

2. 編年、地理類

漢・王襃等撰，陳曉捷輯注，《關中佚志輯注》，西安：三秦出版社，
　　2006.1，1版。

北魏・酈道元注，楊守敬、熊會貞疏，段熙仲點校，陳橋驛復校，《水
　　經注疏》，南京：江蘇古籍出版社，1989.6，1版。

北魏・酈道元注，陳橋驛校釋，《水經注校釋》，杭州：杭州大學出版
　　社，1999.4，1版。

唐・李吉甫撰，賀次君點校，《元和郡縣圖志》，北京：中華書局，
　　1983.6，1版。

唐・李泰等著，賀次君輯校，《括地志輯校》，北京：中華書局，
　　1980.2，1版。

北宋・司馬光編著，元・胡三省音註，《資治通鑑》，北京：中華書

局，1956.6，1版。

北宋・樂史，王文楚等點校，《太平寰宇記》，北京：中華書局，2007.11，1版。

北宋・程大昌撰，黃永年點校，《雍錄》，北京：中華書局，2002.6，1版。

南宋・王應麟著，傅林祥點校，《通鑑地理通釋》，北京：中華書局，2013.10，1版。

南宋・王象之，《輿地紀勝》，北京：中華書局，1992.10，1版。

元・駱天驤撰，黃永年點校，《類編長安志》，西安：三秦出版社，2006.1，1版。

清・畢沅撰，張沛校點，《關中勝蹟圖志》，西安：三秦出版社，2004.12，1版。

清・向淮修，王森文纂，《續潼關縣志》（影清嘉慶廿二年刊本），臺北：成文出版社，1969，臺1版。

清・饒應祺修，馬先登纂，《同州府續志》（影清光緒七年刊本），臺北：成文出版社，1970，臺1版。

清・顧祖禹撰，賀次君、施和金點校，《讀史方輿紀要》，北京：中華書局，2005.3，1版。

清・毛鳳枝撰，李之勤校注，《南山谷口考校注》，西安：三秦出版社，2006.1，1版。

方詩銘、王修齡，《古本竹書紀年輯證》，上海：上海古籍出版社，1981.2，1版。

鄭炳林，《敦煌地理文書匯輯校注》，甘肅：甘肅教育出版社，1989.12，1版。

永濟縣志編纂委員會編纂，《永濟縣志》，山西：山西人民出版社，1991.12，1版。

吳松弟編著，《兩唐書地理志匯釋》，合肥：安徽教育出版社，2002.7，1版。

劉慶柱輯注，《三秦記輯注・關中記輯注》（合刊本），西安：三秦出版社，2006.1，1版。

3. 政書類

程樹德，《九朝律考》，北京：中華書局，1963.5，1版。

清・沈家本著，鄧經元、駢宇騫點校，《漢律摭遺》，收錄氏著，《歷代刑法考》，北京：中華書局，1985.12，1版。

張鵬一遺著，徐清廉校補，《晉令輯存》，陝西：三秦出版社，1989.1，1版。

唐・長孫無忌等撰，劉俊文點校，《唐律疏議》，北京：中華書局，1983.11，1版。

唐・長孫無忌等撰，劉俊文箋解，《唐律疏議箋解》，北京：中華書局，1996.6，1版。

唐・長孫無忌等撰，錢大群注，《唐律疏義新注》，南京：南京師範大學出版社，2007.3，1版。

唐・杜佑撰，王文錦等點校，《通典》，北京：中華書局，1988.12，1版。

唐・李林甫等撰，陳仲夫點校，《唐六典》，北京：中華書局，1992.1，1版。

唐・吳兢撰，謝保成集校，《貞觀政要集校》，北京：中華書局，2003.11，1版。

北宋・王溥撰，牛繼清校證，《唐會要校證》，西安：三秦出版社，2012.5，1版。

北宋・宋敏求編，洪丕謨、張伯元、沈敖大點校，《唐大詔令集》，上海：學林出版社，1992.10，1版。

天一閣博物館，中國社科院歷史研究所天聖令整理課題組校證，《天一閣藏明鈔本天聖令校證附唐令復原研究》，北京：中華書局，2006.10，1版。

4. 考古類

羅振玉、王國維編著，《流沙墜簡》，北京：中華書局，1993.9，1版。

中國文物研究所、湖北省文物考古研究所編，《龍崗秦簡》，北京：中華書局，2001.8，1版。

睡虎地秦墓竹簡整理小組編，《睡虎地秦墓竹簡》，北京：文物出版

社，1990.9，1版。

王子今，《睡虎地秦簡《日書》甲種疏證》，武漢：湖北教育出版社，2003.2，1版。

張家山二四七號漢墓竹簡整理小組編著，《張家山漢墓竹簡【二四七號墓】》，北京：文物出版社，2001.11，1版。

朱紅林，《張家山漢簡《二年律令》集釋》，北京：社會科學文獻出版社，2005.10，1版。

張家山二四七號漢墓竹簡整理小組編著，《張家山漢墓竹簡【二四七號墓】》（釋文修訂本），北京：文物出版社，2006.5，1版。

彭浩、陳偉、工藤元男主編，《二年律令與奏讞書─張家山二四七號漢墓出土法律文獻釋讀》，上海：古籍出版社，2007.8，1版。

國家文物局古文獻研究室等編，《吐魯番出土文書》（九），北京：文物出版社，1990.4，1版。

（三）子部（諸子、小說、雜家、類書）

佚名著，張金泉注譯，《新譯尉繚子》，臺北：三民書局，1996.2，初版。

佚名著，方韜譯注，《山海經》，北京：中華書局，2009.3，1版。

前漢・賈誼撰，閻振益、鍾夏校注，《新書校注》，北京：中華書局，2000.7，1版。

前漢・劉向著，陳茂仁校證，《新序校證》，新北：花木蘭出版社，2007.9，初版。

前漢・劉安撰，何寧集釋，《淮南子集釋》，北京：中華書局，1998.10，1版。

前漢・劉向著，黃清泉注譯，陳滿銘校閱，《新譯列女傳》，臺北：三民書局，2008.9，2版。

西晉・干寶著，黃滌明譯注，《搜神記》，臺北：臺灣書房，2007.7，初版。

北魏・賈思勰，《齊民要術》，臺北：中國子學名著集成編印基金會，1978。

唐・李肇，《唐國史補》，收錄楊家駱主編，《唐國史補等八種》，臺北：世界書局，1962.2，初版。

唐・釋道世著，周叔迦、蘇晉仁校注，《法苑珠林校注》，北京：中華書局，2003.12，1版。

唐・徐堅等著，《初學記》，北京：中華書局，2004.2，2版。

唐・孫思邈，《千金翼方》，遼寧：科學技術出版社，1997.8，1版。

唐・慧立、彥悰著，孫毓棠、謝方點校，《大慈恩寺三藏法師傳》，收錄《大慈恩寺三藏法師傳／釋迦方誌》（合刊本），北京：中華書局，2000.4，1版。

北宋・錢易撰，黃壽成點校，《南部新書》，北京：中華書局，2002.6，1版。

北宋・王欽若等編纂，周勛初等校訂，《冊府元龜》，南京：鳳凰出版社，2006.12，1版。

北宋・李昉等編，《文苑英華》，北京：中華書局，1966.5，1版。

北宋・李昉等編，《太平廣記》，北京：中華書局，1961.9，新1版。

北宋・李昉等撰，《太平御覽》，北京：中華書局，1960.2，1版。

北宋・曾公亮等撰，《武經總要前集》（文淵閣四庫全書本），收錄李勇先主編，《中國歷史地理文獻輯刊》，上海：上海交通大學出版社，2009.6，1版。

南宋・王應麟輯，《玉海》，揚州：廣陵書社，2003.8，1版。

南宋・陳思，《寶刻叢編》，收錄嚴耕望編，《石刻史料叢書》（乙編之四）（原刻景印），臺北：藝文印書館，1966。

清・王先慎撰，鍾哲點校，《韓非子集解》，北京：中華書局，1998.7，1版。

（四）集部

梁・蕭統編，唐・李善注，《文選》，上海：上海古籍出版社，1986.8，1版。

唐・王維著，陳鐵民校注，《王維集校注》，北京：中華書局，1997.8，1版。

唐・劉禹錫著，《劉禹錫集》整理組點校，卞孝萱校訂，《劉禹錫集》，北京：中華書局，1990.3，1版。

唐・白居易著，顧學頡校點，《白居易集》，北京：中華書局，1979.10，1版。

唐・白居易撰，宋・孔傳續撰，《白孔六帖》，臺北：新興書局，1969.5，
　　新1版。

唐・柳宗元，吳文治等校點，《柳宗元集》，北京：中華書局，1979.10，
　　1版。

唐・韓愈著，錢仲聯、馬茂元校點，《韓愈全集》，上海：上海古籍出
　　版社，1997.10，1版。

唐・王勃著，丹丘先生校定，《王勃集》，收錄日・長澤規矩也編，
　　《和刻本漢詩集成》，東京：古典研究會，昭和50.2。

唐・杜甫著，清・仇兆鰲注，《杜詩詳註》，北京：中華書局，1979.10，
　　1版。

唐・李白著，清・王琦注，《李太白全集》，臺北：九思出版社，
　　1979.3，臺1版。

唐・張九齡著，熊飛校注，《張九齡集校注》，北京：中華書局，
　　2008.11，1版。

唐・盧照鄰著，祝尚書箋注，《盧照鄰集箋注》，上海：上海古籍出版
　　社，2011.10，2版。

唐・高適著，孫欽善校注，《高適集校注》，上海：上海古籍出版社，
　　1984.2，1版。

唐・李商隱著，葉蔥奇疏注，《李商隱詩集疏注》，臺北：里仁書局，
　　1987.7。

唐・岑參著，廖立箋注，《岑嘉州詩箋注》，北京：中華書局，2004.9，
　　1版。

北宋・文同，《丹淵集》，臺北：臺灣商務印書館，1979，臺1版。

明・董其昌，《畫禪室隨筆》，臺北：新文豐出版公司，1982.8，初版。

清・彭定求等編，《全唐詩》，北京：中華書局，1960.4，1版。

清・董誥等編，《全唐文》，北京：中華書局，1983.11，1版。

二、近人論著（依作者姓氏筆畫排序）

（一）專書

1. 中文

《陝西軍事歷史地理概述》編寫組，《陝西軍事歷史地理概述》，西

安：陝西人民出版社，1985.6，1版。

中國公路交通史編審委員會編著，《中國古代道路交通史》，北京：人民交通出版社，1994.1，1版。

王國維，《古史新證—王國維最後的講義》，北京：清華大學出版社，1994.12，1版。

王開主編，《陝西古代道路交通史》，北京：人民交通出版社，1989.8，1版。

史念海，《黃土高原歷史地理研究》，鄭州：黃河水利出版社，2001.8，1版。

白壽彝，《中國交通史》，河南：河南人民出版社，1987.2，1版。

安介生編著，《天下雄關》，長春：長春出版社，2007.1，1版。

呂思勉，《秦漢史》，上海：上海古籍出版社，2005.7，1版。

李玉生，《唐令與中華法系研究》，南京：南京師範大學出版社，2005.12，1版。

李孝聰，《中國區域歷史地理》，北京：北京大學出版社，2004.10，1版。

李曉杰，《疆域與政區》，南京：江蘇人民出版社，2011.1，1版。

辛德勇，《隋唐兩京叢考》，西安：三秦出版社，2006.1，2版。

周一士，《中國公路史》，臺北：公路出版社，1957.8，初版。

林頹編著，《中國歷史地理學研究》，福建：福建人民出版社，2006.1，1版。

胡阿祥、彭安玉、郭黎安，《兵家必爭之地—中國歷史軍事地理要覽》，海口：海南出版社，2007.8，1版。

唐寰澄編著，《中國古代橋梁》，北京：中國建築工業出版社，2011.1，1版。

夏婷婷，《唐代擬制判決中的法律發現—對唐代判詞的另一種解讀》，北京：中國社會科學出版社，2012.7，1版。

翁俊雄，《唐初政區與人口》，北京：北京師範學院出版社，1990.8，1版。

高明士，《律令法與天下法》，上海：上海古籍出版社，2013.12，1版。

曹雲忠、席木森、朱彥武、史友仁編著，《中華名關》，北京：解放軍出版社，1988.11，1版。

陳直，《漢書新證》，天津：人民出版社，1979.3，2版。

程光裕，《五柳集》，臺北：世新大學出版中心，2007.3。

程志、韓濱娜，《唐代的州和道》，西安：三秦出版社，1987.5，1版。

程喜霖，《唐代過所研究》，北京：中華書局，2000.6，1版。

楊建，《西漢初期津關制度研究》，上海：上海古籍出版社，2010.3，1版。

董平均，《出土秦律漢律所見封君食邑制度研究》，哈爾濱：黑龍江人民出版社，2007.4，1版。

劉希為，《隋唐交通》，臺北：新文豐出版股份有限公司，1992.3，臺1版。

劉鴻喜，《地形學綱要》，臺北：三民書局，1990，6版。

蔡萬進，《張家山漢簡《奏讞書》研究》，桂林：廣西師範大學出版社，2006.5，1版。

鄭顯文，《唐代律令制研究》，北京：北京大學出版社，2004.12，1版。

穆渭生，《唐代關內道軍事地理研究》，陝西：陝西人民出版社，2008.7，1版。

錢穆，《史記地名考》，北京：商務印書館，2001.7，1版。

戴炎輝，《唐律各論》，臺北：成文出版社，1988.5，增訂版。

譚宗義，《漢代國內陸路交通考》，香港：新亞研究所專刊，1967.12。

嚴耕望，《治史答問》，臺北：臺灣商務印書館，1985.6，初版。

嚴耕望，《治史經驗談》，臺北：臺灣商務印書館，1988.11，5版。

嚴耕望，《唐代交通圖考》（一），臺北：中央研究院歷史語言研究所專刊之八十三，1985.5，初版。

嚴耕望，《唐代交通圖考》（二），臺北：中央研究院歷史語言研究所專刊之八十三，1985.5，初版。

嚴耕望，《唐代交通圖考》（三），臺北：中央研究院歷史語言研究所專刊之八十三，1985.9，初版。

嚴耕望，《錢穆賓四先生與我》，臺北：臺灣商務印書館，1992.3，初版。

寶雞市公路交通史志編寫辦公室編，《寶雞古代道路志》，西北：陝西人民出版社，1988.5，1版。

蘇秉琦，《中國文明起源新探》，北京：三聯書店，1999.1，1版。

2. 外文

日・仁井田陞著，池田溫編輯代表，《唐令拾遺補》，東京：東京大學出版會，1997.3，初版。

日・仁井田陞著，栗勁等編譯，《唐令拾遺》，長春：長春出版社，1989.11，1版。

日・池田雄一，〈《奏讞書》─中國古代的審判記錄〉，刀水書房，2002.11，初版。

日・足立喜六著，王雙懷、淡懿誠、賈雲譯，《長安史迹研究》，西安：三秦出版社，2003.1，1版。

日・黑板勝美編輯，《令集解》，東京：吉川弘文館，1972.5〔昭和47年〕，普及版。

日・圓仁著，白化文、李鼎霞、許德楠校著，周一良審閱，《入唐求法巡禮行記校注》，石家莊：花山文藝出版社，2007.11，1版。

日・圓珍著，白化文、李鼎霞校注，《行歷抄校注》，石家莊：花山文藝出版社，2004.1，1版。

經濟雜誌社編，《令義解》，東京：經濟雜誌社，1900.9〔明治33年〕。

3. 學位論文

朱祖德，〈唐代淮南道研究〉，臺北：中國文化大學歷史碩士論文，1996。

何有祖，〈張家山漢簡《二年律令》之《賊律》、《盜律》、《告律》、《捕律》、《復律》、《興律》、《徭律》諸章集釋〉，湖北：武漢大學碩士論文，2005.5。

周波，〈《二年律令》錢、田、□市、賜、金布、秩律諸篇集釋〉，湖北：武漢大學碩士論文，2005.5。

林世清，〈唐代嶺南道研究〉，臺北：中國文化大學歷史碩士論文，1997。

邵承芬，〈唐代江南道研究─以經濟發展為探討重心〉，臺北：中國文化大學歷史博士論文，2003。

桂齊遜，〈唐代河東軍事研究〉，臺北：中國文化大學歷史碩士論文，1990。

許益，〈漢唐關津問題研究〉，甘肅：蘭州大學歷史碩士論文，2008.5。

郭啟瑞，〈唐代後期關中防衛中形勢之演變〉，臺北：中國文化大學歷史碩士論文，1985。

黃錦前，〈張家山漢簡《二年律令》之《置吏律》、《戶律》、《效律》、《傅律》、《置後律》、《爵律》校釋〉，湖北：武漢大學碩士論文，2005.5。

廖幼華，〈初唐河東道研究—對外策略的研究〉，臺北：中國文化大學歷史碩士論文，1980。

趙國光，〈唐代河南道及都畿道與國勢興衰之關係〉，臺北：中國文化大學歷史博士論文，2003。

蔡坤倫，〈漢代函谷關研究〉，臺中：國立中興大學歷史學系碩士論文，2009.6。

穆渭生，〈唐代關內道軍事地理研究〉，陝西：陝西師範大學博士論文，2002.4。

謝德隆，〈唐代前期對關內道北部的經營〉，臺北：中國文化大學歷史碩士論文，1992。

羅凱，〈唐前期道制研究—以民政區域性質的道為中心〉，上海：復旦大學碩士論文，2009.5。

4. 工具書、電子資料庫

方詩銘編著，《中國歷史紀年表》（修訂本），上海：上海人民出版社，2007.3，1版。

陝西省文物事業管理局編制，《中國文物地圖集》（陝西分冊）（上、下），西安：西安地圖出版社，1998.12，1版。

譚其驤主編，《中國歷史地圖集》，北京：中國地圖出版社，1982.10，1版。

西安地圖出版社編，《陝西省地圖冊》（32開），西安：西安地圖出版社，2015.5，21版。

西安地圖出版社編，《陝西省地圖冊》（16開），西安：西安地圖出版社，2015.8，1版。

趙鵬超、羅傳甲，《潼關縣新志》（影民國廿年鉛印本），臺北：臺大中國方志庫電子資料庫。

「中研院史語所漢籍電子文獻—漢典全文檢索系統」：http://www.sinica.

edu.tw/~tdbproj/handy1/

「中研院史語所文物圖象研究室」：http://saturn.ihp.sinica.edu.tw/~wenwu/

（二）論文

1. 中文

（1）專書論文

孔祥軍，〈《隋書‧地理志》關官考〉，收錄氏著，《漢唐地理志考校》，北京：新世界出版社，2012.1，1版，頁147-161。

王文楚，〈西安洛陽間陸路交通的歷史發展〉，原載《歷史地理研究》，1986第1輯，後收錄氏著，《古代交通地理叢考》，北京：中華書局，1996.7，1版，頁82-103。

王文楚，〈唐代兩京驛路考〉，原載《歷史研究》，1983年第6期，頁62-74。後收錄氏著，《古代交通地理叢考》，北京：中華書局，1996.7，1版，頁46-81。

王北辰，〈內蒙古後套平原的幾個歷史地理問題—兼考唐西受降城〉，收錄氏著，《王北辰西北歷史地理論文集》，北京：學苑出版社，2000.7，1版，頁358-370。

王仲犖，〈吐魯番出土的幾件唐代過所〉，收錄氏著，《蠟華山館叢稿》，北京：中華書局，1987.4，1版，頁274-314。

史念海，〈唐代的地理學和歷史地理學〉，收錄氏著，《河山集》（六），太原：山西人民出版社，1997.12，1版，頁173-202。

史念海，〈唐代長安和洛陽〉，收錄氏著，《中國古都和文化》，北京：中華書局，1998.7，1版，頁493-540。

史念海，〈唐代原州的木峽關和石門關〉，收錄氏著，《河山集》（七），西安：陝西師範大學出版社，1999.1，1版，頁239-248。

史念海，〈陝西北部的地理特點和在歷史上的軍事價值〉，收錄氏著，《河山集》（四集），西安：陝西師範大學出版社，1991.12，1版，頁75-144。

史念海，〈陝西省在我國歷史上的戰略地位〉，收錄氏著，《河山集》（四集），西安：陝西師範大學出版社，1991.12，1版，頁1-74。

史念海，〈隋唐時期農牧地區的變遷及其對王朝盛衰的影響〉，收錄氏著，《河山集》（七），西安：陝西師範大學出版社，1999.1，1

版，頁77-99。

史念海，〈潼關古城的遷徙〉，收錄氏著，《河山集》（二集），北京：三聯書店，1981.5，1版，頁176-180。

史念海，〈論唐代貞觀10道和開元15道〉，收錄氏著，《河山集》（七集），西安：陝西師範大學出版社，1999.1，1版，頁520-557。

史念海，〈關中的歷史軍事地理〉，收錄氏著，《河山集》（四集），西安：陝西師範大學出版社，1991.12，1版，頁145-244。

成一農，〈唐代的地緣政治結構〉，收錄李孝聰主編，《唐代地域結構與運作空間》，上海：上海辭書出版社，2003.8，1版，頁8-59。

李之勤，〈唐代藍武道上的七盤嶺與韓公堆〉，收錄氏著，《西北史地研究》，鄭州：中州古籍出版社，1994.12，1版，頁126-133。

李健超，〈函谷關與潼關〉，原載《晉秦豫訪古》，山西人民出版社，1986。收錄氏著，《漢唐兩京及絲綢之路歷史地理論集》，西安：三秦出版社，2007.7，1版，頁595-605。

杜正勝，〈古代的關〉，收錄氏著，《古代社會與國家》，臺北，允晨文化有限公司，1992.10，頁584-607。

辛德勇，〈唐代的地理學〉，收錄氏著，《歷史的空間與空間的歷史》北京：北京師範大學出版社，2005.1，1版，頁272-296。

辛德勇，〈隋唐時期長安附近的陸路交通—漢唐長安交通地理研究之二〉，收錄氏著，《古代交通與地理文獻研究》，北京：中華書局，1996.7，1版，頁142-165。

邢義田，〈「試釋漢代的關東、關西與山東、山西」補正〉，收錄氏著，《秦漢史論稿》，臺北：東大書局，1987.6，初版，頁114-120。

邢義田，〈試釋漢代的關東、關西與山東、山西〉，收錄氏著，《秦漢史論稿》，臺北：東大書局，1987.6，初版，頁85-113。

侯甬堅，〈論唐以前武關的地理位置〉，《陝西師範大學學報》（哲學社會科學版），1986年第3期，頁82-88。後收錄氏著，《歷史地理學探索》，北京：中國社會科學出版社，2004.6，1版，頁304-316。

張伯元，〈《二年律令‧津關令》與漢令之關係考〉，收錄氏著，《出土法律文獻研究》，北京：商務印書館，2005.6，1版，頁50-65。

張榮芳，〈試論隋唐的山東與關東〉，原載《食貨》復刊第13卷1、2

期，民國72.5，後收錄中國唐代學會編，《唐代研究論集》（第三輯），臺北：新文豐出版社，1992.11，初版，頁737-766。

曹旅寧，〈《津關令》考述〉，收錄氏著，《張家山漢律研究》，北京：中華書局，2005.8，1版，頁249-266。

傅斯年，〈歷史語言研究所工作之旨趣〉，收錄氏著，《傅斯年全集》（四），臺北：聯經出版社，1980.9，初版，頁253-266。

黃人二，〈張家山漢簡奏讞書案例三試釋兼論函谷關之地位〉，收錄氏著，《出土文獻論文集》，臺中：高文出版社，2005.8，初版，頁101-113。

劉燕儷，〈水上交通管理〉，收錄高明士主編，《唐律與國家社會研究》，臺北：五南圖書出版有限公司，1999.1，初版，頁361-401。

劉馨珺，〈〈衛禁律・齎禁物私度關〉與《天聖令》的應禁之地〉，收錄氏著，《「唐律」與宋代法文化》，嘉義：國立嘉義大學，2010.12，頁339-396。

賴亮郡，〈罪與刑：《唐律》的加刑探討〉，收錄氏著，《唐宋律令法制考釋》，臺北：元照出版社，2010.7，初版，頁7-40。

錢大群，〈唐律贓罪辨析〉，收錄氏著，《唐律與唐代法制考辨》，北京：社會科學文獻出版社，2013.11，1版，頁130-169。

閻步克，〈《二年律令》中的「宦皇帝者」〉，收錄氏著，《從爵本位到官本位》，北京：三聯書店，2009.3，1版，頁370-407。

閻曉君，〈張家山漢簡《奏讞書》考釋（一）〉，收錄張懋鎔等編，《追尋中華古代文明的蹤跡—李學勤先生學術活動五十年紀念文集》，上海：復旦大學出版社，2002.8，1版，頁74-80。

嚴耕望，〈括地志序略都督府管州考〉，收錄氏著，《嚴耕望史學論文選集》（上），北京：中華書局，2006.12，1版，頁132-166。

嚴耕望，〈景雲十三道與開元十六道〉，收錄氏著，《嚴耕望史學論文選集》（上），北京：中華書局，2006.12，1版，頁167-174。

（2）期刊、合集論文

牛樹林、郭敏厚，〈「藍關」考〉，《人文雜誌》，1994年增刊。

牛樹林、郭敏厚，〈秦漢嶢關、唐藍關小考〉，《商洛學院學報》，2008年第3期，頁1-4。

牛樹林、郭敏厚、耶磊，〈秦漢嶢關、唐藍關續考─從文獻所載「藍田縣東南」的里程說起〉，《商洛學院學報》，2009年第1期，頁46-48。

王子今，〈秦漢區域地理學的「大關中」概念〉，《人文雜誌》，2003年第1期，頁86-91。

王子今、劉華祝，〈說張家山漢簡《二年律令‧津關令》所見五關〉，《中國歷史文物》，2003年第1期，頁44-52。

王元林，〈隋唐以前黃渭洛匯流區河道變遷〉，《中國歷史地理論叢》，1996年第3輯，頁71-87。

王元林，〈蒲津大浮橋新探〉，《文物季刊》，1999年第3期，頁52-58。

王少華，〈淺論我國古代關隘旅游資源的開發──以河南古代關隘旅游資源為例〉，《桂林旅遊高等專科學校學報》，17：5（2006.10），頁546-549。

王北辰，〈唐代長安－夏州－天德軍道路考〉，《歷史地理》，1990年第9輯，頁264-274。

王永興，〈讀《唐六典》的一些體會〉，《文史知識》，2009年第2期，頁17-23。

王成成，〈隴坻古道的繁榮與衰敗〉，《天水師院學報》（綜合版），2000年第3期，頁40-42。

王亞勇，〈三受降城修築時間考〉，《內蒙古師大學報》（哲學社會科學漢文版），1988年第3期，頁50-52。

王昌富，〈早期武關地望初探〉，《文博》，1989年第4期，頁20-22，轉82頁。

王偉，〈張家山漢簡《二年律令》編聯初探〉，收錄武漢大學簡帛研究中心主辦，《簡帛》（第一輯），上海：上海古籍出版社，2006.10，1版，頁353-367。

王蘭蘭，〈唐朝皇帝的避難所〉，《唐都學刊》，2011年第4期，頁21-24。

史念海，〈西安地區地形的歷史演變〉，《中國歷史地理論叢》，1995年第4輯，頁33-54。

史念海，〈唐代通西域道路的淵源及其途中的都會〉，《中國歷史地理論叢》，1995年第1輯，頁1-25。

史念海，〈隋唐時期的交通與都會〉，收錄氏主編，《唐史論叢》（第六輯），西安：陝西人民出版社，1995.10，1版，頁1-57。

史念海，〈論我國歷史上東西對立的局面和南北對立的局面〉，《中國歷史地理論叢》，1992年第1輯，頁57-112。

史念海、史先智，〈長安和洛陽〉，收錄史念海主編，《唐史論叢》（第七集），西安：陝西師範大學出版社，1998.2，1版，頁1-45。

田亞岐、楊曙明，〈絲綢之路南線長安至隴山段考察研究〉，《秦漢研究》（第三輯），2009年，頁135-144。

石維娜，〈唐長安通往「三受降城」的驛路及其歷史作用〉，《華夏文化》，2011年第4期，頁27-29。

任艷艷，〈唐代勝州轉運的設置—讀敦煌所出《唐開元水部式》殘卷〉，《晉陽學刊》，2008年第5期，頁123-125。

安志平，〈固原歷代軍事史述略〉，《固原師專學報》（社會科學版），2002年第2期，頁76-79。

曲守約，〈古代之關〉，《大陸雜誌》，16：10（1958.5），頁15-19。

艾冲，〈古代潼關城址的變遷〉，《歷史地理》，2002年第18輯，頁122-129。

艾冲，〈唐代靈、鹽、夏、宥四州邊界考〉，《中國歷史地理論叢》，2004年第1輯，頁26-31。

艾冲，〈隋唐永豐倉考論〉，《陝西師範大學學報》（哲學社會科學版），1997年第2期，頁139-144。

艾冲，〈潼關創建年代考辨〉，《渭南師專學報》（社會科學版），2000年第1期，頁10-13，轉17頁。

艾冲，〈論唐代「河曲」內外駐防城群體的分布及其對北疆民族關系的作用〉，《唐史論叢》，2008，頁131-146。

余方平、王昌富，〈武關早期位置探索新論〉，《商洛學院學報》，2008年第1期，頁27-31。

吳亞娥，〈試論安康境內的幾條古交通要道〉，《安康師專學報》，1994年第1期，頁81-82。

吳昌廉，〈論「新發現」與「新學問」之關係—王國維「新材料」觀念試釋〉，《簡牘學報》，17期（臺北，1999.12），頁321-350。

吳洁生，〈唐大震關考〉，《歷史地理》，1990年第7輯，頁134-138。

李之勤，〈《讀史方輿紀要》卷五六《子午道》條校釋〉，《中國歷史地理論叢》，2000年第3輯，頁27-38。

李之勤，〈《讀史方輿紀要》陝西省漢中府「儻駱道」條校釋〉，《中國歷史地理論叢》，2000年第1輯，頁229-237。

李之勤，〈陳倉古道考〉，《中國歷史地理論叢》，2008年第3輯，頁118-124。

李之勤，〈歷史上的子午道〉，《西北大學學報》（哲學社會科學版），1981年第2期，頁38-41。

李之勤，〈藍田縣的兩個石門與唐長安附近藍武道北段的水陸聯運問題〉，《中國歷史地理論叢》，1992年第2輯，頁63-70。

李之勤，〈儻駱古道的發展特點、具體走向和沿途要地〉，《文博》，1995年第2期，頁44-53。

李天虹，〈漢簡「致籍」考辨─讀張家山漢簡〈津關令〉札記〉，《文史》，2004年第2輯，頁33-37。

李仲操，〈歷代散關遺址小考〉，《人文雜誌》，1985年第6期，頁74-75。

李全德，〈《天聖令》所見唐代過所的申請與勘驗─以「副白」與「錄白」為中心〉，《唐研究》，2008年第14卷，頁205-220。

李均明，〈漢簡所反映的關津制度〉，《歷史研究》，2002年第3期，頁26-35。

李冠廷、游逸飛，〈〈張家山漢簡《二年律令·均輸律》譯注〉〉，《史原》，復刊2期（臺北：2011.9），頁239-256。

李春茂，〈絲路東段的隴山古道〉，《甘肅社會科學》，1996年第2期，頁76-78。

李健超，〈絲綢之路之陝西、甘肅中東部線路的形成與發展〉，《絲綢之路》，2009年第6期，頁31-32。

李培娟，〈淺析隋唐勝州軍事地位的興衰原因〉，《蘭臺世界》，2013年第6期，頁91-92。

李葉宏，〈唐朝絲綢之路貿易管理法律制度探析─以過所為例〉，《武漢理工大學學報》（社會科學版），2009年第5期，頁135-138。

李德輝，〈唐京北地區交通與唐後期邊塞行旅詩〉，《唐代文學研究》，2004年，頁60-65。

李鴻賓，〈唐朝三受降城與北部防務問題〉，收錄中國長城學會編，《長城國際學術研討會論文集》，瀋陽：吉林人民出版社，1995.12，1版，頁143-153。

辛德勇，〈三崤山補證〉，《中國歷史地理論叢》，1991年第1輯，頁58。

辛德勇，〈西漢至北周時期長安附近的陸路交通─漢唐長安交通地理研究之一〉，《中國歷史地理論叢》，1988年第3輯，頁85-113。

辛德勇，〈長安城興起與發展的交通基礎─漢唐長安交通地理研究之四〉，《中國歷史地理論叢》，1989年第2輯，頁131─140。

辛德勇，〈崤山古道瑣證〉，《中國歷史地理論叢》，1989年第4輯，頁37-66。

周佩妮，〈絲綢之路上的「六盤鳥道」〉，《寧夏師範學院學報》（社會科學），2010年第4期，頁16-19。

周尚兵，〈讀程喜霖先生新著《唐代過所研究》〉，《敦煌研究》，2002年第2期，頁105-108。

孟彥弘，〈唐代「副過所」及過所的「副白」、「錄白案記」辨釋〉，收錄黃正建主編，《《天聖令》與唐宋制度研究》，北京：中國社會科學出版社，2011.3，1版，頁174-210。

孟彥弘，〈再談唐代過所申請、勘驗過程中的「副白」與「錄白案記」〉，收錄黃正建主編，《隋唐遼宋金元史論叢》（一），北京：紫禁城出版社，2011.2，初版，頁176-188。

孟彥弘，〈唐代的驛、傳送與轉運─以交通與運輸之關係為中心〉，收錄榮新江主編，《唐研究》（第十二卷），北京：北京大學出版社，2006.12，1版，頁27-52。

孟彥弘，〈唐關市令復原研究〉，收錄天一閣博物館，中國社科院歷史研究所天聖令整理課題組校證，《天一閣藏明鈔本天聖令校證附唐令復原研究》，北京：中華書局，2006.10，1版，頁521-540。

況臘生、張勝輝，〈唐律中關防制度考析〉，《西安政治學院學報》，2001年第3期，頁86-91。

姚春敏、趙曉峰，〈試論唐王朝修建「蒲津橋」的經濟目的與動機〉，《運城學苑學報》，2008年第6期，頁18-21。

施和金，〈隋唐《地理志》陝西地理誤述考訂〉，《人文雜誌》，1982年第3期，頁82-87。

胡德經，〈兩京古道考辨〉，《史學月刊》，1986年第2期，頁1─7，轉79頁。

孫長龍，〈唐會州及其屬縣、關口考〉，《絲綢之路》，2009年第16

期，頁45-47。

孫長龍，〈關於唐代會州的幾個問題〉，《蘭州教育學院學報》，2009年第3期，頁18-22。

徐日輝，〈「陳倉渭水道」與街亭戰役考〉，《中國歷史地理論叢》，2001年第2輯，頁90-96。

徐志斌，〈論唐代儻駱道的特點與價值〉，《陝西理工學院學報》（社會科學版），2011年第3期，頁17-20，轉29頁。

桂齊遜，〈《唐律・衛禁律》沿革考〉，收入中國中古史研究編輯委員會編輯，《中國中古史研究》（第七期），臺北：蘭臺出版社，2007.12，初版，頁95-126。

桂齊遜，〈唐代律令關係試析—以捕亡律令關於追捕罪人之規範為例〉，《唐研究》，2008年第14卷，頁221-245。

桂齊遜，〈唐代宮禁制度在政治與法律上的意義〉，收錄高明士編，《東亞傳統教育與法制研究》（二），臺北：國立臺灣大學出版中心，2005.7，初版，頁109-183。

馬正林，〈關於古散關遺址〉，《陝西師範大學學報》（哲學社會科學版），1986年第1期，頁105-106。

馬東海，〈唐木峽關、摧沙堡、石門關考〉，《寧夏師範學院學報》（社會科學），2010年第4期，頁20-22。

高震寰等，〈〈張家山漢簡《二年律令・錢律》譯注〉〉，《史原》，復刊3期（臺北：2012.9），頁295-352。

張金銑，〈鳳翔之戰與唐末政治嬗變〉，《安徽大學學報（哲學社會科學版）》，2011年第5期，頁111-116。

張建國，〈漢簡《奏讞書》和秦漢刑事訴訟程序初探〉，《中外法學》，1997年第2期，頁。

張思足，〈連接秦晉有一橋—唐代的蒲津大浮橋考略〉，《西安教育學院學報》，1998年第4期，頁5-8。

張玲，〈滻灞二水與隋唐長安城的關系及其現實意義〉，《西安社會科學》，2010年第1期，頁71-73。

張家山漢簡研讀班，〈張家山漢簡《二年律令》校讀記〉，收錄李學勤、謝桂華主編，《簡帛研究2002、2003》，桂林：廣西師範大學出版社，2005.6，1版，頁177-195。

張國藩、趙建平，〈絲綢之路隴坂古道考察散記〉，《絲綢之路》，2001年S1期，頁107-111。

張榮芳，〈試論隋唐的山東與關東〉，原載《食貨》復刊第13卷1、2期（1983年5月）。收錄中國唐代學會編，《唐代研究論集》（第三輯），臺北：新文豐出版股份有限公司，1992年11月，初版，頁737-766。

張劍光，〈唐代藩鎮割據與商業〉，《文史哲》，1997年第4期，頁74-80。

張鄰、周殿杰，〈唐代的關津制度〉，《中華文史論叢》，1985年第3輯，頁185-210。

張豔云，〈唐代過所制度略述〉，《史學月刊》，1996年第4期，頁112-114。

梁建邦，〈漫話潼關〉，《渭南師專學報》（綜合版），1989年第1期，頁103-106。

梁建邦，〈潼關古城的建制〉，《滄桑》，2005年第2期，頁17，轉24頁。

梁福義，〈古散關遺址辨正〉，《人文雜誌》，1984年第1期，頁36。

許正文，〈漢州唐道的設置與分裂割據王朝的形成〉，《中國歷史地理論叢》，2003年第3輯，頁139-144。

許正文，〈潼關沿革考〉，《人文雜誌》，1989年第5期，頁93-97。

許成、余軍、王惠民，〈瓦亭故關考略〉，《寧夏社會科學》，1993年第6期，頁58-64。

郭清華，〈陳倉道初探─兼論「暗度陳倉」與陳倉道有關問題〉，《成都大學學報》（社會科學版），1989年第2期，頁100-106。

陳正奇、穆渭生，〈唐後期隴右失陷與京畿安全危機述略〉，《中國歷史地理論叢》，2009年第4輯，頁90-102。

陳偉，〈張家山漢簡〈津關令〉涉馬諸令研究〉，《考古學報》，2003年第1期，頁29-43。

陳偉，〈張家山漢簡雜識〉，收錄單周堯、陸鏡光主編，《語言文字學研究》，北京：中國社會科學出版社，2005.12，1版，頁36-37。

陳婭玲、孟來果，〈「唐蕃古道」文化線路之開發初探〉，《西藏民族學院學報》（哲學社會科學版），2012年第5期，頁97-100。

陳習剛，〈論武則天時期關津的職能及其興廢〉，《中州學刊》，2007年第5期，頁168-171。

陳登武，〈白居易「百道判」中的禮教思想〉，《法制史研究》，23期
　　（臺北，2013.6），頁113-143。

陳登武，〈白居易「百道判」試析—兼論經義折獄的影響〉，收錄柳立
　　言主編，《傳統中國法律的理念與實踐》，臺北：中研院史語所，
　　2008.5，頁343-411。

陳登武，〈再論白居易「百道判」—以法律推理為中心〉，《臺灣師大
　　歷史學報》，45期（臺北，2011.6），頁41-72。

陳夢家，〈畝制與里制〉，《考古》，1966年第1期，頁36-45。

陳維緒，〈漢唐嶢關、藍關考略—兼與牛樹林、郭敏厚先生商榷〉，
　　《商洛學院學報》，2006年第1期，頁28-29，轉46頁。

陸敬嚴，〈蒲津大浮橋考〉，《自然科學史研究》，1985年第1期，頁35-
　　41。

彭浩，〈《津關令》的頒行年代與文書格式〉，《鄭州大學學報》（哲
　　學社會科學版），2002年第3期，頁15-16。

彭浩，〈談《奏讞書》中的西漢案例〉，《文物》，1993年第8期，頁32-
　　36。

程喜霖，〈唐代過所與胡漢商人貿易〉，《西域研究》，1995年第1期，
　　頁97-103。

程喜霖，〈從唐代過所文書所見通「西域」的中道〉，《敦煌研究》，
　　1988年第1期，頁58-67。

程喜霖，〈論唐代關津與過所的關系及其國防治安功能〉，《湖北大學
　　學報》（哲學社會科學版），1999年第2期，頁69-74。

賀潤坤，〈安史之亂中潼關為何失守〉，《漢中師院學報》（哲學社會
　　科學版），1989年4期，頁47-50。

黃兆宏，〈過所制度研究述略〉，《甘肅社會科學》，2003年第6期，頁
　　145-146。

黃怡君等，〈〈張家山漢簡《二年律令‧置吏律》譯注〉〉，《史
　　原》，復刊1期（臺北：2010.9），頁287-337。

黃運喜，〈玄奘的四川之行〉，《西南民族大學學報》（人文社科
　　版），2007年總第185期，頁166-171。

黃瓊儀等，〈〈張家山漢簡《二年律令‧傳食律》譯注〉〉，《史
　　原》，復刊4期（臺北：2013.9），頁263-300。

楊建，〈張家山漢簡《二年律令‧津關令》簡釋〉，收錄丁四新主編，《楚地出土簡帛文獻思想研究》（一），武漢：湖北教育出版社，2002.12，1版，頁316-341。

楊軍輝，〈關於唐大震關的幾個問題〉，《甘肅農業》，2006年第6期，頁292-293。

楊朝霞，〈渭河沿流港口碼頭津渡的興衰〉，《陝西師範大學學報》（哲學社會科學版），1997年第4期，頁95-100。

楊曙明，〈陝西鳳翔境內古絲綢之路考略〉，《絲綢之路》，2009年第6期，頁26-30。

葛劍雄、華林甫，〈導論：二十世紀的中國歷史地理研究〉，收錄葛劍雄、華林甫編，《歷史地理研究》，武漢：湖北教育出版社，2004.1，1版，頁1-35。

賈雲，〈唐貞觀諸道的產生及其使職的作用〉，《漢中師範學院學報》，2002年第3期，頁47-54。

雍際春、蘇海洋，〈絲綢之路隴右南道隴山段的交通路線〉，《絲綢之路》，2009年第6期，頁33-36。

雷富饒，〈唐與吐蕃在西域的爭奪〉，《宜春學院學報》，2010年第9期，頁147-148，轉169頁。

雷聞，〈唐開元獄官令復原研究〉，收錄天一閣博物館，中國社科院歷史研究所天聖令整理課題組校證，《天一閣藏明鈔本天聖令校證附唐令復原研究》，北京：中華書局，2006.10，1版，頁603-649。

雷震，〈歷史時期的儻駱道及其作用〉，《陝西理工學院學報》（社會科學版），2011年第4期，頁40-44。

臧知非，〈張家山漢簡所見漢初馬政及相關問題〉，《史林》，2004年第6期，頁69-77。

趙靜，〈武關煙雲漫談〉，《文博》，2005年第2期，頁50-55。

劉永生，〈古城古渡古橋─永濟黃河蒲津渡遺址考古瑣記〉，《文物世界》，2000年第4期，頁4-8。

劉玉峰，〈試論唐代的公驗、過所制度與商品流通的管理〉，《敦煌研究》，2000年第3期，頁160-168。

劉希為，〈隋唐交通的特點及其歷史地位〉，《中國唐史學會論文集》，三秦出版社，1991，頁213-228。

劉軍剛，〈秦、西漢時期關中通往隴西郡交通線路考析〉，《絲綢之路》，2011年第16期，頁11-13。

劉滿，〈大震關考辨〉，《西北史地》，1983年第3期，頁18-23。

劉滿，〈秦漢隴山道考述〉，《敦煌學輯刊》，2005年第2期，頁264-269。

劉樹友，〈「哥舒白谷兩英雄，痛哭催軍萬年淚」—唐軍與安史叛軍的潼關、靈寶之戰探析〉，《渭南師專學報》（社會科學版），1997年第1期，頁27-34。

劉樹友，〈武關考—關中要塞研究之七〉，《渭南師範學院學報》，2002年第3期，頁44-49。

劉樹友，〈秦嶺諸關考—關中要塞研究之四〉，《渭南師專學報》（社會科學版），1999年第4期，頁23-27，轉46頁。

劉馨珺，〈評《天一閣藏明鈔本天聖令校證附唐令復原研究》‧關市令〉，《唐研究》，2008年第14卷，頁530-535。

蔡坤倫，〈評介穆渭生，《唐代關內道軍事地理研究》〉，《臺灣師大歷史學報》，53期（臺北，2015.6），頁191-206。

蔡坤倫，〈學通古今的法史學家：程樹德（1877-1944）〉，《法制史研究》，18期（臺北，2010.12），頁269-300。

鄭顯文，〈敦煌吐魯番文書中所見的唐代交通管理的法律規定〉，《西南師範大學學報》（人文社會科學版），2005年第6期，頁135-142。

黎虎，〈唐代軍鎮關津的涉外事務管理職能〉，《北方論叢》，2000年第2期，頁77-82。

黎虎，〈唐前期邊疆軍區「道」的外交管理職能〉，《學術研究》，1999年第4期，頁碼不詳。

穆渭生，〈唐代潼關述略—唐關內道軍事地理研究之一〉，《陝西教育學院學報》，2002年第4期，頁63-66。

蕭錦華，〈唐前期兩京畿內制建立考論〉，《中國文化研究所學報》，2008年第48期，頁35-79。

戴炎輝，〈唐律衛禁律之遡源〉，收錄韓忠謨等主編，《薩孟武先生七十華誕政法論文集》，臺北：海天出版社，1966.2，頁103-114。

薛軍禮，〈大散關〉，《絲綢之路》，2006年第10期，頁66-67。

鮮于煌，〈論杜甫的「軍事意識」〉，《渝州大學學報》（社會科學版），2002年第3期，頁72-77。

羅凱，〈十五採訪使始置於開元二十二年論〉，《中國歷史地理論叢》，2011年第1輯，頁44-52。

羅凱，〈唐十道演化新論〉，《中國歷史地理論叢》，2012年第1輯，頁98-109。

譚其驤，〈積極開展歷史人文地理研究〉，收錄葛劍雄、華林甫編，《歷史地理研究》，武漢：湖北教育出版社，2004.1，1版，頁169-175。

關治中，〈潼關天險考證─關中要塞研究之三〉，《渭南師專學報》（社會科學版），1999年第3期，頁35-39。

關治中，〈論曹操平定關隴的奠基戰役─潼關之戰〉，《西北大學學報》（哲學社會科學版），1992年第1期，頁27-31。

關治中，〈關中要塞考序──關中要塞研究之一〉，《渭南師專學報》（社會科學版），1998年第3期，頁51-55。

關治中、王克西，〈隴山諸關考─關中要塞研究之六〉，《渭南師範學院學報》，2002年第1期，頁58-61。

關治中、李金俠，〈臨晉關考證─關中要塞研究之五〉，《渭南師範學院學報》，2000年第3期，頁111-115。

嚴耕望，〈我撰「唐代交通圖考」的動機與經驗〉，《興大歷史學報》，第3期（臺中，1993.4），頁1-9。

蘇海洋、雍際春、晏波、龍曉妮，〈唐蕃古道大震關至鄯城段走向新考〉，《青海民族大學學報》（社會科學版），2011年第3期，頁62-67。

蘇海洋、雍際春、晏波、龍曉妮，〈絲綢之路隴右南道甘肅東段的形成與變遷〉，《西北農林科技大學學報》（社會科學版），2011年第3期，頁126-131。

蘇涵、景國勁，〈黃河蒲津渡開元鐵牛雕塑群考論〉，《晉陽學刊》，2004年第4期，頁88-91。

蘇瑩輝，〈唐宣宗收復河湟地區與三州七關的年代略論〉，原載《中央研究院民族學研究所集刊》，第29期（1970）。收錄中國唐代學會編，《唐代研究論集》（第一輯），臺北：新文豐出版股份有限公司，1992.11，初版，頁773-808。

黨天正，〈大散關詩話〉，《寶雞文理學院學報》（社會科學版），

2007年第5期，頁96-98。

2.外文

（1）專書論文

日‧礪波護著，韓昇等譯，〈唐代的過所與公驗〉，收錄氏著，《隋唐佛教文化》，上海：上海古籍出版社，2004.11，1版，頁153-208。

（2）期刊、合集論文

日‧井上以智為，〈唐十道の研究〉，《史林》，第6卷3號（1921），頁9-24。

日‧內藤虎次郎，〈三井寺藏唐過所考〉，收錄萬斯年輯譯，《唐代文獻叢考》，上海：商務印書館，1957.9，1版，頁51-71。

日‧宮宅潔，徐世虹譯，〈秦漢時期的審判制度—張家山漢簡《奏讞書》所見〉，收錄楊一凡總主編，《中國法制史考證》，北京：中國社會科學出版社，2003.9，1版，（丙編）第一卷，頁287-322。

日‧礪波護著，胡寶珍譯，白子明校，〈唐代的畿內與京城四面關〉，《河北師院學報》（社會科學版），1993年第4期，頁31-37，轉51頁。

「三國時代出土文字資料の研究」班，〈江陵張家山漢墓出土「二年律令」譯注稿〉（一），《東方學報》，76冊（京都，2004.3），頁109-208。

「三國時代出土文字資料の研究」班，〈江陵張家山漢墓出土「二年律令」譯注稿〉（二），《東方學報》，77冊（京都，2005.3），頁1-119。

「三國時代出土文字資料の研究」班，〈江陵張家山漢墓出土「二年律令」譯注稿〉（三），《東方學報》，78冊（京都，2006.3），頁113-239。

專修大學「二年律令」研究會，〈張家山漢簡「二年律令」訳注（一）—賊律—〉，《專修史學》，第35號（川崎，2003.11），頁106-160。

專修大學「二年律令」研究會，〈張家山漢簡「二年律令」訳注（二）—盜律—〉，《專修史學》，第36號（川崎，2004.3），頁104-141。

專修大學「二年律令」研究會，〈張家山漢簡「二年律令」訳注（三）—具律—〉，《專修史學》，第37號（川崎，2004.11），頁123-181。

專修大學「二年律令」研究會，〈張家山漢簡「二年律令」訳注（四）
　　─告律・捕律・亡律─〉，《專修史學》，第38號（川崎，
　　2005.3），頁163-227。

專修大學「二年律令」研究會，〈張家山漢簡「二年律令」訳注（五）
　　─收律・襍律・錢律・置吏律・均輸律・傳食律─〉，《專修史
　　學》，第39號（川崎，2005.11），頁93-171。

專修大學「二年律令」研究會，〈張家山漢簡「二年律令」訳注（六）
　　─田律・□市律・行書律─〉，《專修史學》，第40號（川崎，
　　2006.3），頁45-99。

專修大學「二年律令」研究會，〈張家山漢簡「二年律令」訳注（七）
　　─復律・賜律・戶律─〉，《專修史學》，第41號（川崎，
　　2006.11），頁99-184。

專修大學「二年律令」研究會，〈張家山漢簡「二年律令」訳注（八）
　　─效律・傅律・置後律─〉，《專修史學》，第42號（川崎，
　　2007.3），頁198-262。

專修大學「二年律令」研究會，〈張家山漢簡「二年律令」訳注（九）
　　─爵律・興律・徭律─〉，《專修史學》，第43號（川崎，
　　2007.11），頁153-198。

專修大學「二年律令」研究會，〈張家山漢簡「二年律令」訳注（十）
　　─金布律─〉，《專修史學》，第44號（川崎，2008.3），頁97-143。

專修大學「二年律令」研究會，〈張家山漢簡「二年律令」訳注
　　（十一）─秩律・史律─〉，《專修史學》，第45號（川崎，
　　2008.11），頁31-119。

專修大學「二年律令」研究會，〈張家山漢簡「二年律令」訳注（十
　　二）─津關令─〉，《專修史學》，第46號（川崎，2009.3），頁
　　122-182。

史地傳記類　PC0909　國立臺灣師範大學歷史學系研究叢書04

唐代關防
——以關中四面關為中心

作　　　者/蔡坤倫
責任編輯/鄭伊庭
圖文排版/楊家齊
封面設計/蔡瑋筠

發 行 人/宋政坤
法律顧問/毛國樑　律師
出　　　版/國立臺灣師範大學歷史學系、秀威資訊科技股份有限公司
印製發行/秀威資訊科技股份有限公司
　　　　　114台北市內湖區瑞光路76巷65號1樓
　　　　　電話：+886-2-2796-3638　傳真：+886-2-2796-1377
　　　　　http://www.showwe.com.tw
劃撥帳號/19563868　戶名：秀威資訊科技股份有限公司
　　　　　讀者服務信箱：service@showwe.com.tw
展售門市/國家書店（松江門市）
　　　　　104台北市中山區松江路209號1樓
　　　　　電話：+886-2-2518-0207　傳真：+886-2-2518-0778
網路訂購/秀威網路書店：https://store.showwe.tw
　　　　　國家網路書店：https://www.govbooks.com.tw

2020年5月　BOD一版
定價：450元
版權所有　翻印必究
本書如有缺頁、破損或裝訂錯誤，請寄回更換

國家圖書館出版品預行編目

唐代關防：以關中四面關為中心 / 蔡坤倫著. -- 一版. --
臺北市：秀威資訊科技, 2020.05
　面；　公分. --(史地傳記類)
BOD版
ISBN 978-986-326-788-1(平裝)

681.5   109003126

讀 者 回 函 卡

感謝您購買本書,為提升服務品質,請填妥以下資料,將讀者回函卡直接寄回或傳真本公司,收到您的寶貴意見後,我們會收藏記錄及檢討,謝謝!如您需要了解本公司最新出版書目、購書優惠或企劃活動,歡迎您上網查詢或下載相關資料:http:// www.showwe.com.tw

您購買的書名:＿＿＿＿＿＿＿＿＿＿＿＿＿＿＿＿＿＿＿＿＿＿＿＿＿

出生日期:＿＿＿＿＿年＿＿＿＿＿月＿＿＿＿＿日

學歷:□高中 (含) 以下　　□大專　　□研究所 (含) 以上

職業:□製造業　□金融業　□資訊業　□軍警　□傳播業　□自由業
　　　□服務業　□公務員　□教職　　□學生　□家管　　□其它＿＿＿＿

購書地點:□網路書店　□實體書店　□書展　□郵購　□贈閱　□其他

您從何得知本書的消息?

　□網路書店　□實體書店　□網路搜尋　□電子報　□書訊　□雜誌
　□傳播媒體　□親友推薦　□網站推薦　□部落格　□其他＿＿＿＿＿＿

您對本書的評價:(請填代號　1.非常滿意　2.滿意　3.尚可　4.再改進)

　封面設計＿＿＿　版面編排＿＿＿　內容＿＿＿　文／譯筆＿＿＿　價格＿＿＿

讀完書後您覺得:

　□很有收穫　□有收穫　□收穫不多　□沒收穫

對我們的建議:＿＿＿＿＿＿＿＿＿＿＿＿＿＿＿＿＿＿＿＿＿＿＿＿＿

＿＿＿＿＿＿＿＿＿＿＿＿＿＿＿＿＿＿＿＿＿＿＿＿＿＿＿＿＿＿＿＿＿

＿＿＿＿＿＿＿＿＿＿＿＿＿＿＿＿＿＿＿＿＿＿＿＿＿＿＿＿＿＿＿＿＿

＿＿＿＿＿＿＿＿＿＿＿＿＿＿＿＿＿＿＿＿＿＿＿＿＿＿＿＿＿＿＿＿＿

11466
台北市內湖區瑞光路 76 巷 65 號 1 樓

秀威資訊科技股份有限公司 　　　收

BOD 數位出版事業部

⋯⋯⋯⋯⋯⋯⋯⋯⋯⋯⋯⋯⋯⋯⋯⋯⋯⋯⋯⋯⋯⋯⋯⋯⋯

（請沿線對折寄回，謝謝！）

姓　　名：_____　年齡：_____　性別：□女　□男

郵遞區號：□□□□□

地　　址：_____

聯絡電話：(日) _____ (夜) _____

E-mail：_____